知识产权运营之触摸未来

谢旭辉　郑自群　主编

尹 琦　陈晓丹　张玉良　赵大武　副主编

電子工業出版社·

Publishing House of Electronics Industry

北京·BEIJING

图书在版编目（CIP）数据

知识产权运营之触摸未来/谢旭辉，郑自群主编. —北京：电子工业出版社，2016.8

ISBN 978-7-121-29607-9

Ⅰ. ①知⋯ Ⅱ. ①谢⋯ ②郑⋯ Ⅲ. ①知识产权－研究－中国 Ⅳ. ①D923.404

中国版本图书馆 CIP 数据核字（2016）第 181505 号

策划编辑：王敬栋（wangjd@phei.com.cn）
责任编辑：王敬栋　张　迪
文字编辑：张　剑　张来盛　田宏峰　刘海艳　曲　昕　李树林
印　　刷：三河市良远印务有限公司
装　　订：三河市良远印务有限公司
出版发行：电子工业出版社
　　　　　北京市海淀区万寿路 173 信箱　邮编　100036
开　　本：720×1 000　1/16　印张：23.75　字数：470 千字
版　　次：2016 年 8 月第 1 版
印　　次：2019 年 11 月第 9 次印刷
定　　价：68.00 元

凡所购买电子工业出版社图书有缺损问题，请向购买书店调换。若书店售缺，请与本社发行部联系，联系及邮购电话：(010) 88254888，88258888。

质量投诉请发邮件至 zlts@phei.com.cn，盗版侵权举报请发邮件至 dbqq@phei.com.cn。

本书咨询联系方式：(010) 88254469；zhangdi@phei.com.cn。

Preface 1

James Pooley

Chairman of the National Inventors Hall of Fame

Deputy Director General of the World Intelleetllal Property Organization

"Rome was not built in a day", the establishment and implementation of intellectual property system is a long process of trial and construction, and is still undergoing through adjustment. In U.S., the patent system or more precisely, the judgment on patent cases still swings.For example, the software patent is now going through more scrutinization than the past, and there are hot deputes on software patentability in the IP area.

China's IP system was built up in 1980's, after decades of rapid development, this 30 year-old IP system has already made remarkable success and has earned praises from pccrs all over the world. Filing patent, trademark and copyright in China is now leading the world in quantity. As a developing country, China offers sufficient patent protection. For example, telecommunication giant Qualcomm has benefited a lot and made billions of dollars on patent licensing in China. Another example is that China has not used compulsory licensing on any drug, which enables foreign drug companies making huge profit from Chinese market. As a comparison, India has granted many compulsory licensing on patented lifesaving drug which western drug companies had spent billions of dollars in R&D.

The quantity of patent filing from China has been ranked first in the world for five consecutive years up to now. In 2015, PCT filings from China ranked third in the world, only after the United States and Japan. There is an argument that it is just quantity without quality. However, Huawei has filed patent infringement litigation against Samsung regarding core telecommunication technology in the United States and China at the same time recently. It's a landmark event. Because it is the first time in history that a Chinese company files core technology patent infringement litigation against a foreign industry giant in United States. It is a good example to show that overseas patents filed by China are also improving in quality.

This book "The Operation of Intellectual Property — Touching the Future" looks into IP operation's development, model and method with the focus on practice in China. It aims to help enterprises, colleges, research institutions, IP operation organizations, and IP owners those who want to get further benefit from innovative way besides IP traditional implementation. The book provides various method, advice and practical examples from experienced professionals, such as in-house and outside counsel, agents, scholars, researchers and IP service providers. It analyzes IP operations in the past and present at a view of global approach and predicts the future development of IP operation.

It has been a real pleasure and privilege to write this preface. Over many centuries China has produced some of the world's greatest inventions that we all continue to enjoy today. As we look to the future of China's contributions to technology development, I think we can expect more miracles here.

To my good friend
Bonn Xie — with thanks
for improving the world of IP,
and with best wishes for
future success !

27 June 2016

序 1（中译文）

James Pooley

美国发明家名人堂主席

世界知识产权组织 WIPO 前副总干事

"罗马不是一天建成的"，知识产权体系的建立和推行需要长期的建设和实践，并且仍处于调整的过程中。在美国，专利体系或者更准确地说，专利案件的判决依然会发生变化。例如，目前的软件专利较之前需要经过更多审核，关于软件的可专利性在知识产权领域也有诸多热点争议。

中国的知识产权体系建立于 20 世纪 80 年代，经过多年的快速发展，这个 30 多岁的知识产权体系已经取得了卓越的成绩，在世界范围内赢取了广泛的赞誉。中国的专利、商标和版权申请量/授权量/注册量已经在全球处于领先的地位。作为一个发展中国家，中国对专利技术提供了充分的保护。例如，通信巨人高通在中国已通过专利许可获利数十亿美元。从另一个例子来看，中国尚未对任何药品采取强制许可，外国药企由此在中国市场获取了大量的利润。作为对比，对于西方药企花费数十亿美元经费研发的治疗重病的专利药品，印度则做出了大量的强制许可。

到目前为止，中国的发明专利申请量已经连续五年排名世界第一。2015 年，从中国提出的 PCT 申请排名世界第三，仅次于美国和日本。有种说法强调这些申请只有数量没有质量。然而，最近华为同时在中国和美国对三星提起了关于核心通信技术的专利侵权诉讼。这是一个里程碑事件，因为这是历史上首次，由一家中国公司在美国对外国行业巨头提起有关核心技术的专利侵权诉讼。这正是一个显示出中国在海外申请的专利在质量上也有进步的好例子。

本书聚焦于中国的实践基础，深入探讨了知识产权运营的发展、模式和方法。它致力于以创新的方式帮助那些寻求在传统知识产权运作之外进一步获取利益的企业、高校、研究机构、知识产权运营组织和知识产权权利人。本书由经验丰富的专家（企业内/外部顾问、代理机构、学者、研究人员及知识产权服务商）提供了多种多样的方法、建议和实践案例。它从全球化的角度分析了知识产权运营的过去和现在，并预测了知识产权运营未来的发展。

非常荣幸为本书作序。在全球这么多个国家中，中国产生了直到今日我们仍然在持续运用的世界最伟大的一些发明。当我们展望未来，中国对技术发展的贡献，相信我们可以期待更多奇迹出现。

序 2

龙永图

原博鳌亚洲论坛秘书长

当前经济仍然处于全球化的趋势，英国公投决定离开欧洲联盟有人会认为这对经济全球化是一个重大的挫折，我觉得未必。经济全球化有三个重要的要素：一个是科学技术是推动全球化重要的动力；二是跨国公司是经济全球化最重要的载体；三是全球化的实质是在全球配置资源。目前这些基本的原则并没有改变，总之，我们要看到当前的经济形势是经济全球化还在继续发展，并没有改变，从全球经济的格局看，新兴国家的兴起和国家技术的创新对全球化的趋势起到巨大作用，因此我国必须要重视科学技术的创造。企业是创新的主体，国家也一直在提高企业的创新资本，增强我国的创新水平。

然而，创新离不开知识产权的保护和运用，知识产权也是我国在加入世界贸易组织谈判中重要的一部分，因为西方国家很重视知识产权。但是我们在国际上承诺保护知识产权，并不是要回应西方国家的要求，而是我们自己要保护知识产权，我们如果不保护知识产权，我们就不可能成为一个创新的大国。只有学会认识知识产权、尊重知识产权、运用知识产权，才能顺应市场的规律，顺应科学技术发展的规律，促进商业化的发展，促进我国经济水平、科学技术的发展，增强我国综合实力，提高我国国际地位。

保护知识产权就是保护创新，用好知识产权就是激励创新。目前，中国已经成为了一个名副其实的知识产权大国，积累了丰富的专利信息资源，如何使用这些丰富的专利信息资源，更好地促进大众创业、万众创新，是我们一直在深入思考和探索的重要问题。进一步加强知识产权运用，加强我国技术转移与科技成果转化，不仅是我们的职责所在，也是大家的共同期待。但是，对于如何管理和运用知识产权，国内并没有系统的模式和经验。在与国外企业竞争中碰的头破血流学到的教训是我们最主要的学习案例，但这样的案例代价太昂贵。企业需要系统、全面地掌握知识产权管理与运用的方式，来提高市场竞争力。

《知识产权运营之触摸未来》这本书立足于我国企业知识产权管理与运营的实际，将两位作者多年对知识产权运营研究的成果与经验分享出来。以案说法，深入浅出，针对企业知识产权运营中面临的实际问题，提出了切实可行的解决方法和建议。相信这本书的出版，能够为我国知识产权运营的发展提供有益的借鉴。

知识产权强国建设起于当今，成于未来，要最终实现知识产权强国梦，还要靠大家的共同努力。我衷心地希望本书的出版，能进一步完善我国知识产权运营的理论和实践，使其更好地为实施国家知识产权战略、建设创新型国家服务。

序 3

靳海涛
深圳前海母基金董事长
前深创投董事长

一个具有核心竞争力的企业，拥有鲜明的个性，能够区别于竞争对手，这样的企业是值得投资的企业。知识产权是企业核心竞争力的体现，是企业的宝贵财富，也是一个企业未来成长的基础。

知识产权运营可以搭建知识产权权利人与知识产权需求者之间的桥梁，使知识产权像商品一样，可以交易、流通、质押融资或股权融资。知识产权权利人与需求者之间通过运营平台顺利对接，将大大降低整个社会重复研发的成本，知识产权权利人的创新积极性也将得以激发；而且，知识产权运营也是解决中国目前投资渠道有限、部分行业产能过剩、环境污染等问题的有效手段。

中国的知识产权运营起步较晚，运营人才与配套服务机构短缺。传统的知识产权服务机构虽然可以提供运营环节中的确权、维权、分析等部分服务，但难以整合完整的知识产权运营服务链，无法快速有效地配置各运营环节的服务资源，从而制约了社会科技的创新和经济结构的健康发展。

谢旭辉、郑自群两位作者深耕知识产权行业多年，在知识产权保护与运营方面有很深的研究与探索，两位作者将多年对知识产权运营研究的成果与经验整理成《知识产权运营之触摸未来》一书。在书中详尽地阐述和分析了中外知识产权运营历史发展的脉络和现实状况，预测和论证了知识产权运营发展的方向和未来，使得知识产权运营的未来可以触摸和感知。

书中对知识产权质押众筹融资的解读令人印象最深刻，这是国内外首创的知识产权运营模式，两位作者在书中详尽阐述了知识产权质押众筹融资的操作方法及风控措施。这是作者创办知商金融网以来总结出的成功经验，是对传统知识产权运营的突破性壮举，今日能在书中毫无保留地与大家分享，精神难能可贵。

这是个不断变革的时代，是我们不断改变世界并被世界改变的时代；这是个知识产权爆发的时代，知识产权数量的积累只是第一步，高质量和专业化运营才能铸就真正的知识产权巨人。在这个由量变向质变推进的过程中，知识产权人和知识产权运营行业被赋予了新的使命，"让天下创意成为现实，让我们的产品立于全球之巅"。

前　言

在知识经济社会中，知识产权已逐步成为企业或者国有经济体发挥核心竞争力的重要载体，其在国际贸易中的地位日渐凸显，逐渐成为社会经济增长的新引擎。知识产权要实现其经济价值，需要与资本市场有效地融合，将无形资产转化成为有形货币财富的关键性举措是构建完善的知识产权运营体系，强化资本市场对技术创新的支持，逐步探索知识产权质押众筹、知识产权保险、知识产权证券化，以及知识产权互联网化等新业态。这些举措铸就了知识产权运营将成为知识产业事业拓展的新内核，知识产权运营的发展将促进知识产权成果从单纯的技术层面逐步向科技化、产业化、商品化及货币化蜕变，极大实现知识产权的商业价值和金融价值，从而保证拥有核心技术的企业在未来的行业发展中拥有主导权、话语权及国际竞争力。《国家知识产权战略纲要》提出了知识产权创造、运用、保护、管理这四个环节的提升问题[1]，其中，创造是源头、管理是基础、保护是手段，运用才是目的。知识产权的管理、保护及运用这三个环节均与知识产权运营息息相关，由此进一步说明了知识产权运营是实现我国知识产权事业顺利推进的根本保障。为了深入剖析知识产权运营的现状及未来，完善知识产权运营的商业模式，本书开展对知识产权运营的概念、现状、特征、模式和趋势的研究，通过理论研究方法比较了国内外知识产权的运营现状及优劣，归纳了知识产权运营的管理模式和传统运营模式，并在此基础上，创新性地探索了知识产权运营的新模式及知识产权运营未来发展方向。

---

[1] 国务院于 2008 年 06 月发布了《国家知识产权战略纲要》。

知识产权运营是指通过对知识产权或者知识产权申请进行管理，促进知识产权技术的应用和转化，实现知识产权价值或者效能的活动[①]。知识产权运营具有管理、商业化及资本化三个重要属性，知识产权的管理可以实现知识产权制度价值；知识产权的商业化可以实现知识产权的经济价值；知识产权的资本化可以实现知识产权金融价值。对于知识产权的管理属性，知识产权管理是指国家有关部门为保证知识产权法律制度的贯彻实施，维护知识产权人的合法权益而进行的行政及司法活动，以及知识产权权利人为使其智力成果发挥最大的经济效益和社会效益而制定各项规章制度、采取相应措施和策略的经营活动。在与西方发达国家的博弈、交换、相互作用过程中，我国现有知识产权管理体制中逐步加入中国元素，促使我国知识产权制度与我国的独特体制、文化、巨大的经济体量相吻合，并加强我国与世界的经济纽带关系，从而使得我国企业、高校及科研机构等能够很好地利用我国知识产权管理制度经营及运用其拥有的知识产权，实现利益最大化。对于知识产权的商业化属性，在新技术和新商业模式的革命性爆炸式发展的环境下，知识产权商业化将为我国经济的转型升级注入新活力，盘活我国知识产权存量，扩大知识产权的经济效益及商业价值。对于知识产权的资本化属性，知识产权资本化将知识产权从静态的产品要素转化为动态的投资要素，使得知识产权的运用和转化更加多样化，极大提升知识产权的经济价值，同时知识产权资本化作为新的资本形态与传统的货币资本、实物资本及人力资本有本质的区别，其也将极大丰富现有资本形态。

本书的第一部分、第二部分分别讲述了美国、英国、德国、日本、韩国等主要发达国家及我国国内知识产权运营的发展史及知识产权法制体系，并重点说明了当前国内外知识产权的发展现状，且针对世界范围内典型的知识产权运营机构和我国典型的知识产权运营机构进行介绍，从而帮助读者理解国内外知识产权运营的发展进程及现有水平。随着国际化商业竞争压力的加剧，知识产权作为发达经济体维护其自身利益的手段正越来越受到各国企业的重视，跨国公司为占领和垄断先进技术，纷纷运用多样化的、成熟的知识产权战略手段，谋求更大的市场份额及利润。随着全球技术贸易额的上升，世界贸易已由单纯的货物贸易演变成为货物贸易、资本贸易，以及技术贸易等多种方式并存的结构形态，并且技术贸易额占全球贸易额的比重正在逐步扩大。商务部数据显示，2015 年中国技术进出口总额达到 545 亿

---

① 佚名.企业专利运营指南[M].深圳市市场监督管理局.2014.

美元，约为 1978 年的 14.6 倍，近十年累计进出口总额超过 3880 亿美元[①]，与技术贸易直接相关的知识产权运营已成为我国推动产业升级、贸易升级和融入全球价值链的重要途径。

知识产权管理是制定知识产权战略、优化知识产权制度及流程、加强知识产权运用实施及人员培训等一系列管理行为的系统工程，其实质是对无形资产财产权的管理。知识产权管理是知识产权运营的重要组成部分，也是知识产权运营的基础，知识产权的布局、产生、实施，以及维权都与良好的知识产权管理密不可分。本书的第三部分讲述了知识产权运营基础理论，重点研究了知识产权运营的核心要素、知识产权管理，以及管理体系构建相关的内容，从"确权、维权及用权"三个角度重点剖析了企业、高校及科研机构知识产权管理特征、管理风险及管理实施的主要方式和区别点。知识产权管理的一项重要任务是确定知识产权战略，依据企业及创新策略，对知识产权的创造的质量、时机及类别进行把控，为知识产权运营打下坚实的基础。在互联网+时代，企业、高校及科研机构还应加强知识产权的信息管理，充分运用知识产权数据库，及时了解国内外技术动态，提供自身的知识产权运用能力，将知识产权转化为财富，推动知识经济社会的健康发展。

知识产权商业化属于财产经营的新领域，是通过市场化的行为使得知识产权利益获得财产收益的商业行为，知识产权商业化是以追求营利为日的，通过知识产权许可、转让、质押等方式实现知识产权的商业价值。对于知识产权商业化的发展不仅有利于企业将其自身知识产权变现，产生经济效益，而且还可通过合理知识产权商业化布局，突破竞争对手的技术垄断，整合行业技术资源，增强企业的核心竞争力。知识产权资本化已经成为知识经济时代格外引人瞩目的经济现象，其标志着知识产权运营服务系统的升级，将极大地推动知识产权资产的流通与利用。国家知识产权局 2015 年 4 月发了《关于进一步推动知识产权金融服务工作的意见》，意见指出"引导知识产权评估、交易、担保、典当、拍卖、代理、法律及信息服务等机构进入知识产权金融服务市场，支持社会资本创办知识产权投融资经营和服务机构，加快形成多方参与的知识产权金融服务体系"，[②]该意见将极大促进知识产权资

---

① 上交会组委会.2016 年技术贸易发展[R]. 第四届中国（上海）国际进出口交易会. 2016.
② 国家知识产权局于 2015 年 04 月发布了国知发管字〔2015〕21 号《关于进一步推动知识产权金融服务工作的意见》。

本化的发展，加速知识产权与金融资源的融合，更好地发挥知识产权运营对实体经济的支撑作用。本书的第四部分既关注了知识产权的商业化属性，也关注了知识产权资本属性，重点研究了传统知识产权运营模式，传统知识产权运营模式包括以知识产权转让、知识产权许可为主的知识产权运营交易模式，以知识产权质押、技术入股及知识产权信托为主的投融资模式，知识产权战略联盟及知识产权诉讼模式。本书的第四部分对上述模式的定义、类型、现状及特征等内容进行了详尽说明，力求读者理解知识产权商业化及资本化的基本原理，在此基础之上，对各个模式的运作方式进行了深层次的剖析，引入大量的国内外案例及数据，以便加深读者对于传统知识产权运营模式认识。

在知识经济的新形势下，要充分发挥知识产权运营对创新驱动和转型升级的支撑作用，加速知识产权运营的商业化和资本化，培育知识产权高端金融服务业态，优化知识产权区域服务结构，促进创新资源向优势产业集中。本书的第五部分积极探索了知识产权运营新模式，知识产权运营新模式主要介绍了知识产权质押众筹、知识产权证券化、知识产权保险、专利标准化、知识产权投资增资模式及知识产权技术众筹。知识产权质押众筹、知识产权技术众筹及知识产权投资增资模式主要依托互联网金融的发展，是知识产权、互联网技术及金融功能三者的有机结合，依托大数据和云计算在开放的互联网平台上形成知识产权金融业态及其服务体系。知识产权保险是一种对知识产权集中托管的有效方式，其有利于促进科技、金融等资源与知识产权的深度融合，使得知识产权拥有者的风险得到有效隔离，提高知识产权的利用效益及效率。专利标准化的主要目的在于是企业获得有利的市场竞争地位，构建技术壁垒，实现企业，尤其是跨国企业，知识产权利益的最大化。知识产权运营新模式开启了知识产权运营的 2.0 时代，将知识产权运营发展定位于"产业定位+服务增值+资本增值"的新模式[①]，充分发挥我国知识产权运营过程中的资本化属性，以期使将知识产权所能创造的价值发挥到极致。

随着知识经济的全球化发展，知识产权日渐成为国家发展的战略资源和国际竞争力的核心要素，深入实施知识产权战略是全面深化改革的重要支撑和保障，是推动经济结构优化的重要举措，为此我国发布了《深入实施国家知识产权战略行动计

---

① 彭支援. 以联盟建设开启知识产权运营 2.0 模式[N]. 新华财经. 2015.

划（2014—2020年）》（简称《行动计划》）。《行动计划》指出，到2020年，市场主体运用知识产权参与市场竞争的能力将明显提升，知识产权投融资额将明显增加，知识产权市场价值将充分显现。[①]由此可见，大力发展知识产权运营促进知识产权应用大力发展将是未来知识产权发展的重中之重。本书的第六部分与读者探讨知识产权运营的未来发展趋势，望借此探索知识产权新商业模式及服务理念的创新，通过知识产权运营带动知识产权服务业的整体发展。本书的第六部分主要从知识产权运营互联网化、知识产权共享经济、知识产权运营基金与创新创业、专业的知识产权运营机构逐步兴起与壮大，以及知识产权法制环境与企业管理形态改善五个方面来进一步阐述知识产权发展的未来方向。知识产权法律环境的改善、企业管理水平的提升、全国专利运营与产业化服务平台及知识产权运营基金的逐步发展是《行动计划》中明确指出的，今后将在国家政策的扶持下得到大力发展。知识产权运营互联网化、知识产权共享经济是互联网+时代的重要产物，将有效提升知识经济时代知识产权的利用率及转化率。另外，随着我国法律法规的逐步建设，知识产权运营基金将成为创新型企业的重要武器，将极大促进我国"大众创业，万众创新"的发展。

在研究方法上，本书主要采用理论分析与实证研究相结合、定性总结与定量分析相结合、宏观框架与微观特征相结合的研究方法。本书开篇部分章节中结合了国内外具有代表性的国家、全球典型的专利运营公司的发展轨迹、运营模式，以及运营特点等采取历史实证的动态分析方法和比较分析方法。在知识产权运营基础与运营模式的理论叙述中，主要采用了数理统计学分析方法、微积分分析方法，以及经济管理学分析方法，在知识产权交易模式中采取大量的图表分析及趋势分析，在知识产权评估体系中采取了成本法、未来收益法等数学评估模型，在专利运营基础中阐述了构建专利运营体系的管理方法。本书的知识产权运营模式中多采用理论概念剖析与实例演示说明相结合的叙述方法，以便读者对各个运营模式更直接、更深刻地理解。最后，本书将知识产权运营的理论模型运用到我国知识产权运营的实践中，探索了我国知识产权运营的未来之路。

---

① 国务院办公厅于2014年12月发布了《深入实施国家知识产权战略行动计划（2014—2020年》。

目 录
CONTENTS

第一部分　国外知识产权运营　/1

第1章　国外知识产权运营背景　/2
1.1　美国知识产权运营背景　/2
1.2　英国知识产权运营背景　/5
1.3　德国知识产权运营背景　/7
1.4　日本知识产权运营背景　/8
1.5　韩国知识产权运营背景　/10

第2章　国外知识产权运营的发展现状　/12
2.1　国外知识产权运营现状　/12
2.2　国外知识产权运营机构　/13
2.2.1　美国高智发明公司　/13
2.2.2　德国史太白技术转移中心　/16
2.2.3　英国技术集团　/18
2.2.4　日本技术交易所　/19
2.2.5　韩国创意资本公司　/20

第3章　国外知识产权运营特点　/21
3.1　知识产权运营主体广泛　/21
3.2　知识产权运营方式多样化　/21
3.3　知识产权运营人才多样性　/22
3.4　知识产权运营政策保障　/22

第二部分　国内知识产权运营　/25

第4章　知识产权运营背景　/26
4.1　知识产权运营成为政策推动的发展方向　/26

4.2　知识产权在市场竞争中日益得到重视　/31

第5章　知识产权运营的发展现状　/34

5.1　知识产权数量与质量的提升　/34

5.2　知识产权运营意识提升　/38

5.3　知识产权运营机构兴起　/40

第6章　知识产权运营存在的问题　/42

6.1　知识产权运营意识参差不齐　/42

6.2　专业运营公司与人才不足　/43

6.3　知识产权运营模式不足　/43

6.4　知识产权数量与质量不成正比　/44

6.5　知识产权外部运营环境不完善　/45

第7章　国内不同知识产权运营主体的运营模式分析　/47

7.1　以政府为主导的运营机构　/47

7.2　以企业为主导的运营机构　/49

7.3　以科研机构为主导的运营机构　/50

7.4　以中介机构为主导的运营机构　/52

第三部分　知识产权运营基础　/55

第8章　知识产权运营核心要素　/56

8.1　运营客体　/56

8.2　运营主体　/56

8.3　运营环境　/57

第9章　知识产权管理简介　/60

9.1　知识产权管理的意义　/60

9.2　企业知识产权管理简介　/61

9.3　高校和科研机构知识产权管理简介　/62

第10章　知识产权管理体系建设　/64

10.1　知识产权管理架构建设　/64

10.1.1　企业知识产权管理架构建设　/64

10.1.2　高校和科研机构知识产权管理框架建设　/ 67

10.2　知识产权确权和维护管理　/ 68

10.2.1　专利的日常维护　/ 69

10.2.2　商标的日常维护　/ 70

10.2.3　著作权的日常维护　/ 70

10.3　知识产权风险管理和维权管理　/ 70

10.3.1　企业知识产权风险管理和维权管理　/ 71

10.3.2　高校和研究机构知识产权风险管理和维权管理　/ 73

10.4　知识产权的实施和运营管理　/ 73

10.4.1　企业知识产权的实施和运营管理　/ 74

10.4.2　高校和科研机构知识产权的实施和运营管理　/ 85

第四部分　知识产权运营传统模式　/ 95

第 11 章　知识产权运营交易模式　/ 96

11.1　知识产权交易的现状　/ 96

11.1.1　全国技术合同交易的整体情况　/ 96

11.1.2　基于全国技术合同交易的技术领域分析　/ 97

11.2　知识产权转让模式　/ 98

11.2.1　知识产权转让的定义　/ 98

11.2.2　知识产权转让的现状　/ 99

11.2.3　知识产权转让运作模式及其特点　/ 101

11.2.4　知识产权转让相关注意事项　/ 104

11.3　知识产权许可模式　/ 105

11.3.1　知识产权许可定义　/ 105

11.3.2　知识产权许可的现状　/ 105

11.3.3　企业许可原因　/ 106

11.3.4　知识产权许可策略及其特点　/ 106

11.3.5　知识产权许可主要类型　/ 109

11.4　知识产权转让与许可的区别　/ 116

11.4.1　专利转让和许可的区别　/ 116

11.4.2　商标转让与许可的区别　/ 117

11.4.3   著作权转让与许可的区别   / 118

11.5   "互联网+"对知识产权交易的影响   / 119

第 12 章   知识产权运营投融资模式   / 121

12.1   技术入股   / 121

12.1.1   技术入股的定义和特点   / 121

12.1.2   技术入股的现状   / 122

12.1.3   技术入股的运作模式   / 126

12.1.4   技术入股的量化   / 127

12.1.5   技术入股对企业的作用   / 135

12.1.6   技术入股的发展前景   / 138

12.2   知识产权质押   / 139

12.2.1   定义   / 139

12.2.2   特点   / 140

12.2.3   作用   / 141

12.2.4   发展历史和现状   / 142

12.2.5   类型   / 144

12.2.6   用于质押的知识产权的价值评估   / 145

12.2.7   存在的问题及解决办法   / 153

12.2.8   知识产权质押发展前景   / 156

12.3   知识产权信托   / 157

12.3.1   知识产权信托定义   / 157

12.3.2   知识产权信托的现状   / 158

12.3.3   知识产权信托的要素分析   / 159

12.3.4   知识产权信托的主要特点   / 163

12.3.5   知识产权信托运作模式   / 165

12.3.6   建设知识产权信托的必要性   / 169

12.3.7   知识产权信托的主要优势   / 170

12.3.8   知识产权信托中存在的主要问题   / 172

第 13 章   知识产权战略联盟   / 174

13.1   知识产权战略联盟定义   / 174

13.2　专利联盟的现状　/ 174

　　13.2.1　专利联盟分布情况　/ 175

　　13.2.2　专利联盟联盟运营情况　/ 175

13.3　专利联盟运作模式　/ 177

　　13.3.1　初始阶段　/ 177

　　13.3.2　发展阶段　/ 180

　　13.3.3　成熟阶段　/ 184

13.4　专利联盟的特点　/ 186

　　13.4.1　技术先进性　/ 186

　　13.4.2　领域集中性和成员多元性　/ 187

　　13.4.3　专利联盟促进和阻碍竞争的双重性　/ 187

13.5　"互联网+"对专利联盟的影响　/ 189

第 14 章　**知识产权诉讼模式**　/ 191

14.1　知识产权诉讼定义　/ 191

14.2　知识产权诉讼的现状　/ 191

　　14.2.1　美国知识产权诉讼的整体情况　/ 191

　　14.2.2　我国知识产权诉讼案件的整体情况　/ 193

　　14.2.3　我国知识产权诉讼的法制体系现状　/ 194

　　14.2.4　知识产权诉讼的应用及研究现状　/ 195

14.3　知识产权诉讼主要类型　/ 196

　　14.3.1　知识产权侵权诉讼　/ 196

　　14.3.2　知识产权确认不侵权之诉　/ 198

14.4　知识产权诉讼的运作流程和目的　/ 199

　　14.4.1　获得赔偿　/ 199

　　14.4.2　控制市场份额　/ 200

　　14.4.3　许可谈判　/ 200

　　14.4.4　市场宣传　/ 203

14.5　知识产权诉讼的特性　/ 203

　　14.5.1　计划性　/ 204

　　14.5.2　规模性　/ 206

14.5.3　组织性　/206

14.5.4　资源性　/206

14.6　知识产权诉讼风险　/207

14.6.1　专利无效之诉　/207

14.6.2　泄露商业秘密　/209

14.6.3　反不正当竞争行为　/210

14.7　互联网+对知识产权诉讼的影响　/211

14.8　知识产权诉讼损害赔偿数额的探讨　/211

第五部分　知识产权运营新模式　/215

第 15 章　知识产权质押众筹模式　/216

15.1　众筹简介　/216

15.2　知识产权质押众筹融资简介　/220

15.3　知识产权质押众筹运作模式　/221

15.4　知识产权质押众筹存在的问题及解决办法　/222

15.5　知识产权质押众筹的现状和发展前景　/223

15.6　知识产权质押众筹产品和案例　/224

第 16 章　知识产权证券化　/229

16.1　知识产权证券化定义　/229

16.2　知识产权证券化现状　/230

16.3　知识产权证券化的要素分析　/231

16.4　知识产权证券化运作模式　/233

16.4.1　知识产权证券化的基本模式　/234

16.4.2　知识产权证券化的运作流程　/237

16.4.3　知识产权证券化的案例分析　/238

16.5　知识产权证券化的风险及防范措施　/240

16.5.1　知识产权证券化的风险　/241

16.5.2　知识产权证券化的风险防范措施　/242

16.6　知识产权证券化的特点　/244

16.7　知识产权证券化的必要性　/245

第 17 章　知识产权保险模式　/ 247

　17.1　知识产权保险定义　/ 247

　17.2　知识产权保险的发展与现状　/ 248

　　17.2.1　国外知识产权保险的发展　/ 248

　　17.2.2　我国知识产权保险的发展　/ 249

　　17.2.3　知识产权保险的研究现状　/ 251

　17.3　知识产权保险运作模式　/ 251

　　17.3.1　知识产权保险合作社模式　/ 252

　　17.3.2　"政府扶持+服务联盟"模式　/ 253

　　17.3.3　"统一投保+无偿托管"模式　/ 253

　17.4　知识产权保险主要类型　/ 254

　　17.4.1　知识产权侵权责任保险　/ 255

　　17.4.2　知识产权执行保险　/ 256

　　17.4.3　知识产权综合责任保险　/ 257

　　17.4.4　知识产权质押融资保险　/ 257

　　17.4.5　专利代理职业责任保险　/ 258

　　17.4.6　境外参展专利侵权责任保险　/ 260

　17.5　知识产权保险的特性　/ 261

　　17.5.1　职能具有全面性　/ 261

　　17.5.2　保护对象具有多样性　/ 261

　17.6　知识产权保险的优缺点　/ 262

　　17.6.1　知识产权侵权保险的优点　/ 262

　　17.6.2　知识产权侵权保险的缺点　/ 263

　　17.6.3　知识产权执行保险的优点　/ 263

　　17.6.4　知识产权执行保险的缺点　/ 264

　17.7　互联网+对知识产权保险的促进作用　/ 264

第 18 章　专利标准化　/ 266

　18.1　专利标准化相关定义　/ 266

　18.2　专利标准化的特征　/ 268

　　18.2.1　专利与标准的技术等同　/ 268

18.2.2　标准必要专利的特征　/268

18.3　专利标准化现状　/269

18.4　专利标准化的推进模式　/271

18.5　专利标准化 FRAND 原则　/273

18.5.1　专利标准化的必然性　/273

18.5.2　专利标准化发展的公平保障——

FRAND 公平许可原则　/274

18.6　专利标准化的利与弊　/276

18.6.1　专利标准化对企业带来的益处　/276

18.6.2　专利标准化对企业带来的弊端　/280

第 19 章　知识产权投资增值模式　/283

19.1　知识产权投资增值定义　/283

19.2　知识产权投资增值现状　/283

19.3　知识产权投资增值的类型　/285

19.3.1　战略性投资　/285

19.3.2　重点领域投资　/285

19.3.3　特定市场的投资　/286

19.4　知识产权投资增值众筹模式　/286

19.4.1　运作模式综述　/286

19.4.2　知识产权投资增值众筹模式　/287

19.4.3　风控机制　/288

19.4.4　市场参与主体　/289

19.5　知识产权投资的特殊性　/290

第 20 章　知识产权众筹　/292

20.1　知识产权众筹定义　/292

20.2　知识产权众筹的现状　/292

20.3　知识产权众筹运作模式　/293

20.4　知识产权众筹的作用及特点　/295

20.5　知识产权众筹存在的问题及解决办法　/296

20.5.1　出资人难以及时关注项目需求信息　/296

20.5.2　众筹到的知识产权质量参差不齐　/ 296

20.5.3　项目发起人可能在项目中途终止众筹　/ 297

第六部分　知识产权运营的未来　/ 299

第 21 章　知识产权运营互联网化　/ 300

第 22 章　知识产权共享经济　/ 305

22.1　知识产权是共享思维的产物　/ 306

22.2　共享运营有利知识产权的价值实现　/ 307

22.3　共享运营是知识产权运营最佳路径　/ 308

22.4　互联网共享经济加速知识产权运营　/ 310

22.5　知识产权共享经济的创新之路　/ 316

22.6　知识产权共享经济之资金共享　/ 320

第 23 章　知识产权运营基金与创新创业　/ 323

23.1　我国知识产权运营基金产生的背景　/ 323

23.2　我国知识产权运营基金现状　/ 323

第 24 章　专业的知识产权运营机构逐步兴起及壮大　/ 336

第 25 章　知识产权运营法制环境与企业管理形态改善　/ 340

25.1　政策法制环境改善　/ 340

25.2　企业管理形态改变　/ 343

25.3　知识产权运营市场环境逐渐成熟　/ 345

后记　/ 347

参考文献　/ 349

第一部分
国外知识产权运营

第 1 章　国外知识产权运营背景

自 1624 年世界上首部现代意义的专利法《垄断法规》诞生于英国以来，世界知识产权制度伴随着已经发生的三次工业革命日趋成熟和完善，并在全球范围内普及开来。至今，已有 170 多个国家和地区建立了知识产权制度。知识产权制度在国际交往和社会生活中的作用日益突出，越来越受到国家、社会和个人的重视，以知识产权为基础的运营市场也逐渐活跃起来。本章介绍美国、英国、德国、日本和韩国知识产权运营背景。

1.1　美国知识产权运营背景

1. 美国知识产权与知识产权运营法律制度的产生

美国作为知识产权运营最发达的国家，早在建国之初就意识到了知识产权的重要性。1787 年，美国在宪法第一条第八款里就规定了版权和专利权；1790 年颁布第一部《专利法》和《联邦版权法》，为发明者权利及版权人经济利益提供了相关法律保障，促进了专利与版权的发展；1802 年成立直属国务院的专利与商标局；1870 年美国国会制定了《联邦商标法》。迄今，美国已经建立起一套完整的知识产权法律体系，主要颁布了《专利法》《商标法》《版权法》《反不正当竞争法》，对知识产权进行全方位的保护。

在知识产权法律制度相对完善及"亲专利"政策的环境中，知识产权运营逐渐在美国发展起来。美国最早出现知识产权运营现象是在 1827 年——迈克尔·威瑟斯利用其"有翅膀的轮轴"的专利逼迫磨坊主购买其专利许可证，该现象的出现促进了美国对知识产权制度及知识产权运营的重视，随后专利池也开始在美国相继出现。19 世纪末 20 世纪初，美国最高法院认为美国专利法的基本原则是使用或销售权的绝对自由，因而在这一时期专利联盟得到了迅速发展，先后成立了耕犁弹簧齿联盟（NHC，1890）、鞋业制造联盟（USMC，1899）、汽车许可制造联盟（ALAM，1903）、动画片专利联盟（MPPC，1908）等专利联盟。之后，为了促进联邦政府机构拥有的知识产权商业化，美国先后于 1980 年颁布《拜杜法案》、1982 年颁布《小企业创新法》、1984 年颁布《商标明确法》、1986 年颁布《联邦技术转移法案》、2000 年颁布《技术转让商业化法》。这些法案均不同程度地放宽了相关技术许可和相关技术许可费的利益分配规定，促进了技术许可市场的发展，同时也推动了大学的科技成果向企业流转，推动了经济发展及企业家创新、创业的活动，加速产、学、研结合，在创办高新技术企业方面发挥了更大主动性。相关政策的支持致使许多大学相继成立新技术转移办公室，大学开始在科技和经济的互动发展中扮演重要的角色，大学与产业界的合作状态大为改观。

2. 知识产权运营市场环境进一步发展的机遇

由于美国长期注重知识产权的发展，因此在知识产权的申请上有了重大的突破。20 世纪 80 年代对专利政策进行大幅度调整后，专利申请量连年增长，尤其在 1989 年后，更是出现了高增长趋势。有数据表明，美国 20 世纪 80 年代的专利申请量比 70 年代增长 19%，到了 20 世纪 90 年代，专利申请总量较 80 年代迅速增加 66.83%[1]。专利申请量的增长促进了美国的创新能力和经济实力，随之而来的是知识产权的市场也逐渐扩大。

在 1995 年至 2001 年发生的互联网泡沫破灭事件也促进了知识产权运营的发展。由于 1998—1999 年美国采取超低的利率政策，使得投资成本非常低廉，因此大量的投资人涌入互联网行业，导致大量网络科技公司的产生。随着领头羊公司（如思科、微软、戴尔等公司）的股票出现大量卖盘，大量的互联网以及周边公司被清盘，但许多破产的公司掌握了大量有价值的专利，它们凭借这些专利能够对使用过其技术的大公司发起"专利攻击"；也有一些有价值的专利在公司破产时就以低价售出。一部分人认识到知识产权运营的价值，因此相关的知识产权运营机构产生，特别是在银行将知识产权的保险、销售、评估及投资等行为逐渐与普通财产一样看待后，关于知识产权属于私人财产权的观念达到了顶点。在美国法律政策和市场经济发展的推动下，越来越多的知识产权服务机构和知识产权运营机构涌现，如阿凯夏公司、高智发明公司、RPX 公司等[2]。

---

[1] 刘华.知识产权制度的理性与绩效分析[M]. 北京：中国社会科学出版社，2004.
[2] 毛金生,陈燕,李胜军,谢小勇.专利运营实务（第 1 版）[M]. 北京：知识产权出版社，2013.

3. 知识产权融资的发展

在资本市场发展过程中，美国拥有了丰富的知识产权财富，加之美国繁荣的金融体系，由有形资产信托逐渐发展到无形资产信托。这里的无形资产主要指的是知识产权，因此知识产权信托逐渐发展起来。在知识产权发展过程中，知识产权具有保护成本高和市场转化难两个显著特征。信托制度的引入，为降低知识产权保护成本，解决知识产权市场化、产业化提供了有益的途径，其中主要的方式就是知识产权信托融资，而知识产权信托融资主要是通过证券化模式来实现的。

知识产权的证券化最早起源于美国。美国证券市场萌芽于 18 世纪末，1811 年美国纽约证券交易所的建立标志着严格意义的美国证券市场真正形成，随后《1933年证券法》出台并确立了以"完全信息披露"原则为指导的"注册登记制"证券发行监管的制度，《1934 年证券交易法》中详细规定了证券交易中的信息披露监管措施。相应的资产证券化法律法规的出台，促进了美国资产证券化市场的发展，为知识产权证券化的发展提供了法律环境和政策保障。

1997 年，世界上第一桩知识产权证券化案——Bowie 债券在美国出现。在著名投资公司 Pullman Group 的策划下，英国摇滚歌星 David Bowie 将其在 1990 年以前录制的 25 张唱片的预期版权许可使用费证券化，在 1997 年向证券市场发行了Bowie 债券，共筹集到 5500 万美金。在 Bowie 债券的鼓舞下，1997 年至 2002 年之间，美国涌现出一系列证券化交易案。知识产权证券化的基础资产，从最初的音乐版权，渐渐拓展到了电影版权、商标、专利。例如，1999 年秋美国纽约州 Thelen Reid&Priest 律师事务所策划了一家名为 Bill Blass 的时装公司使用包括其 Bill Blass商标在内的资产为基础发行债券。随后，包括 Candic's 公司在内的其他一些时装公司也纷纷开始与著名的 UCC 金融公司签订合作协议，在 UCC 的帮助下对其所拥有的知识产权进行证券化融资。

在知识产权运营发展的过程中，美国政府在制度化完善和管理中扮演了重要角色。首先，通过《专利法》、《商标法》、《著作权法》和《反不正当竞争法》等来强化对知识产权权利的保护、运用，并发挥美国雄厚的基础研究力量，促进创新科技成果的产生。其次，通过技术转移和商业化运作等相关法案来促进知识产权的运营，鼓励技术从研发端向应用端高效流动，同时利用健全的金融机制和较完善的金融环境来促进知识产权融资模式的发展，从而解决了中小企业融资难的基本问题。相关政策以及金融市场的支持，促进了美国知识产权运营系统的发展，使其成为世界知识产权运营大国。

1.2　英国知识产权运营背景

英国是知识产权发展最早的国家。早在 1236 年，英王亨利三世就曾授予波尔多一个市民制作色布的独占权，17 世纪和 18 世纪英国先后制定了《垄断法规》（1624 年）、《安娜女王法令》（1710）。1624 年的《垄断法规》被称为第一部现代意义上的专利法，它的诞生从法律上全面禁止了王室的特权性垄断，建立了真正面向全社会的激励创新的专利制度。1710 年的《安娜女王法令》则被公认为世界上第一部著作权法。

英国资产阶级革命和 1688 年的"光荣革命"逐步确立了君主立宪体制，英国最终确立了议会高于王权，司法独立于王权的原则[①]。英国当时政治上的这种民主自由主义思想，对建立现代意义上的知识产权体系具有深远的意义。自由主义思想的铺垫为财产权的归属找到了自然法上的依据，从而确立了私有财产权神圣的原则。私有财产权利的保障，提高了人们对发明创造的热情，促进了发明创造自觉性和长期性的发展，导致大量的创新成果逐渐产生。因此，对私人产权平等保护的垄断法终止了王权在创造专利上的特权，这比单纯对国王权利的制止更加重要。

如果没有某种制度保障，并在补偿其成本投入后仍有剩余，那么即使有含有大量研究费用的创新，也只是昙花一现，没有可持续性。正如波斯纳所说："如果他不能收获，他就不会播种"。正是这些民主自由的思想和政治体制，催生了现代意义上的保护个人创新发明财产权的法律制度，这使英国在当时经济技术不利的情况下经历了持久的科技进步和经济增长[②]。随后，以 1852 年《专利法修正案》为标志，具有现代意义的英国专利制度正式确立，专利局成立，专利文献正式出版，专利图书馆建成。英国知识产权制度的演进过程在全球知识产权制度的发展史上产生了非常重要的影响，同时也为知识产权的运营奠定了基础。

英国较早的知识产权制度推动了第一次科技革命和工业革命（18 世纪中叶到19 世纪中叶）的产生和发展，从而带动了知识产权投资的产生。因为在第一次科

---

① 蒋孟引.英国史[M]. 北京：中国社会科学出版社，1988.

② 余丹.知识产权战略投资：风险、战略与法律保护（第 1 版）[M]. 浙江：浙江工商大学出版社，2015.

技革命和工业革命的发展中，新的通信技术的发明和交通运输技术的巨大变革，不仅为人们提供了前所未有的物质产品，而且为产品的交换创造了快速、便捷的手段，以创新发明成果作为产权交易前提的知识产权投资也迅速发展起来。

在 1997 年，布莱尔工党政府上台伊始，就不断强化对科技和创新的支持。1997—2003 年，在短短的 7 年中，政府对贸工部掌控的科学预算的投入整整增加了 1 倍。2002 年 7 月，贸工部出台了《投资与创新》的政府战略报告，明确提出要为提高国家的创新能力增加投入，紧接着，政府出台了《技术创新计划》，积极鼓励大学与企业联手开展科技创新活动，相关政策的出台以及市场经济的发展，促进了英国知识产权运营的发展。

从 19 世纪末 20 世纪初开始，英国知识产权运营出现新的发展和国际化趋势。随着英国加入了几个重要的国际公约，英国的知识产权制度以及知识产权运营逐渐走向区域一体化的发展路线，在欧洲知识产权一体化的过程中，又借此走向了全球化的进程。

英国一直是欧盟的核心成员之一，然而在 2016 年 6 月 24 日，英国通过公投正式决定退出欧盟（但在法律上正式退出欧盟尚需几年时间）。英国退出欧盟这一结果无疑会对包括知识产权法律在内的英国法或欧盟法带来一些不确定的影响。

1. 对欧洲知识产权一体化进程的影响

作为欧盟立法的"单一专利条例"和"翻译安排条例"目前仍无法实施，因为只有等包括英、法、德三国在内的 13 个缔约国批准《统一专利法院条约》后才能实施。本来英国很有可能在 2016 年批准该条约，但随着脱欧公投结果的出炉，即使英国仍有意批准该条约，它是否还能参与整个欧洲单一专利制度就不是英国自己说了算。对欧盟来讲也是面临一大难题，如果在英国正式脱离欧盟前继续保留在单一专利制度的框架内，万一英国正式脱欧，在后续相关法律上将会遇到相关阻碍。如果立即将英国排斥在外，同样也会面临很多法律上的麻烦，因为《统一专利法院条约》是国际条约并非欧盟立法，欧盟并不能阻挡英国批准该条约，排斥英国必将对欧洲单一专利的尽早实施带来很大的影响。甚至也不排除欧盟转而支持欧洲专利局在现有《统一专利法院条约》的基础上重新启动"跨境执法体系"建设的可能性。

2. 对中国企业的影响

尽管英国脱欧可能会导致欧洲单一专利的迟延实施，但是即使英国不再是欧盟成员，它也仍是《欧洲专利公约》的成员，中国企业仍可以通过欧洲专利局申请欧洲专利后进入英国国内保护。就商标和外观设计而言，短期内由于英国尚未正式从法律上脱欧,中国企业仍然可以通过向欧洲知识产权局申请注册欧盟商标和欧盟外观设计而在英国获得保护。但是,一旦英国正式脱欧,中国企业此后申请取得的欧盟商标权和欧盟外观设计权,在英国继续获得保护的可能性不大(除非英国愿意对此加以保护),对于之前已取得的欧盟商标和欧盟外观设计权,预计英国会通过过渡性的法律转化为英国注册商标或注册外观设计来保护,但是会影响我国企业在英国和欧洲知识产权运营的部署及策略。

3. 对欧盟和英国知识产权制度的影响

从长远来看,英国脱欧不仅会影响到欧盟知识产权的地域效力,也会影响到欧盟知识产权制度本身的建设。在欧盟知识产权法的形成过程中,英国一直担当着重要的角色。然而英国脱欧后,与知识产权相关的欧盟立法(条例、指令等)可能会更加偏向大陆法和德国法。反过来,英国脱欧后,将不再受到欧盟立法和欧洲法院判决的制约,这同样也会影响英国国内知识产权的立法。

总之,英国脱欧公投的结果给欧洲一体化进程带来了极大的冲击,也自然会给欧洲知识产权一体化进程带来诸多不确定性因素。一旦英国脱欧成真,就不可避免地会影响现有的欧盟知识产权法体系,也自然会影响到通过欧盟知识产权(特别是商标和外观设计)注册途径进入英国的我国企业的知识产权管理和经营策略。随着该影响的产生,势必会影响我国对英国和欧洲知识产权的布局,以及对英国和欧洲知识产权运营的部署。因此,即使英国在法律上脱欧还有一段时间,但我国有关企业和知识产权业界人士应该关注这一进程,未雨绸缪,以便做好相关的应对[①]。

1.3　德国知识产权运营背景

德国经济在"二战"后迅速恢复并快速发展,其中重要的原因是德国知识产权制度以及有效的知识产权运营的发展。企业有效地运营知识产权制度,使企业得以不断提升创新能力,保持其强大的市场竞争力。德国国内 60%以上的科研能力集中于企业,技术能力集中度相当高,科技研究和发展能力 30%以上集中在西门子、拜耳等几家大公司。大企业间的直接合作频繁,该现象也在一定程度上推动了技术转移市场的发展,有利于市场上技术交易的活跃。

---

① 张伟君. 英脱欧对欧盟知识产权制度的影响[EB/OL]. http://v.fayi.com.cn/content_3258889.html.2016 年 6 月 29 日

面对知识经济时代的到来，从 19 世纪中叶开始，德国仿效英国和法国，建立了欧洲大陆最完备的专利制度、版权制度和商标制度。德国政府更加致力于推进知识产权工作，形成了较为成熟的政府、企业、个人三位一体的知识产权战略管理和法律保护体系，积极实施了以企业为主体、以专利为重点的知识产权战略。

另一方面，经过长期的发展，德国的科技中介服务体系日趋完善，形成了成熟的、服务水平较高的技术转移体系。其中，既有作为全国性公共服务平台的非营利性的德国技术转移中心和完全市场化运作的史太白技术转移中心，又有半官方半市场形式的弗朗霍夫协会，彼此在定位和服务侧重点上有明显的层次和分工①，德国在知识产权运营方面已经领先于英国。著名的史太白技术转移中心是较成功的运营机构。

1.4　日本知识产权运营背景

日本是亚洲知识产权制度实施非常成功的国家之一，"知识产权立国"是日本的一项基本国策。在日本，已经形成了金融技术结合发展战略、信息战略、组织管理战略、知识资产经营战略、国际化发展战略、诉讼和风险管理战略为一体的动态知识产权战略管理系统。

日本在 20 世纪 50 年代初开始大量引进国外先进技术，以增强加工能力和技术水平。直至 20 世纪 70 年代到 80 年代，日本仍是专利技术的主要进口国。日本政府充分认识到基础研究是技术创新的重要基石，在 1950—1980 年的 30 年间，日本通过技术许可交易引进了 3 万多项先进的技术，总金额约 100 多亿美元②。1995 年日本政府颁布了《科学技术大纲》，指出要着力培养和造就优秀青年科技人才，创造有利于人才流动和产业发展的环境。1995 年 11 月，日本通过了《科学技术基本法》，全面规范了科技事业发展的方向和保障措施，强调科技发展的自主意识，重视技术发展与储备。与此同时，日本开始向国外输出专利技术，到了 20 世纪后期，日本便成了技术输出大国。

---

① 史晓星，章立.国外知识产权运营及启示[J].中小企业管理与科技，2013.下旬刊第 10 期
② 叶京生.知识产权制度与战略（2006 年版）[M].上海：立信会计出版社，2006.

不仅如此，日本也开始大力发展知识产权质押融资。日本政策投资银行从 1995 年开始实施知识产权质押融资，到 2007 年 7 月实施了约 300 件累计 180 亿日元（12.6 亿人民币）的知识产权质押融资。近些年，该政策投资银行每年实施融资约 30 件专利，每件融资在 1 千万至 3 亿日元之间①。

日本民间银行进行融资的事例比较少见。1998 年 5 月，日本通过《关于促进大学等的研究成果向民间企业转让的法律》（以下简称《TLO 法》），该法于 1998 年 8 月正式实施，促进了知识产权保护和科技成果产业化。TLO 法作为大学技术转移的正式渠道，首先从制度上强化了大学科研人员的知识产权意识，同时也推动了科研人员注重研究的实用性。在 TLO 法的推动下，产学共同研究和委托研究的数量和总金额不断提高。2010 年，日本国内产学委托研究合同的数量达到 19723 件，产学共同研究项目达到 18595 件②。

20 世纪日本在 90 年代主要采取知识产权专利保护策略。由于要消化、吸收、引进技术，以及受到美国专利的攻击，日本企业在专利战略上采取的是防御方式。进入 21 世纪，日本从"科技立国"转到"知识产权立国"，并成立了由时任首相小泉纯一郎亲自担任部长的知识产权战略本部，提出创造、保护、应用、人才的知识产权战略四大支柱，旨在通过实施知识产权运营提高国家的综合实力，走"知识产权立国"之路，由"技术模仿立国"发展成"技术创新立国"③。

日本为落实知识产权立国的基本方针，2002 年 7 月制定出《知识产权发展战略纲要》，确保日本知识产权运营的实施。同年 12 月又出台了《知识产权基本法》，其基本内容涉及促进知识产权的创造、保护、开发，由政府建立知识产权战略本部等内容，并包括促进知识产权在大学等部门的研究和开发；鼓励大学的研究和开发成果成功向商业应用顺利转移；推动获得知识产权保护的进程；推动改进知识产权争端解决体系的进程；加强对知识产权侵权行为的打击力度；促进与知识产权相关制度有关的国际合作；审查在新领域如何保护知识产权；建立有助于商业企业开发知识产权战略的管理指南；重视商业个体投产的项目和中小企业新开发的项目；开发具备知识产权相关知识的人才资源等一系列基本措施④。

---

① 李龙.日本质押融资和评估[J].华东理工大学学报：社会科学版，2009 年(04).
② JPO.Annual Report[R].Japan Patent Office.2012:45
③ 齐荣坤.企业知识产权管理与保护实务[M].2014.
④ 齐荣坤.企业知识产权管理与保护实务[M].2014.

1.5 韩国知识产权运营背景

韩国是一个依托知识产权运营实现由贫穷落后的发展中国家迅速崛起的典型。韩国最早的成文知识产权法出现在 1908 年，包括《专利法》、《外观设计法》和《商标法》。但这些法律并没有起到很好地保护韩国知识产权的作用，主要原因是受控于美国和日本的牵制。1910 年，日本侵占韩国，这些法律随之被禁止，直到二战结束。1946 年，韩国再次颁布了新的《专利法》，同年实施了《商标法》。新《专利法》效仿了美国的专利法，接受了发明优先原则，该法律前后使用了 17 年，新《专利法》才真正是韩国现代意义上的第一部知识产权法。

20 世纪 60 年代初，韩国实施"进口替代工业"。为了适应国内经济结构的快速变化和技术发展状况，满足国际新形势的要求，1961 年以后韩国知识产权法律共修订了十多次，不断加强保护知识产权的力度，扩大保护范围。1976 年，韩国国内知识产权申请数总量是 1960 年的 8 倍，同时韩国的外国国民知识产权申请也开始增多。70 年代后韩国以"出口导向战略"代替"进口替代工业"，加快产业的更新换代，发展高技术产业，发展外向型经济，积极参与国际竞争。

由于 20 世纪 70 年代末 80 年代初国际技术保护主义的出现，特别是韩美之间发生的一系列知识产权争端，给韩国企业带来了危机感，国际资本和技术引进对韩国知识产权制度环境提出了更高的要求。此时，韩国原有的知识产权制度不能适应国际技术转让的要求，因此韩国开始按照国际标准建立其知识产权制度，以达到国际知识产权保护的基本要求，从而鼓励、促进国外专利的引进和国内专利的输出。

为了跟上国际化专利政策的变化，1979 年韩国加入了国际知识产权组织，并分别于 1980 年和 1984 年签订了《巴黎公约》和《专利合作条约》。1988 年，韩国专利管理局更名为工业产权局（KIPO），开始积极采取措施加强对工业技术创新的知识产权保护，促进本国高新技术产权发展。同年，韩国签订《布达佩斯条约》，为植物和微生物提供专利保护。1992 年，韩国颁布《半导体集成电路布图设计法》，修改了《不正当竞争法》以加强商业秘密保护。2001 年，韩国制定了促进技术转让法，以法律的形式保障了韩国技术交易所的设立与运营，为鼓励和实施技术转让提供了有力的法律保障。同时，建立了知识产权市场和网上专利技术市场，促进了专利技术的商业化和销售。不仅如此，2002 年，韩国知识产权局为专利技术商业化实施了 100 亿韩元的投资和 100 亿韩元的财政资助。随后，韩国产业资源部在2003 年投入 1471 亿韩元，加强专利技术的开发、转让、产业化扶持，促进专利新技术的产业化①。韩国知识产权制度的完善和知识产权的国际化，极大地促进了国际技术转移和本国知识产权运营的发展。

2008 年，全球金融危机爆发，世界经济包括韩国经济受到了持续冲击。在此背景下，2009 年 7 月韩国政府出台了《知识产权强国实现战略》（下称《战略》），《战略》提出 3 大战略目标，即改善技术贸易收支，扩大著作权产业规模和提升知识产权国际主导力；11 项战略举措，即促进知识产权创造，知识产权金融，促进知识产权产业化，完善知识产权司法制度，建立公正的知识产权交易秩序，引领国际专利制度发展潮流，推进《知识产权基本法》制定进程，加强知识产权保护，建立知识产权纠纷援助机制，加强知识产权文化建设和建立信息化知识产权基础设施。《战略》积极推进《知识产权基本法》制定工作，将加强知识产权的运用和保护作为工作重点，加大了知识产权服务力度和能力建设，积极参与知识产权国际规则的调整，推动了韩国向知识产权强国转变的步伐，同时也促使其由制造业大国向知识产权强国发展。2011 年 4 月 29 日，韩国国会全体会议通过《知识产权基本法》。该法包括 7 个方面的内容，提出重点从知识产权创造、运用和保护 3 个方面建设知识产权强国。该法规定，为促进专利的转化，技术转让和商业化预算占国家研发预算比例将由此前的 0.7%提高到 2013 年的 3%。在规范大学、科研机构专利转让的同时，政府还为大学和科研机构的专利转化创造了条件②。利用知识产权制度实现知识和技术资源的产权化和资本化，进而在国际经济活动中占主导地位，已经成为韩国的一项基本国策。

近年来，韩国政府越来越重视知识产权工作和知识产权运营，市场中越来越多的知识产权运营主体逐渐出现，如三星企业、现代汽车、游戏公司、大宇制造等。知识产权运营促使了韩国经济的增长，增强了韩国在国际上的竞争力。

---

① 包海波.韩国知识产权发展战略及启示[J].杭州师范学院学报，2013 年(09).
② 周胜生.韩国知识产权战略启示录[EB/OL].http://www.nipso.cn/onews.asp?id=21013.

第 2 章　国外知识产权运营的发展现状

2.1　国外知识产权运营现状

知识产权运营公司盈利能力逐渐强大，吸引了大量的资本进入该领域。知识产权运营已发展成为一个产业，产生了一些影响力较大的实体。越来越多的专业的知识产权人才和专门的知识产权运营主体产生，有中介机构、科研院所和企业，甚至不乏以知识产权运营为主业的上市公司，如阿凯夏公司。阿凯夏是一家在美国市场上最为活跃的专利运营实体，成立于 1992 年，该公司目前约有 150 名员工，管理着约 150 项专利组合，涉及的技术领域包括医药及电子行业，2003 年该公司股票在纳斯达克市场上市，成为第一家公开上市发行的专利运营公司，发行约 22 万股[①]。

20 世纪末，国外知识产权运营已进入快速发展阶段，运营模式由基础的转让和许可发展到知识产权的信托、证券化、质押融资和诉讼等多种模式，同时知识产权运营的业务范围逐渐走向全球化，推进了知识产权运营信息平台的健全。

例如，在美国现阶段，知识产权运营已经是一种很纯粹的商业模式，在该领域出现了很多专业的商业机构，特别是专利运营。根据 AST（Allied Security Trust）公司（主要研究美国专利交易市场）统计，2010 年至 2014 年 6 月份确定的专利交易超过 3709 份，涉及 68430 个美国专利、2476 个卖家和 1517 个买家。AST 公司从这些数据中发现，所分析的时间段中，2011 年的交易量最高，其中包括著名的苹果购买北电网络、谷歌购买摩托罗拉的专利交易。此后的年交易量急剧下降，直到 2014 年才强势反弹。2014 年前 6 个月已发生交易 372 份，涉及 10831 份专利，而且 78%的专利交易均来自高技术行业。2014 年，超过 60%的专利交易都与通讯

---

① 毛金生,陈燕,李胜军,谢小勇.专利运营实务[M].北京：知识产权出版社，2013.

和软件技术资产有关。在 1000 多个涉及软件技术的交易中，高智公司的购买份额占 33%。

2.2　国外知识产权运营机构

本节将针对美国、德国、英国、日本和韩国等较为典型的知识产权运营公司进行分析。

2.2.1　美国高智发明公司

美国高智发明公司是全球发展最为活跃的知识产权运营机构。高智发明公司以其庞大的资源支持和独特的运作模式迅速崛起并吸引全球的关注，其业务几乎遍布全球。

1. 概况

高智发明公司是一家典型的以转让、许可、诉讼等为主的知识产权运营公司，成立于 2000 年，是目前全球最大的专业从事发明创造与投资的公司。该公司总部位于美国华盛顿，目前在澳大利亚、加拿大、爱尔兰、新加坡、日本、韩国、中国、印度 8 个国家设有分支机构。其组织非常复杂，拥有 7 个专利运营机构和 3 个基金 Intellectual Science Fund（ISF）、Intellectual Investment Fund（IIF）、Intellectual Development Fund（IDF）。基金分别用于投资公司内部科学家的发明创造，收购有市场前景的其他公司专利以及投资公司外部发明人。虽然这 3 个基金的主营业务各有所侧重，但终极目的仅有一个，即获取专利并形成高价值的专利组合，然后许可、转让这些专利收取费用。2008 年 10 月，高智发明公司在北京举办中国区开业典礼，正式将其业务引入中国，目前进入中国开展业务的主要是 IDF。

高智发明公司的核心团队包括 4 位创办人——Nathan Myhrvold （微软公司前首席技术官、战略师，微软研究院创始人，现任高智发明公司 CEO），Edward Jung（微软公司前首席软件架构师，现任高智发明公司首席技术官），Peter N. Detkin（英特尔公司前副总裁，现任高智发明公司副总裁），Greg Gorder（Perkins Coie LLP 事务所合伙人，现任高智发明公司副总裁）；3 位高管——Adriane Brown（霍尼韦尔交通系统前总裁兼 CEO，现任高智发明公司总裁兼首席运营官），David Kirs（美国司法部前司法部长助理，现任高智发明公司总法律顾问），Russell L.Stein（19 年美林和摩根斯坦利金融机构从业经验，现任高智发明公司执行副总裁兼财务总监）；25 位专职顶尖科学家团队[①]。

2. 运营业务概况

（1）资金来源

高智发明公司有着雄厚的资金实力，高智发明公司的财力支持者来自不同的领域，既有传统的金融领域投资基金，也有实体企业（尤其是高科技企业）、私募基金及个人投资者，其中不乏大型的跨国高科技企业集团、活跃的货币投资机构、重要大学投资基金及实力雄厚的天使投资人。投资人包括全球 500 强公司和高科技、电信、金融服务、消费电子、电子商务领域的领军公司。高智发明公司现有的 30 多位投资者，包括个人投资者（比尔·盖茨），2 个家族基金（HP 家族和杜邦家族），以斯坦福大学为首的一小部分大学，以及十多家高科技公司（如微软、摩托罗拉、谷歌、苹果、思科等）。由此可见，如果要在知识产权运营领域有所作为，强大的资金支持是必不可少的，因此高智发明公司通过设立三大基金来吸引投资机构和个人投资者对其进行投资，其目的是为其专利运营提供强大的资金支持。

（2）专利来源

高智发明公司专利的来源主要是自己创造和外部收购。在高智发明公司所设立的 3 大基金中，发明科研基金（ISF 基金）主要负责内部研发，并建立专门的研发实验室（Invention lab）研发具有前瞻性和市场前景的专利。但是，根据相关新闻报道及基于相关数据，外界更多地认为高智发明公司的专利主要来源于外部收购，其中发明投资基金（IIF 基金）主要负责外部收购/并购专利，通过直接购买或与大学等科研院所联合进行研发，直接购买的方式一般都是通过空壳企业的方式进行的。高智发明公司在获得大量专利资源后，在此基础上再进行二次研发和组合集成，然后对外进行专利许可、转让等并从中获利。

（3）专利数量

由于高智发明公司并不是上市公司，因此没有公开相关数据的义务。到目前为止，由 Tom Ewing 和 Robin Feldman 两位美国学者发起的专门针对高智发明公司的研究可以说是最为完整的，他们获知了高智发明公司的 8093 项专利和 2998 项公开专利申请[②]。

---

① 毛金生,陈燕,李胜军,谢小勇.专利运营实务[M]. 北京：知识产权出版社，2013.
② 刘斌强.高智发明（IV）：基于专利数据的分析与启示[J].中国知识产权，2014.

3. 运作模式

依据专利运营的增值理论，高智发明公司的主要经营流程可概括为以下三个阶段：第一阶段，募集资本，也就是专利投资过程，高智发明公司通过组建顶尖团队寻找最佳投资机会；第二阶段，专利选择与集中，也就专利整合过程，高智发明公司通过自创、购买、合作三种方式创建具有完全经营权的专利池；第三阶段，专利收益过程，高智发明公司通过专利出资、专利许可或转让的方式面向全球市场开展专利运营。

高智发明公司针对三种对象分别运用了不同的专利运营模式：对于发明者，提供资金，为发明确定大量的主题，从多渠道打包专利，以实现专利增值；对于研究机构，提供资金，将科学发明与产业需求联系起来，帮助实现发明货币化，实现专利权；对于产品制造商，为产品提供一站式购买服务，将外部发明者与公司的特殊需求相结合，通过提供专利接触减少专利诉讼的风险，为公司的专利许可和销售提供快销市场。

4. 运营效果

2003—2010 年，高智发明公司基金总额是 57 亿美元，实际投入不到 30 亿美元，收回资金超过 45 亿美元，盈利超过 10 亿美元[①]。其主要途径包括 4 下几个方面。

- 为已遭受专利诉讼的投资企业提供专利风险解决方案，收取专利许可费。例如，美国第二大电信公司为了应对美国 TIBO 公司涉案金额为数十亿美元的专利诉讼，找高智发明公司合作，高智发明公司为其组成了包含约 1000 个专利的专利包，不仅使 TIBO 撤诉，而且反诉 TIBO 公司数十亿美元。

- 为未遭受专利诉讼的投资企业提供技术支持和保险，收取专利许可费。这些投资企业有权在基金的期限内查看专利池里的任何东西，并且进行挑选、建立组合，以创造更多的价值及避免大量诉讼。

- 向其他公司收取专利许可费用。高智发明公司根据其拥有的专利资源分析现状或可能要用到其专利的对象，向其收取专利许可费。

- 通过诉讼途径来实现盈利。在许可不成功的情况下，高智发明公司会通过诉讼的方式逼迫对方"就范"[②]。

---

① 孙惠娟.基于中外对比专利运营模式的研究[D]. 镇江：江苏大学，2014.
② 毛金生,陈燕,李胜军,谢小勇.专利运营实务[M].北京：知识产权出版社，2013.

5. 运营特征

高智发明公司运营的特征主要表现为注重专利投资环节,在专利整合环节中注重人才凝聚和平台建设,运营隐蔽性强,运营模式多样。

（1）注重专利投资环节

高智发明公司设立基金,通过基金模式充分展示其资金的吸纳能力,凭借庞大的资金对专利进行全球范围的投资,保障其通过购买、许可等方式积极引入外部专利。

（2）专利整合环节实力雄厚

主要体现在人才的凝聚及运营平台的搭建上。高智发明公司非常注重人才的培养和运用,在平台建设上手法新颖。高智发明公司运营模式多样,对专利组合的价值非常重视,同时认为专利价值商业化的前提在于专利组合的运营。

（3）专利运营隐蔽性强

高智发明公司通过空壳公司和运营策略避免追踪。它利用空壳公司分散其专利,使得专利运营的真实效果难以追踪。高智发明公司还使用一些策略实现其隐蔽运营,如将专利授权给第三方,然后让第三方起诉别人,从而避免直接的冲突。

（4）专利运营模式多样

高智发明公司的客户较为多元化,有大学、大公司、小公司,高智发明公司会根据客户的特点不同而选择不同的运营模式,使其更灵活[①]。

高智发明公司已发展成为世界上最大的专利运营公司,且在社会上产生巨大影响。

2.2.2　德国史太白技术转移中心

1. 概况

史太白技术转移中心成立于 1971 年,是德国最大的技术转移服务机构。经过40 多年的发展,史太白技术转移中心已由一个州立的技术转移机构发展成为国际化、全方位、综合性的技术转移网络。其定位于技术转移服务组织,担当政府、学术界与企业界的联系平台,从各类型顾客的需求出发,致力于技术创新全过程的各阶段,提供全方位服务。史太白技术转移中心的宗旨是"企业的伙伴、促进创新的

---

① 毛金生,陈燕,李胜军,谢小勇.专利运营实务[M]. 北京:知识产权出版社,2013.

信息和咨询源泉、技术和知识的中心"。其核心有两部分，即公益性的史太白经济促进基金会，和专门从事技术转移、具有非营利性质的史太白技术转移有限公司。史太白经济促进基金会自 1971 年开始受政府委托向中小企业提供咨询；1983 年基金会改组成专注于技术转移的机构；1998 年成立了史太白技术转移有限公司，隶属于基金会，主要负责知识与技术转移的相关商业活动①。

2. 运作模式

史太白体系由经济促进基金会（StW）、技术转移公司（StC），以及众多技术转移中心（STZ）、咨询中心（SBZ）、研发中心（SFZ）、史太白大学（SHB）及其他参股企业组成，每个转移中心相对独立，实行市场化运作。技术转移中心的核心业务是咨询服务，以其强大而完善的专家服务为基础，能够根据客户的具体需求，迅捷而专业地作出反应，咨询中心向企业、公共部门提供中短期咨询服务，覆盖技术领域和企业设立、市场开拓、运营管理、企业发展战略等环节，同时为企业、信贷机构及投资者提供项目及企业分析和评估，帮助客户抓住机遇，规避风险。通过咨询服务，史太白赢得了大量技术转移客户。研发中心利用大批优秀的技术专家和人才，深度开发已有技术，使其更好地与客户需求吻合②。

拥有技术或专利的高校教授或科研院所专家向史太白董事会提出申请，如果董事会经过评估后确认该技术有较大市场价值，则双方签约成立转移中心；如果不愿成立新的转移中心的，可申请由现有的转移中心进行技术转移。如果新成立转移中心，则该教授/专家担任新成立的转移中心的负责人，承担相应的启动资金，中心实行自主核算、自负盈亏。技术转移中心需将年度营业额的 10%上交史太白技术转移公司（史太白大学里的技术转移研究所缴纳 15%）。

3. 运营效果

技术转移中心是史太白体系的基石和主要收入来源，截止到 2010 年底，它已在 50 个国家设立了 810 个独立核算、自主决策的专业技术转移机构，营业收入 1.24 亿欧元，并拥有众多附属机构、风险投资伙伴和项目合作者，各类雇员超过 5000 名③。

经过多年的发展，史太白技术转移中心逐渐形成了具有自身特色的技术转移模式。史太白是德国技术转移先驱，其运营特征是创立了产学研结合的技术转移模式，

---

① 王经亚,陈松.德国技术转移体系分析及借鉴[J]. 经济研究导刊，2009(08).
② 佚名.德国史太白技术转移中心成功经验及合作建议（管理资料）[EB/OL].http://www.docin.com/p-1455075421.html
③ 史晓星,章立.国外知识产权运营及启示.中小企业管理与科技（下旬刊），2013(10).

为高校、科研机构的技术拥有者提供合作平台，同时将政府雄厚的资金支持与市场化运作进行结合，实现公共资源和市场资源的优化配置。正是德国政府通过财政拨款资助、服务采购和税收优惠等多种措施，培育形成了今天的史太白。

2.2.3　英国技术集团

1. 概况

英国技术集团（BTG）起初是由英国政府组建的，由英国国家研究开发公司（NRDC）和英国工党政府成立的国家企业联盟（NEB）合并组成。BTG 主要负责将政府资助形成的科研成果转化到市场，实现技术的商品化。但是，政府只能作为一个领导者对知识产权运营工作进行理念性、宏观性和战略性的指导，当知识产权运营环境发展成熟后，政府职能逐渐由"管制型"向"服务型"转变。因此，为了加快 BTG 的市场化运作，英国政府于 1991 年将 BTG 转让给英国风险投资公司、英格兰银行、大学副校长委员会和 BTG 组成的财团。BTG 现如今已经发展成为国际著名的专业从事专利技术转移的中介机构，致力于从市场的实际需求出发，遴选专利技术项目，并采用最有效的手段实现专利技术产品化和市场化[①]。

2. 运作模式

BTG 私有化后，采取了一系列措施拓展技术来源，从最初着眼于国内市场，主要依靠研究院所和大学，发展成为 75%以上收入来自英国以外业务的国际化公司。BTG 的运作模式主要是：①寻找、筛选和获得技术，BTG 每年在世界范围内从公司、大学和研究机构中预选 400 项技术和专利，然后从中筛选和评估出 100 项具有较大市场价值的技术项目，帮助其实现专利申请。②BTG 充当买卖双方的桥梁，促进专利与技术转移的合作，同时对筛选过的专利进行资助，帮助其专利达到实际应用的程度，然后再转让给买方。③进行风险投资，一方面对发展前景较好的早期阶段的公司进行投资，帮助企业共同制定战略性的专利投资组合，帮助企业保护知识产权，从而获取所投资产品的销售及向市场推广产品取得的红利；另一方面对各种形式的技术开发进行投资资助，包括帮助公营机构申请获得专利和生产许可证；资助大学师生对创新想法进行早期开发，共同安排高技术实验项目并提供"种子资金"；在大学中设高技术奖励基金，一个项目大学 5000 英镑奖金；帮助有技术专长的集体或个人开办新企业[②]。

①　孙惠娟.基于中外对比专利运营模式的研究[D].镇江：江苏大学，2014.
②　陈宝明.英国技术集团发展经验.高科技与产业化[J].2012(02).

3. 运营效果

BTG 一般不采取卖专利的方式来赚钱，而是通过技术转移和技术开发来盈利，BTG 与专利所有者一般是平分从生产厂家那里得来的利益份额。近 12 年来，BTG 每年技术转移和支持开发、创办新企业等的营业额高达 6 亿英镑。

BTG 由 NRDC 与 NEB 合并而成，具有技术转移和风险投资的双重功能，经过长期的发展，BTG 已成为世界上最大的专门从事技术转移的科技中介机构，同时也是一家以政府为主导的运营机构，在技术转移方面有许多可值得我国借鉴之处。

2.2.4　日本技术交易所

1. 概况

日本 Technomart 成立于 1985 年，是日本最著名的国家级技术交易市场平台，1997 年在通产省专利局支持下，开始"特许流通促进商业"计划，为了继续增进发展技术转移促进地区的功能，于 2002 年 4 月重整后归入日本立地中心（JILC）。Technomart 交易所的特点主要是通过集中收集、整理和向社会用户提供有关信息，促进不同地区、各个领域及企业间的技术交易和技术交换，增强企业技术基础实力。他们赖以服务的基础便是信息网络和数据库，其投资基金总额为 13.5 亿日元，因此，就其互联网和数据库而言，是相当广泛和完善的①。

2. 运作模式

Technomart 的运作模式：一是通过公司、个人、大学、公共研究机构及海外来源，广泛收集可靠的技术和商务信息形成自己的技术数据库；二是同日本专利信息组织联合进行快捷的专利检索服务，可分类检索专利及其有效使用权、新型设计及商标检索服务；三是同日本工业结构发展基金会联网，提供招募人才信息、有意向的商业领域信息及贸易潜力信息等服务；四是同日本 Fujitsu FIP 联合，提供日本著名报刊新闻稿、公司信息、国际信息及海外著名信息库联机检索等；五是采用会员制，分为一般会员、情报会员与支持会员。

会员制的会费分为入会费与年会费两种，依享受权益不同而收取不同的费用，会员可以通过 E-Technomart 登录该平台，并可优先参与 Technomart 所受理的各类技术研讨会与商谈会等活动。一般会员更可利用 Technomart 新设立的技术交易中介平台联络专家与查阅资料库，进一步进行技术交易。

---

① 佚名.全球知名技术交易平台和技术转移机构[EB/OL]. 中国技术交易所 http://www.360doc. com/content/15/0504/15/15408035_468000741.shtml.

Technomart 的技术转移活动强调地域性的推动，并且着重在商谈与展览活动、技术信息网站以及技术交易人员实时联络等三大部分。未来，Technomart 将继续强化这三大部分，并寻求与中国、韩国的技术交易单位合作。

2.2.5 韩国创意资本公司

1. 概况

2010 年韩国创立了创意资本公司（Intelletual Discovery），由此正式宣告以韩国政府背景为主的首家知识产权管理公司诞生，由 Kwang-Jun 金担任创意资本公司的首席执行官。韩国政府和民间企业共同向该公司投入了 5000 亿韩元作为创意资本公司的"种子"钱，以此为基础，旨在为提高国家竞争力而购买必需的专利、创意和技术。同时，还会对未成熟的技术、创意或发明予以保护，并将其与商业结合，起到孵化器的作用。

2. 运营业务概况

从公司名称就可知道，所谓"创意资本"，就是通过购买专利和创意，提高其附加价值，然后再租借或出售给有需求的企业，从而获取收益的资本。该公司也计划买入韩国国内企业必需的国外专利来转借给国内企业，并收取手续费。不仅如此，创意投资公司设立知识产权投资基金，基于对知识产权的价值评估为企业提供融资，同时也积极投资于初创企业或合资企业开发的创意和高质量的专利。当前的投资组合包括超过 3800 项专利，主要领域是工业技术、移动通信、半导体、网络、能源、智能制造业、电子信息等行业。此外，创意资本公司拟建立一个平台，将那些由大企业开发、但不常使用的专利转卖或者租借给中小企业使用。

创意资本公司的任务是积极应对"专利大鳄"，是专门保护韩国国内重要专利的"保护伞"。

第3章　国外知识产权运营特点

3.1　知识产权运营主体广泛

国外开展知识产权运营的主体既包括企业、高校、科研院所等创新主体，也包括专门从事知识产权商品化、资本化的服务性中介组织。目前国外进行知识产权运营的主体包括，以增加知识产权市场价值为主要目的的知识产权管理公司，代表公司有英国 BTG、美国 UTEK；以技术转移为主的德国史太白、斯坦福大学技术许可中心（Stanford University Office of Technology Licensing）；为谋取专利的"许可权"的公司，如以专利受让为主的阿凯夏科技集团（Acacia Technologies Group），以会员制运作的 AST 公司和美国高智公司；以知识产权投融资为主的艾提杜资本有限合伙集团（Altitude Capital Partners）。从规模上看，既有大型公司，也有小型公司。

国外知识产权发展起步早，越来越多的知识产权运营机构出现，形成了相当发达的知识产权服务产业链。以美国为例，美国是知识产权运营最活跃的国家，无论是以企业、高校、科研院所，还是以中介服务为主体的知识产权运营机构，都广泛的发展起来，大大小小的知识产权运营公司数不胜数，促进知识产权运营服务更完善、更广泛。其中，知识产权评估活动就广泛存在于高技术产业以及企业经营、技术转移、法律诉讼、公司兼并等经济、技术和社会活动中，因此其价值评估是完全市场化的。除专门的评估机构外，通过律师事务所或财税咨询公司为买卖双方进行评估也是常用的手段。

3.2　知识产权运营方式多样化

由于国外知识产权制度及知识产权运营发展历史较早，且政府政策的支持和重视，因此国外知识产权运营方式也很多样化。国外企业将拥有的有效知识产权或专利技术进行策划、分析、收购，形成新的知识产权组合，并通过转让、许可、投资、诉讼等模式实现专利的经济价值，经过多年的探索和发展，国外的知识产权运营逐渐与经济、金融、法律、互联网等融合。在知识产权运营方式上也出现多样化，有知识产权转让许可模式、知识产权诉讼模式、知识产权质押模式、知识产权融资模式、知识产权信托模式、知识产权保险模式、知识产权证券化模式等成熟模式。与此同时，越来越多新型的知识产权运营模式应运而生，如以专利"保护伞"为主的 RPX 公司，知识产权管理方案服务提供商 UBM TechInsights 以及 IPXI 这种综合性交易平台。众多的知识产权运营模式使得国外知识产权运营已形成一个完整的体系。

3.3   知识产权运营人才多样性

通过知识产权运营获得利润在国外企业中已是普遍现象，众多企业对知识产权运营意识越来越强，相应的知识产权运营人才比较普遍。国外很多企业都设置了专门的知识产权管理部，负责专门的知识产权分析、申请和管理。此外，针对以知识产权运营为主的公司更是人才济济，不仅具有专业的知识产权人才，还具备金融、法律、市场等多个领域的人才。例如，美国高智有 25 位专职顶尖科学家团队，目前员工总数约 850 人，按照其专业分为三类，其中三分之一是技术专家，包括科学家、发明家；三分之一是法律专家，包括专利律师和诉讼律师；三分之一是经济专家，包括金融家、风险投资家、专利许可授权代理商。

由于知识产权运营是一项复杂、庞大且不断变化的商业行为，同时与产业发展、市场秩序息息相关，所以拥有多领域的人才才能更好地促进知识产权运营的发展。

3.4   知识产权运营政策保障

自 20 世纪 80 年代以来，美、日、韩、欧盟等国家和地区都相继出台了一系列政策性文件来加强对知识产权运营的指导和保护，促进知识产权运营的发展。特别是美国，相继出台了 20 多部与专利技术转移相关的法律法规，促进和推广知识产权的商业化、资本化运营。以专利质押贷款运作为例，它可以顺利开展的基础就在于一系列健全的法律法规和相应的保障制度。美国专利法、英国专利法、日本特许法和著作权法中都有关于专利质权的条款。

外国政府对知识产权运营的扶持力度较大，如日本自 20 世纪 90 年代开始奉行"科学技术创新立国"，为此于 1998 年颁布了《日本促进大学向产业技术转移法》。进入 21 世纪，日本确立了"知识产权战略"，实施"知识产权立国"政策，特别在知识产权信托和知识产权结合金融方面有较大的发展，并建立专利信息的专家咨询系统和专利战略分析系统推动专利市场化进程，同时也成立了知识产权保护中心，为日本企业提供有关咨询服务，还帮助在海外开展涉嫌侵犯日本企业知识产权的调查。

政府相关政策的出台为知识产权运营提供了可靠而牢固的政策法律环境，从而使国外的知识产权运营得到广泛而系统的发展。

第二部分
国内知识产权运营

第4章 知识产权运营背景

自20世纪70年代末我国实行改革开放政策以来，我国的法制建设重新起步，知识产权立法工作进入新的时期，先后颁布了《商标法》（1982年）、《专利法》（1984年）、《著作权法》（1990年）、《反不正当竞争法》（1993年）等，初步建立了知识产权法律制度体系。由于我国的知识产权立法工作起步较晚，所以随之而发展的知识产权运营相对也较晚。但由于我国经济的快速发展，以及我国逐渐走上技术强国，国家对知识产权立法和知识产权运营也越来越重视。近年来，知识产权运营在市场上也越来越活跃。

由于中国的知识产权运营起步较晚，运营人才与配套服务机构较为短缺。传统的知识产权服务机构虽然可以提供运营环节中的确权、维权、调查、分析等部分服务，但难以整合完整的知识产权运营服务链，无法快速、有效地配置各个运营环节的服务资源，从而制约了社会科技的创新和经济结构的健康发展。经过多年的快速发展和学习赶超，目前中国已成为世界知识产权大国，但仍不是知识产权强国。知识产权创造规模大、效益小，数量多、质量低，尤其表现在知识产权海外表现、知识产权强度指标及知识产权贸易方面。我国知识产权运营模式发展还缺少全国性知识产权运营公共服务平台、高水平的知识产权运营服务机构，知识产权运营总体水平仍处于初级阶段，与我国经济发展的要求不相适应，亟待着力培育发展及改进。

为了加快推进知识产权强国的建设，完善知识产权服务体系，推动知识产权资产的流通利用，我国将逐步对知识产权运营服务进行系统化升级，正式开启我国知识产权运营的新篇章。

4.1 知识产权运营成为政策推动的发展方向

由于知识产权运营与国家的产业竞争利益密切相关，发达国家或地区往往将知识产权运营策略上升为国家层面的知识产权运营策略。例如，韩国建立以进攻性为主的专利运营公司实施国际知识产权战略，通过积极检索、购买核心技术，抢注或收购知识产权，防止核心技术尤其是韩国核心技术被国外竞争对手抢先收购。这种进攻性战略对于保护韩国经济安全有重要作用。自 20 世纪 80 年代以来，越来越多的企业将知识产权运营作为一种经营策略和经营手段，以最大限度打击竞争对手，保护自己。知识产权运营市场日趋繁荣，一方面标志着知识产权作为企业重要的资产，其价值逐渐为产业界所认可；另一方面也促使政府从规范市场垄断行为和对知识产权权利行使进行管理的角度出台相应政策策略。为加强知识产权运营的发展以及提高我国竞争力，我国相继出台了相关政策。

1. 知识产权保护及知识产权运营相关政策

我国于 2008 年 6 月颁布实施的《国家知识产权战略纲要》确立了"激励创造、有效运用、依法保护、科学管理"的 16 字方针，标志着我国知识产权制度的战略重心从保护阶段进入创造、运用、保护和管理并重的阶段。从国家知识产权战略指导思想来看，获取知识产权不是目的，保护知识产权也不是目的，促进知识产权运用，使知识产权转化为企业的市场竞争力，从而提升国家核心竞争力，才是最终目标。在《国家知识产权战略纲要》的指引下，我国相继出台了一系列规范和促进知识产权运营的其他政策性文件。

- 为了提高专利的申请质量和转化率，2013 年 12 月 25 日国家知识产权局出台了《关于进一步提升专利申请质量的若干意见》。它对地方现行的各级专利资助、奖励政策进行了梳理和总结，对资助政策进行调整，一是由专利申请阶段资助向授权后资助转变，突出专利一般资助政策的质量导向；二是由资助专利创造逐步向资助专利运用转变，引导创新主体加强专利运用和保护。在 2014 年 5 月 1 日，国家颁布实施了新《中华人民共和国商标法》。新《中华人民共和国商标法》修改贯穿了商标申请、注册、管理、确权、维权的每个环节，在商标申请上规定了"声音"也可以注册商标，并且商标注册申请人可以通过一份申请就多个类别的商品申请注册同一商标；在注册和使用商标时，应遵循诚实信用原则；在管理上，企业宣传禁用"驰名商标"字样，并且严格规定禁止恶意抢注他人商标；对恶意侵权的赔偿额从 50 万元提高到 300 万元。新《中华人民共和国商标法》的颁布实施，对企业商标申请管理和商标市场环境都有重要的进步意义。通过相关知识产权保护政策的出台，点燃了企业、科研机构和个人的创新激情，引导企业、科研机构和个人对知识产权的正确认识，增强了知识产权相关知识的普及和推广。

为了加强对知识产权的保护，2014 年年底，北京、广州、上海相继成立了知识产权法院。随着知识产权法院相关案件的受理、审判工作陆续展开，一系列司法体制和知识产权审判制度改革方案相继出台，知识产权司法保护进入了全新的阶段。与此同时，国家知识产权局积极组织全国知识产权系统开展集中检查、集中整治、集中办案活动，不断加大执法办案力度，深入开展"雷雨"、"天网"、"护航"专项行动。各地重拳出击，针对大型商场、展会开展了专项行政执法，大力打击涉及民生、重大项目等领域的专利侵权假冒行为，快速调处专利纠纷，积极维护权利人、市场主体和创新主体的合法权益，为营造公平有序的市场环境发挥了重要作用。

- 为了进一步贯彻落实《国家知识产权战略纲要》，2014 年 12 月 10 日中共中央、国务院办公厅印发《深入实施国家知识产权战略行动计划（2014～2020年）》（下称《行动计划》）。《行动计划》的目标是："到 2020 年，知识产权法治环境更加完善，创造、运用、保护和管理知识产权的能力显著增强，知识产权意识深入人心，知识产权制度对经济发展、文化繁荣和社会建设的促进作用充分显现"。其具体方向包括：一是促进知识产权创造运用，支撑产业转型升级。鼓励银行、证券、保险、信托等机构广泛参与知识产权金融服务，开发知识产权融资服务产品，完善知识产权投融资服务平台。此外，积极引导地方人民政府建立小微企业信贷风险补偿基金，对知识产权质押贷款提供重点支持，增加知识产权保险品种，扩大知识产权保险试点范围，加快培育并规范知识产权保险市场。二是加强知识产权保护，探索建立与知识产权保护有关的信用标准，将恶意侵权行为纳入社会信用评价体系，向征信机构公开相关信息，提高知识产权保护社会信用水平。三是强化知识产权管理，将知识产权管理纳入国家科技重大专项和科技计划全过程管理，建立国家科技重大专项和科技计划完成后的知识产权目标评估制度，鼓励高校和科研院所建立知识产权转移转化机构。四是拓展知识产权国际合作，完善与对外贸易有关的知识产权规则，助力企业"走出去"。《行动计划》强化了新常态下知识产权专项工程的部署，明确了知识产权的保障体系和风险体系，为知识产权未来的发展描绘了宏伟蓝图，对《国家知识产权战略纲要》起着决定性的推动作用。

- 为了加强科技发展，加强知识产权的保护和运用，2015 年 1 月 15 日，国家知识产权局局长申长雨在全国知识产权局局长会上作了题为《改革创新　奋

发有为 深入实施知识产权战略 努力建设知识产权强国》的工作报告。报告中强调要拓宽知识产权资本化、产业化渠道，促进创新专利变现和转化；大力发展知识产权金融，支持互联网知识产权金融的发展，并提出有效控制知识产权金融风险；建设好全国知识产权运营公共服务平台和特色试点平台，支持国家专利运营试点企业探索专利运营新模式，培育一批高水平、国际化的运营机构；推动社会资本设立专利运营基金，支持市场主体运用专利许可转让、出资入股等方式实现专利价值，加快创新成果向现实生产力的转化。

为了进一步深化和健全知识产权体制机制，2015 年 3 月 13 日，中共中央、国务院办公厅印发了《关于深化机制体制改革实施创新驱动发展战略的若干意见》（下称《意见》），《意见》重申知识产权是创新发展的制度支撑和法律保障，要求强化和严格地践行知识产权保护制度，为创新驱动保驾护航；进一步强调了强化知识产权金融的重要性，提出建立市场化的风险补偿机制，该机制可以有效解决目前知识产权质押融资中存在的法律风险、经营风险、质押物处置困难等问题；《意见》还要求完善成果转化政策，提高科研人员成果转化收益比例，完善职务发明制度，推动专利法、公司法相关内容的修订；《意见》还进一步强调了完善创新驱动导向评价体系，改进和完善国内生产总值的核算办法，体现创新的经济价值，研究建立科技创新、知识产权与产业发展相结合的创新驱动发展评价指标，并将其纳入国民经济和社会发展规划。

- 近年来，国家出台了一系列政策法规，从知识产权创造、运用、保护等方面加大支持力度，激发企业创新技术潜力。

2015 年 5 月 8 日，国务院印发了《中国制造 2025》，部署全面推进实施制造强国战略。《中国制造 2025》明确提出，"要强化知识产权运用，加强制造业重点领域关键核心技术知识产权储备，构建产业化导向的专利组合和战略布局；鼓励和支持企业运用知识产权参与市场竞争，培育一批具备知识产权综合实力的优势企业，支持组建知识产权联盟，推动市场主体开展知识产权协同运用；建立健全知识产权评议机制，鼓励和支持行业骨干企业与专业机构在重点领域合作开展专利评估、收购、运营、风险预警与应对等。"

为进一步加强和促进知识产权的市场管理，2016 年 3 月，中共中央、国务院通过了《国民经济和社会发展第十三个五年规划纲要草案》（以下简称《十三五规划》）。《十三五规划》中提出：一是构建激励创新的体制机制，深化科技管理体制改革，深化知识产权领域改革，强化知识产权司法保护。二是建立现代知识产权制度，实施严格的知识产权保护制度，完善有利于激励创新的知识产权归属制度，建设知识产权运营交易和服务平台，建设知识产权强国。三是健全对外开放新体制，加强知识产权保护和反垄断执法，深化执法国际合作。强化对外开放服务保障，强化涉外法律服务，建立知识产权跨境维权援助机制。鼓励建立科技创新融资模式。这一系列重要部署，为知识产权制度建设和知识产权事业发展带来了新机遇，为知识产权运营提供了有力的外部政策环境，为技术创新的市场化导向提供了有效的法律保障。

2. 促进知识产权服务业及知识产权管理规范相关政策

2012 年 11 月 13 日，国家知识产权局、国家发展改革委员会等 9 部门联合印发《关于加快培育和发展知识产权服务业的指导意见》。该政策的颁布有利于积极推进知识产权服务业发展，使得社会各界充分认识到知识产权服务业对我国经济发展的重要性，确定了知识产权服务业发展的指导思想、基本原则与发展目标，明确了知识产权服务业的重点发展领域，制定了促进知识产权服务业发展的主要任务以及主要措施；同时，进一步完善知识产权服务体系，促进公共服务和市场化服务协调发展，支持知识产权服务主体多元化，形成一批专业化、规模化和国际化的知识产权服务机构，并且增强知识产权服务业从业人员数量和服务能力，优化人员结构。发展知识产权服务业，有利于促进知识产权运营的发展，提升自主创新的效能与水平，提高经济发展的质量和效益。

国家不仅对知识产权服务机构的发展出台了相关政策进行引导发展，同时也对企业的知识产权管理进行了规范化。2013 年 3 月 1 日，我国首部企业知识产权管理国家标准《企业知识产权管理规范》（下称《规范》）颁布实施。《规范》以企业知识产权管理体系为标准化对象，旨在指导企业建立科学、系统、规范的知识产权管理体系，帮助企业全面落实知识产权战略精神，积极应对知识产权竞争态势，有效提高知识产权对企业经营发展的贡献水平。

3. 知识产权金融服务相关政策

随着知识产权制度及知识产权运营的发展，新型的知识产权运营逐渐兴起，特别是知识产权运营资本化及知识产权金融。2014 年，全国共有 1850 家企业依靠知识产权质押融资解决了发展的燃眉之急。2015 年 4 月 6 日，国家知识产权局印发了《关于进一步推动知识产权金融服务工作的意见》，明确了深化和拓展知识产权质押融资工作、加快培育和规范专利保险市场、积极实践知识产权资本化新模式、加强知识产权金融服务能力建设和强化知识产权金融服务工作保障机制等工作重点。加快促进知识产权与金融资源融合，强化资本市场对技术创新的支持，促进技术创新和拓展间接融资渠道，从而更好地发挥知识产权对经济发展的支撑作用。通过搭建银企对接平台，组织中介机构为企业提供法律咨询和知识产权评估分析服务，推进专利权物质处置平台建设等工作，有效提升中小微企业的融资效率和融资规模。根据《关于进一步推动知识产权金融服务工作的意见》的工作目标可预知，到 2020 年，全国专利权质押融资金额将超过 1000 亿元，业务开展范围至少覆盖50 个中心城市和园区，全国东部地区和中西部地区中心城市的知识产权金融服务将逐步实现普遍化、常态化和规模化。为进一步加强和促进知识产权的市场管理，2015 年 12 月 18 日国务院印发了《关于新形势下加快知识产权强国建设的若干意见》（下称《意见》），明确提出研究完善知识产权管理体制，大力推进知识产权投融资、专利保险、专利价值分析推广应用、专利奖评选以及展会工作，促进专利的转移转化，加强市场监督、服务及促进工作。该政策的颁布加强了知识产权的保护，促进了"知识产权金融"、"互联网+知识产权"融合发展。相关政策性文件的出台，促进了知识产权运营的发展，为知识产权运营发展提供了政策环境支撑，促使我国迈向产业转型升级和创新发展的新阶段，是实现知识产权、资本和产业协同发展的重要保障，对于加快创新成果转化和产业竞争力具有重要的意义，将为我国建设知识产权强国奠定基础。

4. 本节小结

随着我国进入经济发展新常态，对知识产权运用和保护提出了更高的要求。无论是从我国经济社会发展的需要来看，还是从知识产权强国建设的要求来看，都需要运用标准化手段，进一步夯实知识产权宏观管理基础，提升各类创新主体的知识产权综合能力，推进知识产权运营事业的健康发展。国家相关政策的实施，为知识产权运营创造了新天地，促进了知识产权运营主体和知识产权运营体系的发展。

4.2　知识产权在市场竞争中日益得到重视

由于知识资产的外观和感觉不具有实物性，知识被人们看成其本身就是一种不同于实物资产的"无形资产"。由于知识经济的迅猛发展，知识资产在市场竞争中的作用日益凸显，知识资产成为一种重要的竞争性资源，而专利等知识产权已经成为含金量最高的资本。日本企业已将专利知识产权列入人、财、物之后的"第四经营资源"；美国则将知识产权视为维护美国技术边界的重要"国家资源"。从企业经营管理的角度来说，运用知识资产参与市场竞争的表现形式已由静态的技术层面上升为动态的运用层面，即知识产权运营。知识产权运营不仅是发挥知识资产竞争优势的关键手段，也可以实现自身知识产权利益的最大化。

知识产权运营将知识产权与现代企业相结合，将知识产权与产业进行联姻，推动产业结构优化升级，导航产业高端发展，促进企业提升核心竞争力。知识产权运营是当今知识经济发展和经济全球化背景下知识产权发展的必然方式，中国企业若想在世界经济体制强国中占有一席之地，必须持续增强其创新驱动发展的广度和深度，充分激发市场的创新能力。在市场环境中，我国创新驱动发展的核心在于提高知识产权的运用能力，企业发展应立足于以"用"为本，知识产权运营也越发受重视。例如，阿里巴巴在上市前集中布局 300 多件美国专利；小米截止 2014年 7 月，短短 4 年时间已公开专利共计 1155 件，成立智谷睿拓，实施专利运营；2013 年，山东泉林纸业有限公司以 110 件专利、34 件注册商标等在国家开发银行股份有限公司质押获得 79 亿元贷款①。随着我国知识产权成果的快速积累，国内知识产权权利人在实践中逐渐认识到，实现知识产权的价值是企业开展知识产权工作的最终目的，而有效进行知识产权的许可、转让、融资、作价入股、构建专利池等知识产权运营工作，已成为实现知识产权价值的必要环节。知识产权运营在企业的竞争中逐渐占主导地位。

通过知识产权运营，知识产权权利人可以获得相应的市场回报，企业可以拥有发展壮大的优质创新资源，政府可以有效推动经济的转型和升级。我国正着力以公共服务推动知识产权运营的发展，吸引社会资本开展技术创新投资和扶持中小企业，促进科技成果产权化、专利技术商品化、知识产权产业化。例如，2014 年智谷公司牵头发起成立了中国睿创专利运营基金，这是我国首家专利运营基金，该基金第一期将重点围绕智能终端、移动互联网等核心技术领域，以云计算、物联网作为技术外延，通过市场化的收购和投资创新项目等多种渠道来聚集专利资产。随后，国内其它多个省份也设立了相应的知识产权运营基金，重点投资了一批知识产权运营孵化器及与知识产权相关的优质项目。2015 年 04 月 26 日是第15 个世界知识产权日，当天我国首家知识产权运营联盟在北京成立，该联盟联合了全国重点知识产权运营服务机构、高校、科研机构、企业、银行、投资公司等，

---

① 催国振.2013 年中国专利运营状况研究报告[R].i 智库.2014 年(11).

整合了国内外知识产权资源，促进了相关政策、机制及创新模式的发展。它标志着我国知识产权运营服务的系统化升级，开启了我国知识产权运营的 2.0 时代。中国知识产权运营联盟也是我国采取一系列新举措打通知识产权、资本和产业之间通道的全新尝试。

这些举措有效地活跃了我国的知识产权运营市场，推动了我国知识产权运营工作的改革创新。

第5章 知识产权运营的发展现状

知识产权运营与知识产权创造、保护、管理之间存在密切联系，其中知识产权保护与管理是知识产权运营的基础和保障，知识产权运营则是知识产权保护和管理的最终目的。经过多年的发展和积累，我国知识产权创造能力日益提升，社会公众的知识产权意识逐渐增强，国家出台一系列政策对专利申请、商标申请等知识产权创造行为给予奖励，以此激发创新主体的创新热情。我国企业在关键技术领域的自主知识产权也不断取得新的突破。

5.1 知识产权数量与质量的提升

1. 专利的数量、质量现状及发展趋势

截止到 2015 年 12 月 31 日，我国累计受理专利 1825.35 万件，累计授权专利 1044.7 万件。其中 2010 —2013 年，我国的专利申请量与授权量逐年增长。2013 年，我国的专利申请量达到 237.7 万件，专利授权量达到 131.3 万件。而 2014 年专利的申请量与专利的授权量均出现略微下降，分别为 236.1 万件与 130.3 万件。这是因为国家政策开始向发明专利倾斜。到 2015 年又开始出现增长现象，2015 年专利申请量为 279.9 万件，授权量达到 171.8 万件，经历了快速发展期后，我国的专利申请量与授权量均趋于平稳，如图 5.1 所示。

随着国家政策的影响及权利人专利意识的提升，我国专利的质量正在逐渐提高。在我国的专利制度中，仅发明专利需要通过实质审查，因而具有较强的稳定性，所以发明专利所占比例在一定程度上可以反映出我国专利整体质量的高低。在 2010—2015 年受理的专利申请中，发明专利的申请量一直持续稳定地上升。其中，由于 2013 年末国家知识产权局出台了《关于进一步提升专利申请质

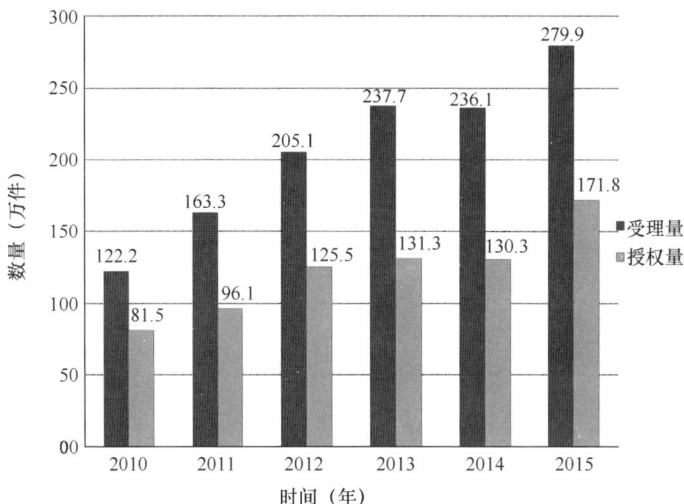

图 5.1 2010—2014 年中国专利的申请量与授权量数据统计[①]

量的若干意见》，2015 年我国受理的发明专利申请量较上一年的增长 19%，达到 110.2 万件，连续五年位居世界第一。在三种专利申请的占比方面，2015 年我国发明专利与实用新型专利的占比分别为 39.4% 和 40.3%，与 2014 年的发明专利与实用新型专利 39.3% 和 36.8% 的占比相比较，其结构发生明显变化，如图 5.2 所示。

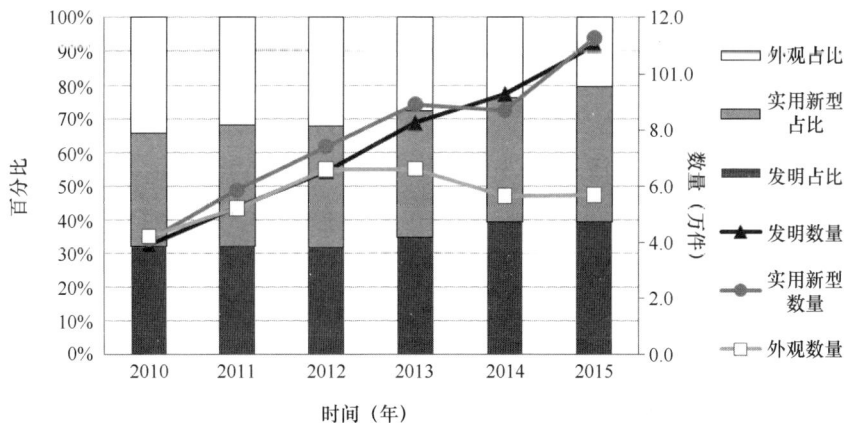

图 5.2 2010—2015 年中国各类专利申请量及百分比数据统计[②]

[①] 2014 年国家知识产权局统计年报及 2015 年国家知识产权局专利业务工作及综合管理统计 12 月月报.国家知识产权局.

[②] 2014 年国家知识产权局统计年报及 2015 年国家知识产权局专利业务工作及综合管理统计 12 月月报.国家知识产权局.

截止到 2015 年年底，我国有效发明专利累计 87.2 万件。2015 年，我国知识产权事业发展取得了显著进步。总体看，在量上有增加，在质上有提高，值得注意的是，高价值、高水平的发明专利数量明显增加，所占比例也有所提高，这就意味着我国知识产权的结构在进一步优化。在 2015 年的 279.9 万件专利中，发明专利的申请受理量达到 110.2 万件，同比增长 19%，居世界第一；PCT 国际专利申请受理量 3.1 万件，同比增长 16.7%；截至 2015 年年底，我国每万人口发明专利拥有量达到 6.3 件，同比增长 28%，超额完成了"十二五"规划纲要提出的目标。知识产权数量的增长和积累为知识产权运营提供了铺垫和基础。

2. 商标的数量、质量现状及发展趋势

随着我国经济的转型升级、商事登记制度的改革创新，市场主体自主创新活力不断增强，自主品牌意识不断提升，商标申请量持续快速增长。2010 年至 2015 年 12 月 15 日 6 年间的商标申请量（1095 万件）超过了前 29 年申请量的总和（722 万件）。其中，截止到 2015 年 12 月 15 日，我国累计商标申请总量为 1818.6 万件，商标有效注册量为 920.4 万件，如图 5.3 所示。

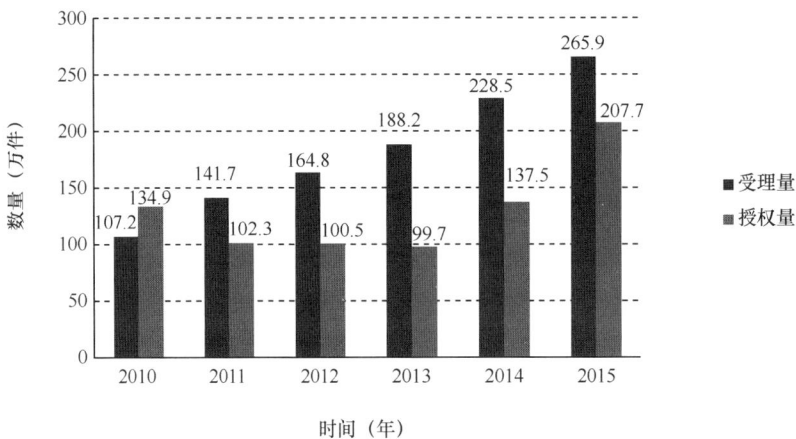

图 5.3　2010—2015 年中国商标申请与注册数据统计①

由图 5.3 可以发现，一方面我国商标申请量持续增长，另一方面 2011—2013 年间每年的商标注册量均维持在约 100 万件，这主要是因为常用汉字字数有限，常用汉字组合的商标资源日趋枯竭。而 2015 年商标注册量大幅增长，达到 207.7 万件，这主要是因为新《商标法》的颁布，个仅开放了"声音"类商标的注册，实行

---

① 2014 年中国商标战略年度发展报告及 2015 各省、自治区、直辖市商标申请与注册统计表.国家工商行政管理总局商标局.

了与国际接轨的"一标多类"①申请制度，还修改了异议复审制度，严格规定了 9 个月的审查时限，加快了商标审查进度。

近几年商标不仅在注册量上持续增长，随着我国加入 WTO 十五年保护的解禁，国内企业越发重视自主品牌。

3. 著作权的数量、质量现状及发展趋势

自 2011 年国家版权局颁布《关于进一步规范作品登记程序等有关工作的通知》以来，我国著作权登记量持续快速增长，如图 5.4 所示。

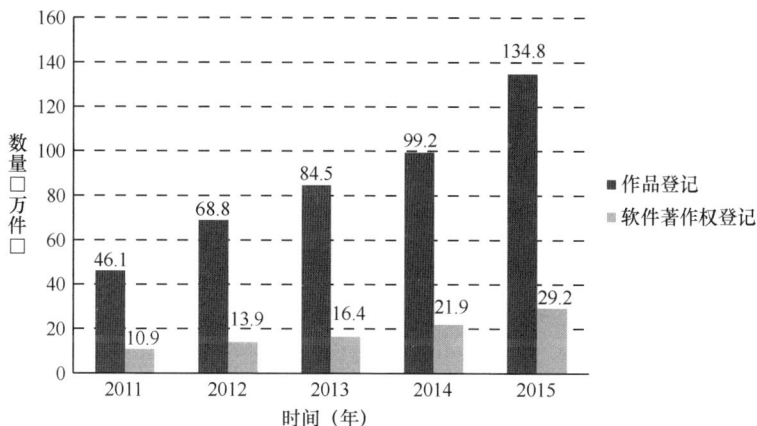

图 5.4 2011—2015 年中国作品登记与软件著作权登记数据统计②

著作权包含作品登记和软件著作权登记，作品年登记量由 2011 年的 46.1 万件增加到 2015 年的 134.8 万件，计算机软件年登记量从 2011 年的 10.9 万件增加到 2015 年的 29.2 万件，均实现了翻倍增长。随着国家对著作权的重视及公众著作权意识的提高，一定程度上为创作者营造了一个良好的创作环境。近年来，优秀作品如雨后春笋般涌出，著作权质权登记逐渐增多，涉及金额巨大。

目前我国知识产权的积累量已经达到了相当惊人的地步，获得了多个世界第一的荣誉，基本完成"数量布局"的方针。我国知识产权也开始由量变向质变转化，整体水平逐渐提升，"质量取胜"的方针效果初显。如今，知识产权的价值越来越被人们所认可，市场对知识产权运营的需求极为迫切。

---

① "一标多类"是指申请人就一件商标，提交一份申请书，在多个类别上同时提出注册申请。
② 国家版权保护中心.2011-2015 年全国作品自愿登记情况统计[EB/OL].
　http://www.gapp.gov.cn/chinacopyright/contents/6125/233300.html.

5.2　知识产权运营意识提升

随着知识产权在我国的推广和深入，知识产权制度建设和体系建设取得了新的进展，与知识产权相关的宣传、教育及培训工作也得到了进一步的加强，知识产权信息平台的建设得到了发展和完善，同时知识产权运营的意识也随之增强，这在商标质押、著作权质押及专利等方面都有所体现。

1. 商标质押融资

2011—2014 年，我国的商标专用权质押融资金额得到快速增长，2012 年的商标质押金额为 214.6 亿元，较上一年增长 61.4%；2013 年全年共办理质权登记申请818 件，质押商标 7438 件，涉及质押金额 401.8 亿元，较上一年增长 87.2%；2014年全年共办理商标质权登记申请 758 件，质押商标 8721 件，涉及质押金额 519.0亿元，比上一年增长 29%，如图 5.5 所示。

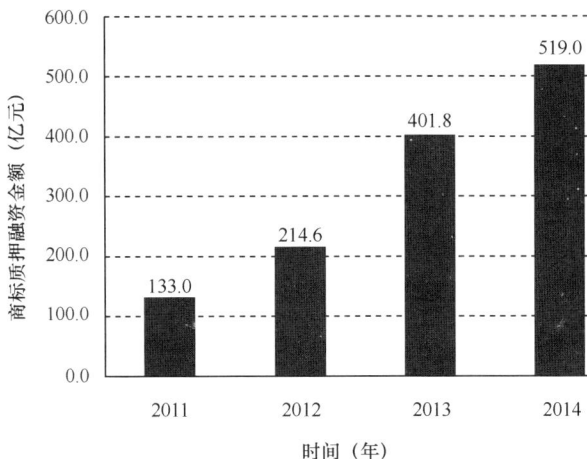

图 5.5　2011—2014 年我国商标质押融资数据统计[①]

商标质押融资越来越活跃，金额已经越来越大。2015 年，商标局共办理了商标质押登记 1123 件，月均 93 件。由此可见，人们对商标质押融资的意识逐渐增强，

---

① 国家工商局,商标局 2011-2014 年中国商标战略年度发展报告[EB/OL].
　http://www.yygs.com/gsj/uploadfiles/201504/20150422084319839.pdf.

同时商标的价值也越来越被人们所认可。

2. 著作权质押融资

2012 年，国家版权局首次对外发布了我国著作权质权登记有关数据，全年共登记 146 件质权案件，其中软件著作权质权登记为 113 件，其他作品著作权质权登记 33 件，质押金额总计 27.51 亿元，单笔最高金额为 12.7 亿元；2013 年，全国共完成著作权质权登记 244 件，比上一年增长 67.1%，涉及软件和作品数量 1041 件，涉及主债务金额 31.73 亿元；2014 年，全国共完成著作权质权登记 496 件，较上一年增长 103.3%，涉及作品数量 1045 件，涉及主债务金额 26.25 亿元；2015 年全国共完成著作权质权登记 606 件，涉及主债务金额 28.7 亿元，如图 5.6 所示。

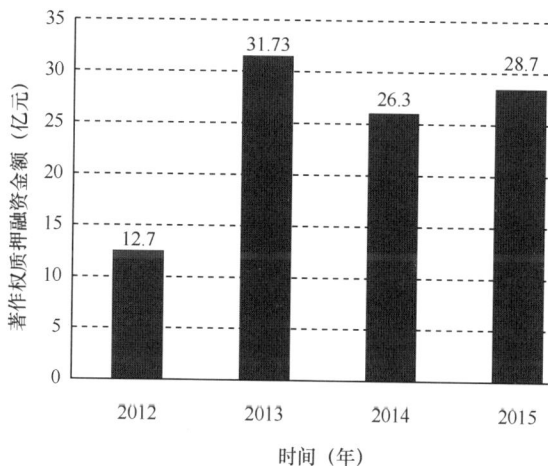

图 5.6 2012—2015 年我国著作权质押融资数据统计①

著作权质权交易已达到了相当的规模，著作权权利人对加大版权保护、运用和管理，以及以版权作为核心资产进行融资等方面的意识和需要日益增强。

3. 专利质押融资及专利行政执法

专利是知识产权资源中最具有价值的资源，同时专利运营也在知识产权运营中最具核心地位。专利运营不仅可以提升企业的创新能力，也是增强市场竞争力的有效手段。中国产业调研网显示，2014 年，我国专利权质押融资金额达到 489 亿元，同比增长 92.5%，专利行政执法办案总量 24479 件，同比增长 50.9%，其中专利纠纷 8220 件，同比增长 62.6%。近日，国家知识产权局发布 2015 年专利质押金额达到 560 亿。在 "2015 年发明专利申请授权及其他情况新闻发布会" 中得知，2015

---

① 赖名芳.2014 年我国著作权登记数量呈突破性增长[EB/OL].http://www.gapp.gov.cn/news/1656/188535.shtml.2014.

年，全国专利行政执法办案总量 35,844 件，同比增长 46.4%。其中，专利纠纷办案 14,607 件（包括专利侵权纠纷办案 14,202 件），同比增长 77.7%；查处假冒专利案件 21,237 件，同比增长 30.6%。由上述数据可知，人们对专利保护和运营越来越重视，市场中专利运营也越来越活跃。

随着企业对知识产权价值的重视及对知识产权运营意识的提升，企业在实践中逐渐认识到，实现知识产权的价值是企业开展知识产权工作的最终目的。尽管我国知识产权运营实践才刚刚起步，但知识产权权利人的知识产权运营意识已逐步提升。自 2013 年以来，国家知识产权局确定了北京中关村科技园等 8 个产业集聚区为国家专利导航产业发展试验区，中国电子材料行业协会等 5 家行业协会为国家专利协同运用试点单位，武汉邮电科学研究院（集团）等 35 家企业为国家专利运营试点企业；不仅如此，越来越多的知识产权联盟、专利联盟随之而成立，例如，2005 年 5 月成立了深圳彩电专利联盟，2005 年 5 月成立了 AVS 专利联盟，2008 年 4 月成立了中国镀金属抛釉陶瓷专利制品产业合作联盟，2010 年 8 月成立了深圳 LED 专利联盟，2013 年 1 月成立了八个重点产业知识产权联盟，即智能卡行业知识产权联盟、北京音频行业知识产权联盟、北京智能终端行业知识产权联盟、北京市 OLED 行业知识产权联盟、云计算知识产权创新联盟、诊断试剂知识产权创新联盟、高技术服务（钢铁行业）知识产权创新联盟、北京食品安全检测产业知识产权联盟。

有效进行知识产权的许可、转让、融资、作价入股、构建知识产权联盟等知识产权运营工作，已成为实现知识产权价值的必要环节，企业也充分认识到知识产权运营对企业的创新及竞争力的重要性。

5.3　知识产权运营机构兴起

我国正在进入以知识产权为核心竞争力的新经济时代，随着知识产权成为驱动经济增长的主引擎和企业的核心竞争力，知识产权运营市场的活跃度不断增强。在各方推动下，我国知识产权运营近年来迅速发展，特别是自专利导航试点工程实施以来，服务机构持续增加，服务内容逐渐丰富，服务模式不断创新，服务领域逐步拓展，逐渐呈现出专业化、多元化、规模化的发展态势。因此，知识产权运营机构更需要进一步完善现代市场体系，为建设高水准的知识产权服务平台而努力。知识产权运营的发展快速地促进了知识产权运营机构的发展。我国已有的大部分知识产权运营机构可分为政府主导型和民营资本主导型两种。

1. 政府主导型

当前我国政府大力推进技术成果产业化平台建设，设立了一批由政府主导的知识产权交易中心、转化平台，主要有上海知识产权交易中心、天津滨海国际知识产权交易所、中国技术交易所及香港知识产权交易所等。

2. 民营资本主导型

政府主导下的知识产权运营中心平台市场化程度较低，其主营业务来源于政府政策性项目或国有企业产权交易项目，交易模式以传统线下交易为主，缺乏线上及线下网络的布局和支撑，难以繁荣知识产权交易市场，不利于知识产权运营的普及与推广。为此，民营资本开始试水知识产权运营中心平台的建设，出现了一批民营资本主导的知识产权运营中心平台。目前已成立的运营中心平台有的单纯以交易为主（如知淘网、高智网等），有的致力于知识产权的综合运营（如汇桔网）。

知识产权运营机构的发展是我国知识产权运营发展的必然趋势，知识产权运营机构能够为知识产权供需双方提供一个高效灵活的知识产权交易、知识产权投融资、无形资产评估等知识产权运营活动的公共服务平台，极大地促进了我国知识产权运营的发展，提升了我国国际知识产权竞争力。2015 年全国知识产权局局长会议提出，以全国知识产权运营公共服务平台和特色试点平台为核心，积极搭建"1+2+20+n"的知识产权运营体系，即建设一家全国性知识产权运营公共服务平台和 2 家特色试点平台，在部分试点省份以股权投资的方式支持一批知识产权运营机构。国家知识产权局会同财政部共同开展以市场化方式促进知识产权运营服务试点工作，选择若干省、市开展试点，指导支持试点省、市遴选培育一批知识产权运营机构。此次试点工作采取股权投资的方式，支持 20 家产业特色突出、人才资源丰富、业务基础良好、运营模式先进的知识产权运营机构，扶持其做大做强。这些举措将进一步促进我国专利运营机构的发展和壮大，培养出一批具有较强国际化经营能力的知识产权运营机构，为日后搭建资源集聚、流转活跃的知识产权运营体系奠定基础，对中国知识产权运营行业的健康发展具有深远的影响。

第6章 知识产权运营存在的问题

近年来，知识产权运营市场的活跃度不断增强，国内知识产权运营机构也随之不断涌现，加速了国内知识产权的运营。但我国知识产业运营尚处于起步时期，更多在于探索，现阶段知识产权运营还存在一系列问题。

6.1 知识产权运营意识参差不齐

在企业经营过程中，随着知识产权重要性的不断提升，一些企业逐步开始重视知识产权的运营，知识产权运营的意识也不断增强。华为公司作为其中的典型代表，始终将专利运营作为公司的核心竞争力。华为公司副总裁邓涛曾说过"相比数量，华为更加关注专利的质量和专利的运营，这是华为公司不断增强市场竞争力和经济效益的根基所在。"但是，像华为这样注重专利运营的公司只占我国企业的少数。我国企业的知识产权意识大多仍停留在保护层面而未进入运营层面，甚至不少企业对获取知识产权的意义本身存在模糊认识。目前大部分企业的盈利模式主要为规模盈利和产品盈利两种模式，对通过知识产权运营实现盈利缺乏认识和行动。

之所以出现上述情况，是因为我国大多数企业对知识产权这一无形资产的价值认识和重视不够，"重有形、轻无形"的观念还比较严重，这种观念严重阻碍了知识产权的有效运营。国家知识产权局曾对我国的一些企业所做的"关于是否需要专利"的抽样调查，结果显示不需要国内专利的占 63.2%，不需要国外专利的占 71.1%[①]。这一调查表明，企业对知识产权在其生产、经营管理中的重要作用没有充分认识。对知识产权价值意识特别是知识产权经营意识的缺失，势必会影响企业知识产权资本运营的动力和效果。另一方面是源于我国国有企业在预算软约束的条件

---

① 冯晓青.当前我国企业知识产权资本运营的现状[J]. 上海：上海财经大学学报，2012(06).

下对市场竞争不太擅长，缺乏知识产权运营的经验和动力，而民营企业大部分盈利模式趋同是因为大部分都处于生存阶段，因此更倾向通过价格建立竞争优势等实现短期利益，无法开展知识产权运营活动，未充分意识到知识产权是一种无形财产，也未意识到必须借助于一定的途径或方式才能将知识产权所具有的价值予以实现。

6.2　专业运营公司与人才不足

随着知识产权事业的蓬勃发展，知识产权运营公司和知识产权运营人才的问题也逐渐暴露出来。虽然近几年我国知识产权运营公司逐渐兴起，但现有的知识产权运营公司大多都是以政府为依托的，并且更多的是处于基础的知识产权运营阶段，并没有发挥出知识产权的最大价值。同时也缺少与国际接轨的高水平的专业知识产权运营公司，且缺乏懂得知识产权运营的管理人才、法律人才、技术人才、金融市场人才等。

知识产权运营作为一种新兴的商业方式，其业务开展往往需要多领域人才的引领。因为知识产权运营是一项复杂、庞大且不断变化的商业行为，加之有知识产权这一法律规范的客体，同时与产业发展、市场秩序息息相关，所以知识产权运营涉及经济、科技、法律等多个领域，需要合理的管理人才和配置相应技术人才的团队。只有建立这种配置合理的复合型知识产权运营团队，才能更好地发挥知识产权的价值，选择合适的运营模式，准确地把握市场需求，实现知识产权运营更高的效率和收益。

6.3　知识产权运营模式不足

目前我国的知识产权运营模式较为传统，在知识产权价值实现的途径上，较少人对此进行深入的研究，在商业模式上的探讨更是少之又少，最多的就是对各种知识产权权运营加以定义。新兴的知识产权证券化、知识产权保险以及专利标准化等运营模式并没有被有效使用，知识产权的经济效益也没有得到最大限度的发挥。在此环境影响下，知识产权的商业运营模式无论是在学理上还是在实务上的发展皆属落后。

现阶段我国知识产权运营模式还存在较多不足：一是盈利模式不清晰，许多运营机构盈利偏低甚至未曾盈利；二是运营机构较分散，整体实力不强，难免会分散有限资源，甚至可能陷入各自为营、恶性竞争的乱局；三是交易模式较单一，大多以传统的线下交易模式为主，缺乏线上及线下网络的布局和支持；四是市场化程度低，难以繁荣知识产权运营市场；五是专业人才缺乏，难以满足不同领域的专业需求；六是互联网化程度低，虽然不少运营机构以互联网为噱头吸引客户，但并未真正实现互联网化。当前，互联网以其快速的资源对接速度不断促进各个行业的发展，尤其是在服务业，互联网以其快速的响应速度、透明的交易规则等优势解决了传统服务行业的信息不对称、服务周期长、综合服务资源匮乏等问题。因此，可以借助互联网有效整合整个知识产权运营服务链，建立依托于互联网的知识产权运营公共服务平台和知识产权运营机构。突破知识产权的现有运营方式，探索互联网化的运营方式势在必行，只有这样才能充分发挥知识产权对经济发展的驱动作用。

6.4　知识产权数量与质量不成正比

当前，我国知识产权拥有量不断提升。根据国家知识产权局的统计，截止到2015年12月31日，我国累计受理专利1825.35万件，累计授权专利1044.7万件，2015年专利授权量为171.8万件，其中发明专利授权量为35.9万件，实用新型专利授权量为87.6万件，外观专利授权量为48.3万件；2010年至2015年12月15日6年间的商标申请量（1095万件）超过了前29年申请量的总和（722万件），连续13年位居世界第一，截止到2015年12月15日，我国累计商标申请总量为1818.6万件，商标有效注册量为920.4万件。作品年登记量由2011年的46.1万件增加到2014年的99.2万件，计算机软件年登记量从2011年的10.9万件增加到2014年的21.9万件，均实现了翻倍增长。在知识产权的数量上，中国绝对可以称为知识产权数量上的大国，但在知识产权的质量上却远远不够，大部分的知识产权都无法进行运营。

不是所有的知识产权都能拿来运营的。对于知识产权运营而言，有效的知识产权数量和质量都是非常重要的。国家知识产权局局长申长雨 2015 年在全国知识产权局局长会议中提出"数量增加、质量提高"，认为要想巩固知识产权大国的地位必须是以量布局，以质取胜，两种是并存关系，知识产权数量的累计可以增加运营者的市场运营资本，同时也可以凭借知识产权数量占据产业链的多个关键点，便于形成技术的标准，构建专利池及专利联盟等。与数量相比较，知识产权的质量更为重要，如果说有效的知识产权是知识产权作为一种权利的法律属性，是知识产权得以开展的前提，那么知识产权质量则是决定了能够参与运营的知识产权的竞争力。对于一个企业来讲，它所拥有的知识产权的数量和质量共同构成了企业的知识产权优势。数量有相当大的作用，但如果一个企业、高校院所或个人拥有的知识产权数量繁多，但没有高质量的知识产权，同样难以进行知识产权的运营。因此需要提高知识产权的质量，这样才能更好地实施知识产权的运营。

6.5　知识产权外部运营环境不完善

知识产权的外部运营环境包括知识产权运营资本环境、知识产权市场环境和相关法律政策环境。我国目前外部环境的不完善，导致我国知识产权交易、质押等模式在进行中困难重重。

1. 知识产权运营资本环境

我国企业进行知识产权资本运营的环境尚不完善。以质押融资为例，主要体现在企业知识产权质押融资机制不完善、专业的质押融资平台缺乏、权威评估机构少及知识产权的风险控制存在难题等，造成企业知识产权质押融资困难。促进知识产权运营的金融政策需要与财政、税收等政策进行统筹协调。例如，对知识产权出资入股、质押融资、托管和证券化等应结合税收方面的优惠。

2. 知识产权运营市场环境

我国知识产权运营市场分布不均匀，主要集中在东南沿海城市。各地知识产权交易市场对于市场交易项目披露的信息在内容、形式和范围等方面没有统一的标准，在平台建设上也是没有统一规范，知识产权运营平台中的知识产权流转并没有得到全国性的发展，部分地区的知识产权都处于闲置状态，阻碍了知识产权运营。

3. 知识产权运营相关法律环境

知识产权运营相关的政策和法律制定落后于市场的发展。知识产权运营具体过程的相关法律法规一直缺乏，因此导致知识产权运营的主体缺乏具体的规则指引而徘徊不前，小型的知识产权运营主体甚至容易被淘汰，同时也使得更多的知识产权处于闲置状态，不能充分运营。从现有的知识产权制度来看，在具体立法和相关政策方面过多强调知识产权制度的保护功能，虽然近几年出台了较多关于知识产权的创造、管理和运用的政策，但是其规定的内容大多是属于原则性或政策性规定，缺乏运营的具体、可操作性措施。

虽然我国在知识产权运营方面还存在许多问题，与国外相比还存在较大差别。但随着我国对知识产权运营的重视和支持，以及我国知识产权运营的各种运营模式日趋成熟，我国的知识产权运营进入快速发展阶段，甚至会出现符合我国特色的、独特的新的运营模式。

第7章 国内不同知识产权运营主体的运营模式分析

我国知识产权运营尚处于初级阶段，大部分企业、高校和中介机构尚未意识到知识产权作为资源的重要性，因此我国的知识产权运营机构较少。本章以不同主体为依据，对我国知识产权运营机构进行分析。

7.1 以政府为主导的运营机构

以政府为主导的知识产权运营代表机构为珠海横琴国际知识产权交易中心。

1. 珠海横琴国际知识产权交易中心概况

横琴国际知识产权交易中心是财政部和国家知识产权局已发文明确在珠海市建设的一家全国知识产权运营特色试点平台，成立于 2015 年，并获得财政部 5000 万元的专项扶持资金。横琴国际知识产权交易中心是一个立足华南地区、辐射全国、面向全球的知识产权交易中心，该中心主营的国家知识产权运营交易平台七弦琴交易网预计将在 2016 年上线，为企业的知识产权资产、服务交易提供线上"全方位、一站式、高品质"服务。横琴国际知识产权交易中心总经理季节说："目前全国也有一些知识产权交易的线上平台，但国家级的知识产权运营平台还是空白，横琴国际知识产权交易中心线上平台投入上线后，将成为全国首个投入使用的国家级知识产权运营平台。"同时季节认为，目前我国知识产权交易中存在的一个主要的问题就是信息不对称，拥有专利的研发方与市场对接不够直接、顺畅，阻碍了专利的有效流转和交易。横琴知识产权交易线上平台将打造成知识产权交易的全球"集市"，在这个交易平台里，专利拥有者可以找到合适的买家，产业界也可以在这里买到合适的专利以帮助企业发展。

横琴国际知识产权交易中心是全国知识产权运营公共服务"1（全国知识产权运营公共服务平台）+2（两大特色运营平台）+20（20 家知识产权运营机构）+n"体系的重要组成部分，这其中的"1"指的是国家知识产权局设立的北京知识产权交易中心，横琴国际知识产权交易中心是"2"的其中一个，主要业务是科技创新、金融创新和跨境知识产权交易等，另外一个则设在西安，主要侧重于军民两用技术等方面的知识产权运营。横琴国际知识产权交易中心依托七弦琴交易网这个线上平台，还将与入驻平台机构合作提供知识产权应用效果检测、价值分析及分级认证、知识产权投融资、跨境知识产权服务等，着力打通产业界、知识产权界、研发界的信息沟通障碍，形成一个全链条的创新生态圈。

横琴国际知识产权交易中心将在 3 年内为广东省培育 3000 家知识产权优势企业，通过网络平台为 100000 家企业提供知识产权服务，培养 10000 名知识产权服务人才[①]。

2. 运营业务概况

珠海横琴新区管委会、拱北海关和横琴国际知识产权交易中心三方于 2016 年 3 月 30 日在横琴共同签署了《关于开展"知识产权易保护"合作备忘录》。这是三方便利企业知识产权保护的有益尝试，是横琴自贸片区继关检"一机一台"模式后推出的又一项部门合作项目，在知识产权保护领域属全国首创之举，为横琴国际知识产权交易中心运营模式奠定了基础。横琴国际知识产权交易中心以"便捷担保"、"快速维权"、"风险预警"等为知识产权易保护的核心创新内容。

- 便捷担保：相关企业可以委托横琴国际知识产权交易中心向海关提交符合法律规定的担保等手续，有效解决了异地企业两地奔波的不便，进一步节省了企业的资金、人力、物力，实现企业维护便利、快捷。

- 快速维权：依托珠海横琴新区管委会、拱北海关和横琴国际知识产权交易中心三方各自优势，将快速确权与快速维权有机结合，高效、快捷地满足企业实际需求，进一步激发企业知识产权创造和运用的积极性。

- 风险预警：引导相关企业主动防范知识产权风险，避免企业因不了解进出口目的地知识产权相关规定而造成损失[②]。

---

① 白洋.横琴知识产权交易平台拟上半年上线
[EB/OL].http://zh.southcn.com/content/2016-02/25/content_142991597.htm.2016.
② 邓媛雯.全国首个"知识产权易保护"模式落地横琴
[EB/OL].http://finance.ifeng.com/a/20160330/14298609_0.shtml.2016.

通过七弦琴交易网线上平台和线下平台的结合，促进国内知识产权及跨境知识产权的交易，同时也进行知识产权投融资、知识产权保险、知识产权风险投资、知识产权信托等业务的发展，将知识产权与市场、金融等进行结合，将知识产权价值最大化。"横琴国际知识产权交易中心是我国首个国家级的知识产权交易中心，利用互联网+结合市场、金融等新型模式对知识产权进行运作，不仅是国内知识产权运营，也注重跨境知识产权运营。"

7.2　以企业为主导的运营机构

以企业为主导的运营代表机构为北京智谷睿拓技术服务有限公司。

1. 北京智谷睿拓技术服务有限公司概况

北京智谷睿拓技术服务有限公司（以下简称"睿拓公司"）成立于 2012 年 8 月，是一家以促进创新和发明来推动中国原创技术发展及对知识产权进行运营的高科技公司。自创始之初，睿拓公司就坚信发明是创造价值的一个重要来源，知识产权对于不同规模的企业而言都是宝贵的战略性资产，将发明视为核心竞争力。睿拓公司致力于在中国引领一种以创新为驱动的经济形态，以此作为自己的发展宗旨，通过投资发明创新，为高科技产业提供一个将发明转化成知识产权，并对其进行有效转让和运营的平台，以最大化地挖掘原创技术的经济价值。

睿拓公司汇聚了一批来自一流跨国公司的科学家和拥有丰富知识产权运营经验的专业人士。睿拓公司通过自主创新和与第三方合作的方式开展原创技术的开发和转让。同时公司的专业团队将在整个知识产权价值链上提供全方位的服务，包括高校技术和相关知识产权的开发、转让及商业信息咨询，以帮助企业挖掘和实现原创技术的商业价值，并且提升其产品附加值。在国际商业环境中，睿拓公司能为企业提供与知识产权相关的咨询和服务来助其提升竞争力，以避免受到不合理的专利许可和商业挤压。

2. 业务概况

睿拓公司的主要业务包括三个方面，即创新投资、产学研协作创新、知识产权运营。

（1）创新投资

睿拓公司致力于培育健康、高效的创新投资体系，资助全球范围的科研团体和个体发明人，通过市场驱动的机制来激励发明与创新。

（2）产学研协作创新

为解决我国高校院所的科技成果转化率普遍较低，以及企业持续创新后劲不足等矛盾，智谷睿拓与高校所搭建的发明网络将聚焦于技术的集成创新与转移，将为企业实现产业结构转型升级储备强大的可用技术资源。

（3）知识产权运营

拥有丰富实战经验的知识产权运营机构，为企业提供技术的研究、技术的保护和技术专利的转让。

7.3　以科研机构为主导的运营机构

以科研机构为主导的知识产权运营代表机构为上海盛知华知识产权服务有限公司。

1. 上海盛知华知识产权服务有限公司概况

上海盛知华知识产权服务有限公司成立于 2010 年，其前身为上海生命科学院知识产权与技术转移中心。该公司由上海市政府、中科院国科控股、上海生科院及上海生命科学研究院知识产权与技术转移中心（简称 SIBS OTT）共同投资创建。

2. 运营业务概况

上海盛知华公司的主要业务是对专利进行商业化运作，主要包括以下 5 部分。

（1）专利评估

评价一项技术是否真正具有创新性和技术竞争优势，并且能否获得有效的专利保护，评估技术的货币价值，以及在市场中的潜力。

（2）专利培育

对于具有潜在的商业价值的专利技术，提供加强保护策略和进一步开发策略，制定技术与市场对接的实验方案和商业推进路径。

（3）专利保护

通过对技术分析制定专利申请方案，同时分析专利权利要求书进而提高专利质量及专利保护范围。

（4）市场营销

对全国市场进行专业化的市场分析、市场推介，制定出技术发展的完整市场战略（如转让、许可等），促进和协助感兴趣的公司对专利技术进行评估。

（5）专利监督

对专利许可方收取许可费用，同时督促被许可方的专利商业化进程。

3. 运营流程

上海盛知华知识产权服务有限公司采用专业的职业化模式，具体来说，其完整的流程为：一是盛知华公司在获得一项发明，然后对其进行专利性评估与潜在的商业价值评估；二是评估结果认定该发明具有专利价值和市场价值后，对该发明进行专利申请并全过程进行质量监督；三是专利申请完成后，对专利进行商业化的推广营销和许可转让；四是市场上出现对该专利有兴趣的企业，盛知华公司与对方进行洽谈合作，同时在许可转让价格和合同谈判时需充分保护专利和技术拥有人的利益和规避潜在风险；五是签订合同，收取相关费用[①]。

上海盛知华知识产权服务有限公司的核心是促进专利的转化，使其专利商业化、货币化。其特点主要是对发明和专利进行早期培育和全过程管理，以提高专利的保护质量和商业价值为重心，在此基础上通过平台、市场的推广进行专利运营，使其专利价值最大化。

---

① 杜跃平,王舒平,段利民.中国专利运营公司典型模式调查研究[J].科学进步与对策.2015, 32(1).

7.4　以中介机构为主导的运营机构

随着知识产权运营的兴起，国内以中介机构为主导的运营机构也开始活跃，中国部分地区近年来对知识产权运营进行了尝试，其中江苏、上海与广州地处长三角和珠三角经济带，知识产权运营市场条件比较成熟。良好的市场条件使其知识产权运营方面形成了具有不同特色的知识产权运营模式，本节以珠三角地区的汇桔联瑞集团为代表进行分析。

1. 汇桔联瑞集团概况

汇桔联瑞集团成立于 2013 年，是一家致力于知识产权交易与综合服务的平台，它在全国设立了 35 家分支机构，成为我国知识产权服务行业的龙头企业，旗下有两个平台，一个是"汇桔网"，另一个是"知商金融"。

汇桔网秉承"让天下的创意成为现实"的使命，着眼于企业转型升级的需求，打造强大的线上线下知识产权综合业务平台，通过共享经济资源，形成聚集效应，让资源有效整合。汇桔网借助联瑞集团在知识产权行业积累的经验和其遍布全国的分支机构，为各合作机构和客户提供强大的知识产权确权服务、知识产权分析服务、无形资产价值评估服务、知识产权综合咨询及法律综合咨询等服务。

知商金融主要是以知识产权为主要质押物，建立以知识产权为特色、市场化的无形资产评估与风险控制体系，为科技型、知识型企业创新发展提供融资途径，为知识产权金融投资人提供安全、回报率高的投资项目，为投融资双方提供更具效率、更优质的知识产权金融服务模式。它提出了"知识产权+金融+服务+互联网"的理念，充分发挥金融服务科技的创新功能，推出知识产权质押众筹等多种新兴知识产权运营服务。

2. 运营业务概况

汇桔联瑞集团的主要产品有以下 6 个。

（1）知商会员

知识会员分为小桔宝和知商宝两个产品，在一定的服务期限内为付费会员提供知识产权推广服务，包括知商认证、知商网店、展会推广、网站广告、企业展示、精准定制资讯推送、需求发布及精准送达、行业知商圈对接会（知商大会）、一对一交易经纪人服务等充分发挥知识产权在市场推广中的商业价值。而知商宝产品除以上服务外，还包括企业知识产权诊断、中国商业联合会知识产权分会会员、知商会员推广专权、国际商业交流、产品众筹、企业知识产权质量评价报告服务。

（2）无形资产评估

通过严格的评估体系和现场考察，提供权威有效的无形资产评估报告，为无形资产出资、融资、质押贷款等提供法律依据，还可通过评估进行合法的摊销。

（3）知识产权分析服务

从无形资产的法律状态、技术水平（专利）、产业化价值、投资价值等多个维度对知识产权进行科学的评估与评价，构建合理的无形资产价值评价体系，为无形资产交易、政府部门、园区、企业、投资人等提供权威、科学的价值分析报告。

（4）四库服务

汇桔网提供专家库、设备库、设计图库和法律库四库，为创业创新提供条件和服务，企业可以在汇桔网上找到或定制所需求的技术专利，同时汇桔网还为企业技术专利的产业化、商业化提供帮助，提升企业的创新创业能力。

（5）知识产权质押众筹

拥有知识产权的企业或个人可以通过知商金融平台进行知识产权质押众筹融资，解决其资金短缺问题。

（6）知识产权资产包融资

投资人通过知商金融平台对平台上的某知识产权资产包进行投资，以获取知识产权资产包带来的增值收益。

汇桔联瑞集团是完全按照市场化模式运行的企业，具有强大的市场活力。但目前中国的用权市场仍处于起步阶段，由于知识产权交易和技术转移市场的意识问题和技术转移的难度，汇桔联瑞集团纯粹的市场化推进模式显然具有很强的前瞻性。

第三部分
知识产权运营基础

第 8 章　知识产权运营核心要素

知识产权的运营离不开三大要素：知识产权运营的客体（即知识产权本身），知识产权运营的主体（即知识产权运营方），以及知识产权运营的环境。

8.1　运营客体

从知识产权的存量来看，国家知识产权局 2016 年 4 月发布的《2015 年中国知识产权发展状况》报告显示：截至 2015 年底，专利方面，国内（不含港澳台）有效发明专利拥有量共计 87.2 万件；商标方面，有效注册量超 1000 万件；著作权方面，我国登记的著作权数量也位于世界前列。这些存量知识产权为我国知识产权的运营提供了大量的运营客体。

8.2　运营主体

从运营主体来看，知识产权权利拥有人可以自主对知识产权进行运营，也可以委托知识产权运营机构来运营。

自主运营具有直接、反应迅速、方便控制的优点。但其缺点也是显而易见的：知识产权自主运营的运营方往往信息渠道狭窄，相关法律和金融知识欠缺，运营方式单一；除了少数大型企业外，缺乏团队化和专业化。知识产权自主运营一直以来发展相对平稳。

相比之下，知识产权委托运营近年来发展迅速。目前在我国（港澳台除外）备案的从事商标代理及相关业务的服务机构近万家,注册的专利代理服务机构有 1300 多家。另外,还有众多从事技术转移和技术交易的机构,这些机构提供的知识产权运营服务主要集中在知识产权的转让和许可。相对而言,我国从事知识产权投融资运营业务的中介机构较少,且主要集中在经济发达的大中城市。21 世纪初以来,随着知识产权运营的快速发展,我国的知识产权运营机构也出现了新的形态,具体表现在以下几个方面:

- 综合化和全方位——出现了全品类知识产权从申请到运营的服务公司,例如联瑞知识产权代理有限公司。

- 平台化——全国各地的知识产权交易中心迅速发展,如中国技术交易所和各地涌现的知识产权交易中心等。

- 互联网化——随着互联网+的发展,线上线下相结合的知识产权 O2O 运营方式发展迅速,例如全球领先的知识产权交易与产业升级平台——汇桔网(www.wtoip.com)。

- 联盟化——近年来各种知识产权联盟如雨后春笋般涌现,使得知识产权的运营从各个运营机构的单打独斗,变为可以抱团运营。除了常见的知识产权服务联盟之外,一些专注于知识产权运营的知识产权联盟(如专利联盟及专利池)也开始出现。例如,2016 年中刚刚启动的高性能材料专利池,它依托常州储能材料与器件研究院构建而成,是国内首个关注高性能材料以及下游应用的专利池。

8.3　运营环境

随着我国知识产权事业的发展,对知识产权的投融资一直有较大的需求,但是直到近年来知识产权投融资运营才开始提速发展,发展提速得益于知识产权运营的另一个要素的成熟,即知识产权运营环境。知识产权运营环境包括法律、市场、行业、金融、人力环境等多方面。

法律环境方面,例如基础知识产权运营业务中的知识产权的转让和许可,所涉及的法律法规清楚明晰,交易法律法规环境方面没有障碍,使得知识产权的转让和许可成为最先发展起来的知识产权运营模式。

市场环境方面，例如商标交易，早些年交易规模小，缺乏成熟的交易市场，交易不便。近年来，经济的发展、电子商务的兴起，以及国内商标注册量猛增造成的优质商标资源的匮乏，使得商标交易的需求呈井喷之势，推动商标交易市场迅速发展；尤其是网上商标交易市场的出现和成熟，使得商标交易变得非常便捷，极大地推动了商标交易的发展。

行业环境方面，例如专利联盟作为知识产权许可的高级运营模式，其产生和发展对行业环境（特别是行业领先度和集群度）的要求较高。行业集群度低，以及行业集群度高但技术领先度低的行业，缺乏进行专利联盟运营的土壤和环境，难以形成专利池。

金融环境方面，以知识产权质押为代表的知识产权投融资对金融和法律环境依赖度高。一些新兴的知识产权投融资模式，如知识产权质押众筹融资，由于没有明晰的金融政策法规和操作指引，仍处于探索阶段，发展较为缓慢。近年来，知识产权运营机构的运营模式不断创新，而金融法规的跟进速度较为滞后，需要相关金融服务部门的创新能力、服务能力、服务效率和管理水平得到相应的提高。

人力环境方面，知识产权运营需要具有专业能力、市场经验和前瞻意识的专业人员的加入。例如，我国新兴的知识产权投融资运营，需要金融和法律复合型人才的加入，以利推动其快速发展。

知识产权运营的核心要素如图 8.1 所示。

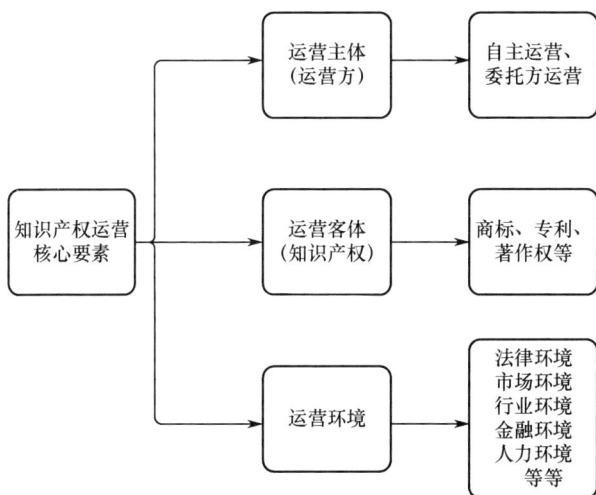

图 8.1　知识产权运营的核心要素

　　通过几十年的努力，我国基本完成了知识产权的"数量布局"，近年来知识产权的质量也得到了明显的提升，企业普遍对知识产权有了初步的了解。但是对企业来讲，知识产权运营还是一个相对较新的概念和努力方向，应加大对知识产权运营的宣传力度，发挥政府部门的组织和引导的作用，促进知识产权运营相关参与机构之间的协作，推动知识产权运营行业做大做强，吸引更多复合型的人才投入到知识产权运营行业。

第9章　知识产权管理简介

进行知识产权运营离不开对自身所拥有的知识产权的有效管理，有效的知识产权管理是进行知识产权运营的基础和依靠。一般来讲，企业和高校、研究所等机构拥有知识产权的数量较大，知识产权的管理需要多人和多部门的参与。相比之下，个人一般拥有知识产权的数量较小，并常常由知识产权权利人个人对知识产权进行管理，相对简单，在此不做讨论。

9.1　知识产权管理的意义

21 世纪以来，随着中国加入世界贸易组织，我国各类知识产权数量增长迅速；但总体来讲，企业对知识产权管理重视不够，投入少，被动管理的情况较普遍，造成企业知识产权运用能力的低下，甚至出现企业管理层对自身拥有的知识产权清单情况不详、不同知识产权的对口管理部门划分不清、知识产权的缴费时限没有专人监控等问题，影响了企业无形资产管理的有效性，给企业申报各种项目、企业的并购、收购或上市造成了障碍。若不重视知识产权管理，轻则影响效率，重则给企业造成巨大的经济损失。企业构建完善的知识产权管理制度，对外可以提供企业知识产权工作与外部的接口，有助于企业跟政府相关部门沟通，申报政府各种科技项目；同时，为企业对外有关知识产权内容的沟通提供一个标准化的接口，有助于高效地对企业进行无形资产评估，提升企业无形资产价值，在企业融资上市、投资并购及企业出售等资产运作上提高效率并获取更大的收益。完善的知识产权管理制度对内有助于提升企业领导和广大职工知识产权意识，调动职工在工作中发明创造的积极性，推动产生高附加值的具有自主知识产权的新产品、新技术，为企业带来丰厚的中长期经济收益；同时也有利于提高企业市场地位，使企业拥有自主知识产权的产品在销售市场的地位更加稳固，生命力更强。

　　高校和研究机构一般不直接进行产品生产和经营，不直接大规模地实施自己的创新技术成果，但这些单位是产出知识的场所。世界上所有科技领先的国家，其背后都有强大的高校和研究机构的支撑，高校和研究机构是一个国家创新技术和创意财富的重要摇篮。与企业主要考虑经济效益相比，高校的知识产权管理还有助于产出巨大的社会效益：一方面，可以培养大批有知识产权意识和驾驭能力的科技和创造性人才；另一方面，高校和研究机构的部分创新知识成果以公开、免费的使用方式普惠了社会和大众，是推动社会文明发展的发动机，高校和研究机构的知识产权管理由此也被赋予了公益的使命，而不仅仅是利益的驱使。从高校自身来讲，强大的知识产权产出能力也是高校的核心竞争力之一，是进一步聚集人才和资源的磁石。从经济收益层面讲，高校和研究机构可以通过知识产权的运营来获取收益，支撑其持续发展，在此过程中，知识产权管理作为知识产权运营的基础是不可或缺的，高校和科研机构同样需要知识产权管理。

9.2　企业知识产权管理简介

　　近年来，有关企业知识产权管理的理论和书籍层出不穷，企业对此无所适从，难辨好坏，但是有一个共识，就是知识产权管理应该上升到企业的经营战略层面，而不是一般的后勤保障层面，知识产权管理应贯穿于企业的整个经营过程并成为一个管理子体系（即知识产权管理体系）。企业知识产权管理体系总体上讲是将知识产权放在企业管理的战略层面，将企业知识产权管理理念、管理机构、管理模式、管理人员、管理制度等方面视为一个整体，界定并努力实现企业知识产权使命的系统工程。企业知识产权管理体系首先应该具有系统性，该体系是一个整体系统，不只涉及研发或生产某一个方面的事，而且是作为企业管理的一个子系统，贯穿于企业研发、生产、采购、销售、进出口等所有环节；知识产权管理不仅仅是知识产权管理部门的职责，而是涉及企业各个方面、每一位员工的事。例如，知识产权中的企业技术秘密就是企业每一位员工需要进行有效管理的事务，另外，全民皆兵式的企业知识产权管理体系不仅需要多个部门参与知识产权的挖掘与部署，而且需要全体员工投身知识产权保护和风险规避工作。

　　除了全员参与，知识产权管理体系还应具有专业性。迄今为止，专利制度在我国也不过三十余年历史，很多企业专利意识薄弱，专利管理能力不强，另外在知识产权文化理念、制度规范、经营管理模式等方面都还有待提升专业水平。在经济发达、科技实力强的国家和地区，如美国、日本和欧洲，企业的知识产权管理主要由专业人士来承担。因此，我国企业知识产权管理体系应以专业机构、专业人士为主进行建设和管理。大中型企业可以设置独立的、专门的知识产权管理机构，配置专业人员进行管理。中小企业可以安排专人进行知识产权的管理，形成小规模的知识产权管理体系。企业可以委托外部专业知识产权代理服务机构承担部分相关事务的管理，但管理的主动权仍应牢牢地抓在企业手中。目前我国中小企业仍有很大一部分没有建立专门的知识产权管理体系，只有在遇到知识产权重大问题时才临时组织相关部门的人员进行紧急处理，往往因协调不畅、基础不扎实而不能高效高质地进行相应处置，甚至做出错误的决定，贻误了商机或造成企业的经济损失。

9.3   高校和科研机构知识产权管理简介

由于高校和科研机构不以生产和销售产品为主业，所以高校和科研机构的知识产权管理与企业知识产权管理相比，所涉及的面较窄。科研机构在此是指不附属于企业的科研机构，依附于企业的科研机构的管理归于企业知识产权管理的范畴。

高校和科研机构的知识产权管理一般涉及两个层面：一方面是高校和科研机构的归口管理部门对高校和科研机构的知识产权管理；一方面是高校和研究机构自主的内部知识产权管理。高校和科研机构的归口管理方一般对产生的知识产权有事先的指引，包括知识产权的归属，实施，转让和许可，以及作价入股等方面的规定。高校和科研机构的知识产权管理就在归口管理部门规定的框架下运行，因地域、上级单位性质的不同而有所不同，管理的松散性和非标准化比较明显，容易造成知识产权管理效率低下、知识产权流失、知识产权维护不利等诸多问题。

除了体制方面与企业的巨大差异，高校和科研机构的知识产权管理还具有以下几个特点：一是研究的技术领域跨度比企业大，单个企业的技术方向相对比较专一，高校（特别是综合性高校）每个系都有各自的研究方向，领域跨度大；科研机构的研究领域相对比较窄，但仍比企业要宽。二是管理对象多样且割据比较明显，高校的研究常以系或项目为单位，与企业的统一管理相比，其自主权较大，割据比较明显，不便于统一规划和管理。三是高校的研究人员流动性较大，高校的研究工作有众多学生参与，随着他们毕业、就业等，流动性大。四是没有形成全国性的统一的知识产权管理规范。

企业知识产权管理方面，近几年由于《企业知识产权管理规范》（下称《规范》）的出台以及相应的贯标工作的开展，众多的政府科技项目和扶持补贴政策相继开始与《规范》挂钩，企业的知识产权管理已经开始趋于规范化、标准化，企业有动力按照《规范》的要求来进行企业知识产权管理。相比之下，高校的知识产权管理仍是基于 1999 年的《高等学校知识产权保护管理规定》（下称《规定》）。《规定》就知识产权的归属、知识产权管理机构的设置及职能，对参与人员的奖酬与扶持，法律责任方面等给予了规定，没有关于技术转移、产学研合作等知识产权运营方面的规定，跟不上社会和知识产权时代的发展。虽然之后出台的其他规定和意见提供了有益的补充，但是缺乏成套的体系化的规定或规范会造成不够清晰和不方便参考。可喜的是，全国性的高校知识产权管理规范正在制定中，如何通过统一的规范来促进高校的知识产权管理非常值得期待。

第 10 章　知识产权管理体系建设

企业、高校及研究机构应建立知识产权管理体系，实施、运行此管理体系并持续改进，保持其有效性。知识产权管理体系是一个与研发、生产和经营密切相关的系统性工程，其目的是通过制度、经济、技术、信息等元素将人力资源、物质资源、资金资本资源、技术及信息资源等进行合理、有机的调配整合，以利实现企业经济效益和社会效益的最大化。要保证知识产权管理的有效性和可靠性，应对研发、经营、生产等各环节的知识产权管理形成规范，进行制度化的管理。由于每个单位的知识产权情况和外部情况都在变化中，相应的知识产权管理体系也应该不断调整变化，保证其效率和生命力。

知识产权管理体系的建设可以分为四个方面，分别为知识产权管理架构建设，知识产权确权和维护管理，知识产权风险控制和维权管理，以及知识产权实施和运营管理。知识产权管理架构建设属于基础建设，包括组建部门和安排人员，赋予相关职权，建立基本的管理制度等。基础建设之外还要进行知识产权的过程管理建设，包括知识产权确权和维护管理，知识产权风险控制和维权管理，知识产权实施和运营管理。必须指出的是，上述知识产权管理体系建设的四个方面是一个整体，应全局考虑，统筹规划，齐头并进，而不是一个一个来建设。以下对知识产权管理体系建设的四个方面分别进行深入的探讨。

10.1　知识产权管理架构建设

10.1.1　企业知识产权管理架构建设

知识产权管理架构建设是指在机构、人员设置、资源配备和基本制度等方面进行有效的知识产权管理的相关基础建设。企业应该根据目前企业知识产权的工作任务和知识产权战略目标进行企业知识产权管理架构规划，构建体量适合现在和阶段性目标需要的知识产权人员和机构体系，配备相应的资源，并预留随时扩展的能力。企业应该根据自身大小、知识产权现状和规划发展预期等因素进行相关机构、人员、制度等的配置。

知识产权管理机构是企业开展知识产权管理活动的组织机构保障。企业的知识产权管理机构可以保障企业的知识产权管理活动始终处于有效的组织保障和控制之下，其设置是否科学合理会影响到企业知识产权管理工作的质量与效率。如何设置企业的知识产权管理机构没有固定的模式，企业应根据自身的行业和经营特点，企业规模和知识产权规模等合理规划和设置知识产权管理机构，使之与企业的研发、生产和经营活动相协调。有一定规模的企业应建立独立的知识产权管理机构；成立独立机构条件不成熟的，可安排现有部门专人专职，或专人兼职负责。

知识产权管理人员是企业知识产权管理制度的执行者，知识产权管理人员应经过相关岗位的培训或具有相关岗位的专业知识和技能。知识产权管理人员是企业知识产权管理活动最重要的核心资源，是企业进行知识产权管理的保障。

知识产权管理制度是企业开展知识产权管理活动的制度保障，是确保企业知识产权管理活动有章可循、协调运转的基础，应确保企业涉及知识产权的活动都在知识产权管理制度的规制与规范之下。不同企业应根据自身情况制定相应的知识产权管理制度，但在管理权限设置方面，企业经营的最高管理者应该是知识产权管理的第一责任人，是知识产权管埋架构的总设计师。未来企业的竞争，主要体现在知识产权的竞争，企业要发展，创新乃重中之重，企业经营的最高管理者对此应有充分的认识，只有最高管理者对知识产权管理给予充分的重视并亲自负责，才可能进行高效的知识产权运营。最高管理者承担的知识产权管理职责，包括制定、批准、发布企业知识产权战略规划和目标，知识产权战略实施过程和结果评价监督等。具体包括：规划知识产权管理机构的设置、职责和人员配备；保障畅通的企业知识产权沟通渠道；建立知识产权管理相关工作的评审制度和绩效考核制度。最高管理者可以在高级别管理层中指定专人作为代表，代行部分职责并及时反馈。

企业知识产权管理架构建设还应包括人力资源管理、财务资源管理和信息管理制度的建立。

人力资源管理包括对企业技术研发、经营管理、生产、销售等企业各类人员的知识产权宣传和培训，还应设立员工知识产权创造的奖励制度。

财务资源管理包括企业开展各项知识产权管理活动所需经费支出的会计科目

设置、预算编制、经费支出管理，以及对知识产权发明人的奖励金发放管理等。

信息管理方面，由于企业知识产权管理涉及多个部门和人员，信息量大，人员流动大，故企业的知识产权管理应该执行文件化和数据库化的管理，以文件的形式明确相关的机构建设、人员安排、职责、权限和制度等；信息数据应保存在企业的计算机系统中，有 ERP 系统的企业应将相关文件信息整合到系统中。目前部分中小企业对知识产权的管理仍停留在口头管理阶段或者附带在其他管理文件中，未对其重点进行独立的文件化管理。信息管理还包括知识产权保密制度的制定和宣传，对保密的企业内部知识产权资料设置查看权限。信息管理除了包括企业自身的知识产权信息资源，还应考虑收集管理与企业技术相关的外部技术和专利情报信息，以及其他相关的知识产权信息资源。

在具体实践中，企业应根据自身规模的大小，知识产权存量和预期获取量，以及企业经营规划等因素构建体量适合的知识产权管理架构体系，并根据相关工作量的变化及时进行调整。目前国内设有法务部门的企业，会考虑要不要建立独立的知识产权部门；而仍没有法务部门的小企业，需要考虑的是要不要建立法务部门和安排专职的知识产权专员。由于我国引入知识产权的历史不长，我们可以从发达国家企业知识产权管理发展历程获得一些借鉴。20 世纪 80 年代之前，许多著名企业在当时都没有设立专门的知识产权部门，而是将知识产权事务交由法务部代管，这些事务主要是商标注册、专利挖掘申请、企业内部的知识产权培训、维权等工作。直到 20 世纪 80 年代和 90 年代，许多大型企业开始设立独立的知识产权部，其工作内容扩展到收集、监控和分析外部专利和技术信息，以及企业内部技术信息。例如，日本的佳能公司在 1989 年将知识产权事务独立出来，成立了知识产权法务总部。成立由最高管理层直接领导的独立的知识产权部，充分体现了将企业经营战略与知识产权战略相融合的战略思维，是以创新推动发展的科技型中大型企业的最佳选择。另外，随着科技日益向纵深发展，企业专利数量和技术信息量迅速增长，知识产权的相关专业人员随之迅速扩充，这些也促使了知识产权部门的独立。对于较小的企业，是否设立法务部门或者设专职知识产权专员，一方面要看近期知识产权的工作量，另一方面要根据公司的经营战略来考量。

目前国际知名的企业一般都设有处于总公司管理层核心位置的知识产权管理部门，它与技术部门、营销部门密切联系，将公司的知识产权汇集在一起进行统一的管理。这些大企业知识产权管理的组织结构采用多种形式，目前发达国家大企业知识产权管理体制可以划分为三类：一类是集中管理体制，如美国 IBM 公司；一类是分散管理体制，如日本东芝公司；还有一类是综合管理体制，如日本佳能公司。

　　集中管理的特点，是所有知识产权的相关管理（包括预算计划等）受总公司的知识产权管理部门的操控、审核和审批，各分公司或分支机构的相应部门根据总公司的知识产权管理部门的指令行事。在这种体制下，各分公司或分支机构的知识产权管理具有较低的自主性。这种管理体制的优点是管理直接、严密，可以大幅减少分支机构知识产权人员的配备，便于企业对知识产权的掌控，最大限度地保护总公司的利益。目前在我国从事生产和贸易的国外公司很多仍采用这种模式，比如在中国申请专利和商标方面，即使是由分支机构产生的，仍由总公司负责委托代理机构办理，维权方面往往也采用同样模式。其缺点是耗费较多的费用和时间，而如果由设于我国的分支机构直接委托办理可能只要几分之一的费用。这种管理方式仍被很多大公司采用。

　　分散管理体制的特点是较充分地授权给下属部门，下属部门（如分公司和分支机构等）具有较大的自主性：各下属部门可以根据研发计划、销售收入、市场进入等情况进行本部门知识产权的规划和预算管理，尤其是在知识产权申请方面自由度较大，而在知识产权运营和维权方面（如技术转让、许可、纠纷处理等）一般仍由总部的知识产权管理部门统一决策管理。这种知识产权管理体制的优点是可以根据地区特点自主地进行知识产权的规划和管理，反应迅速，特别是在知识产权的申请方面，可以在附属机构产生知识产权时进行申请，有利于对企业知识产权进行及时、全面的保护。目前，一些跨国公司在我国的独资企业可以自主地申请知识产权，并负责后续知识产权的维护及维权等工作。

　　综合管理体制是以上两种管理方式的折中或综合运用，这种知识产权管理体制适合多产品线分立、各产品线单独核算的企业，可以按照技术类别和产品类别进行组织结构的设置，根据各产品和技术类别以及相应的附属机构的规模来灵活选用知识产权管理的组织结构。例如日本的佳能公司，该公司有多个产品事业部，每个产品事业部单独负责生产经营，单独核算，且单个产品事业部往往拥有多个位于不同国家的生产企业和机构。由此可见，佳能公司采用知识产权综合管理体制更适合其企业自身特点。

10.1.2　高校和科研机构知识产权管理框架建设

　　由于高校和研究机构不以产品生产和经营为主业，高校的知识产权管理一直以来比较松散，缺乏严格规范。少数对知识产权管理重视度高的高校和研究机构，会采用类似于企业的知识产权管理架构，一般的高校常常以科技处来负责知识产权的管理工作，较少设置独立的知识产权管理部门。高校和科研机构的研究工作多以院系或项目为单位，与企业相比，高校和研究机构的各系和各项目负责人有比较大的知识产权管理权限，并且相对较为独立和封闭，针对这种情况，需要制定区别于企业的知识产权管理制度。从全国范围来看，高校和研究机构的主管单位对知识产权管理的指引缺乏统一和规范化，使得高校和研究机构的知识产权管理不够完善和严密，造成知识产权的闲置和维权不利等诸多弊端。高校和研究机构的知识产权管理应从制度设置上使得全员参与，这一点类似于企业的知识产权管理，职责方面要分工明确，执行方面要在利益上有所触动，赏罚分明，使得全员自觉、自愿、主动地参与到知识产权管理的工作中。可喜的是，目前部分高校设立了独立的知识产权管理部门，比如清华大学、北京大学、北京科技大学等，成立了知识产权领导小组或知识产权管理办公室，越来越多高校从知识产权管理架构设置上体现了对知识产权管理的重视。

目前我国高校的知识产权管理组织结构主要采用类似企业分散式的知识产权管理体制。其原因首先是因为高校各院系技术类型的跨度大，集中管理制的知识产权管理部门难以对众多高精尖技术都有理解和掌控能力，故高校知识产权管理（特别是知识产权申请方面）一般都分散到院系或项目组，给予他们很大的自主权，相应地也就形成了类似企业分散式的知识产权管理体制。

10.2　知识产权确权和维护管理

知识产权确权和维护管理是指知识产权获取的过程管理以及通过按时续费等维持知识产权有效的过程管理。企业、高校和研究机构（本节中都简称为单位）在知识产权确权和维护管理方面的内容基本相同，故不分开讨论。

各单位应安排专人负责知识产权的申报，建立明确的企业知识产权报送机制；并做好相关知识产权信息的录入工作，实时更新状态，监控企业知识产权的缴费期限，按时缴费，做好日常的维护工作。为避免遗忘，可通过软件的自动提醒功能进行自动化管理。对于规模小、人手有限的单位，在处理需要通过申请来确权的知识产权时，也可委托代理公司代办申请和日后的维护工作。在知识产权申请过程中收到的需要答复的审查文件应及时给予答复，需要转给相关法务或研发人员答复的要设置时间期限，并通过电子系统进行提醒，以免错过答复期限；需要委托财务部门缴费的要设置汇出反馈制度，以确定款项汇出、没有遗漏，并设置时间期限进行提醒；要安排专人负责做好相关知识产权文件和证件的保管工作，知识产权文件和证件应分类进行条理化的档案管理，避免随意放置或与其他文件混放造成的查找困难和遗失风险。知识产权证件清单应录入计算机信息系统，以便对企业知识产权证件情况一目了然。知识产权申请过程和维护过程的所有重要中间文件应妥善保管，以备日后查阅。

目前对单位内部知识产权的挖掘和申请方面存在三个误区：一是在下达研发任务时才要求报送相关知识产权，但平时工作中，技术研发和设计人员可能会对现有的技术和设计进行改造升级，会产生计划外的知识产权。二是要研发设计人员自己甄别报送有价值的知识产权，这种做法的缺点是研发人员往往会低估知识产权的含金量而没有上报，或者受困于工作繁忙而忽略对知识产权的上报。针对这两种情况，应安排专人分析评估日常工作中所产生的智力劳动成果，及时甄别有价值的知识产权并做相应处理，及时给予保护。三是要使用时或要开拓市场时才申请，典型的如商标，国内企业商标早些年被抢注的情况比比皆是，随着企业经营者商标保护意识的提升，近些年国内著名企业的商标被抢注的情况大幅减少；而国内著名企业商标在海外被抢注的情况仍比较常见，原因主要是在国外注册商标的成本较高，而企业在不确定将来会开拓哪个国家市场的情况下不愿意花较多的资金在多个国家申请。专利方面，也常常出现在申请前提早公开，使得专利失去效力。以下按专利、商标和著作权来分别介绍它们主要的维护工作。

10.2.1　专利的日常维护

对已经获得专利权的专利，其日常维护的难点和容易出问题的地方主要是年费的缴纳，由于专利年费需要按年缴纳，故容易造成漏缴年费的情况出现。除了上述介绍的通过软件自动定时提醒的做法，还可以通过设置多重防线的方法避免出错，比如安排两级人员负责，或委托代理公司负责并且企业自己同时监控提醒。

对收到的无效宣告请求文件，应及时转相关技术人员审议，并在期限内做出回复，对明显无法维持有效的可以选择放弃，以节省不必要的开支。

专利的日常维护还包括定期对自身所拥有的专利的评估，对那些没有使用、不打算使用且不具有商业价值的专利，可以考虑进行放弃，以节省维持费用。

专利的日常维护还包括对著录信息的及时更新，单位如发生地址迁移或企业名称变更，应及时向国家知识产权局办理著录事项变更手续。不及时变更可能会收不到无效宣告请求书，造成专利在自己不知情的情况下失效。

10.2.2　商标的日常维护

应对仍然具有价值的商标及时续展，按规定商标每 10 年续展一次，在及时续展的情况下，商标可以无限期拥有。应对收到的异议和无效文件及时应对，避免错过期限。在企业信息发生变动时，应及时办理变更手续。

对于拥有著名商标或驰名商标的企业，应该安排专人或委托代理公司进行商标的监控。具体来讲，就是监看商标局的初步审定商标的公告，对于与自己的商标近似的商标及时在异议期里提出异议。其他企业根据自身情况也可以考虑进行商标的监控。

根据中国《商标法》的规定，连续 3 年停止使用的注册商标将被撤销。因此应对商标进行有效的使用，以维护商标权。对那些企业长时间没有使用且不打算使用的商标，可以考虑进行转让或者放弃，以节省企业的费用。

10.2.3　著作权的日常维护

由于包括我国在内的大多数国家对著作权采取的是自动保护的原则，即作品一完成就自动获得著作权的保护，因此在著作权完成之后，仍应保存所有著作权创作过程中的相关稿件、信件、照片、档案等，特别是记载有日期的相关文件，以便在争议发生后可以提供有力的材料证明自己是原始的创作方并证明创作日期。对已发行作品的著作权应尽量完善其著作权管理信息，提醒和警示使用方权利的归属。对著作权管理信息可以通过技术手段进行加密处理，并定期检查加密处理的有效性。

10.3　知识产权风险管理和维权管理

在知识产权应用的过程中，不可避免地会遇到各种风险。风险的性质依权利人的自身情况、行业情况、知识产权的性质以及市场情况等的不同而不同。因此，需要对这些风险进行确认、评估和合理应对，以使权利人在知识产权的商业应用过程中令知识产权的风险变得可预见和可控。为此，单位应建立知识产权风险管理和维权管理制度，有条件的单位应设独立的部门进行风险管理和维权管理。知识产权风险管理包括建立知识产权的分析、监控、预防、预警、审查制度等。知识产权监控和预警是指单位通过收集、整理和分析与本单位的行业和产品相关领域的专利或非专利知识产权信息情报，对他人的产品技术或其他知识产权是否涉嫌侵犯本单位的知识产权进行评估和报告，知识产权监控和预警还包括将本单位的产品（尤其是研发中的产品）及其他知识产权与他人现有的知识产权相比对，通过分析评估及时发现侵犯他人知识产权的可能性并予以报告。

10.3.1　企业知识产权风险管理和维权管理

1. 企业知识产权风险管理

企业知识产权的风险管理包括通过建立企业内部知识产权的分析、监控、预防、预警、审查制度等，分析、监控行业和同行知识产权动态，及时发现自身知识产权被侵犯的情况和侵权行为。企业除了要保护自身免受知识产权侵权之外，还应分析、评估和审查企业新设计研发的产品所涉及的知识产权，及时发出预警，避免侵犯他人知识产权。企业要预防和降低采购、生产、销售和办公过程中侵犯他人知识产权和泄露企业知识产权的风险，提出规避他人知识产权的建议，避免由于侵犯他人知识产权给企业所造成的经济损失和名誉损失。

监控企业的办公软件，避免使用侵权盗版软件。在出口贸易销售过程中，主动搜集分析出口目的地相关知识产权法律政策，出口产品涉及的当地知识产权等，评估可能存在的风险并提出建议。在采购、销售等合同管理中，对合同中产品所涉及的知识产权和知识产权责任条款进行审查，避免侵权或被侵权。对企业的技术秘密进行严格、有效的管理，避免泄密，必要时审定技术秘密的级别并设置相关可以查看的人员。对于研究开发等与知识产权关系密切的岗位，应要求员工签署知识产权保密声明文件。对离职的员工进行相应的知识产权事项提醒。涉及核心知识产权的员工离职时，应签署离职知识产权协议或执行竞业限制协议。

鉴于目前知识产权纠纷多发于经营活动中，故应着重在采购、生产和销售过程中严格进行知识产权的风险管理。

（1）采购

企业在采购过程中，对涉及知识产权保护的产品，应收集和查验相关知识产权信息，必要时要求对方提供权属证明。当没有能力鉴别对方提供产品的知识产权时，应保证在正规渠道采购商品，保留供应方的信息和采购信息，以便在发生侵权时能追溯到源头。

（2）生产

企业对自己开发生产的产品必须经过严格的知识产权分析和评估，避免侵权。企业在委托加工、来料加工、贴牌生产等外协生产的过程中，应在加工生产合同中明确相应的知识产权权属、涉及知识产权的许可使用范围、产生知识产权侵权的责任等内容。

（3）销售

企业销售自产的产品时，如收到疑似侵犯他人知识产权的信息时，应及时给予分析和评估。企业销售他人的产品，应保证在正规渠道采购商品，应收集供方的相关知识产权信息，必要时要求提供知识产权权属证明。

日本的企业总体来讲在知识产权风险管理方面处于领先地位，这与其严谨的知识产权监控制度密不可分，比如富士通公司，就专门设置了其他公司知识产权监视制度：通过调查其他行业主要竞争对手的专利情况，获取和分析重要信息，避免侵犯他人专利。其具体做法为：收集各渠道的本行业专利公告信息，剔除跟本公司的技术无关的技术，将有关的技术分别发送到相关的事业部进行研究调查，再将调查结果交给专门的调查委员会进行复核。如果委员会认为富士通现行产品或研发中的产品正在使用或将会使用该技术，就会搜集分析现有技术资料，看是否可以提出异议来使该专利无效。如果无法提出异议，则由事业部和专利部门共同研究，寻求规避该专利的对策。

2. 企业知识产权维权管理

企业还应建立知识产权维权管理制度，处理知识产权的侵权和被控侵权相关事宜，适时通过行政和司法途径保护知识产权；在处理知识产权纠纷时，评估通过诉讼、仲裁、和解等不同处理方式对企业的影响，选取适宜的争议解决方式，为企业的知识产权运营提供知识产权法律支持。有能力的企业可以自设法务部门或安排专业法务人员处理维权事宜，规模小的企业可以外聘相关服务并安排专人负责对接。

考虑到企业在创造和保护知识产权中需要花费大量的时间、精力和资源，企业可以为保护和运用知识产权过程中所面临的风险进行投保。这种保险在一些西方发达国家经多年发展已初步成熟；在这些国家进行知识产权的相关诉讼花费巨大，而知识产权保险有助于分散企业知识产权诉讼的风险和费用，使得这方面的花费在可预计的范围内。我国知识产权保险刚刚起步不久，在后面的章节中会有详细的介绍。

10.3.2　高校和研究机构知识产权风险管理和维权管理

由于高校和科研机构一般不是通过生产和销售产品获取利润的经营单位，按照《专利法》第 69 条的相关规定：专为科学研究或实验而使用有关专利的不视为侵犯专利权，故高校和研究机构在研究过程中侵犯他人知识产权的风险较低。另外，高校和科研机构发现自己的专利权被侵权，在他们没有自己实施或许可他人实施相关专利的情况下，按照现行法律的损失赔偿原则，难以获得满意的侵权赔偿，故其专利维权积极性不高；这反过来也削弱了高校和科研机构对专利侵权行为监控和预警的积极性，缺乏风险管理和维权管理的专职人员，专利维权力度不足。由于高校的教职员工和从事研发的学生流转率高，造成高校的知识产权流失的情况比较严重，离职或毕业的人员常常将原服务高校的知识产权在其他地方实施，引起众多纠纷。对于这种侵权，高校方面很难在举证困难的情况下获得满意的维权结果。因此，高校应补足风险管理和维权管理工作的不足，在竞业禁止和预防侵权方面做更多、更严密的工作，在发生侵权时可以提供更有力证据维护自己的权利。

10.4　知识产权的实施和运营管理

创新是经济发展的基础，但创新本身并不等同于经济的发展，需要将创新成果转化为现实的生产力，否则创新就没有实际的意义，只是没有使用价值的半成品。我国全社会科技成果转化率偏低，为此国家在 2015 年推出最新的《中华人民共和国促进科技成果转化法》，用以加强高校和科研院所的科技成果转化效果。其第四十五条更改为"科技成果完成单位未规定、也未与科技人员约定奖励和报酬的方式和数额的，按照下列标准对完成、转化职务科技成果做出重要贡献的人员给予奖励和报酬：一、将该项职务科技成果转让、许可给他人实施的，从该项科技成果转让净收入或者许可净收入中提取不低于百分之五十的比例；二、利用该项职务科技成果作价投资的，从该项科技成果形成的股份或者出资比例中提取不低于百分之五十的比例；三、将该项职务科技成果自行实施或者与他人合作实施的，应当在实施转化成功投产后连续三至五年，每年从实施该项科技成果的营业利润中提取不低于百分之五的比例。"该法进一步明确了发明人的权益，并为促进其科技成果转化提供了强大的动力，可见国家对将创新转化为生产力的迫切渴望。

由于企业、高校及研究机构性质的不同，对知识产权的转化能力也不同，在拥有自主知识产权后，企业、高校及研究机构会采用不同的方式对知识产权进行运营，下面进行说明。

10.4.1 企业知识产权的实施和运营管理

企业利用知识产权常见的方式有自主实施、知识产权许可/转让、知识产权资本化运作以及知识产权战略联盟。

1. 自主实施

（1）自主实施的益处

通常，大多数企业实施知识产权的主要形式是自行投入生产并向市场提供基于该知识产权的商品或者服务，而不是将知识产权交给其他的机构进行商业化运作。在企业资金充足、市场运作良好时，多数企业都倾向于自主实施，以获得更大的利润，同时可以为使用该知识产权的商品提供更好的防抄袭保护。

华为的芯片发展史

作为中国唯一一家拥有自主手机系统芯片的公司，华为对自身科研实力异常重视。据华为 2015 年年报显示，2015 年华为研发投入资金 596 亿元人民币（约 92 亿美元），比 2014 年的 408 亿元增加了 188 亿元人民币，同比增长 46.1%，占其销售收入的 15.1%；而苹果 2015 年的研发投入为 525 元人民币（约 81 亿美元），仅占营收总额的 3.5%。根据统计，华为从 2006 年以来，其研发投入累计超过 2400 亿元人民币（约 370 亿美元），2006 年华为研发投入仅为 68 亿元，此后每年保持阶梯式增长。另外，华为在世界范围内设有 16 个全球研发中心，研发人员多达 7.9 万人，占公司总人数的 45%，这在科技公司中是属于非常高的比例。如此大的研发投入在专利申请方面得到了正面的体现，年报显示，华为累计申请了 52550 件国内专利和 30613 件外国专利，专利申请总量位居全球第一。作为一家拥有大量核心技术知识产权的企业，华为在产业化的道路上异常顺利，更是取得了不菲的成绩，利用自主研发的芯片，打出了自己的旗帜，更是避免了对第三方芯片厂家的依赖[①]。

华为做芯片的历史可以追溯到 2004 年，当时主要是做一些行业用芯片，主要配套网络和视频应用；2009 年，华为推出了第一款手机芯片——K3，但因为产品不成熟，并未得到推广；2011 年，华为推出改进版 K3V2，用在了新上市的 D2 手机上，这是全球首个集成了 4 核 ARM cortex A9 的手机芯片方案，然而依然存在兼

---

① 华为投资控股有限公司.2015 年年度报告[R].深圳:华为投资控股有限公司，2016(04).

容性差、功耗大等问题；2013 年，华为终于做出了海思麒麟 910 芯片，并用在 P7、Mate2 等机型上，成为第一款能用的芯片，其功耗和性能为大众所接受；2014 年，华为再次进行技术改进，做出海思麒麟 920 型号，用于荣耀 6、Mate7 等机型上，相比于处于同一档次并被媒体报道存在漏电瑕疵的联发科 MT6595，麒麟 920 芯片在多核调度、性能和功耗的平衡方面做得更好；然后在 2015 年，华为推出海思麒麟 930 芯片，这是华为第一款 64 核的处理器；同年底，华为又发布了海思麒麟 950 芯片，其功耗性能又有所提升，并用在其最新旗舰手机 Mate8 上，得益于其出众的功耗控制，Mate 8 的续航备受好评；而 2016 年，华为则发布了其最新的海思麒麟 955 芯片，用于其最新的旗舰手机华为 P9 以及荣耀 V8 两款手机上，较上一代芯片性能有了更大的提升，达到了市场上最新的骁龙 820 和三星 Exynos 8890 处理器的水平，在手机芯片市场有了属于自己的一片蓝天。

由于华为拥有自己的芯片技术与核心知识产权，不必与小米、联想、中兴、苹果等极力争夺高通的旗舰芯片首发、供应份额等，同时也有了与高通的议价权和在市场上对本公司手机的定价权，从而掌握了主动。得益于其强大的科研实力、知识产权竞争力，通过将其知识产权产业化，华为迅速抢占了全球的消费者市场，2015 年华为实现销售收入 3950 亿人民币（约 608 亿美元），同比增长 37%，市场份额稳居全球 TOP3 阵营。相比之下，2015 年高通骁龙 810 处理器确实给一批手机厂商造成了不小的损失，因为发热严重，骁龙被网友戏称"烧龙"；而没有自主芯片的厂商，如小米、锤子、中兴、乐视等，却又不得不采用这个速度最快的旗舰芯片，并且每个厂商的供应量还受到限制，错失市场先机，采用这颗芯片的手机（如小米note 顶配版、乐视 M9、锤子手机 T2 等）都销量平平，足以见得拥有自主的核心知识产权并进行产业化的重要性[①]。

将自身所拥有的知识产权产业化，提升产品技术含量，是企业增强自身实力、提高话语权的重要途径。随着经济的快速发展，国内外企业竞争的日益激烈，企业想要生存，就必须提高自己的竞争力，而创新就是竞争力最直接的推动力，企业在将自身所拥有的创新成果产业化的过程，就是提高产品竞争力的过程。

（2）自主实施注意事项

虽然很多企业都懂得这个道理，但是在实际操作中，却常常会出现各方面的问题，难以将所拥有的知识产权价值最大化或者规避对应的知识产权风险。企业在实施自主知识产权时，应注意以下三个方面：

---

① 王杨.敢叫板苹果，华为的底气在哪里？[N]. 观察者网，2016.

① 原料采用。在采购涉及知识产权的产品过程中，需要收集相关的知识产权信息，避免采购知识产权侵权产品，必要时要求供方提供知识产权无风险证明；而且，企业需要做好供方信息、进货渠道、进价策略等信息资料的管理和保密工作；在采购合同中，应该与供方明确产品的使用范围、知识产权侵权责任，防止不必要的纠纷。

② 产品生产。在生产过程中，应及时评估、确认生产过程中涉及产品与工艺方法的技术改进与创新，明确保护方式，适时形成新的知识产权；对于委托加工、来料加工、贴牌生产等形式的对外协作，应在合同中明确知识产权权属、侵权责任承担；企业应保留生产活动中的相关记录，并实施有效管理。

③ 成品销售。在企业的产品销售前，应对所涉及的知识产权状况进行全面的审查和分析，知道知识产权保护和风险规避方案。同时，在销售的过程中需要建立市场监控程序，采取保护措施，及时跟踪和调查相关知识产权的被侵权情况，建立并保留相关记录。产品升级或者市场环境发生变化时，企业应及时进行跟踪调查，调整知识产权策略和风险规避方案，适时形成新的知识产权。

2. 知识产权许可/转让

知识产权的自主实施需要投入大量的人力物力，如果企业缺少相应资源或者技能，自身无法使该知识产权产业化，则可以考虑将所拥有的知识产权采用许可或转让的方式。下面以专利为例进行介绍。

（1）专利许可

专利许可仅仅是允许其他企业使用该技术并收取一定的许可费用，此时的知识产权依然属于该企业，被许可人仅仅具有使用权。专利许可主要是针对企业不想将某一专利技术产业化，而又希望利用该技术获得长期的利益；或者企业发展尚未触及某一国家、地区，可以实施专利许可，在不丧失专利权的情况下，持续获得收益。另一种比较特别的情况是，企业与竞争对手间为了相互使用对方的专利技术，而进行妥协，对对方实施专利许可。例如，国家知识产权局最新公布，2015 年华为与苹果公司达成一系列专利许可协议，华为向苹果公司许可专利 769 件，苹果公司向华为许可专利 98 件，覆盖 GSM、UMTS、LTE 等无线通信技术。虽然这两家公司都属于同一领域，但是通过专利许可相互取长补短，拉开与其他企业的技术差距，进一步增强了企业的产品竞争力。

进行专利许可的专利往往技术含量较高，而技术是企业的优势来源；但在有些情况下，知识产权许可面临树立和培养了强劲的竞争对手，自身失去市场的风险。

所以，企业在选择被许可人时，应当对自身的知识产权开发利用有一个总体的战略统筹安排，从许可战略的高度加以把握，在此基础上有选择地进行知识产权许可，使研发活动的成果成为公司获得利润的源泉，确保公司赢利能力稳步增长，并保持持续的收益。美国彩色电视机市场被日本企业占领就是一例：当初美国在彩色电视机专利技术开发上占先，但由于美国本土企业缺乏开拓全球市场的战略构想，而是向日本企业发放专利许可，结果反而使美国企业失去了彩色电视机市场。

为了增加知识产权许可的科学性，企业无论是作为许可方还是被许可方，都要进行仔细的论证，以便使许可行为成为增进企业经济效益的行为，同时避免可能出现的法律风险和技术风险。一般地说，作为许可方的企业在进行知识产权许可时，应考虑以下因素：一是能否扩大本企业在相关产业中的技术优势和市场优势；二是该许可对本企业自身是否具有不利的竞争形势；三是该许可能否给本企业带来经济效益；四是该许可是否存在法律风险，如本企业只是共有知识产权人之一，在许可时需要遵循共有知识产权许可的法律规范。知识产权许可协议应清晰界定被许可人使用技术或者其他知识产权的期限、范围及使用方式等，特别需要注意的是，企业进行专利许可的谈判时，应清楚地了解所涉及的权利以及可以行使该权利的范围。

通过颁布技术许可，企业可以在一定程度上控制技术产品的演进路线，使整个市场的发展跟企业的研发路线保持一致，提高企业技术对整个产业的标准化影响。知识产权许可人的收入是一个持续的过程：在前期的收入一般较少；后续收益取决于合同的约定，一般可以根据知识产权后续创造的价值约定提成费用。如果知识产权没有创造太大的价值，许可人随后的收益就会较小；反之，如果知识产权后续创造的价值较大，其随后收益也会越来越大。

（2）专利转让

与许可不同的是，转让将会使企业完全丧失该知识产权的所有权，所以在转让时需要考虑到受让人的具体情况，受让人的市场范围与本企业的市场范围应该尽量没有重叠区域，以避免培养竞争对手，从而导致自己丧失产品的竞争优势，丢掉可以垄断的市场。一般来说，企业并不会经常采取将知识产权转让出去的经营方式，而更多地采取许可使用的战略，不过有时企业为了其他目的也会采取知识产权转让的形式。例如，企业在经营状况急剧恶化时，为了解决紧急性财政危机，也会采取一次性销售其研发技术的方法。然而，这只是一种临时救济措施，虽然这可以给公司带来一笔价值不菲的转让费，但可能透支未来，使得公司未来的赢利能力受损。有时候，企业选择从整体经营战略部署出发，将其一部分或者全部知识产权转让给第三方，通过放弃非核心的知识产权，减轻知识产权维持成本，调整研发方向。

对于企业管理层来说，其经营成功与否的关键往往不在于企业是否能够一次性地将知识产权转让出去并获得资本收入，而在于是否能够保持长期持续的获利能力，所以企业要根据自己的经营情况与研发情况，做出合理的决定。对于受让人来说，也需要注意知识产权收购过程中的种种问题，防止所获得的知识产权存在法律瑕疵或者失去应用价值。具体注意事项有以下四点：

①目标知识产权的权属和法律状况。弄清楚拟并购的知识产权的所有者，以及该知识产权是否存在共有或被质押的情况，弄清楚该知识产权剩余保护期限、保护地域和范围，特别是需要明确目标知识产权是否存在权属争议、其真正的所有者是谁、其现行的许可使用情况等，并在并购协议中予以确认，以便万一发生知识产权权属纠纷时能处于有利地位。这一点主要是保障被并购的知识产权没有法律瑕疵，防止和避免法律风险。为此，企业在并购知识产权时，应对目标知识产权的真实性、无争议性和权属状况进行调查，并要求对方提供相应的担保。以专利技术为例，通常需要考虑专利权利要求的范围、专利保护地域和剩余保护期限、是否存在权属争议等专利权属状况、是否存在专利纠纷等。另外，目标专利是否正在自己实施或者许可他人使用的情况也需要在并购时处理。如果在并购目标专利技术时，专利技术转让方自己仍然在实施或者已许可他人实施，则应明确转让方能否再予以实施的权利，以及被许可方与并购方的权利义务关系。原则上说，如果没有约定，则在并购完毕后，转让方即不得再实施该专利，转让方与被许可人签订的专利实施许可合同所约定的权利义务均转移到并购方与被许可人。

②目标知识产权的经济价值。这涉及收购知识产权时的价金问题。收购企业应从技术发展阶段、市场供求关系、替代技术的可能性、同类知识产权价格水平等方面加以考虑，还应当考虑目标知识产权与本企业的结合度，如拟收购的专利技术和本企业技术发展战略的关联性，拟收购的商标企业形象及其品牌价值与本企业形象和品牌价值的吻合度，拟收购的商业秘密对本企业的经济价值和竞争优势的作用等。

③收购时机。不同的收购时机，被收购企业的知识产权资产价值就不同。例如，在被收购企业处于经营发展困难时机，需要通过变卖知识产权资产等走出困境，此时收购对收购方自身有价值的知识产权资产所支付的价金可能较小。又如，企业本身急需某一领域的相关知识产权，则会导致该知识产权对应价格偏高。因此，企业应当具有前瞻性，尽早做出布局，减小不必要的开销。

路明集团收购 AXT

2003 年恰逢半导体照明市场发生了一些波折，美国晶体技术公司（简称 AXT 公司）光电事业部意外遭受了重大打击，运营出现危机。鉴于美国资本市场的影响和短期业绩压力，AXT 公司董事会决定出售光电事业部。作为全球最早提供大芯功率 LED 芯片的供应商之一，AXT 公司具有外延片生长、芯片制造的成熟工艺和关键技术专利等 30 多项，技术水平处于美国第二、世界第四。其光电事业部曾投入了数千万美元的技术开发费用，研发技术直接应用于手机背光源、LED 大屏幕和白光照明等产品中，核心专利处于业界领先水平，且同时拥有标准芯片和大功率芯片技术。

路明科技集团利用此次收购抓住了进入 LED 产业链上游的机会，经过 4 个月的谈判，2003 年 9 月路明集团最终以大约 1000 万美元的价格收购了 AXT 的光电部门，包括其全部生产设备、30 多项专利，吸收了 50 多位研发人员。路明集团利用并购进入 LED 产业，而后又通过整合获得并改进了核心技术，大大缩短了其技术爬坡过程，最终跻身世界一流 LED 大厂行列。

④目标知识产权与收购企业知识产权的匹配性。在现实中，企业知识产权的实施很多采取组合策略。被收购的知识产权和企业自身拥有的知识产权形成一定的匹配效果，有利于实现企业无形资产的增量价值，因此在并购时考虑被并购的知识产权能否与已有知识产权进行有效的组合，形成集群效应，是很有益的。企业实施并购战略时应考虑并购企业与被并购企业业务的相关性，侧重于相关的业务和能力发展。具体地说，企业在选择并购目标时，应注意目标企业的知识产权与本企业知识产权的协同关系，保障被收购的知识产权能与本企业所拥有的知识产权实现良好的组合，若目标企业的专利技术与本企业的核心技术之间存在互补关系，就是较好的模式。国外跨国公司实施并购战略时也很重视上述匹配性。例如，达能公司以并购实现品牌扩张，其收购本土品牌后，高度重视自有品牌与被并购品牌的契合，通过自有品牌的影响力与本土品牌的整合，强化品牌形象和文化的融合，提高了品牌的竞争力[①]。

知识产权转让对知识产权转让人和受让人而言均具有独特的价值。对转让人而言，除非转让协议中包含了年度使用费的支付，否则，即使知识产权在商业化过程中实现了比预期更多的收益，转让人也没有机会分享后续产生的利润，属于一次性收益。对受让人而言则可以在不付出开发知识产权的投资和承担开发风险的情况下

---

① 冯晓青.企业知识产权运营管理研究[J].当代经济管理，2012, 34(10)：91-92.

直接获取他人的知识产权，并且可以利用受让的知识产权占领市场。

3. 知识产权资本化运作

企业的知识产权资本化运作主要包括知识产权质押以及知识产权技术入股。资本化运作是知识产权运用的一个重要方面，企业的许可/转让策略只有与投融资策略结合起来，才能在最大程度上促进公司的发展，发挥出知识产权的潜在价值。

（1）质押贷款

知识产权质押贷款是企业（尤其是基础条件薄弱、有形财产短缺、缺乏抵押物的创新型企业）可以利用的一种融资方式。目前，我国《公司法》《中外合资经营企业法》《担保法》以及《物权法》等法律都规定了知识产权可以折价出资，也可以质押贷款。在《国家知识产权战略纲要》颁发以后，各地纷纷开始重视帮助中小企业解决融资问题，出台相应的特殊政策，鼓励本地银行提供知识产权质押贷款。区别于传统的以不动产作为抵押物向金融机构申请贷款的方式，知识产权质押是一种相对新型的利用无形资产进行融资的方式，企业对于知识产权的权利归属、知识产权稳定性、技术含量（主要指专利）、知识产权的市场影响等都应当有所了解，以便在进行质押贷款时能够事先回避风险，增加质押贷款成功的可能性。以知识产权资源进行质押，可以充分利用企业的闲置资源，扩大企业的资金流。同时，企业可以利用自身的知识产权彰显自身的知识产权实力及科研能力，吸引创业投资，并增强企业在融资过程中的股份占有量。

重庆三华工业利用知识产权融资脱困

重庆三华工业是一家通机配套企业，在北碚有 20 多年历史，2011 年搬到同兴工业园新厂房，开始产品转型，企业正处于高速发展期，急需资金增加生产线。之前的贷款大多是通过土地、房产做抵押，甚至还尝试向租赁公司借过款，利率高达 12%。而且，该企业的有形资产有限，不可能获得大量的贷款；而专利等无形资产长期处于"闲置"状态，并且需要企业长期的资金投入，更是加重企业的负担。2011 年，他们第一次接触到专利质押融资，通过重庆科技融资担保公司担保，用两项专利从三峡银行贷款 1000 万元。2012 年 9 月，公司因上新项目需要扩充生产线，而再次遭遇资金"瓶颈"，他们又向三峡银行递交了知识产权质押融资申请，新型发动无缸套缸体专利技术被评估为 2800 万元，三峡银行在几天内便批准了贷款 2000 万元的申请，同时还获得 100 余万贷款贴息补助。正是依靠专利质押获得的大笔资金，企业顺利渡过难关，成功转型升级。跟传统的固定资产质押贷款相比，知识产权质押可以更充分地利用企业的现有资源，发挥其科技成果的应有价值，有效地解决中小科技型企业的资金难题。

（2）技术入股

知识产权除了可以在企业遇到资金困难时为企业提供资金支持之外，在知识产权权利人欲入股某一公司或者成立某一公司，而又没有足够的注册资金时，也可以将自己拥有的或自己研发、受让的知识产权等无形资产，通过评估作价，财产转移和验资报告，注入企业增加注册资本，避免一次性筹集大额货币资金的压力。同时，以技术入股的方式出资还可以达到长期抵税的作用，对一些资金紧张而具有自主知识产权的企业，可以节省一定的开支。由于技术本身的无形性，所以能够在同一时间、不同地点被多个主体同时使用，而其他有形财产却不能。国家科委《关于以高新技术成果出资入股若干问题的规定》中提出，以高新技术成果出资入股，成果出资者应当与其他出资者协议约定该项技术保留的权利范围，以及违约责任等。可见，技术成果出资者并不一定以成果所有权入股，还可保留部分权利。因此，技术入股各方在签订入股合同时，一定要注意在合同中明确约定技术入股的方式：是以入股技术的所有权出资入股，还是以入股技术的使用权出资入股？如以入股技术使用权出资入股，还应明确是何种许可使用方式（指独占许可、排他许可、普通许可）。

郑晓廷一件专利入股作价 1617 万元

2009 年，山东黄金集团与平邑县政府达成战略合作，并购平邑归来庄金矿，形成山东黄金集团平邑县归来庄金矿矿业有限公司。原金矿矿长郑晓廷从事金矿工作 10 余年，花费了他四五年的时间才研究完成全泥氰化锌粉置换与碳浆吸附串联提金相关技术。该技术的提出，彻底改变了原有的淘金方法，不仅可以节水，而且还减轻了污染，开创了世界淘金的新方法。1999 年，郑晓廷的《一种全泥氰化锌粉置换与碳浆吸附串联提金方法》获得国家专利，实践证明，其工艺达到国际领先水平，获国家科技进步三等奖、山东省科技进步特等奖。在此次并购中，经过专家组评估，郑晓廷以该专利评估作价 1617 万元，入股新成立的山东黄金集团平邑县归来庄金矿矿业有限公司，按照该公司的资本核算，郑晓廷个人持有公司 2.59% 的股份。在此案例中，郑晓廷的个人专利评估作价 1617 万元，在国内的专利价值评估史上相当罕见。通过此次技术入股，郑晓廷获得新公司股权，而山东黄金集团平邑县归来庄金矿矿业有限公司也获得了一项很实用的技术，对企业未来的经济效益有着强力的推动作用[1]。

---

[1] 王晓亮.山东平邑归来庄金矿矿长个人专利入股创天价[N].齐鲁晚报，2009 年 06 月

4. 知识产权战略联盟

知识产权战略联盟是由多个知识产权权利人为了维护自己的利益,抱团形成的团体,其中最常见的是专利联盟,也称专利联营,是指两个或两个以上的专利所有人之间的协定,用以相互间或向第三方授权他们的一个或多个专利。这种方式一般适用于大型且具有相当科研实力的企业,由其主导推动并吸引相关企业加入,形成联盟。

专利联盟可以分为封闭式和开放式两种。

封闭式专利联盟的专利只在内部成员间进行交叉许可,不允许对外许可;通常遵循平等原则,无论成员专利数量多少,其地位一律平等,每一项必要专利无论作用大小,也平等对待,不得无故拒绝许可,以限制新的厂商进入联盟。封闭式许可可以在一定程度上弥补基础研究和应用技术开发能力方面存在的不足,减少不必要的开发造成的资金及时间浪费,更可以增强联盟专利诉讼的抗风险能力。

开放式专利联盟成员间的专利可以相互交叉许可,对外则由专利联盟统一进行使用许可。一般由联盟中企业自由地进行谈判并确定统一的收费标准及每项专利应分得的使用费,使用费率和其他许可条件应该是公平、合理和非歧视性的,不得因为所属国别、规模大小等原因而厚此薄彼或拒绝许可,并且许可应该是非排他性的,当然这并不排除对不同的用途收取不同的使用费。

通常所说的专利联盟是指开放式专利联盟,其对外许可方式为"一站式许可",即将所有的专利捆绑在一起对外许可,并且采用统一许可费标准,许可费率通常不超过专利产品净售价的 3%~5%,许可费收入按照各成员所持专利的数量比例进行分配,企业一般也会采取成本累积法、市场比价法、所得估算法等确定许可费的收取和分配。联盟可以大规模地采用许可的方式,以扩大此技术在行业中的影响力,促进相关技术向标准化发展,通过向采用该标准的其他企业收取专利许可费,获得垄断利润。

目前我国已有大量的专利联盟,例如顺德电压力锅专利联盟、中国彩电联盟、LED 专利联盟以及 AVS 专利联盟。但是大多是出于应对国外专利联盟或跨国公司专利挑战的需要,由于种种原因,联盟成立后,成员之间较少进行内部许可,也很少对外开展专利许可业务,专利联盟的运营效果并不理想。在知识产权联盟的运营过程中主要应注意以下问题:

（1）制定联盟发展战略规划

产业知识产权联盟应针对产业技术演进特点、全球知识产权布局态势、国际竞争格局以及发展重点等，结合产业知识产权联盟各成员单位所处发展阶段，知识产权数量、质量与布局结构等实际情况制定联盟发展战略规划。规划应明确联盟的发展方向，确定战略目标、发展任务和工作重点，并规划具有前瞻性与可操作性的战略路线图。

（2）建立健全内部管理制度

产业知识产权联盟应建立健全联盟工作联络员制度和日常联系机制、工作例会制度及重大事项决策机制等，加强联盟成员单位间的工作联系，完善联盟的内部治理。建立健全信息通报和业务交流机制，有针对性地开展调查研究，及时通报相关信息、发布研究报告，为成员单位及时掌握国内外产业前沿和知识产权动向提供支撑。建立联盟工作经费保障机制，实行合理的经费分担和正常的经费增长制度，保障联盟持续健康发展。

在专利联盟内部，成立相关工作组或委员会，专门负责起草、试验、制定、申报等建立相关技术领域国家标准的事宜；组建专利池工作组，专门负责挑选必要核心技术、组建专利池事宜。专利联盟成员必须交纳一定的会费，且会员企业应派出专门的专业技术人员参与专利池组建工作。

（3）制定专利联盟的知识产权政策

专利联盟的知识产权政策可以根据产业和成员的特征，经全体成员协商而确定。一般而言，专利联盟的知识产权政策应当遵循下述原则：①最大程度地将所有包含必要权利要求的专利吸收在内的原则；②诚实信用原则；③自愿参与原则；④非排他性原则；⑤非歧视性的管理原则。

同时，根据许可对象的不同，专利联盟的知识产权政策有不同的侧重点。例如，在专利联盟成员之间进行交叉许可时，制定的知识产权政策就需要注意标准所涉及的必要专利技术的所有人是否选择入池，如果选择入池，必须无条件同意交叉许可，且免费交叉许可。入池后，可选择自由退出，但不得无正当理由拒绝其必要技术的对外许可。又如，在对非专利联盟成员进行许可时应该注意：首先，在许可模式方面，可以选择标准涉及的所有必要专利，即整体打包费，也可以选择标准中一个部分涉及的必要专利，相应的专利许可费为整体打包费的一定百分比；其次，要遵循许可自愿原则，被许可人既可以通过专利联盟的许可机构获得授权，也可以通过与专利持有人直接协商获得授权；再次，专利联盟可以制定整体打包许可费、单项技术许可费、国外（某国或多国）许可费等多项标准及其变更标准。

此外，专利联盟的许可还要遵循许可的地域性原则，即区分全球范围内的许可、跨国许可和国内许可。根据知识产权的地域性特征，各国对于专利联盟的相关规定必然产生分歧。因此，在进行跨国许可时，一方面要明确约定许可合同适用的法律，另一方面还可以按照许可地域进行细分，并确定不同的收费标准。这意味着许可不必限定为全球许可。被许可人可以选择只取得某一区域（例如中国）的专利许可。在中国的许可，其收费标准应当体现中国的国情，需要专利联盟管理者同参与企业协商确定。在中国之外其他国家和地区的许可收费标准，由各方在公平、合理、无歧视的原则下另行协商确定。对外许可应遵循非歧视原则。

（4）建立合作共赢的资源共享和利益分配机制

通过联盟内部交叉许可、共有共享专利权等方式共同使用专利联盟内的专利或专利组合，实现知识产权的共享；通过知识产权运营等方式不断积累、盘活联盟资金池，以较低成本向有需求的成员单位提供过桥资金等帮助；推动人才池的交流共享，用好用活各成员单位的技术专家、专业人才等资源，以及其设立的院士工作站、博士后流动站等工作平台。建立健全利益分配机制，在专利联盟运营中，应遵照以专利价值比例分配专利运营收益的原则；在服务知识产权创新创业中，可采取一事一议的方式，实行风险共担、利益共享的市场化利益分配机制。

（5）开展业务培训与人才培养

产业知识产权联盟应面向联盟成员单位管理层、研发人员、知识产权管理人员等分类开展知识产权业务培训。面向管理层，提高其对知识产权资源整合与战略运用在企业创新驱动与国际化发展中重要作用的认识，创新知识产权管理理念；面向研发和市场人员，增强其将知识产权运用贯穿于创新和市场竞争全过程的意识和能力，提升知识产权管理和运用水平；面向知识产权管理人员，培养具备良好知识产权战略意识、扎实知识产权业务能力、丰富产业知识产权联盟运作经验的专门人才。

（6）建立知识产权管理机构

为了实现统一的知识产权资产组合许可，专利联盟需要建立一个专门的知识产权管理机构负责相关事务。管理机构不仅全权代表专利联盟统一对外发放许可，通常还负责处理有关专利纠纷的谈判和诉讼事务。管理机构的设立有两种模式：一种是成立专门负责知识产权管理的独立实体，专利联盟成员首先与该独立实体签署专利授权协议，再由该独立实体统一负责专利许可事务；另一种是不另设立独立机构，而是委托专利联盟内某一成员代表对联盟内的专利进行管理。具体来说，联盟所成立的知识产权管理机构主要包括以下职责：

①　发现和寻求潜在的被授权者和专利联盟成员；

②　管理专利联盟，包括选择评估专家、管理专利联盟成员、组织专利联盟成员与外部的接洽等；

③　为成员提供将发明申请专利和修改已有专利的便利；

④　为专利被授权人提供协商、执行和管理授权专利的方便；

⑤　按照专利联盟成员合意，收取、汇报和分发专利费；

⑥　为专利联盟成员提供市场对执行中的专利授权的反馈；

⑦　为专利联盟成员的专利实施提供可能的帮助。

一般情况下，知识产权管理机构的组成人员需要具有相关领域技术背景，获得高级职称，且能勤勉工作。具体任职条件可以根据不同行业、不同领域的实际情况制定[①]。

10.4.2　高校和科研机构知识产权的实施和运营管理

高校和科研机构利用知识产权常见的方式有知识产权许可/转让、知识产权资本化运作中的技术入股以及合作研发。

1. 知识产权许可/转让

高校和科研机构是我国技术研发最重要的机构，在科研人员和资金投入上占有优势，一般积累有大量的自主知识产权。与企业有很大不同的是，高校和科研机构进行知识产权运营的目的就是获得资金上的收益；因为高校和科研机构通常不会去实施自有的知识产权，没有对应的市场，也没有竞争者，所以对被许可人、受让人完全没有限制。在许可与转让两种方式中，转让属于一次性获得大额收益，转让完毕则代表交易结束，出让人与受让人不再有任何关系，出让人的收益不会因为受让人对该知识产权的运营而减少或增加；而许可则是一个可持续的过程，每年获得一定的收益，但是收益会因为运营的情况发生变化，并且需要有专人持续跟踪，浪费

---

① 毛金生,冯小兵.企业知识产权战略指南[M].知识产权出版社，2010 年 09 月

人力。所以，大多数高校和科研机构都倾向于选择专利转让，快速将所拥有的知识产权变现，体现出其价值。

目前高校和科研机构的知识产权转让流程示意图如图 10.1 所示。

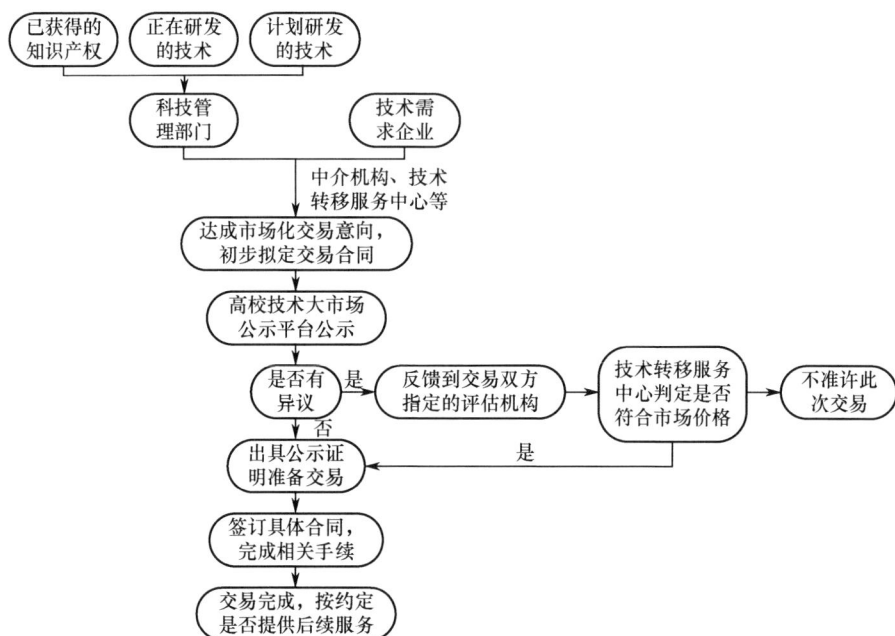

图 10.1　高效和科研机构知识产权转让流程示意图

高校和科研机构知识产权转让详解如下：

①知识产权管理部门作为高校和科研机构知识产权的管理与运营部门，首先收集高校和科研机构已有的知识产权、科技成果以及正在开发且未来可能取得知识产权或科技成果的研究项目，并对技术进行内部评估，筛选出可以用于技术转让的知识产权与技术成果。高校和科研机构内部评估标准可以从技术的成熟性、产业化的可行性、涉密性等方面进行。

②知识产权管理部门通过自身，或者借助技术转移服务中心、知识产权服务中介等机构，将内部评估出的可进行技术转移的知识产权与技术成果，向市场公开寻求合作，并最终与技术需求方（一般为企业）达成市场化交易意向，并初步拟定交易合同。

③为避免私下交易而导致国有资产流失，在交易过程中，通过技术转移服务中心平台将高校和科研机构与技术需求方达成的市场化交易意向，向公众公示；公示内容可包括交易涉及内容、交易价格、股权分配，甚至人员支持和未来收益分红等；

公示时间可为 10~15 个工作日。

④在公示过程中，若有异议人对公示的具体交易项目提出异议，则技术转移服务中心向交易双方反馈异议人提出的异议理由，并指定评估机构介入，对交易情况进行评估。

⑤交易双方可以选择是否接受评估机构对此次交易进行评估：若拒绝接受评估机构对此次交易进行评估，则技术转移交易失败；若双方接受指定的评估机构介入评估，则通过评估机构进行第三方公正评估。评估机构对技术交易评估后，出具评估报告。根据评估报告结果与此次技术交易价格，技术转移服务中心判定是否符合市场情况，符合则交易继续进行，否则宣布此次交易不予准许。

⑥在公示过程中，若没有个人或单位对公示的具体交易项目提出异议，或者技术转移服务中心判定此次交易符合市场情况，则技术转移服务中心出具公示证明，以证明此次交易项目已通过公开渠道对社会提出公示，符合市场情况。

⑦交易双方签订具体技术转移合同，办理相关手续，在国家知识产权局等相关部门进行登记，并按照技术转移市场化操作方式进行技术实施，高校和科研机构按约定决定是否提供后续服务，交易完成。

⑧在技术转移的市场化操作实施过程中，技术转移服务中心可进一步提供必要的支持和对过程进行监控协调。

实际操作中技术转移服务中心平台通过公开查询和展示高校和科研机构与企业的技术供需特点进行匹配。对匹配成功的技术，由高校和科研机构提出申请在服务中心平台公开进行限时市场竞价，技术需求方竞价成功后双方签订技术转移合同。技术转移实施按照市场化服务操作模式推进，技术转移服务中心平台对实施过程进行监控与协调，对实施结果进行归档分析。

2. 知识产权技术入股

对于知识产权的受让人与被许可人来说，直接的转让与许可需要短期内支付大笔的费用，而且高校和科研机构后期一般不会再提供技术方面的支持，所以越来越多的企业希望高校和科研机构以技术入股的形式进入企业中，从而获得长期的技术支持，减小企业的风险，将高校和科研机构的利益与企业紧密地联系在一起。这也是国家大力鼓励的合作方式，《中华人民共和国促进科技成果转化法》和国家科委《关于以高新技术成果出资入股若干问题的规定》等法律、政策的出台，客观上已经为技术成果的价值化提供了良好的前提，这有利于提高技术出资人的入股积极性，并且能够有效调动技术出资人积极实现成果的转化。

上海生科院专利作价 1400 万元入股新公司

2008 年，上海生科院知产中心将一种新的基因工程抗虫专利技术在亚洲以外地区的四种农作物中的使用权，许可给一家跨国农业生物技术企业巨头，合同金额达到 1000 多万美元，外加销售额提成。同时，将亚洲范围内（包括中国）的专利权作价约 1400 万元人民币入股，在中国成立了一家上海生科院控股的农业生物高科技公司，投资人投入 1000 多万元现金。成立新公司是该项目最先谈判的成果转化方式，开始科学家认可的投资方案是上海生科院以该专利技术的全部专利权（全球专利权）入股。在经过知产中心对该专利技术的专业价值评估和谈判后，最终在投资额不变的前提下，上海生科院仅以该专利技术在亚洲范围内的专利权入股并得到了更高的股权比例。由于谈判是建立在专业、公平、合理、共赢的基础上，投资方对最终的投资方案也非常认可。

不过由于技术成果的出资入股不同于货币、实物的出资，因为技术成果并不是一个客观存在的实物，要发现其绝对真实价值相当困难，而且对其过高或过低的评价，均会损害出资方的利益，引起各种纠纷。所以，需要进行客观的价值评估，并在合同中进行详细、清晰的约定，具体如下。

（1）明确技术出资的标的

按照《公司法》和其他有关技术入股的法律规定，技术方可以用专利权、商标权、非专利技术以及计算机软件著作权作为出资标的。在交易中，当事人首先必须明确：他们究竟是在对什么东西进行交易，是专利权还是计算机软件著作权；以专利权出资的，是否还附带相关的技术诀窍；以非专利技术出资的，技术包括哪些具体内容。当事人应明白其交易的是一种产品、一种工艺，还是一种设备，或者是几方面的内容都兼有。这些都需要在合同中清晰、明确地进行界定，明确交易标的的内涵和外延。然而，在大多数情况下，当事人都希望用一个非常简单的名称来概括双方交易的技术。例如，笼统地将交易内容称为"XX 技术"等，这为日后的争端埋下了伏笔。

（2）清楚技术权利归属

技术出资人必须是有权处分该技术的人，只有权利人才有处分权，而不是技术的发明人。如果投资方没有弄清对方是否拥有技术的处分权就盲目签约，结果可能不但投资收不回来，甚至还必须与技术方一起承担侵权赔偿责任。在与技术人员个人洽谈技术入股时，还要注意审查对方的技术权属是否清晰。如果权属方面还存在未解决的纠纷，就应慎重考虑自己的投资打算，以免造成损失。

（3）详细约定技术方义务

一般来说，技术方在技术出资的过程中，大致有三类应尽义务：

①办理权利转移手续。这种情况以专利入股居多，由于专利文献是可以公开查阅的，如果专利文献对发明内容披露得足够详细，就可能只需要技术方协助办理权利转移手续就行了，无须做更多的事情。我国《专利法》规定，专利权的转让必须经中国专利局登记和公告后才能生效。实践中当事人往往忽视了这一点，虽签订了转让合同但未去办理登记和公告手续，结果专利权仍持在技术方手中。

任何技术转移都包括两方面内容：一是知识转移，二是权利转移。前些年很多企业引进技术人才，人才带来技术并把它在企业中实施，企业往往认为自己已经获得了技术。但这仅仅是实现了知识转移，在法律上企业并没有获得使用技术的权利。如果以后该人才离开企业，就很可能在是否允许企业继续使用技术的问题上发生纠纷。实践中这样的例子不少。

②提供相关技术资料。根据技术的具体情况，如果通过阅读技术资料就可以了解技术的内容和实施技巧，从而生产出合格产品，那么，当事人就可以在合同中约定技术方只提供与该技术有关的资料，对所提供的技术并不承担技术指导的义务。若是这种情况，就应在合同中明确约定提供哪些技术资料以及如何提供等事项。

③进行技术指导，传授技术诀窍。许多技术（特别是非专利技术）并不能充分体现在图纸资料中，往往还包括某些存在于发明者大脑之中的无形技艺、技巧或诀窍等。即使是专利技术，发明人也可能把实施发明的最佳方案秘而不宣。以这些技术投资入股的，就需要由技术方进行指导，传授相关的技术诀窍，有的还要由技术方做出样品或进行试机。

就某个具体项目而言，技术方可能承担以上一项或几项出资义务。究竟承担哪些义务，承担程度如何，都需要由当事人在合同中约定。约定不同，承担的义务和验收标准也就不同。但是，如果合同约定由技术方承担一些与技术转移无关的工作（如生产管理或产品销售等），即使技术方未履行义务，也只是一般的违约，不影响技术出资到位与否的认定。

（4）要重视技术出资的验收

对于货币出资和实物出资，一般以注册会计师的验资报告来确定出资到位与否。但技术出资义务履行与否、履行程度如何，则不能由会计师来判定。例如，《深圳经济特区技术成果入股管理办法》规定：出资期满，各方应当共同进行验收。验收合格的，应当共同签署验收证明文件，并报公司登记机关备案。验收不合格的，技术出资方应承担违约责任。

问题往往出在验收标准上。多数当事人没有在合同中约定验收标准，而法律又没有规定统一的验收标准。结果往往是，技术方认为自己已经履行了出资义务，投资方却认为技术方的出资不到位，由此发生法律纠纷。在一起著名的技术入股纠纷案中，由注册会计师出具的验资报告中，就曾以技术方没有提供专利证书为由认定其没有出资。事实上，专利证书上既没有记载技术信息，掌握专利证书也不等于拥有专利权，提交专利证书毫无法律意义。

现在多数技术投资项目都没有组织验收，一旦发生纠纷，技术出资是否到位经常是当事人争议的焦点。而且，技术方的出资行为没有通过验收加以固定，其技术指导义务没有完结，技术方的股权也就始终是不稳定的。

（5）约定技术价值变动后的利益调整

目前，交易双方的注意力往往集中在技术入股的比例上，很少有人考虑入股后一旦技术价值变动如何进行利益调整。技术不同于其他财产，它的价值变化很大，资产评估只能给出一个相对参考值。在不同的时间和地区，不同的配套条件下，同样的技术能够带来的利润是非常不同的。

绝大多数技术投资项目，投产后的实际收益都会与当初预计的情况有很大差别。归纳起来，造成技术价值变动的原因有：

①市场发生变化；

②生产条件发生变化；

③新技术替代；

④法律上存在瑕疵。

前两种原因一般与技术方无关，不应当由技术方承担后果。后两种原因则需要交易各方事先约定好处理的办法。特别是法律上的瑕疵，比如以实用新型专利权入股的，当前我国的实用新型专利被宣告无效的比例非常高，一旦被宣告无效以后，该技术信息就进入公有领域，任何人都可以无偿使用。这时，技术方的股权如何处理，其已经分到的利润又如何处理，都是需要在交易合同中事先约定的内容①。

---

① 佚名.技术入股应该注意的问题[EB/OL].
http://wenku.baidu.com/link?url=TFzHpp-j6LPtbh-Z39OLwg1-6xsO5Aw3qn7aDX8hghCq-WIVN8Lvoc5zZTrD37tH_
BEdehJPmgCesixQK8yf9_chU_uPcf4c73bscX-0CmG.

3. 合作研发

由于高校和科研机构的特殊性，专一于研发，许多企业开始尝试与高校和科研机构合作研发，由企业指定研究方向或者技术难题，然后高校和科研机构进行攻克，目标明确，更加符合市场的需求，不光减少了企业的研发成本，同时为高校和科研机构的研究指明了方向。

企业可以根据自身的需求，选择与高校进行一次性的项目式合作开发，解决所碰到的某一技术难题，也可以选择共建实体式的长期合作研发，为企业提供长期的技术支持，企业则专心将其产生的知识产权进行市场化的运作，术业专攻，各司其职。合作研发对企业技术能力的提高有重要的作用，特别是企业与大学的合作研发，可以在很大程度上弥补企业在研发能力和资源上的不足。

校企项目式合作研发注重合作对象所拥有的科技成果，而共建实体式合作研发更看重合作伙伴的综合研发实力；在利益分配方面，项目式合作研发多采用总额支付、提成支付或混合支付方式，而共建实体式合作研发多采用按股分利的支付方式；在知识产权管理方面，项目式合作研发成果的知识产权为合作的某一方所有，而共建实体式合作研发成果的知识产权多为合作各方共有；在风险管理方面，相比于共建实体式合作研发，项目式合作研发的风险更大。不过，如果企业自身的科研实力相当不错，仅仅是某一技术难题以自有的科研实力难以解决突破，则选择项目式合作研发更为合适。而如果企业的研发实力一般，或者希望借助高校和科研机构获得更前沿的技术支持，减小自身的研发压力和减少资金投入，那么长期的共建实体式合作研发则是最佳的选择。

另外，由于高校和科研机构的特长在于技术研发，其市场开拓能力具有一定局限，所以可以采取与技术转移服务机构合作的方式来寻找合作对象并进行供需匹配。通常来说，高校和科研机构与企业合作研发的流程示意图如图 10.2 所示。

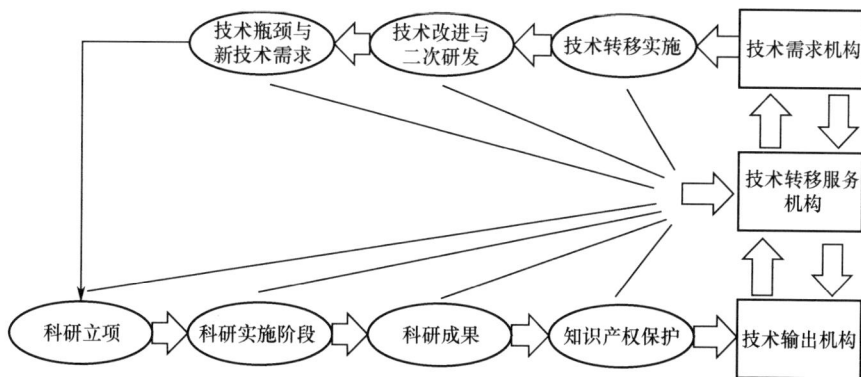

图 10.2　校企合作研发的流程示意图

具体来说，校企合作研发的流程如下：

①技术转移机构（包括服务中心或中介机构）与高校和科研机构的科技处等技术项目管理机构或运营机构深入接触，了解各项目成熟度与技术支持程度。

②技术转移机构与高校及科研机构签署技术输出委托开发协议，由技术转移机构负责将该项技术进行对外运营，协议中需明确高校技术输出的各项条件，如：输出行业，输出地域、价格，或技术入股，或产品分化等方式。

③采集企业的技术需求方资源，签署技术需求协议。

④为供需双方进行定向匹配，可一次匹配，也可多次匹配，但多次匹配失败将严重降低工作效率，也可能丧失匹配双方对服务机构的信心。

⑤协助最终的意向双方签订技术转移合同。

高校和科研机构输出技术的时机可以在科研立项阶段、科研实施阶段、已具有一定科研成果的阶段，或已形成完备的知识产权保护的成熟阶段。技术转移服务机构可分阶段跟进技术项目，或跟进技术实施的所有阶段，以确保双方合作的进度和协调技术转移中出现的问题。技术需求方在技术实施后出现的新的技术问题或新需求，可继续借助于原高校和科研机构进一步研发，或引入新的研发机构合作开发。校企合作使高校和科研机构将科研立项直接建立在市场需求之上，提高了科研成果的转化率，实现良性循环的合作研发。

合作研发的关键点在于放松对科研机构科技成果的国家管控力，并加强对企业科技成果管理机构、管理人员，以及为之提供技术转移的服务机构的激励措施，形成科研成果的转化对科研机构、管理人员、服务人员均有利的局面。相比于国家紧握躺在实验室的科研成果所有权，企业通过技术转移创造更多的社会财富，将是对国家知识产权的最好回馈。

每一个企业或单位都有其特殊性，在建设知识产权运营管理体系时，各企业或单位应根据企业自身的特点、行业的特点、知识产权的拥有量和分布做相应的布局和调整。例如，高新技术企业与资源加工型企业的管理体系就有所不同，同为高新技术企业，生产制造型企业与软件开发型企业也会有所差异。企业应建立适合于自身发展需要、适应市场竞争、符合成本效益、适应企业战略发展的知识产权运营管理体系，这样才能保持持续创新的活力和生命力，为进行知识产权的运营打好基础。

高校和科研机构的知识产权运营管理受制于运营主体的特殊性，一直以来没有给予足够的重视，缺乏人手和动力去完善知识产权运营管理体系，管理比较松散和随意，存在较大的弊端，主要体现在科研成果和专利的转化率低，研发的技术不适合市场需求等。为了消除这种弊端，发挥知识产权运营管理对高校和研究机构的创新能力和技术转化的促进作用，高校和科研机构应根据自身特点，规划、实施和建立相适应的知识产权运营管理体系。同时，也期望有关部门尽早出台针对高校和研究机构的知识产权管理规范来指导高校和科研机构的知识产权管理，提高高校和科研机构科研成果的转化率，促进高校和研究机构为科技创新事业发挥更大作用，获取更多的收益。

第四部分
知识产权运营传统模式

第11章 知识产权运营交易模式

11.1 知识产权交易的现状

对知识产权交易的现状进行说明，其中本节所涉及的知识产权交易的数据包括专利、技术秘密、计算机软件、动植物新品种、集成电路布图设计以及生物、医药新品种的转让、许可等。

11.1.1 全国技术合同交易的整体情况

从 2006 年到 2014 年的九年间，我国技术合同的成交总量从 2006 年的 265010 项，发展成为 2014 年的 297037 项。从成交数量上看，呈现平稳向上发展的趋势；而从成交金额上看，呈现高速发展的趋势，在九年间增长较大。

2016—2014 年技术合同交易的情况如图 11.1 所示。

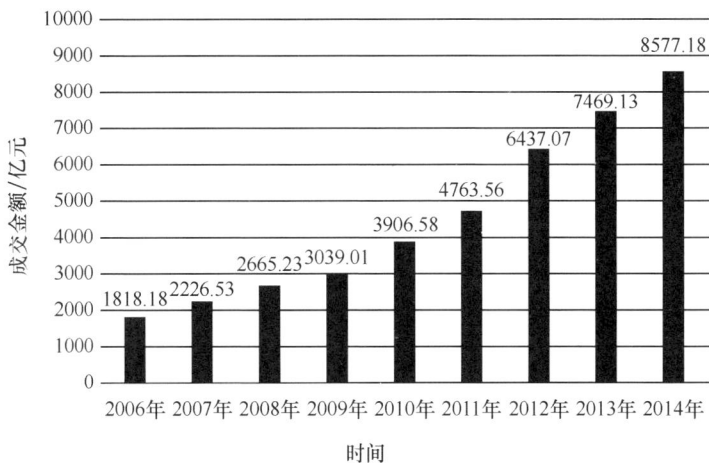

图 11.1 2006—2014 年技术合同交易情况

从 2006 年到 2014 年，全国技术合同的成交有着一个快速增长的趋势，从 2006 年的 1818 亿元增长到 2014 年的 8577 亿元。技术秘密合同交易金额也有着很大的发展，从 2006 年的 780 亿元增长到 2014 年的 2626 亿元。三类专利合计的交易金额同样呈现上升趋势，从 2006 年的 135 亿元发展到 2014 年的 661 亿元。2006—2014 年全国技术合同知识产权构成见表 11.1。

表 11.1　2006—2014 年全国技术合同知识产权构成（单位：亿元）

项目＼年份	2006	2007	2008	2009	2010	2011	2012	2013	2014
合计	1818	2227	2665	3039	3907	4764	6437	7489	8577
技术秘密	780	1008	1046	1050	1488	1952	2017	2223	2626
发明专利	93	73	153	142	149	220	464	286	433
实用新型专利	36	42	77	154	118	133	204	284	217
外观设计专利	6	7	14	13	17	3	3	2	11
计算机软件	221	255	330	398	427	501	802	658	708
动、植物品种	4	6	12	9	9	12	24	23	24
集成电路布图	36	52	25	15	24	51	50	122	36
生物、医药	20	34	40	44	87	56	57	198	73
其他	628	750	968	1214	1588	1836	2816	3693	4449

另外，计算机软件著作权合同、集成电路布图设计合同的成交金额也有良好的增长趋势。而生物、医药新品种技术合同与动、植物新品种的技术合同则呈现上下波动的发展趋势。

11.1.2　基于全国技术合同交易的技术领域分析

技术交易市场 2014 年登记合同 297037 项，成交额 8577 亿元，增长 14.84%。其中，电子信息领域技术交易领先于其他技术领域，技术合同成交额达到 2183 亿元，占全国技术合同成交额的 25%；先进制造技术合同成交额 1243 亿元，占 14%；现代交通技术合同成交额 968 亿元，占 11%；新能源与高效节能 927 亿元，占 11%。该四个技术领域成交额占到全国技术交易额的 61%。

在经济发展转方式、调结构、促升级的背景下，电子信息、先进制造等战略性新兴产业蓬勃发展，技术交易活力持续迸发。电子信息、先进制造、新能源、节能环保、新材料和生物医药等战略性新兴产业领域，2014 年技术合同成交额达 5899.55 亿元，比上年增长 30.83%，占全国的 68.78%。

各技术领域的技术交易增长情况见表 11.2。

表 11.2   2013—2014 年全国技术合同各技术领域增长情况

领域	2013 年成交额/亿元	2014 年成交额/亿元	增长率
电子信息技术	1949	2183	12.13%
航空航天技术	164	256	56.04%
先进制造技术	951	1243	30.61%
生物、医药和医疗器械技术	396	411	3.81%
新材料及其应用	321	442	37.68%
新能源与高效节能	737	927	25.85%
环境保护与资源综合利用技术	680	694	1.97%
核应用技术	335	330	-1.73%
农业技术	233	309	32.76%
现代交通	968	968	0
城市建设与社会发展	736	814	10.64%

由表 11.2 可见，有 5 个技术领域的技术交易出现大幅增长，分别为：航空航天技术增长 56.04%；先进制造技术增长 30.61%；新材料及其应用增长 37.68%；新能源与高效节能增长 25.85%；农业技术增长 32.76%。这 5 个技术领域的增长率远超 14.84% 的平均增长率，说明在这 5 个技术领域，技术的流通、转移速度更快，技术市场更活跃。

11.2   知识产权转让模式

11.2.1   知识产权转让的定义

知识产权转让，是指出让方与受让方根据法律法规双方签订转让合同，将知识产权所有权由出让方转移给受让方的法律行为。

知识产权包括专利权、商标权、著作权以及其他知识产权法保护的形式。按照知识产权的种类不同，知识产权转让包括专利权转让、商标权转让、著作权转让等形式。

专利转让是指专利权人作为转让方，将其发明创造专利的所有权转让给受让方的行为。通过专利权转让合同取得专利权的当事人，即成为新的专利权人。

商标转让是商标注册人在注册商标的有效期内，依法定程序，将商标专用权转让给另一方的行为。商标转让一般有以下几个形式：合同转让，继受转让，因行政命令而发生的转让。

著作权转让是指著作权人将著作权的全部或部分财产权有偿或无偿地移交给他人所有的法律行为。这种转让通常可以通过买卖、互易、遗赠等方式完成。与许可他人使用作品不同，转让著作权的法律后果是转让人丧失所转让的权利，受让人取得所转让的权利，从而成为新的著作权人。转让著作权俗称"卖断"或"卖绝"著作权。在允许转让著作权的国家，也只有著作权中的财产权可以转让，著作权中的人身权是不能转让的。在有些国家，著作权转让必须通过书面合同或其他法律形式，并由著作权人或他的代理人签字，才算有效。在有些国家，著作权转让必须履行登记手续，才能对抗第三人。

11.2.2　知识产权转让的现状

1. 国外知识产权转让现状

全球知识产权交易市场在 2011—2012 年间非常活跃，专利估值也高，2013 年之后全球交易规模呈现明显的下降趋势。美国作为全球专利交易的中心，在过去几年中，其立法、司法和政策环境都发生了显著变化，从而对全球专利交易的走势产生影响。下面主要以美国专利交易为例，说明国外专利交易现状。

IPOfferings 的《专利价值商数》报告中的数据显示：2012 年美国专利交易的交易总额约为 29 亿美元，一共出售的专利数量为 6985 件，专利的平均价格约为 42 万美元；2013 年美国专利交易的交易总额约为 10 亿美元，一共出售的专利数量为 3731 件，专利的平均价格约为 27 万美元；2014 年美国专利交易的交易总额约为 4.6 亿美元，一共出售的专利数量为 2848 件，专利的平均价格约为 16 万美元。从专利交易总额、专利数量、专利平均交易价格三方面来看，2012 到 2014 年有大幅下降，具体情况见表 11.3。

表 11.3　2012—2014 年美国专利交易情况

年份	交易总额/美元	售出专利数量/件	平均价格/美元
2012	2949666000	6985	422286
2013	1007902750	3731	270143
2014	467731502	2848	164232

按照美国和国际专利分类代码，显示了各行业分类的专利交易量。每次交易根

据专利所涉及的技术领域，被归入了相应的行业分类。2010 年 1 月至 2014 年 6 月美国各个行业专利交易的数据分段图见图 11.2。

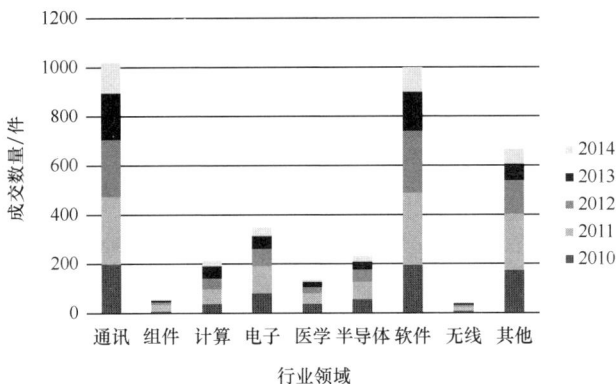

图 11.2　美国各个行业专利交易数据分段图

2. 国内知识产权转让现状

2010 年到 2014 年全国技术合同项目数量总体呈平稳发展。其中，技术秘密转让合同项目数量有减少趋势，从 2010 年的 8529 项减少到 2014 年的 7277 项；计算机软件著作权转让合同项目数量升中有降，从 2010 年的 437 项发展到 2014 年的 1258 项；而专利权转让合同项目数量呈逐年增长趋势，从 2010 年的 669 项增长到 2014 年的 1454 项；而集成电路（IC）布图专有权转让合同数量不多，但保持平稳发展，从 2010 年的 28 项发展到 2014 年的 21 项。具体情况见图 11.3。

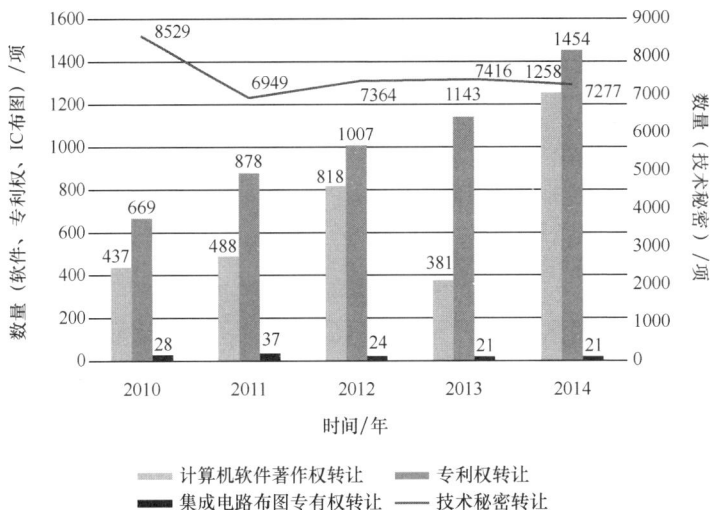

图 11.3　2010 到 2014 年专利技术合同项目情况

2010 到 2014 年全国技术合同成交金额总体呈平稳发展状况。其中，技术秘密转让的成交金额总体呈增长趋势，从 2010 年的 442 亿元发展到 2014 年 853 亿元；而计算机软件著作权转让合同的成交金额呈现平稳发展趋势，成交金额不大，从 2010 年的 10 亿元发展到 2014 年的 24 亿元；专利权转让合同的成交金额也保持平稳状态，从 2010 年的 43 亿元发展到 2014 年的 57 亿元；而集成电路布图专有权转让合同的交易金额最少，升中有降，从 2010 年的 1.8 亿元发展到 2014 年的 2 亿元。具体情况见图 11.4。

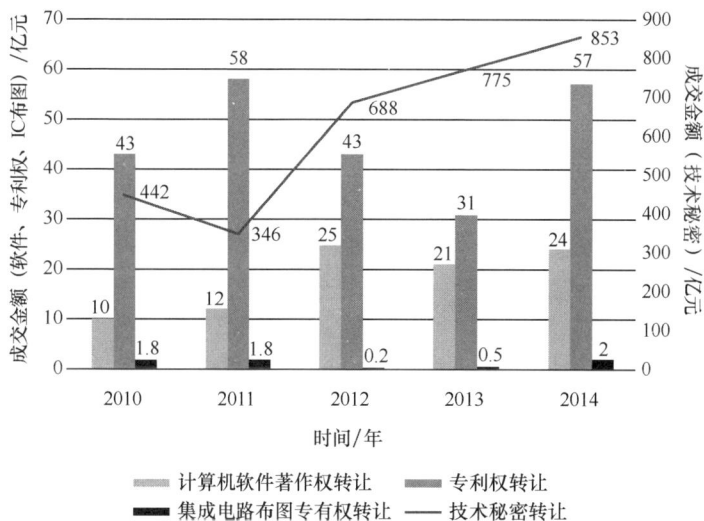

图 11.4　2010 到 2014 年专利技术合同成交金额状况

11.2.3　知识产权转让运作模式及其特点

有代表性的知识产权转让方式有知识产权转让基本模式、企业并购转让模式和专利拍卖模式。下面以这三个模式为例，说明其运作特点。

1. 知识产权转让基本模式

在知识产权转让基本模式中，出让方寻找意向受让方，然后将知识产权所有权转让给受让方从而获得收益，受让方获得知识产权所有权。

在这种模式下，出让方的知识产权所有权永久转移给受让方，出让方获得收益。受让方通过直接购买专利可以短时间获得其所需求的专利，改变缺乏专利的困局。以下是知识产权转让基本模式的一个案例。

2016 年，小米从美国芯片巨头英特尔（Intel）公司购买了 332 件美国专利，这也是小米继收购博通公司的无线通信专利之后的又一次美国专利收购行为，而这次的手笔要大得多，且所收购专利领域更加广泛，将大大充实小米在美国的专利储备。

2. 企业并购转让模式

在企业并购转让模式中，企业通过收购目标企业从而获得该企业的相关专利技术。在这种模式中，企业不仅仅通过并购目标企业从而获得相关知识产权与核心技术，并且能快速打入市场，获得其销售、售后、研发等一系列渠道。下面以海尔收购通用电气家电业务为例，说明其运作模式。

2016 年，海尔收购通用电气家电业务已接近完成，最终的支付价格为 55.8 亿美元。海尔收购通用家电业务已完成大部分资产的交割，余下在沙特、印度等地的一些资产还在走交割的相关程序。这起中国家电业迄今为止最大的一笔海外并购，将有力提升海尔在全球的竞争力，预计从 2016 年下半年起将对青岛海尔的业绩带来正面影响。

此次海尔收购通用电气家电业务具有重要的战略意义。首先，海尔通过收购通用家电获得了相关白色家电的核心专利。通用电气是一个国际化的品牌，无论是在研发能力、国际化人才还是在国际化市场等方面，其在 20 世纪的全球影响力都是有目共睹的。再者，海尔赢得市场和提升企业技术研发能力。美国迄今仍然是全球门槛最高的市场，尤其是家电产品。海尔作为一家白电企业，收购通用的家电业务实际上是互补的。特别是，在全球一体化的时代，中国企业不满足于国内市场，所以海尔收购通用家电，对其国际化发展很有帮助。

3. 专利拍卖模式

拍卖是以公开竞价的方式，将特定的物品或财产权利转让给最高应价者的买卖方式。

专利拍卖把专利技术通过市场竞价交易的方式来实现专利权的转移，改变了过去一对一的转让方式，具有覆盖面广、公开透明、竞价成交等特点。拍卖流程看似标准化，但它是各交易主体间动态博弈的过程，其结果具有随机性。常用的专利拍卖形式是以委托寄售为业的商行当众出卖寄售的专利，由多名需求者出价争购，到没有人再出更高价格时就拍板，表示成交。

专利拍卖通常有卖方与多个买方进行现场交易，多个买方共同对同一个专利或者专利组合进行竞价,这样的形式能真实反映该专利或者专利组合的稀缺程度和市场需求,更好地实现专利的商品价值最大化。

由此可见,拍卖一般具有三个基本特点:必须有两个以上的买主;必须有不断变动的价格;必须有公开竞争的行为。

与传统的谈判交易方式相比,专利拍卖有以下优点:

①出让方可以广泛选择交易伙伴。实际上,专利拍卖的参与者,从大型跨国公司到中小企业,再到一些科研机构,都对这个市场感兴趣。

②技术中介通过对互补性专利的整合,提升专利的价值。专利拍卖改变了过去那种一对一的转让模式,通过市场竞价交易的模式来实现专利权的转移,对于有意转让专利权的人与潜在的购买者而言是一种很好的专利交易模式。

随着专利拍卖被市场逐渐接受,专利拍卖在美国已经发展成为一种较为成熟的技术交易环节。例如,2011 年 6 月 16 日美国司法部允许北电网络拍卖 6000 多项专利,包括微软、苹果、RIM、微软、英特尔和中兴通讯等企业,都有意和出价最高(9 亿美元)的 Google 竞标。美国著名的知识产权资本化综合性服务集团海洋托莫(ICAPOceanTomo)公司从 2006 年春季起,每年定期举办专利拍卖会,吸引了众多企业、发明人、投资人、中介机构的参与。该公司 2007 年秋季芝加哥举办的专利拍卖拍卖标的总数量是 78 项,专利总数为 145 项。每项专利的平均销售价格为 305327 美元。

专利特性对专利拍卖的影响因素方面,成交几率很大程度上由专利被引证的程度与专利技术范畴所决定。此外,专利权维持的年限长,增加了被引证的机会,故年限和被引证的交叉项会提升成交几率与可信度。而专利所有者是个人还是非个人,则对交易几率与可信度无影响。

另外,专利本身的撰写质量也对其拍卖价值有很大影响。例如,专利的独立权利要求是该专利中影响专利价值的决定性部分。在同族专利方面,如果发现含有 EPO 的专利,将会有较高的可信度。此外,拍卖专利所涉及的诉讼、复审无效案等法律状态以及专利维护费用等,均对拍卖结果有很大的影响。

专利拍卖作为一种市场化的技术转移模式,在我国尚未得到有效的应用。今后需要加大对专利拍卖的社会宣传以提高人们的认识,需要动员更多的专利权人与潜在的权利受让人加强互动以提高交易的可能性。专利技术拍卖可以成为传统技术交易方式的有效补充，其公开透明的操作模式、高度市场化的定价机制和规范的交易流程，对于完善具有中国特色的技术交易服务体系有着重要的意义。

11.2.4　知识产权转让相关注意事项

1. 国内企业向外国人或外国企业组织专利权转让的问题

国内企业向外国人或外国企业组织转让专利权或专利申请权受到一定的限制。根据《专利法》第十条规定，中国单位或个人向外国人、外国企业或者外国其他组织转让专利申请权或者专利权的，应当依照有关法律、行政法规的规定办理手续。在实际执行中，根据技术的不同，专利局办理转让分为三种类型：

①若待转让的专利权涉及禁止类技术，根据我国法律相关规定予以禁止，不得转让。

②若待转让的专利权涉及限制类技术，合同双方应该按照《技术进出口管理条例》的规定办理技术出口审批手续，获得批准后，凭《技术出口许可证》到专利局办理转让登记手续。

③若待转让的专利申请权或者专利权涉及自由类技术，当事人应当按照《技术出口管理条例》和《技术进出口合同登记管理办法》的规定，办理技术出口登记手续；经登记的，当事人凭国务院商务主管部门或者地方商务主管部门出具的《技术出口合同登记证书》到专利局办理转让登记手续。

2. 费用支付方式

知识产权在转让时，受让方一般需要向出让方一次性地支付转让费。有时可以采用其他的支付方式，如使用费形式，或使用费与一次性支付结合的方式支付。目前，我国知识产权的出让方主要是科研机构，而受让方主要是企业。企业因担心知识产权转让风险而不愿一次付清，往往采用科研机构收取技术入门加上利润提成的形式。为了解决这一矛盾，企业可以建立第三者付费制度，即企业将转让费存入银行或跟银行签订定期贷款，只要知识产权转化达到预期的经济指标或质量指标，经双方认可后，由银行分期付款。

3. 专利权共有情况的转让的问题

专利权人为两个或两人以上的，其为共有的权利人，在这种情况下转让专利，转让人应为全体共有人。只有部分权利人的转让是无效的。在专利局办理登记手续时，应提交全体共有人签字或盖章的转让合同。

11.3 知识产权许可模式

11.3.1 知识产权许可定义

知识产权许可是指许可方将所涉知识产权授予被许可方按照约定使用的活动。下面主要以专利许可、商标许可、著作权许可为例，说明其定义。

专利许可也称专利许可证贸易，是指专利权人许可他人在一定期限内，在一定地区以一定方式实施其所拥有的专利，并向其收取使用费用。

商标许可是指商标权人可以通过签订商标使用许可合同，许可他人使用其注册商标的行为。

著作权许可是著作权人以某种条件许可他人以一定的方式，在一定的时期内和地域范围内商业性行使其权利的一种法律行为。

11.3.2 知识产权许可的现状

知识产权许可是知识产权运营实施最广泛的一种方式。根据《2010—2015 年全国技术市场统计年度报告》，2010 年至 2014 年 12 月 31 日，我国在涉及知识产权各类技术合同中专利实施许可合同累计达到 10250 件，成交金额累计达到 805.88 亿元。2010 年到 2013 年专利许可合同量逐年递增，其中合同金额从 2010 年至 2012 年都是逐年增长，而 2013 年虽然合同数量是递增，但合同金额却有所下降，2014 年的合同数量与合同金额较 2013 年均出现略微下降，我国在经历了快速发展期后，我国的专利许可贸易趋于平稳发展，如图 11.5 所示。

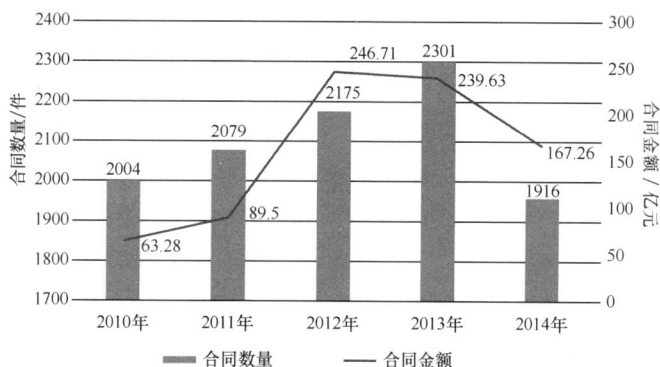

图 11.5   2010—2014 年专利许可合同和合同金额数据情况

在知识产权经济时代,越来越多的企业意识到在技术快速变化和竞争日趋严峻的情况下,只有增强自己的创新技术才能获得一席之地,"闭门造车"只会越来越落后。企业与企业、高校院所和个人的合作越来越活跃,在获得有效、较完整的信息下,可以有选择性地选择自己的合作对象,从而获得新技术,增强竞争力。因此,专利许可已经成为新兴合作模式,它不仅可以增强企业的竞争力,还能够在一定的范围内促进资源的合理配置,避免资源的浪费,提高其使用率。在国家层面上,专利许可模式也是提高我国经济增长和提高我国竞争力的有效途径。

11.3.3　企业许可原因

企业技术扩散的一个主要途径是通过知识产权许可。知识产权许可通常有地域限制和不同类型的许可,单个专利或者专利组合都可以进行专利许可。

企业主要的许可动机有以下三点:

①缺少资源或技能。企业自身无法利用或者短时间内无法使用该知识产权,缺乏相关专利技术的配套资源和技能,难以实施该技术或者该技术领域超前,在很长的一段时间内无法投入商业运营。因此,将该项技术和专利许可给予该领域相关的企业,不但能将前期在此项技术与专利上投入的资金回笼,还能根据其技术含量赚取合理的利润,而且减轻企业在该项专利运营上的费用。

②可以帮助企业进入新市场。企业通过许可专利给有战略合作价值的企业,并利用该企业本身的资源打进新的市场,能迅速扩大市场份额,提升企业在品牌、知名度、技术、服务等领域的影响。尤其是在技术产品快速更新换代的情况下,使自己的产品迅速占领市场,专利许可是一种非常有效的方法。

③加强企业技术对行业标准化的影响。对于某领域行业的企业而言,通过颁发技术许可,企业能左右该项技术的发展路线,提升企业在该技术领域的话语权,提高企业技术对整个产业标准化的影响。

11.3.4　知识产权许可策略及其特点

知识产权许可策略包括专利组合许可策略、交叉补贴的互补性专利许可策略和基于差别定价的许可策略。下面以这三种策略为例,说明其中的基本原理和特点。

1. 专利组合许可策略

这种策略以专利组合为许可对象,通过发挥专利组合的具有更高价值的特点,联合不同的具有相似专利技术的企业构建广泛的企业专利联盟和相应的专利池,在不断调整和优化专利组合结构的基础上,满足目标市场对专利组合产品的许可的需求，实现共同增值的目标。在技术快速发展的环境中，企业对专利技术的需求是多维度的，组合专利能够较好地满足企业的多样化与个性化需求。

例如，甲企业拟生产 A 产品，生产 A 产品需要专利组合 Pa 的专利许可。由于 A 产品与 B 产品存在互补性，该企业希望在生产 A 产品的同时也生产 B 产品，从而为最终顾客提供组合产品。如果专利组合 Pa 和 Pb 都由同属一个专利联盟（或专利池）的乙企业拥有，这时，甲企业既可以通过许可方式获准生产 A 产品和 B 产品，也可以由乙企业自己生产 B 产品，两个企业通过合作 A、B 产品来共同满足最终消费者的需求，共享由此带来的新增价值。

这种许可模式体现了专利组合的价值，将不同企业的技术优势加以组合来创造任何单一企业无法提供的产品组合，能够有效地利用基于专利许可的商业化活动的相关参与者之间的互补优势，进而改善参与各方的盈利空间。专利组合许可模式不仅使企业可以根据顾客需求调整参与者与产品的构成，快速、及时地满足顾客的多变性需求，还由于组合产品通常具有更灵活的定价性，由此平衡消费者对不同产品的支付意愿差异。只要产品面对的目标顾客群是一样的，就可以考虑选择专利组合许可模式来实施企业专利许可。

基于专利组合模式成功的前提，在于合作伙伴的合理选择和合作关系的有效治理，参与专利组合许可各方的价值活动必须以实现和增加组合专利来展开，通过密切协同来共同促进组合专利的持续增值，确保专利许可保持稳定的价值输出。

2. 交叉补贴的互补性专利许可策略

交叉补贴策略指在核心专利基础上，为了实现专利组合的商业价值，促进互补性核心专利的许可经营，然后衍生为专利一体化后的主导产品与附加产品。企业可以通过挖掘互补性非核心专利技术的价值，通过以较低的费用许可非核心专利等方法实现上述目的。交叉补贴属于一种定价战略，指有意识地以优惠甚至亏本的价格出售某种产品，以促进其盈利产品的销售。在进行互补性的专利许可时，以较低的价格许可某项专利，以促进其他互补性专利许可的经营。与专利组合许可策略注重共同增值不同，基于交叉补贴的互补性专利许可策略在于以某一专利促进与其互补的专利经营，可以理解为一种直接交叉补贴。

与组合价值不同，给予交叉补贴的许可策略的本质在于"以 A 专利吸引顾客，通过 B 专利赚钱"，可以理解成为一种直接交叉补贴。

尽管国内研究很少涉及专利许可领域中的交叉补贴机制问题，但外国相关案例显示了发达国家对应这种策略的价值取向。在飞利浦 CD-R 专利池的案例中，美国联邦巡回上诉法院认为,拥有必要专利和非必要专利的专利权人完全有理由就其必要专利要求市场接受,而非必要专利免费许可。至于专利许可费率,美国司法部和联邦贸易委员会一般不会审查专利池设定的专利许可费的"合理性",认为虽然专利的成本是下游产品价格的重要组成部分,但不会必然引起反竞争问题。

3. 基于差别定价的许可策略

差别定价许可策略的特点是对被许可对象进行分类,将用户分为低收费用户和高收费用户两种类型。前者偏重于许可流量的产生,扩大市场份额;后者则注重许可收入的创造,实现技术许可的回报。差别定价的根本原因在于用户在需求上的差异。当然,在许可活动中应充分考虑用户的感受,提供给高收费的用户的产品和服务相对于低收费的用户要有更高价值。此外,与实体产品不同,作为信息产品的专利,其边际成本非常低,甚至为零,低收费用户的数量增加并不会增加企业的成本,反而有助于吸引高付费用户,提高获利的可能性。以手机专利为例,跨国公司对移动通信的专利收费策略是以商业谈判为主,许可费率实行差别定价。下面以 GSM专利和 CDMA 专利在我国的许可收费策略为例加以简要分析。

（1）GSM 专利许可的差别定价策略

欧洲 GSM 标准是当前使用最广泛的手机标准,正式运营始于 1991 年,用户数量达到 30 亿户。GSM 专利主要分布在芯片、底层协议、操作系统和应用四个层面。其中,底层协议和操作系统的专利属于基础专利,主要由摩托罗拉、诺基亚等跨国公司拥有。在全球范围内对手机厂商征收 GSM 专利技术许可费用始于 2000年,对中国手机厂商收费始于 2004 年。在我国,跨国公司的收费策略有三种:一是单独与第三方进行谈判,单独收取专利许可费;二是对持有 GSM 标准的企业免收入门费;三是实行差别定价。这种差别体现在两个方面:一是针对不同企业收取不同的费用,具体视谈判结果而定;二是内销和外销产品的许可费用也各有不同,出口产品的许可费比内销产品要高。

（2）CDMA 专利许可的差别定价策略

1992 年 6 月,CDMA 成为 2G 技术标准。全球 CDMA 用户数量约占全球手机用户数量的 12%,高通公司拥有 CMDA 基础专利的 78%。高通在我国收费采取三种策略:

①单独进行谈判,实施差别定价。具体在我国收费标准视被许可方的企业规模、拥有专利情况以及双方合作的紧密程度而定。高通根据合作的紧密程度,将中国用户分为两类,专利许可费率的差距在 15%～20% 之间。

②采用间接方式收取许可费用，主要体现在手机芯片及芯片升级软件上。

③在协议期内保持固定的许可费率。这是指入门费和软件升级费基本固定，专利许可费率在协议期内不随着专利数量的增减和产品销售价格的波动而发生变化。

这种许可策略注意到了许可用户需求价格弹性的不同并采取差异化的价格加以满足。长期以来，专利组合许可遵循着"公平、合理和非歧视"的原则，然而这个原则开始出现了一些松动。美国司法部和联邦贸易委员不会认为针对不同被许可人收取差别性的专利许可费就是反竞争的，而是应根据具体情况进行个案分析，这意味着美国反垄断机关允许专利组合针对不同的许可对象采取歧视性定价。可以推论，不断宽松的美国专利池反垄断政策倾向于保护专利池拥有者的利益和对许可实施的控制，未能很好地协调和平衡许可人与被许可人之间的利益，可能会导致专利制度新的风险产生。

许可费之所以重要，不仅因为它能够给发明人带来收入，更在于它能够影响最终产品的用户安装基础的规模。研究认为，零许可费有助于创新型企业的兼容性进入。反之，网络效益对许可策略的选择也有影响：如果网络效益显著，采用固定费率许可是最佳策略；如果网络效益较为显著，采用特许使用费是最佳策略。不管哪一种策略，许可费率取决于网络效益的强度、复制发明的投资、潜在市场的规模。对专利的产品转化策略与许可策略要优于免费许可策略；如果网络效益较强，由于专利许可能够创造较大规模的用户安装基础，免费许可策略则优于产品转化策略。

11.3.5　知识产权许可主要类型

本节通过专利许可类型、商标许可类型和版权许可类型对知识产权许可的主要类型进行阐述，以说明其特点。

1. 专利许可类型

在专利许可运营中，专利运营者作为许可方可根据实际情况给予对方实施许可的范围从而获得市场收益。专利运营者在进行专利许可时，一般采用独占许可、非独占许可、排他许可、交叉许可、分许可等基本类型，其中非独占许可和分许可是较常采用的模式。

（1）独占许可

独占许可是"独占实施许可"的，它是指一定时间内，在专利权的有效地域范围内，专利权人只许可一个被许可人实施其专利，而且专利权人自己也不得实施该专利。

这种许可往往是规定在某一地域范围内，可以是一个国家和几个国家，也可以是一个特定的区域，如美国、欧盟、东南亚地区等；但在这个地域以外，专利运营者仍保留自己享有使用和许可第三方使用的权利。获得独占许可，就意味着某一地域范围内排除了一切竞争对手，对专利运营者来说，即使他是专利权人，也被排除了与被许可方在规定范围内的竞争。被许可人是专利运营者权利收益的唯一来源，这种许可能使被许可方在尽可能大的程度上控制市场。当然，被许可方在接受这种独占许可时也得考虑以下因素：许可的技术是否是已许可地域或工业领域内独有的；是否是在短期内他人不能独立开发出来的；他人得到同样的许可技术是否有其他的生产要素或社会要素的不利影响，致使他人无法与自己竞争。

根据日本的专利许可统计数据，独占许可合同的特许权使用费一般要比普通许可合同高 66%～100%。日本相关知识产权协会也对独占许可合同和普通许可合同的专利提成率进行了专门研究，认为独占许可合同的专利提成率一般要比普通许可合同高 20%～50%。目前，专利独占许可的形式在日本、美国和西欧地区都较为普遍，由于这些国家和地区实行的是自由市场经济，产品可以自由竞争，受让方愿意出高价以专利独占许可的形式获得先进技术，从而对目标市场进行垄断，获得巨额利润。

由于独占许可具有特殊性质，被许可人在法律上具有一定程度的独立诉权，同时从保护竞争的角度来看，法律禁止独占许可人在缔结独占许可合同时滥用其优势地位，从而不合理地限制被许可人的正当权益。因此，一般拥有专利权的生产企业使用独占许可的方式进行专利运营；而对于以专利运营为主业的非实施主体公司而言，由于这种许可方式受到法律的限制，同时其专利许可运营收益受到独占的限制，所以通常不采用这一许可方式。

这种类型的案例有：2015 年，北京华素制药股份有限公司以人民币 6000 万元的价格向解放军某研究所购买国家 1 类新药知母皂苷 BⅡ 原料药、胶囊、国家 1 类新药知母皂苷 BⅡ 注射用原料药、注射液及相关保健品智参颗粒的相关专利的独占许可使用权。

（2）普通许可

普通许可即"普通实施许可"的简称，是指在一定时间内，专利权人许可他人实施其专利，同时保留许可第三人实施该专利的权利。这样，在同一地域内，被许可人同时可能有多个，且专利权人自己也仍可以实施该专利。普通许可是专利实施许可中最常见的一种类型。普通许可适用于市场容量大的情形。

普通许可具有以下特征：在许可合同中未特别指明独占性质或依许可合同不能明示推定独占性质的，即为普通许可；专利运营者没有再向他人授予相似实施许可内容的分许可；被许可方没有获得独立提出侵权之诉的权利，但对许可合同的专利有效性仍保留异议权；被许可方的许可期限、范围受到很大的限制，有时仅授予了制造、使用或销售专利权利当中某一部分实施许可权，但有一种情况经常出现，就是许可方授予被许可方在制造方面以独占实施许可权生产，但在销售方面以普通实施许可权销售；专利权人保留了更大的权利，或自我实施，或同时许可若干个普通实施许可权，因此普通许可的使用费比独占实施许可要低一些；普通许可的专利大都是产品性能突出、市场需求量大、投资少、技术难度较低的成熟技术。

采用普通许可的被许可人可以跟许可人约定，作为原告提起侵权诉讼，或者申请人民法院采取临时措施。普通许可合同的权利相对较少，因此其使用费也比独占许可合同和排他许可合同要低。普通许可的被许可人有权在合同规定的范围内实施专利，但不能阻止专利权人与第三方另外订立实施许可合同，也无法对抗其他被许可人。所以，普通许可合同与独占许可合同不同，前者仅在当事人之间产生约束力，仅是一种债权债务关系，因此似乎并无必要登记；但由于专利权可以出售或由独占许可他人实施，以及专利权的无形性，因此如果普通许可不登记，而在后的过户受让方或独占许可实施权人在未被告知的情况下与专利权人订立了合同并并登记，则在后的授权人或独占许可实施权人与在先的普通许可实施权人必然形成权力冲突。

普通许可的案例有：2015 年，高通公司与北京天宇朗通通信设备有限公司和海尔公司达成了 3G 和 4G 无线技术专利许可协议（CPLA）。按照付费许可协议条款，高通授予天语和海尔两家公司制造和销售在中国使用的 3G WCDMA、cdma2000 和 4G LTE 用户单元的付费专利许可。

（3）排他许可

排他许可即"排他实施许可"，也称"独家许可"，它是指在一定时间内，在专利权的有效地域范围内，专利权人只许可一个被许可人实施其专利，但专利权人自己也有权实施该专利。排他许可与独占许可的区别，就在于排他许可中的专利权人自己享有实施该专利的权利，而独占许可中的专利权人自己也不能实施该专利。通常，排他许可的技术使用费要比独占许可低些。

排他许可的案例有：加坡纳米材料科技公司与北京万生药业有限责任公司签订了一项排他许可协议。该协议是万生药业关于使用 NMT 专有的超重力可控沉淀

（HGCP）技术去生产、销售并在中国国内推出一款治疗脂肪代谢障碍血病（高血脂）的国际畅销药的仿制药。该药物在中国的市场份额为 9 亿美元。目前中国患高血脂的人数已达到 9000 万人，并且平均每年以 1500 万人的速度持续增长，估计未来 10 年高血脂的人数可以达到 2 亿人。

（4）交叉许可

交叉许可即"交叉实施许可"，也称"互换实施许可"，它是指两个专利权人互相许可对方实施自己的专利。这种许可，其两个专利的价值大体是相等的，所以一般是免交使用费的；但如果二者的技术效果或者经济效益差距较大，也可以约定由一方给予另一方以适当的补偿。

交叉许可是一种基于谈判的，在产品或产品生产过程中需要对方拥有的专利技术时，相互有条件或无条件容许对方使用本企业专利技术的协定。其中，交叉许可协定的内容并没有统一的标准，除了允许双方使用各自的、已被授权的专利技术外，还可以包括固定或可变动的许可费，同时还可以包括双方拥有的所有专利或部分专利以及未开发的专利等。

当双方因为相互侵犯知识产权而引发法律诉讼时，双方往往就会进行交叉许可，每个企业都可自由竞争而不必担心自己设计的产品或使用的技术会导致侵权或支付许可费。反过来，则可发现专利丛林现象对专利商业化的不利影响：当某些新产品被设计之后无意中侵犯了诞生于这些产品设计完成之后的专利，进而产生风险。因此，交叉许可和专利池是市场参与者穿越专利丛林的两个基本而有效的方法。在交叉许可协定中除了相互容许使用的专利技术外，还可以包括固定或变动的许可费用、适用技术领域或地理范围的限制，甚至还包括双方的其他专利等。

交叉许可的实质是一种价值交换。除了交易成本外，还存在限制企业进行许可交易的三个信息屏障：一是关于专利许可价值的不对称性信息，这会削弱交易双方达成协议的能力；二是创新者发现很难让别人使用其发明创新，尤其是在他们不给别人足够的信息以便在后续竞争中获得更多的专利时；三是让许可人去监督被许可人的产出，以便按照单位收取许可费的成本很高或者是不可能的。有鉴于此，越来越多的产业都具有网络效应特征，而展现网络外部性的关键在于网络部件的互补性，尽管许可费会给发明者带来一定的收入，但是免费的许可合约将导致更高的收益。无论是单项许可还是双向许可，既需要考虑收费模式对交易成本的影响，也要考虑网络效应和互补性对专利许可及其价值实现的影响。

交叉许可的案例有：2015 年，华为与苹果公司达成一系列专利许可协议，华为向苹果许可专利 769 件，苹果向华为许可专利 98 件，覆盖 GSM、UMTS、LTE 等无线通信技术。

（5）分许可

分许可是"分实施许可"的简称。被许可人依照与专利权人的协议，再许可第三人实施同一专利，被许可人与第三人之间的实施许可就是分许可。被许可人签订这种分许可合同必须得到专利权人的同意。

分许可带有很强的隐蔽性，被许可人通常难以知道谁进行了分许可，国际上很多跨国公司，如微软、苹果公司，往往考虑到市场消费者的情绪而不愿直接向专利实施者收费，常常采用分许可的模式来进行专利运营。

在进行分许可时需考虑以下几个方面的因素：①判断被许可人能否进行分许可，要看许可人是否在专利使用许可协议中明确授权被许可人对被许可专利进行分许可；②分许可的有效期限不得超过主许可的有效期限，超过期限的部分无效；③分许可所及的地域范围不得超过主许可的有效地域范围，超过范围的行为则构成专利侵权；④分许可规定的专利使用模式不得超出主许可证所约定的使用模式。

此外，专利许可还存在一种强制许可模式，这种模式最先以法律条文形式出现是在 1883 年制定的《保护工业产权巴黎公约》中。一些国家特别是发展中国家的专利法都规定了专利权人有实施其专利发明的义务；把不实施其专利发明视为滥用专利权的行为，并采用强制许可、撤销专利权或由国家征用其专利权等办法予以制裁。

（6）专利池许可

专利池是一种由专利权人组成的专利许可交易平台，平台上专利权人之间进行横向许可，有时也以统一许可条件向第三方开放进行横向和纵向许可，许可费率是由专利权人决定的。

基于专利池的专利许可，既可以是专利联盟成员之间的相互许可，即封闭式的专利池；也可以是专利联盟对外许可，即开放式的专利池。很多学者对专利池感兴趣的原因在于：他们认为专利池有助于解决因同一技术领域内的大量专利堆叠引起的专利丛林问题，减少由于复杂的专利许可导致的专利障碍以及过高的累积专利费用。实证研究表明，专利池许可是经济效益最高的一种专利许可方式，不仅是社会福利最有效率的选择，也是各专利权人更有效率的选择。

2. 商标许可类型

企业许可他人使用注册商标，通常是以订立使用许可合同的方式，即发放许可证。在使用许可关系中，商标权人或授权使用商标的人为许可人，另一方为被许可人。

实际中，商标使用许可合同有的是独立的许可协议，也有相当一些是包含在其他合同中的商标使用许可条款，如附随于技术转让、特许经营等合同的商标使用规定。签订商标使用协议时企业可考虑从下述三种类型中选择其中之一。

（1）独占使用许可

该许可是指商标权人在约定的期间、地域和已约定的方式，将该注册商标仅许可一个被许可人使用，商标权人依约定不得使用该注册商标。即在规定地域范围内，被许可人对授权使用的注册商标享有独占使用权。许可人不得再将同一商标许可给第三人，许可人自己也不得在该地域内使用该商标。独占许可的使用费比其他许可证要高得多，所以只有当被许可人从产品竞争的市场效果考虑，认为自己确有必要在一定区域内独占使用该商标才会要求得到这种许可。被许可人的法律地位相当于"准商标权人"，当在规定地域内发现商标侵权行为时，被许可人可以"利害关系人"身份直接起诉侵权者。

（2）排他使用许可

该许可是指商标权人在约定的期间、地域和已约定的方式，将该注册商标许可一个被许可人使用，商标权人依约定可以使用该商标但不得另行许可他人使用该注册商标。在这种情况下，除许可人给予被许可人使用其注册商标的权利外，被许可人还可享有排除第三人使用的权利。即许可人不得把同一许可再给予任何第三人，但许可人保留自己使用同一注册商标的权利。排他许可仅仅是排除第三方在该地域内使用该商标。

（3）普通使用许可

该许可是指商标权人在约定的期间、地域和已约定的方式，许可他人使用其注册商标，并可自行使用该注册商标和许可他人使用其注册商标。即许可人允许被许可人在规定的地域范围内使用合同项下的注册商标。同时，许可人保留自己在该地区内使用该注册商标和再授予第三人使用该注册商标的权利。这种许可方式多适用于被许可人生产能力有限或者产品市场需求量较大的条件下，许可人可以多选择几个被许可人，而每个许可证的售价相对较低，因而是一种"薄利多销"的方式。对被许可人来说，其获得的商标使用权是非排他性的，因此如果合同涉及的注册商标被第三人擅自使用，被许可人一般不得以自己的名义对侵权者起诉，而只能将有关情况告知许可人，由许可人对侵权行为采取必要措施。

3. 版权许可类型

版权许可是版权贸易中最基本、最重要的方式，可分为一般许可和集体许可两类。

（1）一般许可

一般许可是版权许可中最常见的，包括三种基本形式：

①独占许可。它是指在合同规定的时间和地域范围，版权所有人授予受让方使用该版权的专有权利，版权所有人不能在此范围内使用该版权，更不能将该版权再授予第三方使用。

②排他许可。它是指在合同规定的时间和范围内，版权所有人授权受让方使用其版权的同时，自己仍然保留继续在同一范围内使用该版权的权利，但不能将该版权授予第三方使用。

③普通许可。它是指在合同规定的时间和地域范围内，版权所有人授权受让方使用其版权的同时，自己仍保留在同一地区使用该版权的权利，也可以将该版权授予任何第三方使用。

（2）集体许可

当某些作品使用的范围很广泛，也很频繁时，版权人可能需要就同一作品签订成千上万的合同，而这在实际操作中又很难做到，于是一种新的贸易形式——集体许可就在实践中产生了。集体许可一般分为两种类型：

①一揽子许可。版权所有人和受让方都以集体或组织的形式出现，在两个组织之间制定一个一揽子的许可协议。通过这个协议，许可方向受让方授予版权的使用权，并获得相应的报酬。对于一些经常使用的作品来说，一揽子许可是非常方便的，在实践中，一揽子许可所占的比例也越来越高。

②中心许可。这是一种以组织对个人的形式出现的贸易形式，版权所有人一方以组织的形式出现，而受让方是以单个个体的身份出现，也就是版权所有人组织向单个个体授予版权使用权并获得报酬的贸易形式。这种许可多用于表演权、录制权、广播权方面。

11.4　知识产权转让与许可的区别

11.4.1　专利转让和许可的区别

专利转让和许可是专利贸易的主要形式，两者之间在以下方面存在区别。

1. 权利转移

专利转让是专利权人将其获得的专利权全部转让给他人的行为。转让专利权的一方为"转让方"，接收专利权的一方为"受让方"。一旦发生专利权的转让，转让方就不再对专利拥有任何权利，受让方即成为该专利的新的所有人，有权行使该专利权的所有权利。

专利许可是专利权人允许他人在一定区域内、一定期限内以一定方式使用专利。给予许可的专利权人为"许可方"，接收许可的乙方为"被许可方"。专利权仍属于作为"许可方"的专利权人。

2. 合同备案

专利转让的合同与专利许可的情况大致相同，除依照专利法第十条规定转让专利权外，专利权因其他事由发生转移的，当事人应当凭有关证明文件或者法律文书向国务院专利行政部门办理专利权转移手续。专利权人与他人订立的专利实施许可合同，应当自合同生效之日起 3 个月内向国务院专利行政部门备案。中国单位或者个人向外国人、外国企业或者外国其他组织转让专利申请权或者专利权的，应当依照有关法律、行政法规的规定办理手续。转让专利申请权或者专利权的，当事人应当订立书面合同，并向国务院专利行政部门登记，由国务院专利行政部门予以公告。专利申请权或者专利权的转让自登记之日起生效。

专利许可合同的生效日不一定是合同的签订日，以合同中明确约定的生效日期为准。对外公示的手段目前为通过"专利公报"进行公告和记载在可查询的"专利登记簿副本"中。专利权人与他人订立的专利实施许可合同，应当自合同生效之日起 3 个月内向国务院专利行政部门备案。专利实施许可合同双方当事人涉及外国人、外国企业或外国其他组织的（包括我国港澳台地区），当事人应当到国家知识产权局专利局初审部发文处办理许可备案。专利实施许可合同双方皆为国内个人或单位的，当事人可到国家知识产权局专利局设在地方的代办处办理，同时也可到国家知识产权局专利局初审部发文处办理。

11.4.2　商标转让与许可的区别

商标转让与商标许可作为商标贸易的两大类型，存在以下区别。

1. 权利转移

注册商标转让实质上是商标权主体的变更，在转让中转让人不再享有商标权，不负有监督受让人商品（或服务）质量的义务；在转让中，转让人将注册商标的所有权、专用权、转让权、使用许可权和法律诉讼权全部转让给受让人；在转让中，受让人在遵守《商标法》的前提下自由决定对该商标的所有权和使用权期限。

而使用许可实质上是商标使用主体的扩展。在使用许可中许可人继续拥有商标权，负有监督被许可人使用该商标商品（或服务）质量的义务。在使用许可中，被许可人只享有使用许可的权利，由许可人和被许可人共同确定该商标的使用许可期限。

2. 合同备案

注册商标的转让要向国家工商局商标局申请核准；商标转让需要签订相关转让申请文件共同提交商标局备案转让，其法律结果是商标专用权的转移；在转让行为中，受让方要符合法定条件。

而注册商标的使用许可只需签订商标使用许可合同并报当地工商机关备案即可。商标许可应当提交商标局进行商标许可合同备案，不去备案的法律后果是不能对抗善意第三人。在许可行为中，对被许可人的条件要求相对要宽。

3. 限定条件和主要事项

商标转让应当将相同或类似商品上注册的相同或近似商标一并转让。商标转让应根据双方达成合意一次性缴纳转让费用，亦即购买商标的转让费用。商标转让的可靠性和安全性则最高，通过商标转让取得商标也是比较稳妥的途径。

商标许可则没有将相同或类似商品上注册的相同或近似商标一并许可的规定。在实际应用中，商标许可根据授权使用的期限缴纳使用费用；商标许可若是一标多人使用的情况，很有可能造成同行业的恶性竞争，造成不必要的损失。

11.4.3 著作权转让与许可的区别

著作权许可与著作权转让作为著作权贸易的两种主要形式，二者之间存在以下方面的区别。

1. 权利转移

在著作权转让贸易中，贸易的标的物是著作权中的部分或全部的财产权利，受让方获得的是著作权中的财产权利。根据合同，受让方已经成为该项财产权利的新主人，他有权对该项财产权利做出任何处置。著作权的财产权利在贸易过程中实现了权利的交接，原著作权人在一定时期内丧失了对该项权利的处置权。

在著作权许可贸易中，著作权许可贸易的标的物是著作权中财产权利的使用权，被许可方获得的是对著作权中财产权利的使用权，他无权对该著作权做出任何超出合同规定范围的处置。著作权在贸易过程中没有发生任何转移，仍归属于原著作权人。

2. 合同性质

在著作权转让贸易中，出让人和受让人签的是著作权买卖合同，受让人获得的是著作权中的财产权利本身，他可以在合同规定的期限内，对该项权利做任何处置，自己使用也好，授予他人也好；而出让方丧失了对该项权利的处置权，因此也就无权干涉受让方的行为。此合同中的转让费是购买著作权时应支付的佣金。

在著作权许可贸易中，许可人与被许可人签订的是许可使用合同，被许可人获得的只是对著作权中部分财产权利的使用权，他没有权利对该项权利做任何超出合同范围的处置。在此合同中支付的许可费用的实质是使用费。

3. 侵权性质

在著作权转让贸易中，任何受让人都有权对侵害其财产权利的行为提起侵权之诉，诉因则为侵害著作财产权。

在著作权许可贸易中，一般许可的被许可人通常不能因权利受到侵害而提起侵权诉讼，只有独占许可的被许可人才具有这个资格；但诉因也只能限于侵害许可权。

4. 限定条件

由于在著作权转让贸易中，出让人至少在一段时间内丧失对作品部分或全部财产权利的处置权，因此，著作权转让比著作权许可的贸易方式限定条件也更为严格。例如，对于著作权转让合同，许多国家都规定，只有在通过政府相关部门的登记，才被认可生效；否则，合同即为无效。而且许多国家都规定，合同必须采用书面的形式，口头约定被视为无效。许多国家对著作权转让都规定了一个期限。例如，加拿大著作权法规定，在作者去世 25 年期满后，任何著作权权利的转让均告无效；同时还规定，从著作权转让后的第 35 年起，在特定情况下，作者或其继承人可以终止著作权转让合同。

11.5　"互联网+"对知识产权交易的影响

2015 年国务院总理李克强在政府工作报告中首次提出："制定'互联网+'行动计划，推动移动互联网、云计算、大数据、物联网等与现代制造业结合，促进电子商务、工业互联网和互联网金融健康发展。"

"互联网+"的本质在于大数据及在线平台，通过将互联网与传统行业相结合，促进各行各业的发展，充分发挥互联网在生产要素配置中的优化和集成作用，将互联网的创新成果深度融合于经济社会各领域，提升实体经济的创新力和生产力，形成更广泛的、以互联网为基础设施和实现工具的经济发展新形态。

"互联网+"对知识产权交易的影响如下：

在知识产权电子商务领域，互联网通过其"距离无关"的天然属性，使架构于其上的知识产权电子商务将全国不同区域间制度与政策的巨大落差瞬间抹平，形成了全国范围的统一大市场。相比于传统的线下销售，基于互联网的电子商务具有覆盖面更广，宣传及销售成本更低，针对性更强等特点。近几年，知识产权电子商务已经对传统的线下销售产生了较大的冲击，许多传统知识产权交易机构纷纷进入知识产权电子商务领域。

在知识产权运用方面，促进自主创新成果的知识产权化、商品化、产业化，其中一个很重要的工作就是要消除知识产权所有者与潜在的知识产权购买者或使用者之间的"信息不对称"，促进知识产权的供需对接，交易双方可以实时了解市场行情，解决以往市场匹配资源问题。例如，由于信息不对称，买家苦于找不到合适的知识产权，或者卖家找不到有购买意向的客户，买卖双方资源无法很好地匹配。信息不对称还容易造成不公平交易。例如：代理人已经掌握了某些委托人不了解的信息，而这些信息对委托人是不利的；代理人利用这些对委托人不利的信息签订对自己有利的合同，而委托人由于信息劣势处于对自己不利的选择位置上。开展知识产权网上交易，不仅可以提高知识产权转让的效率，而且可以降低知识产权转让的成本。知识产权经营者和托管服务提供者也需要向互联网转型，通过互联网提供相关服务。

第 12 章　知识产权运营投融资模式

12.1　技术入股

创新驱动是世界经济发展大趋势，全球新一轮科技革命、产业革命加速演进，科学探索从微观到宏观在各个层面上拓展，以智能、绿色为特征的技术革命将引发国际产业分工的重大调整。由于新技术的不断涌现，世界竞争格局正在重塑，创新驱动成为许多国家谋求竞争优势的核心战略。我国面临跨越式发展的难得历史机遇，也面临差距拉大的严峻挑战，唯有勇立于世界科技创新浪尖，才能赢得技术主导地位，夺得竞争优势。

我国经济发展步入新常态：传统发展动力减弱，粗放型增长方式难以为继，必须依靠创新驱动打造发展新引擎，培育新的经济增长点，持续提升我国经济发展的质量和效益，拓展发展的空间，实现经济保持中高速增长并迈向中高端水平的"双目标"。

从宏观的专利数据我们可以看到，我国近年来的创新发展是爆发式的。随着2014 年修订完成的《中华人民共和国公司法》（以下简称《公司法》）、国家科委《关于以高新技术成果出资入股若干问题的规定》（以下简称《若干问题规定》）、《国家创新驱动发展战略纲要》等法律、政策的出台，以及"大众创新，万众创业"口号的提出，客观上已经为技术成果的产业化提供了良好的环境。良好的政策环境有利于在短时间内大大提高技术出资人的入股积极性，加快科技成果的产业化进程。

12.1.1　技术入股的定义和特点

技术入股是指技术持有人（或者技术出资人）以技术成果作为无形资产作价出资公司的行为。技术入股后，技术出资方取得股东地位，相应的技术成果财产权转归公司所有。

技术成果的出资入股与货币、实物的出资不同，因为技术是无形的，确定其价值相对比较困难，对其估价过高或过低均会损害一方的利益，引发纠纷。

《若干问题规定》[①]规定，以高新技术成果出资入股，成果出资者应当与其他出资者协议约定该项技术保留的权利范围，以及违约责任等。可见，技术成果出资者并不一定以成果所有权入股，即还可保留部分权利。有人认为，这与公司法的财产独立理念不符。根据公司制度的基本原则，公司是以其全部财产对公司的债务承担责任的，其前提条件是，公司必须拥有独立财产权，而部分权能则不是独立的财产权，所以不能作为一种出资形式。但是，允许技术部分权能出资入股，考虑技术未来收益的方式是具有一定的科学性和合理性。可从以下几个方面进行论证。

首先，技术许可。技术成果作为一种无形财产，其不发生有形控制的占有和损耗，在同一时间可由不同人使用，在不同地域同时实践也为可能。而有形财产，在同一时间只能为一个主体占有或支配，因此，有形物的转让或权利许可只能一物一主，而不可能货予多家。技术成果无形性的特点，决定了其权能组成部分具有一定的独立性，只要有技术成果存在，其各项权能就能独立存在、被占有和支配，既然如此，以技术部分权能入股又有何不可？

第二，技术转移。资本就是能够带来剩余价值的价值，而技术成果的部分权能一旦与货币、实物相作用就能给各出资人带来更多的产品或更多的附加值。可见，技术成果部分权能也具有资本的属性，因此，其亦可成为出资的内容。

第三，技术法定有效期。技术成果以部分权能入股，可以通过合同规定技术出资人相应的权利义务。我国法律允许拟定关于技术出资人与其他出资人之间权利与义务的格式合同，技术出资人必须按照其所出资的技术权能承担法律规定或约定范围的义务，并享有相应的权利。其他出资人亦可按照合同对技术行使支配权。

第四，技术实用性。技术成果所有权转让的作价远高于其使用权等权能的转让，而且很多情况下，为得到先进技术的投资者只是希望得到有关技术的使用权，若技术出资人以所有权入股，从经济上来说，对只希望拥有技术使用权的投资者是不必要的。因此，允许其以部分权能入股也有利于只希望拥有技术使用权的投资者。

12.1.2　技术入股的现状

1. 政策支持

中国加入世贸组织以来，中国的企业发展已经进入快速通道。技术成果是贯穿

---

① 国家科委，国家工商行政管理局.关于以高新技术成果出资入股若干问题的规定. 国科发政字〔1997〕326 号

理论科学与实际生产的纽带，在知识经济时代，技术经验及成果已然成为提高生产力水平、强化企业生存能力、促进社会经济发展的重要力量。对技术的重视已使民营企业间形成了一个新的体系，于企业关系来看本类企业具有显著的特征，即一种是以企业转型后原有技术为核心进行发展，经过多年融合及开发后得出一整套知识产权体系的企业；另一种是股东以技术出资，企业运用该技术作为核心发展的企业或是引入高新技术并吸纳技术人才的企业发展模式。

《国家知识产权战略纲要》[1]中指出，推动企业成为知识产权创造和运用的主体，引导企业实现知识产权的市场价值并促进高等学校、科研院所的创新成果向企业转移，推动企业知识产权的应用和产业化，扶持符合经济社会发展需要的自主知识产权创造与产业化项目。由于政府的大力宣导与世界形势下的知识产权竞争逐渐引起了国内企业家们的高度关注，越来越多的企业家对于知识产权的运用及保护方面开始形成了新的认知。

2014 年新版本《公司法》[2]，第二十七条，现修改为"股东可以用货币出资，也可以用实物、知识产权、土地使用权等可以用货币估价并可以依法转让的非货币财产作价出资；但是，法律、行政法规规定不得作为出资的财产除外。对作为出资的非货币财产应当评估作价，核实财产，不得高估或者低估作价。法律、行政法规对评估作价有规定的，从其规定"。本次主要针对原条例中"全体股东的货币出资金融金额不得低于有限责任公司注册资本的百分之三十"的比例限制进行了删减。另外，在《关于进一步推动知识产权金融服务工作的意见》[3]中指出，研究建立促进知识产权出资服务机制。开展对出资知识产权的评估评价服务，对于出资比例高、金额大的知识产权项目加强跟踪和保护。由此，展开了技术企业的一个新局面。

2. 个人技术入股个税的征缴

技术入股于企业的好处比较多，但是于技术占有方的个人来讲现阶段会存在个人所得税的征缴情况。

2005 年，国家税务总局下发《关于非货币性资产评估增值暂不征收个人所得税的批复》（国税函[2005]319 号）中明确"考虑到个人所得税的特点和目前个人所

---

[1] 国务院印发《国家知识产权战略纲要》，国发〔2008〕18 号。
[2] 全国人大常委会颁布《中华人民共和国公司法》，2014 年 3 月 1 日起实施。
[3] 国家知识产权局印发《关于进一步推动知识产权金融服务工作的意见》，国知发管函字〔2015〕38 号。

得税征收管理的实际情况，对个人将非货币性资产进行评估后投资于企业，其评估增值取得的所得在投资取得企业股权时，暂不征收个人所得税。"

而在 2011 年，国家税务总局颁布《关于公布全文失效废止部分条款失效废止的税收规范性文件目录的公告》（国家税务总局[2011]2 号），其公告 2005 年国家税务总局下发《关于非货币性资产评估增值暂不征收个人所得税的批复》文件全文失效废止。

2011 年到 2014 年间，关于非货币性资产评估增值的个税征收问题并无相关法律可依。各地区税务机关依照原有不需缴纳个税条款为例依旧执行免个税操作。至 2015 年 4 月，国家税务总局颁布《关于个人非货币性资产投资有关个人所得税政策的通知》（财税[2015]41 号）中明确规定："个人以非货币性资产投资，属于个人转让非货币性资产和投资同时发生。对个人转让非货币性资产的所得，应按照'财产转让所得'项目，依法计算缴纳个人所得税。"由此，关于非货币性资产评估增值的个税征收正式开始。

同年 7 月，广东省正式出台了《广东省经营性领域技术入股改革实施方案》①，该方案明确，深化收益分配及激励制度改革，高等院校和科研院所以科技成果作价入股的企业，应从该科技成果技术入股股权或收益中提取不低于 50% 的比例，分配给高等院校或科研院所的科研负责人、骨干技术人员等重要贡献人员。

2016 年 2 月国务院印发实施《中华人民共和国促进科技成果转化法》（国发[2016]16 号）若干规定的通知，通知称，国家设立的研究开发机构、高等院校制定转化科技成果收益分配制度时，以科技成果作价投资实施转化的，应当从作价投资取得的股份或者出资比例中提取不低于 50% 的比例用于奖励。在研究开发和科技成果转化中作出主要贡献的人员，获得奖励的份额不低于奖励总额的 50%。

由 2015 年 4 月开始对非货币性资产评估增值个税的征收开始到 2016 年 2 月这一年不到的时间，已经下发了几个放宽政策的文件，可见，现阶段存在的个税问题处于一个逐渐放宽的态势。虽然国家近年大力度推行大众创新、万众创业的思想，然而，部分学者、发明人因顾忌个税问题，不敢将技术真正投入于企业，以进行产

---

① 广东省人民政府办公大厅印发《广东省经营性领域技术入股改革实施方案》，粤府办〔2015〕46 号。

业化生产，致使很多可行性高且技术过硬的技术一直处于沉寂状态！

3. 评估机构现状

对知识产权进行科学的价值评估是维持知识产权资源再生产、从价值形态上进行定额补偿的需要，也是资源优化配置的必要条件[①]。但目前对知识产权的价值评估还不够规范，主要体现在以下两方面。

（1）执业质量不高、管理不规范是目前我国资产评估机构存在的主要问题[②]。我国尚未设立专业的技术评估机构，相关的评估人员也缺乏一定的技术水平。资产评估机构是指持有国有资产评估资格证书，具有法人资格的资产评估公司、会计师事务所、审计事务所、财务咨询公司以及经国有资产管理行政主管部门认定的临时评估机构。从这一规定可以看出，我国尚未设立专门的技术评估机构，相关的评估人员也缺乏一定的技术水平，他们大多没有相关的技术背景，缺乏技术、经济、法律等方面的相关知识，而且他们本身对技术内容缺乏了解，因此他们不可能完全客观地对技术做出评估。另外，评估机构对技术评估尚未有一个确定的合理标准，所以在具体的操作过程中，其程序也缺乏严密性，评估人员只能套用有形资产的评估方法对技术进行大致的评估，其中所运用的评估方法、所选择的评估参数、所使用的评估标准等一系列相关内容都缺少一定的法律依据，加上评估人员的主观性很强，这在一定程度上影响了技术的正确评估，而且在一定情况下可能会出现损害技术出资方或者其他出资人利益的情形。相比之下，国外许多国家都明确了技术作价的主体。例如，巴西法律规定技术出资要经过外资局的批准，并由中央银行估价；智利则规定此类事物由该国国外投资管理委员会管理；波兰法律则规定第三人只有工业产权领域的专家们方可担任。

（2）技术评估尚未完全从出资的权利和对公司的作用上考量。技术成果作为无形资产，其出资的权利可以是技术成果所有权，也可以是技术成果的部分权能。因此在技术评估过程中必须根据其出资的权利来确定技术价值，从而确定其在公司财产中所占的比例。但目前技术评估人员进行技术价值评估时往往只纯粹地从技术本身着手，而不考虑技术对公司的作用大小，从而出现一种技术价值的评估与实际不相符合现象。

---

① 陈昌柏.知识产权战略—知识产权资源在经济增长中的优化配置（第二版）[M].北京：科学出版社，2009.
② 北京市浩伟律师事务所.技术入股的作价评估方式[DB/OL].http://www.haoweilaw.com/cgal_info.asp?lb_id=3588

12.1.3　技术入股的运作模式

拥有核心技术的企业目前处于行业内较为领先的地位。首先品牌因为核心技术的原因已经先入为主，形成品牌效应及客户忠诚度，并逐渐形成良性发展趋势，同行业竞争者也因顾忌核心技术的存在规避与该类型企业的主要技术产品进行激烈竞争，于边缘化徘徊，即便其主营业务与该种企业相同也会逐步引入技术进行牵制性经营，即本书中所要讲到的技术入股形式下的企业。

综上所述，技术企业可以分为以下两个分支：一种是原本拥有企业核心技术，并保持核心技术逐步发展从而促进其自身发展的企业，例如美的、格力等；另一种是本身主营业务或待业务固定，需要引入先进技术的企业。

此处先阐释一下技术入股的原理：个人或 A 公司将其所持有的技术通过量化后，转入 B 公司中，从而使得 B 公司的注册资本金增加，随后 B 公司以其公允价值及相关约定进行 B 公司股份份额的重新分配。

需要引入先进技术的企业获得技术的途径是多种的，技术类的划分较为直接，即专利技术与非专利技术。

专利技术是以公开换保护，目的在于形成行业内领先的技术，其主要依托于专利的保护年限来实现，在有效的保护年限内专利的运用表现得尤为重要，在保护期内要达到自己的经济目的，否则当技术成为公知技术内容时会形成更为激烈的市场竞争。

非专利技术可以理解为一种技术秘密，是未被公开的技术方法或经验的结晶。也就是说非专利技术是没有被公众所知道的受到内部存留并限制外方知道的一种秘密。例如，可口可乐的配方为目前世界公知的非专利技术或企业技术秘密。

理论上以上两种技术形式均可以参考技术的领域、行业市场信息及所在企业或个人情况进行公允量化市场价值，可以进行技术入股的操作。

企业在进行知识产权出资后，便进入下一环节——验资。在实际操作中，股东全部缴纳出资后，必须经法定的验资机构验资并出具证明。可见，验资机构验资是公司设立的必经程序。

验资是指注册会计师依法接受委托，按照由我国财政部下发的《独立审计实务公告第 1 号——验资》（财会[2001]1002 号）的要求，对被审验单位的实收资本（股本）及其相关的资产、负债的真实性、合法性所进行的审验。其主要目的是为了验证被审验单位的注册资本是否符合法律法规的要求，各投资者是否按照合同协议、章程规定的出资比例、出资方式等足额缴纳资本。可见，验资与评估虽然在内容上有所不同，验资是审验被审验单位资本的合法性、真实性；评估是对资产的现实价值进行评定和估算。但是，其两者在具体的操作程序上具有许多相同之处，主要表现在以下三个方面。一是，两者均是出资人通过委托国家指定部门执行具体事项，且指定部门必须严格按照法律规定办事。二是，两者均要对资产进行检查、评定，且最终都要作出报告作为证明文件。三是，两者的目的均是为了正确反映资产的真实价值。

12.1.4 技术入股的量化

技术入股为什么要进行量化？是否具有必要性？量化标尺是什么？以什么方法进行的确认？这些问题都不能作出一个非常肯定的答复，具体答案要根据企业的实际情况而定。

技术投资作价的高低，与企业资本的虚实、营运能力的大小、对外信誉的高低有很大的关系，甚至于关系到股东股权大小、收益分配、亏损分担等重要问题。由此看出，技术依法合理作价是技术资本化的核心。

1. 技术价值的变化

在科技迅速发展的今日，技术成果往往因经济的发展、科技的进步或保护期限的届满而致使其本身丧失价值；或者相反，入股的技术成果因相关技术的出现或市场发展的成熟或本身技术的改进而成为更先进技术，从而使技术价值增加。这两种技术价值的变动均会引起出资各方的利益变动。

（1）技术价值降低或灭失

技术价值降低或灭失时，在实践中往往统一通过减少或者撤销相关股东的股份解决。技术价值降低或灭失原因可有多种，或是市场变化引起，或是因当事人行为不当所致，还有的是因为出资时作价过高造成。因此应当根据技术价值降低或灭失的原因具体情况具体分析，并采取相应措施。

①市场变化导致价值降低。

当公司成立后，技术成果的财产权发生转移，公司成为技术的财产权人，该财产的收益或灭失应由公司承担，而股东仅以其出资额为限承担责任。若将技术价值减少的责任强压于股东（技术出资人），通过剥夺股东的股权来解决，不仅勉为其难，亦抹煞了公司财产与股东财产的相互独立。同时，如果按实践的解决方式来类推的话，则会出现可消耗物的出资人在其出资的财产被消费后，股权即被消灭；货币出资人在其所出资的货币用于交易之后，其股权亦被消灭；土地使用权的出资人的股权则随着土地的增值或贬值而不断变化。这显然不符合出资人出资建立公司的最终目的。因此，技术成果价值的降低或灭失应以公司是否成立为界限，来解决其具体问题。当公司设立时，由于出资各方签订了出资合同，他们之间确立了具体的合同关系，若技术成果价值降低或灭失，应以合同法原理来解决，即或者变更合同，或者解除合同。在公司成立后，由于技术成果价值的财产权已为公司所有，因此，其价值降低或灭失自应由公司承担，而不应强加于股东（技术出资人）。

②相关人员行为不当导致技术价值的降低。

如果技术价值的降低是技术出资人或其他相关人故意造成的，如出资人恶意泄露技术秘密导致公司丧失对该技术的享有，那么该出资人应当承担侵权责任。因为此时公司是技术的财产权人，对技术享有占有、使用、收益的权利，出资人恶意泄露技术秘密则侵犯了公司的财产权，应依据保护商业秘密的有关规定追究相关人的相应责任。

③出资不足引起的技术价值不足。

若出资时，技术成果价值与出资价值两者不一致则必须由相关股东承担补充责任。我国《公司法》第三十条规定：有限责任公司成立后，发现作为出资的实物、工业产权、非专利技术、土地使用权的实际价额显著低于公司章程所定价额的，应当由交付该出资的股东补交其差额，公司设立时的其他股东对其承担连带责任。

（2）技术价值增加

技术价值增加原因多种，但归纳起来主要有两种：良好的市场发展促进技术价值的提高；原技术改进使价值增加成为更先进技术。实践中通常采用增加技术出资人股份方式来解决技术价值增加问题。但是，这一做法存在一定的片面性。技术成果价值的增加也应根据其增加的原因具体情况具体分析。

2. 技术定价的两种形式

（1）议价式

议价是企业与技术占有方进行友好协商，在双方均为统一标准的模式下口头协定技术的价值，这种方法的好处是避免了评估作价中繁琐、复杂的作价程序，能灵活解决实务上的操作问题，便于通过市场进行资源合理流动和优化配置。但是此种方法存在较大弊端，不能在实际情况下进行有效的凸显技术的价值，对于发明人的劳动更是一种不公平的对待。且其法律效力低于评估作价，还有可能出现出资人任意协商出资金额导致出资不实的情况，以及技术出资人利用其他出资人对技术不熟的弱点而实行技术欺诈的行为。

因为无法形成一个公允的价值体系，且不能在市场上找到相类似的技术进行价格对比，双方于几个确定方式中往往忽略了技术于未来时间内给企业带来的经济效益，另外企业获得技术后可以对同行业企业进行许可与授权所获得的额外收入也很难量化后计入协商内容当中。对于技术持有方很难形成有效的价值确认。另外，在议价过程之后，企业获得技术后，由于技术的便利使企业进入较快速的成长阶段，原技术持有人很容易萌生希望能获得更多的股份份额的想法，从而在企业股东内部造成了不稳定因素。然而此时技术持有方为企业，即便获得更多的利润，其他股东也很难再从本身的股份份额当中抽取部分给原技术持有人。且无形资产技术入股计入企业的财务数据时属于实缴资产，议价确定后的技术价值很难再加以确认。

（2）评估式

评估式即以第三方辅助性公司介入的形式对技术作出即时的技术价值评定，通过技术的未来收益、企业现行的产业化能力作出技术的量化标准。之后经过会计事务所进行验证后，工商局可以根据具有法律效力的评估及验资报告进行登记备案，此时，技术入股是通过具体数据进行的入股行为，且必须实施股东会决议后才能实现，具有有效的法律保护措施，为技术持有方提供较为有力的法律保障。且对于第三方出具的量化的公允价值很少产生质疑，由此可以为企业未来发展避免较多无谓纠纷风险。

3. 技术入股主要评估方法

学术界依据无形资产形成的三个不同时间阶段，即过去、现在和未来，建立了三种不同的评估方法，分别是成本法、市场法和未来收益法。

（1）成本法

所谓的成本法，即是在评估资产时，首先估测评估资产的重置成本，即为取得该技术成果所产生的必要费用，如设备购置费、材料费、资料费、加工费、管理费、工资和其他费用，然后再估测被评估资产已存在的各种由于技术更新换代后所导致的功能性、经济性贬值因素，并将其从重置成本中予以扣除而得到被评估资产价值的评估方法。但由于此方法的弱对应性，其研发成本并不能真实反映出研发产品的市场价值，如曲别针发明专利，其发明成果的效用和价值不菲，但其发明只是灵机一动，若此发明采用成本法进行评估，其估值并不能很好地表达此发明的市场价值，所以，成本法较少用于知识产权的评估中。但国资委要求国企、院校采用此法，除此以外，成本法评估更多应用于尚未产业化的技术交易定价。以下列举一些使用成本法进行评估的情况：

①处于研发期，尚未产业化的技术。

技术研发成果具有强烈的不确定因素，处于研发初期，尚未产业化，如某种新型疫苗、有效药品的开发研制。

②计算机软件。

- 未开发完成软件：软件成本主要体现在工资成本上，一般以工作量或程序语句行数为软件成本的度量。

- 嵌入式软件，不存在市场或市场需求量少，难以通过销售软件使用权获得收益。

- 专用（即用户只有一个或若干个）软件以及虽属于通用软件但尚未投入生产、销售。

（2）市场法

市场法指利用市场上同样或类似技术成果的近期交易价格，经过直接比较或类比分析（包括对交易时间、交易因素、交易目的、资金成本、经济寿命等因素的分析）来估测专利资产价值的评估方法。

使用市场法进行评估需要具备两个基础条件：一是，需要一个活跃的公开市场，二是，公开市场上要有可比的资产及交易案例。使用市场法要求以类似资产成交价格信息为基础来判断和估算被评估资产的价值。使用已被市场检验了的结论来评估被评估对象，显然是被相关交易方所接受的。市场法是专利评估中最为直接的评估方法。但是，由于我国现阶段还远未形成成熟完善的知识产权交易市场，市场上可寻找到的类似交易案例少之又少，因素修正非常困难，因此，现阶段，很少采用市场法进行评估。而国外发达国家由于技术交易市场比较发达、可交易案例比较容易获取，市场法是一种被经常用到的评估方法。目前国内使用市场法进行评估多用于土地或房地产的评估中。

（3）未来收益法

一般情况下，技术类知识产权主要以未来收益法进行操作，因为考虑到技术的收益主要体现于未来产业化后所实现的部分，并可能出现的技术许可与授权等内容的考量。收益现值法，是在企业持续经营条件下，通过估算技术经济寿命期内的合理预期收益，并以适当的折现率折算成现值，借以确定其价值的一种评估方法。其核心是收益额、折现率、收益年限。

使用未来收益法进行评估需要具备以下三要素。

①预期收益额。

专利产品未来预期收益可以预测并可以用货币计量。收益额可以因评估目的不同而采用不同的计算口径，如采用净利润、净现金流量等。专利实施产生的收益预测情况包括：

- 未来产品市场及可能的市场份额；

- 产品生命周期的变化；

- 企业有形资产的相关配套能力；

- 企业提供的历史数据并结合业内其他企业的相关历史资料和数据作出分析和判断；

- 对于尚未实施的专利参考专利实施的可行性研究报告、商业计划、财务预测等并结合收集到的行业内其他企业的相关数据作出分析和判断。

②折现率。

企业获得预期收益所承担的风险也可以预测并可以用货币计量。折现率需要考虑的因素有：无风险报酬率、投资回报率、通货膨胀因素、与所选收益额的计算口径相匹配，还要能够体现资产的收益风险。而主要使用加权平均法、风险累加法和行业平均资产收益率法来确定折现率。

③收益期限。

企业专利产品预期获利年限可以预测。根据专利技术应用领域平均更新速度、技术先进性、成熟度、垄断程度、法定保护年限、专利产品寿命期、有关的合同约定期限等合理确定专利的剩余经济寿命。而在通常情况下，专利经济寿命要短于专利的法律剩余保护年限。

一般采用的评估模型如下：

$$V = \alpha \cdot \sum_{t=1}^{n} F_t \cdot (1+i)^{-t}$$

式中　V——评估专利资产价值；

　　　α——技术分成率，结合相关市场及技术资料，同时考虑该项技术的先进性和创新性梯度，综合得出的数值；

　　　F_t——技术产品第 t 年收益额，由预测的未来销售收入、主营业务成本、主营业务税金及附加、管理费用等综合得出技术产品的未来收益；

i——折现率，通常与投资于该项技术的其他资产，如设备、房屋等一同产生，技术、市场、资金、管理的风险系数及不可预测风险等进行计算；

n——评估技术经济年限，由法定保护期（技术授权后的保护期限）和该项技术的经济寿命（该项技术在行业发展过程中被淘汰的年限），综合确定评估技术的经济年限；

t——序列年期，以评估基准日为基础，如基准日为 2016 年 4 月 30 日，则第一年度为 2016 年 5 月 1 日到 2017 年 4 月 30 日，以此类推。

4. 影响评估价值的因素

影响知识产权评估价值的主要因素，就专利权而言，主要涉及的影响因素有法律因素、技术因素、产业因素、特殊因素、资金因素等，非专利技术还应考虑保密因素对价值的影响[1]。

（1）法律因素

①权属的完整性。

权属的完整性即该专利人或委托人所拥有的专利权权属的完备程度。权属越完整，保护的范围越大，则其评估价值就越大。

②法律的保护程度。

一、专利所处的状态。专利所处的状态指技术在专利申请中所处的状态，是处于初审阶段还是实质性审查阶段或是获得专利证书阶段，越是在后面的阶段稳定性越高，其价值也就越大。

二、专利的类型。专利的类型不同，保护程度也不一样，发明专利由于通过实质性审查，具有原创性，相对于实用新型和外观设计专利而言，其技术含量较高，申请的周期较长，权利人承担的风险也较大，因此价值相对较高。

三、权利要求的完整性。权利要求的完整性是指专利申请权利要求书所提出的需要保护的技术的范围，也体现了权利要求书的质量。有的权利要求完整，较好地保护专利权人的权利。有的权利要求不完整，仅仅保护专利权人一部分的权利。

四、剩余经济寿命。经济寿命的长短直接影响着企业专利产品获得垄断收益时间的长短，经济寿命越长其价值越大。一般要采取专利技术的经济寿命与法定使用

---

① 中都国脉（北京）资产评估公司.非专利评估价值的主要因素[DB/OL].
　http://www.sinocap.com.cn/luntan/20130712273.html

年限孰短的原则来确定剩余经济寿命。例如，现在评估两个同类型的实用新型专利，一个是 2010 年授权使用，一个是 2015 年授权使用，其剩余法定保护期的差异，导致经济寿命不一样，评估估值也会有所差别。

（2）技术因素

技术因素主要包括专利的创新程度，也即是技术的先进程度、发展阶段、竞争优势。

技术实施过程中存在关键的技术点，技术复杂程度高，该技术不易被分析、试验、模拟，则设置了较高的技术壁垒，很难被替代，技术就越具有竞争优势，其垄断程度也越高，技术产品的市场占有率也会相应较高，所获得的超额收益、垄断收益也越大，估值也越高。

（3）产业因素

①产业化难易程度。

产业化难易程度就尚未投产的专利而言，指该技术可进行产业化的难易程度，实施的条件要求是否苛刻。进行产业化越容易，实施专利技术越容易进行，专利实施的可能性就越大。

②产业化程度。

产业化程度指现有达到的产业规模化水平，专利技术的产业化进程情况如何，相关工艺、技术标准、质量标准、检测手段及标准配套程度。

③国家政策适应性。

国家政策适应性即该技术实施所在的产业与国家产业政策一致性。只有专利与国家产业政策一致起来，才会得到国家及地方的支持，该项专利才会迅速形成产业，越是国家鼓励发展的行业，技术实施的价值越能够较快地发挥出来。

④产业应用范围。

产业应用范围主要是指专利技术产品现在和未来可能应用领域的大小，应用的范围越宽广，其价值发挥的程度和范围越大。

⑤市场需求

市场需求指产品被市场所接受的程度，市场越需要的专利产品，其中的技术所体现的价值就越大。产能过剩、没有市场需求或需求很小的专利产品其价值可想而知。

（4）特殊因素

部分行业的特殊因素如医药行业的药证、临床试验，网络安全技术的有关批准证书，对专利权价值的影响也较为重大，因为这些特殊因素是专利技术产业化实施的必备要件。

（5）产业化规模

同一项专利处在不同的实施阶段，实施技术所需要的资金实力和产业化规模、有形资产配套能力将对其价值产生重大影响。

（6）保密措施

当评估对象为非专利技术时，还应考虑保密性，包括技术秘密保护和人才保护两个方面。企业是否具备严密、完善、科学的技术保密制度，防泄密、防扩散性体系和防止同业竞争导致人才流失、职业道德风险、技术队伍稳定性、长期性等对人才管理的措施，这些都将对技术收益多少和经济寿命长短产生较大影响，进而影响技术评估价值。

5. 实物期权评估方法初探

由于传统的评估定价方法各有其缺陷，学术界依旧在探索评估定价的方法。其中，实物期权定价已成为研究的热点。

期权定价模型最早诞生于 20 世纪 70 年代，由 Fischer Blak 和 Myron Scholes 提出，称为 Blck-Scholes 模型，这模型及其相关理论的出现大大地推动了金融衍生产品的迅速发展，从而加快了国际金融自由化的进程。几年后，Cox Ross 与 Rubinstein 推导出了二项式期权定价公式，开创了离散时间二项式期权定价法，此后便与 Blck-Scholes 模型一同称为期权定价的两个基本模型。而国内对实物期权的研究于二十世纪九十年代末才开始，起步较晚。但无论是起步较早的国外，还是起步较晚的国内，实物期权的模型及理论更多地用于企业价值评估，而将实物期权的理论及其模型应用到知识产权的价值评估中还处于初步探索的阶段。

期权，是一种合约，合约的持有者在规定的时间内有权利，但没有义务（可以但不一定）按照合约规定的价格购买或卖出某项标的资产。这一权利在约定的时限内可以行使也可以放弃，从而降低当前直接拥有该资产可能造成的市场风险。实物期权具有非独占性，即实物期权中的权利是可以共享的，而由此产生了实物期权的第二个特性，先占性，由于权利共享，因此，往往首先执行实物期权便可获得其最大价值并且取得战略上的主动权。专利与专有技术等知识产权有给企业带来超额收益的可能性，但因存在某些不确定的因素会致使专利或专有技术等知识产权在应用到相关产品实施过程中存在一定程度上的不确定性，从而会影响到专利与专有技术等知识产权的价值。从实物期权的角度看，产品本身作为标的资产，专利与专有技术等知识产权就是该产品的买入期权，企业在得到专利和专有技术等知识产权过程中所发生的费用即为这一期权的价格。得到该专利和专有技术等知识产权的公司，在执行其权利时还需支付其开发、生产及销售等方面的费用，这就是期权的执行价格。专利与专有技术等知识产权使得企业拥有权利，但并无义务，如，企业拥有该项专利和专有技术，但只有当此项技术所产出的产品的销售现金流量超过开发成本时，企业才会对其进行开发和制造，若是前景不好，企业可放弃该项权利的使用[①]。实物期权的特征是实物资产的拥有方的权利与义务的不对等性，面对某个投资机会时，拥有实物期权的投资者有权对该投资机会投资，但没有义务必须实施投资。基于实物期权方法评估专利的价值，专利拥有方在其法定有效期内的任意时刻有权选择立刻实施、等待实施或是不实施专利的独占性权利，因此专利可以视为一项美式期权。而期权的定价方法有很多，如有限差分方法、套利定价方法、二项式期权定价法等[②]。期权定价考虑到了未来收益法所未考虑的专利权标的资产的价格波动率因素。

12.1.5　技术入股对企业的作用

《公司法》第二十七条规定："股东可以用货币出资，也可以用实物、知识产权、土地使用权等可以用货币估价并可以依法转让的非货币财产作价出资"，仅从这法条客观上已经为技术成果的价值化提供了良好的前提，其有利于提高技术出资人的入股积极性，并且能够有效调动技术出资人积极实现技术成果的转化。对技术入股于企业的作用作出以下几点总结：

（1）有利于企业形成企业技术核心，确定产品走向

在工业经济时代，金融本是推动企业成长和经济发展的主要生产要素；而在知识经济时代，代表创新能力的人力资本跃居领导地位，技术成了企业最核心的竞争力，是企业可持续发展的重要资源。企业的核心技术能给企业带来最大化的利润，则以此技术生产的产品必然也将是企业的主流产品，以此可确定企业的发展方向，保持企业技术核心逐步发展而促进企业本身的发展。

（2）有利于企业以核心技术的形式包装本身形成品牌效应

核心技术通过产品的形式流通于市场，慢慢进入大众生活，渐渐为大众所接受

---

① 孙浩.基于实物期权视角的企业无形资产价值评估研究[D].成都：西南财经大学，2009.
② 王壹.基于期权定价理论的计算机与自动化技术专利价值评估研究[D].北京：北京交通大学，2011.

和认可，其产品也就形成了一个品牌效应，同时也为企业起到宣传作用，展示企业的规模和实力。

（3）摊销减税

根据《中华人民共和国企业所得税法》[①]第十二条：在计算应纳税所得额时，企业按照规定计算的无形资产摊销费用，准予扣除。根据《中华人民共和国企业所得税法实施条例》[②]第六十七条：无形资产按照直线法计算的摊销费用，准予扣除，无形资产的摊销年限不得低于 10 年，作为投资或者受让的无形资产，有关法律规定或者合同约定了使用年限的，可以按照规定或者约定的使用年限分期摊销。外购商誉的支出，在企业整体转让或者清算时，准予扣除。在企业通过技术入股的形式获得技术后，可以进行无形资产摊销，使成本费用增加，减少利润，从而合理减少税收。无形资产摊销原理如图 12.1 所示。

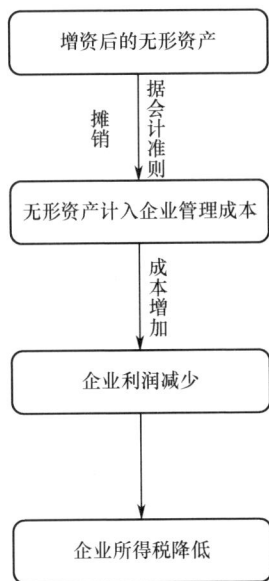

图 12.1   摊销原理

计算方式：外来企业技术评估估值 1000 万，该技术入股后，1000 万的估值根据会计准则分 10 年进行摊销，则每年摊销 100 万计入成本，假设在营业额不变的情况下，则每年成本增加 100 万，由利润=营业额-成本，得出利润减少 100 万，企业所得税=25%×利润，所以每年企业所得税可减少 25 万。

---

① 中华人民共和国主席令《中华人民共和国企业所得税法》第 63 号。
② 中华人民共和国国务院令《中华人民共和国企业所得税法实施条例》第 512 号。

（4）企业可通过技术入股优化财务数据，改善公司的财务状况

可通过调节负债率的方式优化财务数据，企业过高的负债率必然成为关注的对象，而负债率=负债总额/总资产×100%，技术入股后，企业总资产增加，则负债率会下降，可通过此方法调节负债率以优化财务数据，使企业处于一个较为健康的财务状态。

（5）提高企业注册资本金，降低出资难度

企业可通过技术入股提高注册资本金额，同时也解决了全部以货币资金出资的难度，另外，其出资为一次性出资，不存在定期续缴问题。《公司法》中第二十八条规定，股东应当按期足额缴纳公司章程中规定的各自所认缴的出资额。股东以货币出资的，应当将货币出资足额存入有限责任公司在银行开设的账户；以非货币财产出资的，应当依法办理其财产权的转移手续。股东不按照前款规定缴纳出资的，除应当向公司足额缴纳外，还应当向已按期足额缴纳出资的股东承担违约责任。若企业认缴金额尚未认缴完毕，技术入股增资时，先进行将认缴变实缴后，再进行增资。这样既解决了认缴资金的续缴问题，同时也增加了注册资本金，最后还可以腾出部分货币资金进行企业的日常运转，避免企业因资金困难而中断研发新技术。

（6）维权的公允价值依据

随着知识产权的发展和同业竞争的日趋激烈，近年来知识产权侵权案件呈现一种上升的趋势，在侵权法律诉讼中，如何对假冒侵权行为造成的损失（既定损失和潜在损失）进行量化、认定赔偿额，对侵权人量刑提供法律依据已成为热点问题。

2016 年 4 月 22 日，在中央政法委宣传教育指导室和最高人民法院中国应用法学研究所举办的"知识产权司法保护研讨会"上，多位法学界人士提出，知识产权损害赔偿数额计算是当下我国知识产权案件审理的难点，要建立科学的损害认定机制来维系知识产权的应有市场价值，改善知识产权驱动创新发展的法制环境。

中南财经政法大学知识产权研究中心主任吴汉东在会上指出了我国司法机关对知识产权损害赔偿的认定方式和数额计算的两个特点，分别是过多适用法定的赔偿方式和计算偏低的损害赔偿数额。而中国社会科学院知识产权中心主任李明德则表示我国目前有关知识产权损害赔偿的计算方式，通常采用填平原则，即权利人损失多少，法院责令被告补偿多少，这大大低估了受侵犯作品、专利技术、外观设计、商标和商业秘密的实际价值。广州知识产权法院副院长林广海认为，司法的终极关怀重在公正，倘若赔偿数额符合市场价值规律，人民群众就可以感受到公正，若违反市场价值规律，人民群众就感受不公正。在目前的环境下，司法裁判所确定的赔

偿数额是体现知识产权市场价值的一面重要镜子,市场价值的形成和确定强烈依赖权威的"司法定价"。

对于知识产权的价值评估问题,市场价值法是多位与会人士认为的一种较好的评估方法。因市场价值是从财产属性和市场交易的视阈来确定侵权赔偿的边界,相比于惩罚性赔偿具有更强的可操作性以及可预见性,所以能更好兼顾和平衡知识产权创造、运用的创新激励。综合而言,知识产权侵权赔偿数额的司法定价,要以"足以弥补"为度,把全面赔偿原则作为知识产权侵害赔偿的最高指导原则;以分类评估为准,让资产评估机构作为独立第三方,为知识产权损害赔偿数额的准确性、及时性提供保证;以多种赔偿并用为宜,坚持补偿性赔偿规则的主导地位,补充性适用惩罚性赔偿规则;以民刑相辅为要,突出刑事处罚在打击和防范知识产权犯罪中的重要作用[①]。

12.1.6　技术入股的发展前景

今天的我们已然步入了知识经济时代,技术的快速发展使经济全球化成为必然,而全球化市场的形成也加剧了市场的竞争态势,对于传统工业模式来讲这无疑是最大的挑战,许多传统工业模式已成为历史[②]。目前决定产业竞争优势已从过去的廉价劳动力和丰富的自然资源转向了创新能力。创新技术所产生的技术成果已成为一个企业,甚至一个国家的核心竞争力。

我国经过多年改革开放的迅猛发展,科技型中小企业的实力也在加速提升,已成为国民经济不可或缺的重要部分。我国有一半以上的发明专利,新产品的开发都是由中小企业完成。科技型中小企业也成为了我国科技进步的生力军。

根据 WTO 协议,我国将进一步开放市场,此时,我国企业核心技术薄弱的现状则将会使其在国际竞争中处于不利位置。由此,我国现阶段正在大力实施创新驱动发展战略,产业结构在调整升级,因而需要大量创新技术产品。由于国家的号召和政策的力度,我国近年来专利申请量和授权量无论是发明专利或是实用新型专利都有大幅度的增长,但目前仅仅是数量上的累积,还没有质的飞跃。有了量的累积,现阶段需要攻克的便是质的飞跃,科技成果转化便是质的飞跃的开端。

自主创新是科技进步的源泉,自主创新获得成功后不能不了了之,要获得自主核心技术,而后再将创新成果产业化,以获取经济效益。所以只有当企业的创新成

---

① 新华社.法学界人士呼吁解决知识产权损害赔偿认定难题[DB/OL].
　　http://www.chinacourt.org/article/detail/2016/04/id/1844849.shtml.2016 年 04 月 22 日.
② 方琳瑜.科技型中小企业自主知识产权成长机制与脆弱性评价研究[D].北京:中国科学技术大学,2010.

果在企业中形成、成长，产业化才具有真正的意义。

知识经济时代背景下，核心技术的重要性日渐显现，技术于企业来说是核心，是重点，即使是本来就拥有核心技术的企业，免不了也要与相关的企业进行技术的交流和交易。在专利进行交易时，通常都要对专利进行具有公允性的评估定价。技术成果的价值流转已成为技术成果价值利用的更高级阶段。知识经济时代使单纯的动态性已不适合当今时代的发展，动态性已成为知识产权的一个重要特征，而知识产权的这种动态性则决定了对其进行价值评估的必要性①。而对于技术成果的价值评估目前尚未有一套完善的理论，依然在探索中。不断地探索改进会使与技术入股有关的各个领域更加完善。

12.2　知识产权质押

知识经济的兴起导致知识资本超越实务资本等传统资本，成为 21 世纪世界经济发展的重要推动力，知识产权也成为支撑公司发展的重要资产。随着我国创新驱动发展战略的实施，近年来，科技型中小企业在我国已成为最具发展潜力和经济活力的经济群体，发挥日益重要的作用。但是，这些企业普遍存在着融资困难的问题，科技创新型的中小企业在起步阶段自身规模较小，缺乏固定资产及流动资金，使得这些企业难以通过传统的资产抵押获得贷款。相对的是，这些企业往往拥有具有较高价值的知识产权，推动以知识产权为基础的融资渠道创新一方面可以激励企业研发创新，进而推动国家经济增长；另一方面可以为中小企业提供发展所急需的资金，一定程度上解决中小企业融资难问题，其中知识产权质押融资为这些企业提供了新的融资渠道。

12.2.1　定义

质押就是债务人或第三人将其动产或者权利移交债权人占有，将该动产作为债权的担保，当债务人不履行债务时，债权人有权依法就该动产卖得价金优先受偿。质押财产被称为质物，提供财产的人被称为出质人，享有质权的人被称为质权人。质押分为动产质押和权利质押两种。动产质押是指可移动并因此不损害其效用的物

---

① 徐锐.价值流转中的知识产权评估研究[J].北京：知识产权，2014(06).

的质押；权利质押是指以可转让的权利为标的物的质押。知识产权质押是一种权利质押，是指知识产权权利人以合法拥有的专利权、注册商标专用权、著作权等知识产权中的财产权为质押标的物出质，经评估作价后向银行或其他等融资机构获取资金，并按期偿还资金本息的一种融资行为。《担保法》第 75 条规定，依法可以转让的商标专用权、专利权、著作权中的财产权可以质押。《物权法》第 223 条规定，可以转让的注册商标专用权、专利权、著作权等知识产权中的财产权可以质押，即作为财产可以进行转让的知识产权可以质押。目前国内比较常见的知识产权质押仍为商标、专利和著作权三种。

我国《担保法》第 79 条规定：以依法可以转让的商标专用权、专利权、著作权中的财产权出质的，出质人与质权人应当订立书面合同，并向其管理部门办理出质登记。质押合同自登记之日起生效。《物权法》第 227 条规定，以注册商标专用权、专利权、著作权等知识产权中的财产权出质的，当事人应当订立书面合同，质权自有关主管部门办理出质登记时设立。由此可见，按规定知识产权质押的过程应该包括出质人和质权人签订合同的步骤以及向有关知识产权部门办理质押登记的步骤，质押自登记之日起生效。

12.2.2　特点

知识产权质押的担保物是无形的资产，与以有形资产做担保物的抵押相比，其具有一些显著的特点。

一、转移占有，抵押不转移对抵押物的占管形态，仍由抵押人负责抵押物的保管；质押改变了质押物的占管形态，由质权人负责对质押物进行保管。一般来说，抵押物毁损或价值减少，由抵押人承担责任，质押物毁损或价值减少由质押权人承担责任。债权人对抵押物不具有直接处置权，需要与抵押人协商或通过起诉由法院判决后完成抵押物的处置；对质押物的处置不需要经过协商或法院判决，超过合同规定的时间，质权人就可以处置。

二、质押权具有不可分割性，质押物为整个债务的担保物，其不因部分偿还债务而取消部分质押权，质押权部分受到损失，其剩余部分仍以整体作为担保物。

三、质押权具有优先性，即质权人能够以质押物的价值获得优先赔偿，在质押期限内债务人未能偿还债务时，质权人有权把质押知识产权的财产权出卖，并在出卖金中有优先获偿的权利。

四、价值不稳定性。知识产权作为担保物与有形的担保物相比，其价值稳定性低。作为抵押物的有形资产，其价值主要由市场供求影响。而知识产权的价值即使在质押前的评估是严谨和全面的，但一些突发事件会导致其价值大幅贬损或丧失价值，比如质押的专利技术过时，被更新的技术取代；又如质押的专利被提起无效请求并最终被支持等。

五、登记生效。知识产权的质押以在登记机关登记成功为生效要件。质押合同自登记之日起生效。

12.2.3　作用

知识产权质押融资的适用对象主要是中小企业。大型企业由于其固定资产较多，信用较强，其自有资产雄厚，融资渠道较为畅通，一般很少通过知识产权质押来进行融资。中小企业是我国国民经济增长和协调运行的基础性力量，在我国国民经济中占有重要的地位，是经济发展的重要力量，在促进市场竞争、增加就业机会、推进技术进步、推动经济发展和保障社会稳定等方面起到了大企业无法替代的重要作用。然而在我国大部分中小企业在融资上困难重重，直接融资的渠道很少，在间接融资中，担保贷款是中小企业获得资金的主要方式。但是中小企业能够用于担保的资源并不多，使得中小企业在取得贷款时困难重重。促进知识产权质押融资的发展，为中小企业融资提供了新的方向和解决途径，保障了中小企业的发展。

知识产权质押融资对我国金融抵押结构上起到了改善作用，降低了我国金融风险。我国企业融资大部分都是利用不动产进行抵押贷款，企业融资渠道单一，然而对于这种过度依赖不动产的抵押，导致企业融资困难，同时金融业与不动产（主要是房地产）业关联度过大，金融风险集中度过高。日本在 20 世纪 90 年代后，也因为金融机构的不良债权问题日益突出，用以担保的土地、建筑物等不动产的价值大幅度缩水，为了摆脱困扰，随后日本将知识产权资源用来部分代替融资的资产，并且得到快速的发展。日本利用知识产权担保进行融资给我国改善金融贷款结构提供了很好的借鉴作用，我国通过开展知识产权质押融资活动能够合理地分散我国金融风险。

我国实施知识产权战略就是要提高自主创新的水平，坚持自主创新。拥有知识产权、掌握核心技术、创立品牌的企业，在市场竞争中占有很强的优势，同时在面对金融危机冲击时，有着较强的应变能力和抗风险能力。而制约中小企业创新发展的关键因素就是中小企业知识产权运营所需资金严重不足，尤其是一些科技型企业，把有限的资金投入到研发中，当取得了知识产权成果，需要进行知识产权产业化时，缺乏后续资金的支持，因此，知识产权质押融资促进了中小企业的融资。知识产权质押融资在我国是一种相对较新的融资方式，拓宽了企业融资手段，提高了企业抗风险能力，有利于加强企业利用知识产权资源，促进企业自主创新，增强我国企业的竞争力，有利于合理分散我国金融风险。另一方面，它促进了科技和创新成果的转化，为知识产权的商品化和市场化，以及提升企业知识产权核心竞争力起到了积极的促进作用。

12.2.4　发展历史和现状

从世界范围看，关于最早进行知识产权质押的国家和年代没有权威和一致认同的说法，一种意见是日本在 1995 年开始实施的知识产权质押融资是最早的真正意义的知识产权质押，在 1995 年 10 月，日本通产省公布的《知识产权担保价值评估方法研究会报告》指出：知识产权是一种新型的可用来融资的有潜力的资产。日本开发银行具体承担日本国家政策实施义务，制定了《新规事业育成融资制度》，形成了专利质押融资机制，调动与专利质押融资相关的主体的积极性，帮助缺乏传统担保物的日本风险企业获得融资，使得日本风险企业和高新技术企业得到了新的融资渠道。之后，欧美国家纷纷效仿，逐渐开始并完善了知识产权质押融资。虽然从世界范围来看知识产权质押起步较晚，但用知识产权作为担保物进行融资却有很长的历史。美国是最早在法律层面规定知识产权可以作为担保物的国家，但开始时并未要求以知识产权作为担保物的合同必须办理登记，因此也发生了知识产权担保物被转卖引起纠纷的情况。早在 100 多年前，美国的大发明家爱迪生就曾用其发明的专利作为担保，为当时的美国通用电气公司融资。从世界范围来看，目前进行知识产权质押的企业主要集中在中小企业，大企业较少选择这种融资方式。知识产权质押的融资额也远远小于传统的通过抵押获取的融资额，而且也小于知识产权转让或者许可的交易额，发展比较平稳，在模式有新的创新之前难以有爆发性的增长。

我国在 1995 年颁布的《担保法》中就确立知识产权可以质押，规定知识产权中的财产权可以作为一种担保形式，用于银行质押贷款，但是在实践中，知识产权质押融资的环境并不乐观。在 1996 年 10 月至 2008 年 10 月 12 年间，国家知识产权局登记备案的专利质押共 470 件，每年平均只有 30 多家，质押担保总金额 490亿人民币。我国银行机构参与的知识产权质押融资在 2006 年才开始较大面积试点，其中较为典型的如交通银行北京分行推进的知识产权质押融资业务。2006 年，柯瑞生物医药科技有限公司凭借其拥有的一个生物医药方面的发明专利，成功通过质押从交通银行北京分行获得一笔 150 万元的质押贷款，此为我国首个专利质押银行贷款，从此知识产权质押中相对较难估值和操作的专利质押也成功破冰。同年，上海浦东新区启动了知识产权质押融资试点工作，武汉基于北京、上海浦东的模式基础上也开始推进知识产权质押工作。北京的模式是"银行+企业专利权/商标专用权质押"的直接质押贷款，浦东模式是"银行+政府基金担保+专利权反担保"的间接质押贷款，武汉模式则是"银行+科技担保公司+专利权反担保"的间接质押贷款。这三种模式中政府和银行都扮演了重要的创新角色。

（1）政府的角色。在北京模式中，北京市科委充分发挥政府的引导、协调、扶持和服务功能，对知识产权质押贷款业务给予一定比例的贴息支持，并承担了相应的服务功能。在上海浦东模式中，浦东生产力促进中心提供企业贷款担保，企业以其拥有的知识产权作为反担保质押给浦东生产力促进中心，然后由银行向企业提供贷款，与上海银行约定承担 95%～99%的贷款风险，而浦东知识产权中心（浦东知识产权局）等第三方机构则负责对申请知识产权贷款的企业采用知识产权简易评估方式，简化贷款流程，加快放贷速度，各相关主管部门充当了"担保主体+评估主体+贴息支持"等多重角色，政府成为了参与的主导方。在武汉模式中，武汉市知识产权局与武汉市财政局共同合作，对以专利权质押方式获得贷款的武汉市中小企业提供贴息支持，知识产权局负责对项目申请进行受理、审核及立项，财政局负责对所立项目发放贴息资金，并和市知识产权局共同监督，各主管部门发挥了"服务型政府"的相关职能，并且在具体职能上做了一定科学合理的分工。

（2）银行角色。在北京模式中，交通银行北京分行根据支持服务科技型中小企业的市场定位，不仅推出了以"展业通"为代表的中小企业专利权和商标专用权质押贷款品种，而且还推出了"文化创意产业版权担保贷款"产品，可以说，交通银行北京分行充当的是主动参与的"创新者"角色。在上海浦东模式中，上海银行浦东分行承担风险为 1%～5%，在知识产权质押贷款方面持非常谨慎的态度，认为控制风险最重要，在发放贷款方面比较被动。在武汉模式中，相关金融机构在专利权质押融资方面表现还是颇为积极，交通银行武汉分行办理了多笔专利权间接质押贷款，而人民银行武汉分行也尝试推出专利权直接质押贷款。

为进一步推广和深化全国知识产权质押工作。2007 年 2 月，银监会发布《关于商业银行改善和加强对高新技术企业服务的指导意见》《支持国家重大科技项目的政策性金融政策的实施细则》，明确了高新技术企业的股票、股权、知识产权等无形资产可以作为质押物申请流动资金贷款。2008 年 7 月 1 日颁布、同年 10 月 1 日实施的《科学技术进步法》明确规定，国家鼓励金融机构开展知识产权质押业务。我国国家知识产权局在 2009 年推出了两批国家知识产权质押融资试点单位，首先于 2009 年 1 月启动了北京海淀区、吉林长春市、湖南湘潭市、广东佛山市南海区、宁夏回族自治区和江西南昌市等第一批知识产权质押融资试点单位；同年 9 月，又启动了四川成都市、广东广州市、广东东莞市、湖北宜昌市、江苏无锡市、浙江温州市等第二批试点单位。这些试点单位主要面向中小企业，通过知识产权质押降低企业运用知识产权融资的成本。到目前为止，知识产权质押已经在我国各经济大省试点开展。2015 年全年，专利、商标、版权质押融资总额达到 931.7 亿元，其中专利质押为 560 亿元。

12.2.5　类型

知识产权质押融资可以按融资款项的来源分为面向银行机构的知识产权质押和面向非银行机构的知识产权质押。在后者的情况中，质权人一般为款项出借方或担保方。在知识产权质押过程中知识产权的价值由未来的质权人自己或委托第三方进行评估，最后出借款项的额度由质权人与出质人协商敲定。

为了解决中小企业特别是科技型创新企业的融资困难，国家和政府层面希望看到银行机构能在知识产权质押融资的服务中发挥更大作用。银行机构为知识产权质押提供融资的方式总体上可以分为两种。

一种是出质人将知识产权质押给银行，由银行放款给出质人的直接质押银行融资模式，如上述的北京模式，此模式中银行承担主要风险，如图 12.2 所示。

图 12.2　直接质押银行融资模式

另一种是出质人将知识产权作为反担保质押给某非银行机构，由此非银行机构向银行机构提供信用担保，最后由银行机构放款给出质人的间接质押银行融资模式，如上述的浦东模式和武汉模式，此模式提供信用担保的非银行机构承担主要风险，如图 12.3 所示。

图 12.3　间接质押银行融资模式

目前在我国，银行作为放款人的知识产权质押仍然可以划归上述两种类型，并且政府部门依然有很高的参与度，扮演了重要角色。各地政府不但参与了知识产权质押融资服务的过程，而且充当了担保主体、贴息支持、评估服务等多重角色，促成了政、银、企各方在知识产权质押融资方面的合作共赢。

12.2.6　用于质押的知识产权的价值评估

广义的知识产权评估可以是任何人对知识产权价值所做的估算，狭义的或严格意义上的知识产权评估是指知识产权评估机构的资产评估专业人员依据相关法律、法规和资产评估准则，对知识产权评估对象在评估基准日特定目的下的知识产权价值进行分析、估算并发表专业意见的行为和过程。目前，知识产权评估涉及的知识产权种类主要是商标、专利和著作权。

依据《财政部、国家知识产权局关于加强知识产权资产评估管理工作若干问题的通知》的规定，涉及知识产权评估的情况包括多种，其中包括"以知识产权质押，市场没有参照价格，质权人要求评估的"情况；可见在知识产权质押融资中，"质权人要求评估"是知识产权评估的要件。

1. 知识产权评估方法简介

目前较常用的知识产权定量评估方法分别为成本法（又名重置成本法）、市场法和收益现值法（又称未来收益法），12.1 节技术入股部分对这三种知识产权评估方法有较详细的介绍。这些评估方法也适用于知识产权质押融资过程中对质押知识产权价值的评估，只是对不同的知识产权，评估方法使用上会有不同。同时，除了委托评估，质权方常常也会自行进行质押知识产权的评估，这时也常常会用到上述的三种定量评估方法，而不是简单地凭感觉和经验确定质押知识产权的价值。由于12.1 节技术入股部分对三种常用定量评估方法有较详细的介绍，以下分别介绍质押目的下的商标、专利和著作权的具体定量评估方法。

2. 商标的价值评估

商标的评估应遵循几个原则，包括现实性，按这一时点的市场、环境、商标信誉及其预期对资产进行评价；市场性，是指商标评估是以模拟市场为依据，以商标市场和本金市场为参照系，对商标价格属性做重新描述；商标的评估结果的有效性按市场标准检验；预测性，是指商标在未来时空的潜能来说明现实，例如用预期收益来反映商标的现实价格；公正性，是指商标评估行为对于评估当事人具有独立性，它服务于商标业务的需要，而不是服务于相互矛盾的商标业务当事人任何一方的需要；咨询性，是指商标评估结论是为资产业务提供专业化评估意见，这个意见本身无强制执行的效力。

用于质押的商标可以分为两类，一类是出质人在使用中的商标，另一类是出质人没有使用过或停止使用的商标。目前银行机构或其他金融机构一般只接受使用中的商标的质押，企业质权人有时会接受未使用的商标的质押。目前我国有效注册商标超过 1000 万件，一些好听好记的商标名字，特别是由两个中文文字组成的，属于稀缺的资源，好听好记的优质商标在市场上日益受到欢迎，交易趋热，价格看涨，也促使部分企业将闲置的优质商标用于质押获得贷款。对于商标来讲，由于购入成本较低，申请费一直在千元之内，所以如果只用成本法来评估商标，会使其价值太低，不适于用于质押融资。

对于未使用的商标的质押，由于其没使用在产品上，没有与产品关联的宣传、没有市场影响力，故不具有严格意义上的产品未来收益，对这类商标的评估一般采用市场法；而对于已经使用在商品上的商标，由于长时间的宣传和销售，商标富含了商誉，为商品增加了附加值，故一般采用收益现值法。从评估价值总体来看，未使用的商标的价值低于使用中的商标的价值。从商标价值的稳定性来看，未使用的商标就像一张白纸，其价值来自商标本身，价值相对比较稳定，且近年来稳中趋升。使用中的商标可能会受到企业产品质量、负面新闻等影响造成商标产品形象和销量出现较大滑坡，从而使得商标价值大幅的下降。比如，21 世纪初某国内著名奶粉品牌爆出的三聚氰胺事件，一夜之间令此企业退出奶粉市场，其商标价值随着品牌形象的轰然倒塌所剩无几。

（1）商标评估的市场法

商标评估的市场法是利用市场上类似商标的近期交易价格，经过直接比较或类比分析，包括对交易时间、交易因素、交易目的等因素的分析、修正来评估商标价值的方法。

使用市场法进行商标评估需要两个基础条件——活跃的公开市场和公开市场上有可比的资产及交易案例，目前都已具备。近年来，随着我国民众对产品质量和产品所含知识产权的日益重视，有品牌的产品慢慢挤压了无品牌产品的市场；同时，我国几大电商巨头全面要求其网上店铺销售带有商标的商品。使得近年来对商标的需求呈井喷之势，相对应的是商标局处理商标申请的效率和能力不足，商标从申请到拿证的周期一般要两年，大批急需给商品贴牌的需求者转而选择购买商标，使得商标交易市场急剧扩张，大型的商标交易市场特别是网上商标交易市场应运而生，商标交易量也随之大涨。交易的商标大部分是未使用的闲置商标，为市场法商标估值提供了大量的比较范本。

闲置商标的交易多集中在文字商标，一部分是因为购买商标的买家一般都将其作为主商标来使用，图片商标更适合作为附属商标使用，另一个原因是由于近些年电商的兴起，文字商标的商品可以方便在网上按照商标名查询。文字商标总体上来说，文字短则比较好记，相应的价格也比较高。除了文字的长短，文字商标的交易价格最主要的决定因素还在于是否好听和好记，是否符合文化习惯，没有歧义和不好的寓意，以及是否与所申请的商标类相适合，而这方面的判断无法予以量化，也不适合用一个人的意见来评判，不论这个人多么的资深。对于这个问题，解决方法一般为通过多人讨论评定分值，或者采用多人打分取平均值。这种多人判断的方式容易贴近于大众的总体感受和评价，毕竟商品的商标最终还是要面对大众的直观感受。标有某个商标的商品刚刚面世的时候，商标名的好坏很大程度上影响了消费群体购买尝试的欲望。

商标市场法评估的定量算法很多，首先要对标的商标进行主观打分，从实践来看，商标的得分与对应的商标交易价格是非线性关系。比如一个很一般的商标，没有给人好的联想和感觉但也没任何坏的联想和感觉，从 10 制的打分角度为不功不过，记 5 分，市场价格比如为 5 千元，而一个非常好听好记的可以打 10 分的商标，其市场价格可以到 20 万元，从分数来看从 5 分到 10 分，只是增加了一倍，但是价格却翻了 40 倍。

以下具体介绍一种全采样商标市场法评估算法。例如，评估含有两个中文文字的某一类的商标，首先进行标定，设定打分值为 0 到 10 分整数分，5 分对应既没有给人好的联想和感觉也没任何坏的联想和感觉的商标，10 分为非常好听好记且给人美好感觉的商标，以此类推细分。选取这一类含两个中文字的且为近期交易的商标，在屏蔽交易价格的情况下对这些商标进行打分，屏蔽交易价格的目的是为了避免交易价格影响打分者的主观判断。最后根据大量的数据计算每个分值对应的商标价格作为标定并制作趋势图。含两个中文字的某类商标的评估值标定好后，对任何需要评估的商标，通过多个评估人讨论确定分值，或者经过各自打分取平均值获得分值，对照标定的趋势图即可以获得商标的评估价格。

上述全采样商标市场法评估算法要求近期在特定商标类上有足够多的商标交易记录样本，对于交易量少的类，由于数据不全，难以形成全数据链，此时可以通过有限的点画出坐标曲线趋势图，横坐标为分值，纵坐标为价格。对任何需要评估的商标，在打分确定分值后，对照坐标曲线趋势图就可获得商标的评估价格，如图 12.4 所示。

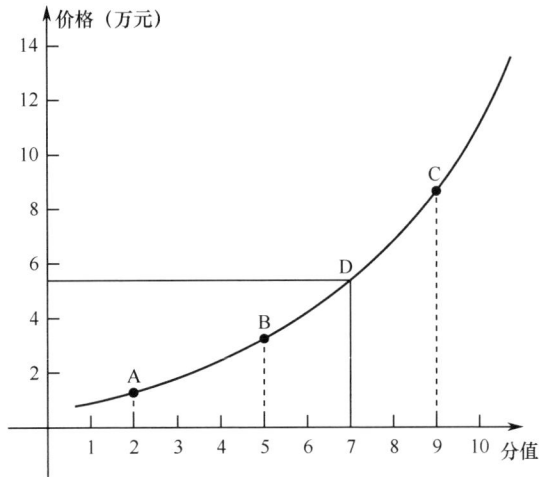

图 12.4　分值价格趋势图

例如，某类商标近期共有三个交易记录，分别为 A、B、C；多个评估人员对这三个商标的最终打分的值分别为 2 分、5 分和 9 分，经查，这三个商标对应的成交价格分别为 1.5 万元、3.4 万元和 9 万元；将分值等分的绘入横坐标，将成交额等分的绘入纵坐标；然后在坐标上标出 A、B、C 三个点；根据这三个点用圆滑的曲线绘制分值价格趋势图备用。例如，对进行价值评估的商标的打分为 7 分，在趋势图上的 7 分点上做一条垂直线跟曲线相交，记为 D 点，在 D 点位做一条水平线与纵坐标相交，读取在纵坐标上的相交点读数为 5.4 万元，此值即为标的商标的市场法评估值。

对于没在使用的商标，即使出质人合法拥有，仍存在一定潜在风险，需考察商标被异议和无效的历史，商标权属争议的历史等。在进行市场法评估的同时应当充分考察这些风险，对于风险较大、稳定性较差的商标在评估价值的基础上应进行适当的修正。

（2）商标评估的收益现值法

商标的收益现值评估法，是指商标在未来的特定时期内的预期收益折现成当前价值的总金额，即通过估算被评估商标的未来预期收益并折算成现值。商标的收益可通过对比采用该商标前后的收益而直接求取，也可通过剩余法或扣除法求得，即先计算企业的全部收益现值,再减去全部有形资产的收益和扣除商标意外的可确定的无形资产的收益,所得余额即为商标收益。

根据商标产品领域平均更新速度、收益曲线、垄断程度、折现率等计算商标产品剩余经济寿命每年由商标产生的收益现值。即得

商标的收益现值 =∑商标各年的收益现值

商标各年的收益现值 = 各年商标预期收益额 X 各年折现系数

商标的收益现值计算公式如下:

$$V = \sum_{t=1}^{n} F_t \cdot (1+i)^{-t}$$

式中　V——评估商标的资产价值;t——序列年期;F_t——商标产品第 t 年由商标产生的收益额,由预测的未来销售收入、主营业务成本、主营业务税金及附加、管理费用等综合得出商标产品的在第 t 年的未来收益;

i——折现率,通常与投资于该项技术的其他资产,如设备、房屋等一同产生,技术、市场、资金、管理的风险系数及不可预测风险等进行计算;

n——评估商标产品经济年限,由该项产品的经济寿命(该项产品在行业发展过程中被淘汰的年限),综合确定评估商标产品的经济年限。

例如,某被评估商标未来 5 年由商标产生的收益(万元)分别为 400、300、200、100,50,每年的折现率为 10%。则根据上式计算,未来五年收益现值见表12.1。

表 12.1　未来五年收益现值

年份	当年收益额(万元)	折现系数	当年收益现值(万元)
第一年	400	0.9091	363.64
第二年	300	0.8264	247.92
第三年	200	0.7513	150.26
第四年	100	0.6830	68.30
第五年	50	0.6209	31.05
共计			861.17 万元

即此商标的评估价值为 861.17 万元。在商标质押的实际操作中,最终的批贷额往往要在以上的评估值上再乘上一定的折扣系数。因为一旦出现出质方企业出现经营困难,或其他无法偿还贷款的情况,商标被变现转让后,转让后的商标所能产

生的收益一般要比由现在的出质方使用产生的收益低很多。目前来看，商标质押的批贷额一般不超过通过收益现值法计算的商标价值的 30%。对于商标产品如果认为产品剩余经济寿命没有可见的期限即无期限的情况，一般只选择计算一定的年份长度，比如 2 年到 5 年不等。

在采用收益现值法对商标进行评估时，要综合考虑企业各方面的情况，与企业相关的包括企业的信誉度、企业的经营状况，与企业商标产品相关的情况包括产品销售情况、产品在市场上的美誉度、产品的市场前景等。为了掌握这些情况，需要企业提供的资料除了企业三证和质押商标相关的证书之外，还需企业提供经营方面相关资料，如资产负债表、损益表，企业的中长期经营规划；企业所获得的各种证书和荣誉；商标产品的质量证书、获得的荣誉和历年的销量，企业产品今后的销量预测，市场同类产品总的销售前景预测。企业一般还需提供所持有的其他知识产权的情况等。

3. 专利的价值评估

在 12.1 节技术入股部分，重点介绍了技术类专利的评估方法，即发明和实用新型专利的评估方法，并重点介绍了技术类专利的主要定量评估方法——收益现值法，本节对此不再赘述。作为补充，对于属于工业设计范畴的外观设计专利，尽管较少使用于知识产权质押，其评估方法亦应采用收益现值法，需要注意的是外观设计产品的生命周期普遍较短；由外观设计产生的产品溢价会在短时间内快速下降，并且外观设计专利还存在较大的权利稳定性风险及维权困难的问题，故外观设计专利的质押评估价值比较低。

技术专利的价值在于其技术内容的价值。近年来国内专利的交易日趋活跃，这其中应该有一半左右的专利交易是由于其名称和所属的类而产生交易，即买方不介意甚至不看技术专利本身的内容，更不打算实施，而是买来增加企业荣誉，用来申请各种科技项目和进入各种门槛等。在专利本身（既不看具体的技术内容）也开始具有使用价值，这种状况预计会持续相当长的一段时间。所以对于那些不能用技术内容获取经济效益的质押专利，显然不适合用收益现值法进行评估，但是其本身由前述原因确实又具有交易价值或者说市场价值，此时适用于通过市场法或成本法对其进行评估。但如果某个被评估的专利没有同类的成交数据，此时更适合用成本法进行评估。

（1）专利的成本法评估

专利的成本法评估就是以专利的申请成本作为专利的评估价值，此时获取专利时所付出的智力劳动成本不计在内，如前所述，用成本法评估的专利不考虑其具体技术内容的价值。在用成本法计算专利价值时，还要考虑专利的剩余有效年限，一般可以按比例减去专利已经过的年限，即获得专利的评估值。

即专利的评估值 ＝（申请费用 ＋ 授权费用）×剩余有效年份比例系数

剩余有效年份比例系数 ＝ 剩余有效年数/专利保护期

以上授权费用不包括年费，年费严格来讲不是申请专利直接花费的成本，而是维持成本，故不计算在内，申请费用是以不做减免的费用计算。

例如，评估某发明专利，申请费用为 3500 元，授权费用为 500 元，授权时为第四年，则剩余有效年份比例系数=（20-4）/20=16/20=0.8

专利的评估值为（3500+500）×0.8=3200

即此发明的最终评估价值为 3200 元。

以成本法进行技术专利的评估，以专利申请的公知成本计算即可，计算方便快速，误差小，不需要企业提供当时申请时的费用票据，对企业资料方面要求少。

（2）专利的市场法评估

采用市场法进行专利评估可以采用类似于对商标进行的市场法评估，简单讲就是基于被评估专利所属的类或行业，比照近期相同类或行业的专利的成交情况，给予标的专利一个评估价格。请参看 12.2.6 节商标的市场法评估部分，此处不再详述。

（3）专利的收益现值法评估

请参看 12.1 节技术入股部分相关内容，此处不再详述。

4. 著作权的价值评估

在我国无形资产价值评估领域，著作权价值评估基本处于空白状态。著作权是企业的一项重要无形资产，合理评估企业拥有的著作权对企业价值的评估以及著作权产业和资产评估行业的发展都有重大促进作用。

著作权价值的评估方案可以分为三个大类：一类是遵循劳动价值论，从生产投入的角度对价值进行评估，即成本法或称重置成本法；一类是建立在均衡价值理论的基础上，通过寻找类似著作权作品的市价来进行估值，即市场法；另一类是从著作权需求方出发，以著作权权利能够带来的收益评估著作权价值，即收益现值法。本文分别从这三类方法进行研究。

（1）著作权的成本法评估

著作权重置成本计算公式为

$$著作权价值评估=重置成本×成新率$$

具体的计算步骤如下。

①取得重置成本。

在评估著作权的重置成本时，根据情况的不同，采用的方法也就不相同。在著作权的历史成本可以可靠地计量的情况下，可以采用财务核算法和指数调整法。

不管采用财务核算法还是指数调整法，都首先要确定被评估著作权的实际成本（历史成本）。其关键就在于确定哪些成本因素可以计入著作权价值，一般情况下，可以计入著作权价值的成本包括直接人工（考察创造环节的人工成本）、办公设备用品、人员培养培训费、专家咨询费、翻译、差旅费。在取得历史成本后，将其中的材料、人工等费用分别按照现时的价格标准进行重新计算，就得到了重置成本（财务核算法）；或者选用合适的价格趋势指数，将历史成本转化为现时成本，也可以得到重置成本（指数调整法）。

当著作权的历史成本无法可靠计量时，重置成本的计算是很困难的，如果著作权的成本构成结果清晰，每种成本在市场上又有类似成本价格，可以通过成本的市场价格来确定著作权的重置成本，这是成本法与市场法的综合运用。

②确定成新率。

著作权作为一种特殊的无形资产，不存在有形损耗，因此只能采用间接的方法测算其成新率。较为常用的方法有两种。一是预测尚可使用年限法，著作权是有限的保护年限，假如著作权在每年中的经济损耗是一定的，那么尚可使用年限和总使用年限的比值即可表示成新率。使用这方法的关键在于通过专业人员的经验以及调研等合理确定使用年限，若著作权的使用年限完全由合同决定，则无需进行预测。二是摊销余额法，用摊销余额和总成本的比值测算成新率，该方法更适用于以成本摊销为目的的著作权评估。

分别测算出重置成本和成新率之后，运用以上公式即可评估出著作权的价值。

（2）著作权的市场法评估

要使市场价格接近均衡价格，需要具备四个条件，同时也是市场法的适用条件：一是必须有一个该著作权进行交易的活跃市场；二是在最近一段时间有足够多的类似著作权在市场上交易；三是类似交易的价格信息在市场上能够非常容易得到；四是这些交易价格应当是独立双方之间的交易价格。

使用市场法，前提是要寻找具有可比性的著作权交易价格信息，该方法操作简单，易于理解，但操作的难度却比较大，因为著作权之间的可比性较低，交易较少，很多交易信息又由于保密因素不易获得。尽管如此，对于一些成本与收益都难以确定的著作权而言，市场法仍是较佳选择。

市场法基本公式为

$$被评估著作权价值 = 同类交易实际价格×调整系数$$

（3）著作权的收益现值法评估

收益现值法，是将被评估的著作权作品在剩余使用期内能够产生的未来货币收入，按照一定的比率折算成当前的货币量，并以此来判断著作权价值的评估方法。该方法是以著作权的经济价值为评估对象，通过计算著作权能够给权利人带来的未来收益的现值进行评估。从著作权使用者的角度看，以著作权能够带来的"效用"和收益评估著作权价值，是最合理的，因此收益现值法是著作权价值评估的主要方法。收益现值法具体的量化计算方法类似前述的商标的收益现值计算方法，在此不再赘述。

收益现值法主要是通过预测未来收益情况，对未来收益进行折现来确定价值，因此收益法要求未来收益可以比较准确地进行估计。然而，在实际操作中，著作权资产价值的不确定性有时会很高，著作权作品的使用期限、未来特定时期内能够获得的收益额以及著作权在使用过程中的折现率都比较难以确定。

著作权的价值评估是著作权价值的核心判断标准，同时著作权的价值评估也有利于推动著作权资产的合理流转与高效利用，因此，对科学、合理的著作权价值评估方法的探索亟待各方的努力与参与，本书分析的三种评估方法各有利弊。在具体的著作权价值评估实践中，对于不同类型的著作权作品价值评估，我们需要具体问题具体分析，尽可能地将相关的所有因素考虑进来，尽可能地接近著作权的真实价值，不可能采用一劳永逸的评估方法。甚至说对于知识产权的价值评估，我们很难实现精准评估，必然存在一定误差。

12.2.7　存在的问题及解决办法

1. 存在的问题

虽然我国知识产权质押融资近些年一直在发展，但其发展速度不尽理想，存在以下一些难点和问题。

①知识产权质押融资的相关法律和规章制度不甚完备。例如，知识产权许可使用权是否属于《担保法》第79条规定的可以转让的权利不确定；"专利权"这一术语在《担保法》和《专利法》中是否包括许可使用权不确定；是否能对专利许可使用权进行质押登记不清楚；《著作权实施细则》中也缺乏关于著作权或者著作权的许可使用权的质押登记规定；缺乏严密、完整的操作程序和规定，影响了企业知识产权质押融资工作的开展。现行《人民银行法》、《商业银行法》、《贷款通则》等对知识产权质押贷款问题都缺乏全面的规定，也缺乏全国范围的统一的关于知识产权质押贷款的制度和政策。在知识产权质押贷款操作程序方面也不够完善，影响了金融机构知识产权质押贷款的开展。

②知识产权价值不易确定。知识产权质押最重要的环节是知识产权的评估，知识产权是无形资产，知识产权价值本身具有不确定性的特点，加之我国无形资产评估体系和制度不够完善，质押知识产权的价值不易确定。我国目前对于无形资产价值评估工作积累了一定经验，但在知识产权价值评估方面还没有形成一套完整和成熟的评估规则、程序和制度，权威度和认可度高的知识产权评估机构很少。执业主体对行政机关依附性强而造成能力缺乏，高素质的从业人员少影响了评估质量，评估缺乏统一的标准及规则而影响了评估的结果。同时，各评估机构的价值评估不仅存在评估方法上的差异，而且还存在对产品市场估计的差异。

③知识产权质押融资的风险问题。鉴于知识产权融资存在较大风险，西方大部分商业银行均采取了谨慎的操作态度，即由专业贷款机构、风险投资者或投资商以取得股权的形式参与知识产权融资业务。我国尽管在知识产权法律现代化方面进步很大，但国家对适用于知识产权担保的担保法律制度并未给予足够的重视，现存的我国法律即使在处理一般动产的担保权益方面都还有欠缺。

④银行驾驭知识产权质押的能力不够成熟。国内一些银行对企业静态资产担保较为重视，但对具有无形资产特征的知识产权担保形式缺乏了解。传统的银行贷款需要借款方提供第三方担保或有形资产担保，但由于知识产权质押并无担保物的可转换性，而是知识产权担保品的未来的现金流入，这让银行感到有较大的不稳定性，易产生风险。因此，国内金融机构开展知识产权质押贷款的较少，缺少具体的操作办法。

⑤知识产权变现的可能性不易预测。同传统的担保贷款相比，知识产权的流动性不及不动产，因而处分就相应地困难。特别是在现阶段，国内知识产权意识仍待加强、知识产权转让市场分散的情况下，知识产权的变现尤显困难，难以按预期的

价格快速变现。

2. 企业面临的现实困难

上述难点和问题对知识产权质押的融资者造成以下几个现实困难：

①银行机构积极性不高，办理此业务的银行少。

②质押融资手续较为繁琐，耗时长，申办成本高。由于知识产权的价值不易确定，评估时间往往较长，并且在实际操作中，往往还需要出质人进行加保，包括第三方担保、物保、保证等，物保如房地产，保证如法定代表人连带责任保证等，这些都增加了知识产权质押贷款的复杂程度、难度和费用。

③银行知识产权质押贷款金额总体偏低。以交通银行为例，在关于知识产权贷款的规定中，专利质押贷款采用综合授信方式，发明专利权的授信额不超过评估值的 25%，实用新型专利权的授信额不超过评估值的 15%，商标专用权的授信额不超过评估值的 50%。

3. 解决方法、建议

知识产权质押融资在我国仍处于起步阶段，目前尚需完善以下机制方能促进其快速发展。

①建立促进知识产权质押融资的协同推进机制，发挥政府相关部门穿针引线的引导、协调、扶持和促进作用。

②创新知识产权质押融资的服务机制，鼓励民间知识产权质押融资服务机构的设立和发展。

③建立完善知识产权质押融资风险管理机制，降低银行机构从事知识产权质押融资的风险。

④完善知识产权质押融资评估管理体系，使之更加规范化并得到市场的广泛认可。

⑤建立有利于知识产权流转的管理机制，鼓励和支持大型知识产权交易平台，特别是互联网交易平台的发展。

要快速有效的推进知识产权质押融资，还须完善法律体系和价值评估制度，简化流程，以及加大政府的扶持力度，具体建议主要如下。

①要建立现代担保物权法律体系。主要包括对我国知识产权相关法律进行修订完善，建立现代担保物法律体系，为知识产权可、担保、质押等做出明确规定，为

中小企业及金融机构操作提供法律依据。

②建立完善的知识产权价值评估制度。知识产权价值的评估是知识产权质押的关键环节，在这方面应注意两点，一是要合理确定评估人员，组成由商标、专利、著作权领域的专家学者、各行业或商业界代表，资产评估师、律师、会计师及相关管理机构参加的评估组进行评估；二是要在评估人员产生后建立严格的责任制度，因评估人员故意产生的责任应由其承担损害赔偿责任，情节严重构成犯罪的应依法追究刑事责任。

③要简化和整合知识产权质押办理的流程，比如现在的商标、专利、著作权分别要在三个对应的主管部门办理质押手续，对同时质押多种知识产权的融资人带来很大的不变。另外银行也应简化知识产权质押的审核手续流程，充分发挥大数据的作用，减少对融资人各种文件的要求和信息提供要求。

④为鼓励知识产权质押贷款的推广，期望政府方面加大对知识产权质押的引导和扶持力度，降低银行承担的风险，建议政府部门专项拨款建立相关风险补偿基金，弥补银行在知识产权质押贷款业务项目中的损失，这有利于提高银行开展相关业务的积极性；同时给予知识产权质押贷款一定的贴息，促进知识产权质押业务的普及发展。

12.2.8　知识产权质押发展前景

目前企业知识产权质押融资需求往往与商业银行风险防控要求脱节，科技型中小微企业仅以知识产权质押很难获得银行贷款。为真正破解知识产权质押融资发展瓶颈，切实解决目前知识产权质押融资审核复杂，耗时长，担保要求高的难题，2016年5月27日，北京知识产权运营管理有限公司（下称"北京IP"）与建设银行中关村分行，携手推出国内首个不附带其他条件的"纯"知识产权质押贷款创新产品——"智融宝"。该产品实现了商业模式创新、金融工具创新、机制体制创新，使得北京在知识产权质押融资的金融创新方面再一次走在了全国前列。对企业来讲，该产品具有三大突破性的优势和特色：一是知识产权质押为唯一担保方式，不捆绑企业其他资产和信用；二是大大缩短了审核时间，500万元以内的融资项目进入快速批贷通道，15天批贷；三是通过政府补贴，大幅降低了企业的质押融资成本，海淀区企业可获得融资成本50%的补贴，最高可达100万元。对"智融宝"产品的提供方北京IP，海淀区政府也提供了有力的支持，海淀区政府与北京知识产权运营管理有限公司共建首期规模为4000万元的中关村核心区知识产权质押贷款风险处置资金池，创新风险补偿机制，探索创新知识产权融资风险补偿新机制，很大程度上解决了质押融资产品提供方的后顾之忧。此模式如果能在全国大城市得以复制和推广的话，可以大大促进我国知识产权质押融资业务的发展，解决科技型中小微企业知识产权融资的难题。

伴随着近年来"互联网+"的兴起，知识产权质押融资与互联网的融合产生了创新的知识产权质押融资模式，比如知识产权质押众筹融资，这种新型的知识产权融资模式的融资资本既不是来自银行也不是来自某个非银行机构，而是来自通过互联网平台集合的众多普通投资者。本书将在后面的章节对这种知识产权质押融资新模式给予详细的介绍。

《国家知识产权纲要》等国家纲领性文件都鼓励知识产权质押的实施并有序逐步推进。随着我国创新驱动经济发展战略的实施，相关法律的进一步完善以及金融创新的发展和相关金融制度的完善，知识产权质押融资在我国必将得到进一步的发展，并逐渐趋于成熟。

12.3　知识产权信托

12.3.1　知识产权信托定义

财产信托在英美两国和部分亚欧国家已发展成为比较成熟的法律制度，特别在英美，信托制度已成为其法律制度中及其重要的部分。在英美信托法下，对信托的定义着重从两个方向去表述。一种表述强调受托人享有普通法上的权利，受益人享有衡平法上的权利。例如，Edward C. Halbach 对信托的定义表述为，"信托是一种基于特定财产而发生的信任关系[①]。其中，受托人就该项财产享有普通法上的产权，而为他人利益持有财产，该他人可以是一人或者数人，享有衡平法上的所有权"。另一种表述强调信托是一种衡平法上的义务。例如，"信托是一项衡平法义务，约束一个人（称为受托人）为了一些人（称为受益人，受托人可能是其中之一）的利益处理他所控制的财产（称为信托财产），任何受益人都可以强制实施这项义务。受托人的任何不当行为或疏忽未得到设立信托的文件条款或法律授权豁免的，均构成违反信托。"从英美的法律传统和信托定义中可以看出，信托的中心意义是替人

[①] Edward C Halbach, Jr Trusts.Gilbert Law Summaries[J].Thomas/West.2008.

管理财产，信托是一种财产管理制度。不管信托起源于什么样的历史渊源，在现代社会中，信托制度能够发展完善，本质上还在于其适应了社会分工越来越精细的发展趋势，信托的目的就是利用专业人士来管理专门的财产，如资金信托、基金信托、不动产信托等，而知识产权信托显然也是这种趋势的自然产物。

我国《信托法》①第二条对信托的定义为"本法所称信托，是指委托人基于对受托人的信任，将其财产权委托给受托人，由受托人按委托人的意愿以自己的名义，为受益人的利益或者特定目的，进行管理或者处分的行为"。由此引申，知识产权信托是指知识产权所有者将其所拥有的知识产权委托给信托机构，由信托机构进行管理或者处分，以实现知识产权价值的一种信托业务。我国《信托法》对知识产权信托的定义强调的是一种行为，但此种行为是在《信托法》和信托文件规范下的行为，隐藏在行为后面的是一整套规范制度，所以我国《信托法》中的信托也可以理解为替人管理知识产权财产的法律制度。

12.3.2　知识产权信托的现状

从 20 世纪 50 年代起，为了整合社会知识产权资源和知识产权相关法律秩序，美国政府开始探索知识产权交易的转型，并初步尝试了构建知识产权信托市场。在不断演变过程中，专利投资信托（Patent Investment Trusts，以下简称 PIT）应运而生，PIT 主要通过面向公众公开发行或者定向私募发行专利投资信托受益凭证筹集资金，并将专利基础资产利润返回给投资者的信托。为了促进 PIT 模式的发展，美国的相关法律和政策针对该模式出台一系列优惠政策，如与 PIT 有关的人或者组织满足收益、资产、分配检测要求的，就可以享受一定的优惠政策。20 世纪 80 年代后，美国的知识产权证券化作为一种新型的投融资模式开始广泛运用，知识产权证券化过程中广泛使用信托作为风险隔离机制，使得知识产权信托得到进一步的发展。信托机构在平衡市场需求和经济利益需求以及更大程度推广证券的目的下，选择证券发行的承销商和分销商，面向公众公开出售证券。现代信托制度在英国产生，在美国繁荣，在日本革新。

在经历几次经济大萧条后，日本逐渐认识到转变经济增长结构的重要性。2002年 3 月发布了《知识产权战略大纲》，将"知识产权立国"写为国家战略，拟开始实施知识产权信托，同年年底，记载知识产权信托的法律《知识产权基本法》在日本国会审议通过，这是日本第一次为知识产权信托立法。2003 年，日本修改了《信托法》，该法明确规定知识产权为信托财产，知识产权可作为信托客体。2003 年 7

---

① 第九届全国人民代表大会于 2001 年 04 月发布了《中华人民共和国信托法》。

月，日本政府知识产权战略总部公布了《有关知识产权创造、保护及其利用的推进计划（2003）》，该文件规定了知识产权不仅可作为信托客体，还可利用信托制度的流通性、易管理性，经济效益性等特点来实现知识产权的流通与管理，利用知识产权进行投融资活动，推动知识产权信托的发展。

我国于 2001 年出台《信托投资管理办法》，其第 20 条规定，知识产权可作为信托财产，从此打开了知识产权作为信托标的的大门，为我国的知识产权信托未来的发展奠定了基础。2015 年 12 月 18 日，国务院印发了《关于新形势下加快知识产权强国建设的若干意见》，提出要对知识产权强国建设工作作出明确安排，要创新知识产权投融资产品，要探索知识产权证券化，要完善知识产权信用担保机制，要推动发展投贷联动、投保联动、投债联动等新模式，并在全面创新改革试验区域引导天使投资、风险投资、私募基金加强对高技术领域的投资。2015 年年内，国家知识产权局成功推动世界知识产权组织成立中国知识产权信托基金，标志我国正式纳入世界知识产权组织知识产权信托管理体系[①]。

12.3.3　知识产权信托的要素分析

知识产权信托与普通信托一样，具有委托人、受托人以及受益人三个主体，三个主体基于信托事实并由信托法律规范调整而形成的权利义务关系，也即信托法律关系。知识产权信托是受托人因承诺信托而取得的知识产权中的财产权利，该知识产权与委托人、受托人以及受益人的其他自有财产分离，具有独立性，仅仅服从和服务于信托目的。下面中对知识产权各个主体及信托法律关系等要素一一进行分析。

1. 委托人

知识产权信托的委托人是指通过信托行为将其拥有的知识产权作为信托财产转移给受托人，并委托受托人为委托人或者委托人所指定的其他人管理或处分知识产权的人。知识产权信托的委托人通常是原始权利人，也即知识产权的拥有者，知识产权信托的委托人可以是自然人，也可以是法人或者其他组织，委托人的数量不限，可以为单人，也可为两个或者两个以上的多人作为共同委托人。

知识产权信托的委托人应具备三个基本条件：条件一，委托人拥有可以用于信托的知识产权或者知识产权组合；条件二，委托人应具有完全民事行为能力；条件三，委托人未陷于破产，这是由于破产法规定，破产人对于应当用于清偿债务的自己财产丧失处理权。

---

① 申长雨.2015 年中国知识产权发展状况新闻发布会演讲稿[EB/OL].http://www.sipo.gov.cn/twzb/2015zscqfzzkfbh/.

委托人作为知识产权的提供者,享有如下的权利。

一、知情权:委托人有权了解其知识产权信托财产的管理运用、处分及收支情况,并有权要求受托人作出说明。委托人有权查阅、抄录或者复制与其知识产权信托财产有关的信托账目以及处理信托事务的其他文件。例如,在著作权集体管理中,委托人有权查询集体管理组织权利信息系统,有权查阅集体管理组织记录的作品许可使用情况、使用费收取和转付情况、管理费提取和使用情况,有权查阅、复制著作权集体管理组织的财务报告、工作报告和其他业务。

二、管理方法调整权:因设立信托时未能预见的特别事由,使知识产权信托财产的管理方法不利于实现信托目的或者不符合受益人的利益时,委托人有权要求受托人调整该知识产权信托财产的管理方法。

三、撤销权:受托人违反知识产权信托目的处分信托财产或者因违背管理职责、处理信托事务不当致使知识产权信托财产受到损失的,委托人有权向人民法院申请撤销该处分行为,并有权要求受托人恢复知识产权信托财产的原状或者予以赔偿。

四、解任权:受托人违反信托目的处分知识产权信托财产或者管理运用、处分知识产权信托财产有重大过失的,委托人有权依照知识产权信托文件的规定解任受托人,或者向人民法院申请解任受托人。例如,在著作权集体管理中,委托人可以依照著作权集体管理组织章程规定的程序,退出著作权集体管理组织,终止著作权集体管理合同。但是,著作权集体管理组织已经与他人订立许可使用合同的,该合同在期限届满前继续有效,该合同有效期内,委托人有权获得相应的使用费并可以查阅有关业务材料。此外,在著作权集体管理中,委托人符合著作权集体管理组织章程规定加入条件的,著作权集体管理组织应当与其订立著作权集体管理合同,不得拒绝。

委托人作为知识产权的提供者,应有如下义务:一、确保知识产权信托财产的所有权转移给受托人的义务;二、按照法律、信托行为的规定向受托人支付的报酬的义务;三、除委托人已在知识产权信托文件中声明保留权利者外,不得干预受托人的活动;四、当委托人为唯一受益人时,则应赔偿受托人因此所受损害。例如:委托人解除信托的时期不利于受托人,则应给予受托人适当的补偿。

2. 受托人

知识产权信托的受托人是指因接受委托人的委托而对知识产权信托财产负有

为他人利益进行管理或处分职责的人。依据《信托法》规定，受托人应当是具有完全民事行为能力的自然人、法人，常见的知识产权信托的受托人有信托投资管理公司以及知识产权运营机构等。

知识产权信托的受托人应具备两个基本条件：条件一，受托人应具有完全民事行为能力；条件二，委托人未陷于破产。知识产权信托作为特殊理财制度，与不同的专业相联系，受托人需要有相应的专业能力，因此知识产权信托的受托人成立程序比较严格。例如：依据《著作权集体管理条例》，依法享有著作权或者与著作权有关的权利的中国公民、法人或者其他组织，可以发起设立著作权集体管理组织。设立著作权集体管理组织，应当具备下列条件。一、发起设立著作权集体管理组织的权利人不少于 50 人。二、不与已经依法登记的著作权集体管理组织的业务范围交叉、重合。三、能在全国范围代表相关权利人的利益。四、有著作权集体管理组织的章程草案、使用费收取标准草案和向权利人转付使用费的办法草案。五、由国务院著作权管理部门作出批准或者不予批准著作权集体管理组织。批准的，发给著作权集体管理许可证；不予批准的，应当说明理由。

受托人作为知识产权的管理者，享有如下的权利。一、管理知识产权信托财产与处理知识产权信托事务的权利。受托人这一权利为信托关系本身派生出来的，信托目的是要求通过由受托人执行信托来使受益人获益，这就决定了受托人这一权利的享有。二、请求法院变更知识产权信托财产管理方法的权利。知识产权信托的管理方法一经确定，一般说来不能变更。但在信托关系存续期间，有时为了有利于受益人或者有利于信托目的的实现，的确需要对这一管理方法进行变更，受托人有权在需要之时请求法院变更这一管理方法。三、费用及损害补偿请求权。在信托关系存续期间，要使对知识产权信托财产的管理和对知识产权信托事务的处理有效地进行，通常需要由受托人支付一定的有关费用。费用包括因知识产权信托财产所负担的税金与管理费，正常维修知识产权信托财产所必需的费用，以及因实施知识产权信托行为中规定的各项行为所必需的费用等。四、获得报酬的权利。受托人获得报酬的三种途径：一是直接通过知识产权信托财产获得报酬；二是通过预先签订的知识产权信托合同通过受益人处获得报酬；三是通过预先签订的知识产权信托合同通过委托人获得报酬。

受托人作为知识产权的管理者，享有如下的义务。一、诚信、谨慎、有效管理的义务：受托人应当遵守知识产权信托文件的规定，为受益人的最大利益处理知识产权信托事务，受托人管理知识产权信托财产，必须恪尽职守，履行诚实、信用、谨慎、有效管理的义务。二、忠实义务：指受托人必须以受益人的利益作为处理信托业务的唯一目的，必须避免与受益人产生利益冲突的情况。在管理知识产权信托财产时，不得利用知识产权信托财产为自己谋取利益。受托人违反规定，利用知识产权信托财产为自己谋取利益的，所得利益归入知识产权信托财产。三、对知识产权信托财产分别管理的义务：受托人必须将知识产权信托财产与其固有财产分别管理，分别记账，并将不同委托人的知识产权信托财产分别管理，分别记账。受托人不得将知识产权信托财产转为其固有财产。受托人将知识产权信托财产转为其固有财产的，必须恢复该知识产权信托财产的原状，造成信托财产损失的，应当承担赔偿责任。四、不得委托他人代理的义务：信托关系以信托为基础，没有委托人或有关国家机关对受托人的信任，不可能有前两者对后者的选任或指定，有关的知识产权信托关系便不能产生。知识产权信托关系的这一特征，要求受托人对知识产权信托财产的亲自管理，对知识产权信托事务亲自处理，即要求受托人以自己的行为来执行知识产权信托，而不得委托他人代理。但知识产权信托文件另有规定或者有不得已事由的，可以委托他人代为处理。受托人依法将知识产权信托事务委托他人代理的，应当对他人处理知识产权信托事务的行为承担责任。五、共同受托人共同行动的义务：同一信托的受托人有两个以上的，为共同受托人。共同受托人应当共同处理知识产权信托事务，但知识产权信托文件规定对某些具体事务由受托人分别处理的，从其规定。共同受托人共同处知识产权理信托事务，意见不一致时，按信托文件规定处理，知识产权信托文件未规定的，由委托人、受益人或者利害关系人决定。六、账簿制作义务、报告与保密义务：受托人必须保存处理信托事务的完整记录。受托人应当每年定期将知识产权信托财产的管理运用、处分及收支情况，报告委托人和受益人。受托人对委托人、受益人以及处理知识产权信托事务的情况和资料负有依法保密的义务。七、交储信托利益的义务：受托人以知识产权信托财产为限向受益人承担支付信托利益的义务。向受益人交付知识产权信托利益是受托人最基本的义务，这一义务是知识产权信托关系的目的所派生的，目的是要求通过受托人执行信托来使受益人受益。受托人的其他义务均服务于此义务，即信托法要求受托人履行其他各项义务均是为了在法律上创造条件，使这一义务得到切实的履行。八、知识产权信托财产恢复原状或赔偿损失的义务：受托人违反信托目的处分知识产权信托财产或者因违背管理职责、处理信托事务不录致使知识产权信托财产受到损失的，负有恢复知识产权信托财产的原状或者赔偿损失的义务。

3. 受益人

知识产权受益人是享有知识产权信托财产利益的人，不从事知识产权信托财产的管理和处分，因此受益人无需具有民事行为能力，不论自然人或法人，只要具备民事权利能力，就可以作为受益人。

受益人作为知识产权的获利者，享有如下的权利。一、依法享受知识产权信托收益权：受托人自信托生效之日起享有知识产权信托受益权。当受益人为两个以上时，为共同受益人，共同受益人按知识产权信托利益的分配比例享受信托利益。二、放弃知识产权信托收益权：受益人可以放弃知识产权信托受益权，当全体受益人放弃知识产权信托受益权时，知识产权信托终止。三、享有委托人的知情权、管理方法变更权、撤销权、解任权。受益人行使上述权利，与委托人意见不一致时，可以向人民法院申请作出裁定。

受益人作为知识产权的获利者，应有如下的义务：一、依知识产权信托行为规定，给付受托人报酬；二、补偿受托人在执行知识产权信托过程中垫付的有关费用。从受益人的义务可知，从法律上来说，受益人才是知识产权信托财产的实际所有者的事实。

12.3.4　知识产权信托的主要特点

知识产权是生产力进化的产物，其无形性的特征使其管理更加复杂化、专业化。例如：美国 Alexander Arrow 认为专利拥有的风险性与处理的困难性，一方面，专利权人维护其专利必须付出高昂的代价去对付恶性竞争或者剽窃行为；另一方面，专利权人缺乏必要的专利权运作能力，很难实现专利权其应有的市场价值[①]，故他最早提出了专利信托制度，促进专利的流动，且与资本市场更加贴合。由此可见，知识产权信托促进了知识产权投融资的发展，同时与有形财产信托相比，知识产权信托对传统的信托管理提出了挑战。

目前我国知识产权信托还处于起步与探索阶段，其具有如下特征：

1. 知识产权信托的理财特性

知识产权信托的理财特性是指知识产权信托具有像金融债券一样的融资性，其信用关系体现在期限较长的资金投入和融通，知识产权信托的目的和财产具有特定性，主要涉及委托人、受托人以及受益人三方的法律财产关系。知识产权信托理财制度是以信任为基础，利益各方拥有足够的信任才进行委托，委托的内容主要是管

---

① 邓净. 发达国家知识产权信托法律制度比较及中国借鉴研究[D].南昌：华东交通大学，2014.

理、处分知识产权。知识产权信托是委托人将自己的知识产权委托给所信任的受托人，按照一定的目的即信托目的，为委托人自己的或者他人的利益，而管理或者处分该财产的制度。 知识产权信托的目的不在于保持知识产权原始权利人权利的延续性，而是通过权利的及时利用给原始权利人带来巨大的经济利益，其经营的对象是专利权、商标权以及版权等知识产权业务。

2. 受托人的特定性

受托人的特定性是指知识产权信托的受托人拥有知识产权的管理权与处分权，受托人能够按照自己的管理方式对知识产权标的进行操作管理，这与知识产权代理制度明显不同。在知识产权代理活动中，代理人只能以被代理人名义而不能以自己名义从事代理活动。然而，知识产权信托对受托人的要求很高，不仅要求其具有娴熟的市场操作能力、金融能力，更要具备知识产权专业基础及法律基础，能够对知识产权进行合理管理和处分。另外，我国法律对信托机构与有一定的规定进行规范，而依据现有法律的规定，受托人必须是有资格经营金融信托的银行、信托公司以及经核准设立的金融机构。

3. 知识产权信托的财产权以知识产权为标的

信托知识产权中的财产权包括对知识产权的许可使用权、获取知识产权收益的受益权、实施对知识产权管理的权利以及对知识产权的处分权。知识产权信托的四种财产权是可以分离的，财产权可以分别行使或者组合行使。知识产权信托使得财产所有权与利益相分离，信托财产独立性、信托责任有限性、信托管理承继性，而这些特点能够有效弥补知识产权产业化的先天不足。知识产权人通过信托的方式委托具有专业理财能力的信托机构，经营其知识产权，便可以让知识产权人享受其治理成果带来的丰厚利益，并无须负担管理之责。知识产权权利人在决定通过信托的方式实施科技成果转化以后，就可以选择受托人、确立受益人、订立书面的信托协定。

4. 知识产权信托的高风险性

知识产权是一种无形财产权，其价值的实现受到市场环境、技术成熟、法律状态等因素的影响，这些因素都是不确定性的。尤其是知识产权法律状态的稳定性，具有不定时遭遇诉讼、无效等法律事件的可能，有时甚至会导致知识产权权属的丧失。由于知识产权的法律状态、市场因素等不确定事件的影响，使得受托人即使履行了谨慎管理义务也未必能实现预定的管理目标，这就使得知识产权信托具有高风险性，需要通过引入担保机构等措施实现增信。

12.3.5　知识产权信托运作模式

随着国家货币紧缩政策成为宏观调控的有力武器，中小企业出现了融资难问题。在保证经济增长，促进扩大内需的过程中，加强对广大中小企业的金融支持是关键的一环，知识产权信托无疑为中小企业融资提供一个新的视角和解决方案。依据知识产权的无形性等特征以及信托法律关系可以将目前知识产权信托化的主要形式归纳为三种模式，三种模式分别是知识产权普通信托模式、知识产权贷款信托模式以及知识产权证券化信托模式。知识产权普通信托模式充分发挥了信托的财产管理和处分功能，知识产权贷款信托模式以及知识产权证券化信托模式则主要反映了信托的融资通道功能，极大地促进了知识产权与资本市场的融通。在信托制度框架下，上述三种知识产权信托模式为知识产权产业化和资本化提供了有益尝试，将极大地推动我国信托事业的发展，并为中小企业融资难问题提供一条有效的解决途径。

1. 知识产权普通信托模式

知识产权普通信托模式是指知识产权原始权利人（也即委托人），为了使其拥有的知识产权产业化、资本化，并以此实现知识产权资产的增值目的，将知识产权原始权利人拥有的知识产权转移给信托机构（也即受托人），由信托机构代为其管理、运用或处分的过程。在知识产权普通信托模式中，知识产权是一种直接信托财产，通过信托机构搭建的统一转化平台，借助路演等适当的推介形式，运用其专业谈判能力优势，提高知识产权的转化率。在知识产权普通信托模式，为筹借信托计划的运作资金或提前支付相关收益，信托机构可通过单一或集合资金信托发售投资受益凭证，待知识产权实现转化后再将其收益分配给投资者，通过这种方式将知识产权信托与资金信托模式有效的结合，促进知识产权信托标的的流通。知识产权普通信托模式凸显了信托机构的专业理财服务机构身份和定位，解决了原始权利人自身可能不擅长从事知识产权转化的弊端，为非职务发明人、高等院校、科研院所及中小企业提供了知识产权直接转化平台，避免了社会智力资源的浪费和闲置，充分发挥了知识产权对于社会经济发展的推动作用。

2. 知识产权贷款信托模式

知识产权贷款信托模式是指受托人信托机构通过资金信托方式吸收投资者投资，并将该信托资金用于知识产权转化项目中，知识产权人通过知识产权为信托计划提供直接担保或反担保支持。知识产权贷款信托模式与知识产权质押贷款形式较为相似，均是利用知识产权作为融资担保手段。不同的是，知识产权贷款信托模式中引入了信托机制，并信托在其中扮演融资通道功能，信托产品的资金来源、性质、风险承受能力、期限、结构等要素均可不同于传统的知识产权质押贷款。在知识产权贷款信托模式中，可利用知识产权质押提供的直接担保或反担保为信托计划进行增信，实现了企业发展中的多元化融资解决方案，开拓了科技型中小企业融资市场，拓展了信托机构业务范围。

3. 知识产权证券化信托模式

知识产权证券化信托模式是指发起机构将其拥有的知识产权或其衍生债权（如专利转让费、专利许可费等）作为基础资产，移转到特殊目的机构（简称 SPV），再由 SPV 以该知识产权的未来现金收益为支撑，经过组合包装、信用增强、信用评级等程序后发行可流通证券的融资行为。知识产权证券化信托模式主要通过签订知识产权许可转让合同、设立 SPV、信用增级及评级、进行结构设计及发行证券、选定承销商并发售证券五个步骤实现知识产权的证券化，从而达到知识产权固定资产转化成为知识产权流动资产的目的。知识产权证券化信托模式的核心是对知识产权未来收益产生的现金流进行证券化，同时借助 SPV 隔离发起人的破产风险，将证券信用锁定于知识产权的收费权本身，SPV 过程也是进行实现知识产权信托运作的过程。知识产权证券化信托模式在保留知识产权权属不变的前提下，降低了科技型企业融资成本和融资风险，扩大了融资规模。知识产权信托使得知识产权原始权利人与证券化标的（也即基础资产）的收益权在法律上实现了破产隔离，从而使得投资者免受发起人破产的威胁，同时知识产权证券化又借助结构化分层技术能够吸引不同风险偏好的投资者。

4. 知识产权信托的运作流程

知识产权信托包括知识产权普通信托、知识产权贷款信托以及知识产权证券化信托三种模式。其中，知识产权证券化信托模式将会在知识产权证券化模式中重点介绍，在此不做介绍。知识产权贷款信托模式的受众及案例较少，而且其与知识产权普通信托与很多类似之处，仅是将知识产权质押贷款后再进行信托运作，故在此也不做介绍。此处重点介绍知识产权普通信托模式的运作流程，知识产权普通信托模式的主体包括原始权利人、信托机构以及收益人，知识产权信托模式的客体为知识产权。如图 12.5 所示，知识产权信托的运作流程如下：首先，知识产权原始权利人将其拥有的知识产权转移给信托机构；然后，由信托机构对知识产权进行管理及运用，并通过单一或集合资金信托发售投资受益凭证；接着，通过银行、三方公司以及直销团队等投资渠道将投资受益凭证售卖给投资者，并将售卖形成的资金交由受益人；最后，待知识产权实现转化后再将其收益分配给投资者。

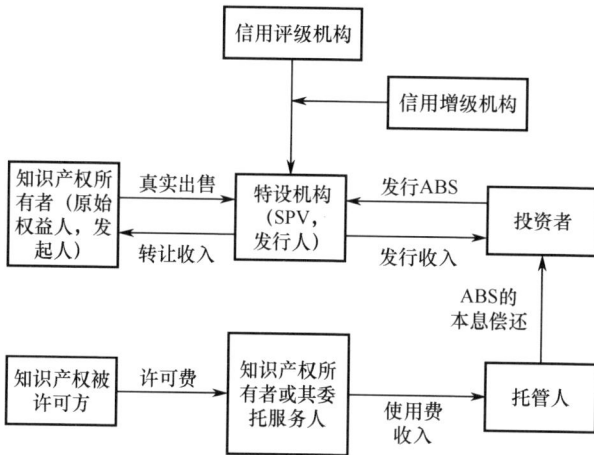

图 12.5　知识产权普通信托模式的运作流程

5. 知识产权信托案例

知识产权信托是以知识产权及其衍生权利作为标的的信托。知识产权信托主要包括专利信托、商标信托以及版权信托。专利信托是以发明、实用新型专利、外观设计以及三者的衍生权利作为信托对象的信托。商标是以商标以及商标的衍生权利作为信托对象的信托。版权信托是以著作权、文学、戏曲、绘画以及摄影等以及上述版权的衍生权利作为信托对象的信托。知识产权是生产力进化的产物，其无形性的特征使其管理更加复杂化、专业化。与有形财产信托相比，知识产权信托对传统的信托管理提出严峻的挑战，正因为如此，目前知识产权信托还处于起步阶段。下面中解析国外知识产权信托的典型案例，期待我国的知识产权信托能有效发挥知识产权保值、增值的功能，更能有效地拓宽知识产权商品化和产业化的渠道，解决我国知识产权转化难的难题。

那鲁大学抗艾滋病新药的药品专利信托案例

耶鲁大学已成功开发抗艾滋病新药 Zerit 并将其获得的药品专利许可给必治妥公司。由于耶鲁大学基础建急需大笔资金，故耶鲁大学将其药品专利的许可费收益权卖给 Royalty Pharma 公司。艾滋病新药 Zerit 专利的价值约为 1.1 亿美元，耶鲁大学每年可以从 Zerit 专利许可中获得约为 1000 万美元的许可费。由于 Zerit 专利的许可费收益没有流动性，Royalty Pharma 公司因此承担较大的风险，为了隔离风险，Royalty Pharma 公司于 2000 年 7 月成立了 BioPharma Royalty 信托。BioPharma Royalty 信托为特殊目的机构（SPV），并通过"真实出售"的方式将 Zerit 专利的许可费收益权转让给该信托，以 Zerit 专利许可费的 70%作为担保，BioPharma

Royalty 信托随后对 Zerit 专利许可费收益的 70%进行证券化处理，并发行了 7915 万美元的浮动利率债券和 2790 万美元的股票，并向耶鲁大学支付了 1 亿元的对价。BioPharma Royalty 信托还对证券化交易进行了优先/刺激债券的内部增级。最后，BioPharma Royalty 信托发行的 2790 万美元股票由 Royalty Pharma 公司、耶鲁大学以及 BancBoaton Capital 公司持有，BioPharma Royalty 信托每个季度从必治妥公司获得 Zerit 专利的许可费收益，在收到资金后按照协议将收益支付给服务商和投资人，在完成交易后，将余额按协议分配给 Royalty Pharma 公司、耶鲁大学以及 BancBoaton Capital 公司。在上述交易中，BioPharma Royalty 信托充当了 SPV 过程中的主体，并对发行的证券进行了信用增级，最后 BioPharma Royalty 信托通过承销商和经销商像投资者发行了的流动，由此可见，对于信托式知识产权证券化，信托机构具有核心地位，是架设在原始权利人与投资人之间的桥梁。

武汉国际信托投资公司的专利信托案例

2002 年，武汉国际信托投资公司（简称：武汉国投）在全国率先推出专利权信托业务，成为国内知识产权信托业务的试水者。武汉国投对众多专利进行删选，挑选出专利"无逆变器不间断电源"作为第一个专利信托产品进行运作。武汉国投对专利"无逆变器不间断电源"大致运作模式如下：首先，信托公司将受托的专利"无逆变器不间断电源"的技术特征进行挖掘和评估，然后，信托公司将专利预期的收益权分割为若干信托单位，也即风险收益权证，向风险投资人出售。最后，受托专利许可或者转让获取的收益，由专利权人、信托公司以及风险投资人按约定的比例分成。信托公司作为受托人，对专利技术"无逆变器不间断电源"发行了面值为 6 元的收益权证，仅仅募集资金 13 200 元。2002 年年底，在经历两年时间后，武汉国投放弃了专利信托业务，该项信托产品的运作以失败而告终。

TMT 公司与轻工业品公司的商标信托案例

TMT 公司成立后与轻工业品公司出现了商标纠纷，涉及 TMT、TMC 等牌号吊扇的商标。二者主要争论点在于，原告认为争议商标是由轻工业品公司基于东明公司的委托和要求而在国内办理注册的，TMT 公司与轻工业品公司形成了事实上的商标权财产信托法律关系，轻工业品公司认为其自身为 TMT、TMC 等商标的注册者及使用者，其为 TMT、TMC 等商标合法权利人。TMT 公司提供的证明有：公司成立后与轻工业品公司历年签订的多份包销协议和成交确认书及东明公司与轻工业品公司签订的确认书中均清楚列明由 TMT、东明公司提供铭牌、商标。加工的有关协议、合同等可以认定其代表东明公司提出由东明公司提供商标，轻工业品公司按照所提供的商标负责组织生产 TMT、TMC 等牌号吊扇的要求，轻工业品公司予以同意。另外，TMT 公司法人王少明还首先提出由于受轻工业品公司的误导，东明公司错误认为当时香港公司不能在内地注册商标，故与轻工业品公司商定，由轻工业品公司在国内办理商标注册。在东明公司歇业后，轻工业品公司又按照当时任 TMT 公司法定代表人王少明的要求，在国内办理了本案争议商标第 200833 号文字加图形组合商标的注册。按照双方定牌加工合同的约定，轻工业品公司负责组织生产 TMT 等品牌的吊扇并办理出口手续，东明公司负责提供铭牌、商标并进行产品的广告宣传，负责联系订单，包销全部商品到境外国家和地区。在履行合同过程中，TMT 公司接替东明公司负责提供技术，监督生产，包销商品，进行商品的全部广告宣传并代替东明公司承担了归回所欠轻工业品公司款项的责任。王少明设计并代表东明公司提供 TMT 等商标，目的是要求轻工业品公司定牌生产东明公司指定牌号的商品，且双方已经实际履行了定牌生产合同，故双方形成了事实上的商标权财产信托法律关系。1987 年 10 月 23 日和 12 月 16 日轻工业品公司出具的两份证明文件的内容，在证明轻工业品公司与 TMT 公司存在委托进行商标注册并管理关系的同时，也印证了在东明公司歇业前与轻工业品公司之间存在着这一委托关系。最终法院认定，本案争议商标是由轻工业品公司基于东明公司的委托和要求而在国内办理注册的，轻工业品公司是相关商标的名义上的权利人，TMT 公司是相关商标的实质上的权利人，在轻工业品公司请求查扣 TMT 公司出口产品的情况下，TMT 公司以委托人的身份请求将 TMT 商标归还该公司，有充分的事实依据。关于这起商标信托案，尽管理论界评说不一，但至少最高人民法院认定商标可以作为信托对象，成为信托财产。

12.3.6　建设知识产权信托的必要性

对于大部分读者而言，通常认为知识产权和信托制度本身没有必然的联系，知识产权主要强调的是知识产权本身的创造以及知识产权权利的获取，信托制度强调的是替人管理财产，二者没有内在的联系，更谈不上知识产权对信托制度的依托。其实不然，产生这种认识主要由于这是在一定范围内静态地观察事物的结果，如果我们把观察范围放大并以动态的视角观察二者，就可以发现它们的联系是可以很紧密的。所谓放大范围就是我们不但要关注知识产权的创造和获取，也要关注产权的应用，也就是说更要关注知识产权的市场化；所谓动态的视角就是要关注知识产权的创造和获取与知识产权市场化的互动关系。因此，在讨论知识产权信托时，应该树立这样的观念：知识产权的创造与获取是知识产权产业化的根本，知识产权的市场化是知识产权创造与获取的动力，只有二者的互动和循环往复，科技才能按照市场规律的原则得到大发展。

知识产权的创造基本上是一种借助试验工具的研究和思考的精神活动，而知识产权的市场化是一种商业活动，这两种活动有着很大的区别，在实践中，二者甚至应该相互隔离。而为了促进知识产权运用于实践中，这两种活动的成果确不应隔离，应该紧密联系，因为前者活动的成果是具有使用价值和实用价值的产权，后者活动的成果是使产权获得以货币形态表示的市场价值。知识产权只有在获得了以货币形态表示的市场价值后，知识产权才能说在市场经济中得到了社会的承认。在市场经济的社会形态中，每个自然人和法人创造知识产权所期望的结果基本上都可以归结为获得货币形态的市场价值，但如果知识产权的创造和知识产权的市场化同时由某一个个人和单位来完成显然是很不经济的，因此很有必要进行分工，知识产权的创造和知识产权的市场化应由不同的群体来完成，这样既高效，也更经济。从上述关于信托制度的定义可知，信托制度是替人管理财产的制度，那么知识产权的市场化可以通过信托制度来实现，知识产权的权利人可以通过信托将该产权交给专业的受托人来管理，使知识产权充分的市场化和产业化，使产权利益得到充分的挖掘，这样就能使得各方受益，社会的文化科技水平也得到极大的提高。

信托制度在知识产权的创造、开发和应用的动态循环中起到了隔离和桥梁的作用。所谓隔离就是将知识产权的创造和知识产权的市场化活动分隔开来，知识产权的创造者不用去关注知识产权的市场化过程，而只关注创造活动，创造者可以全身心地投入到开发创造活动中，不受外界的纷扰；所谓桥梁就是知识产权创造者的创造成果可以通过信托的方式转让给受托人，由受托人进行市场开发和产业化，这样受托人以专业化的方式挖掘知识产权的市场价值，受益人可以获得源源不断的收益，同时委托人也获得收益和市场对该项发明创造的反馈，以此使之在今后的创造活动中进行改进和发展。因此，知识产权与信托制度的有效结合，将是推进知识产权市场化与金融化的重要举措。

12.3.7　知识产权信托的主要优势

1. 信托制度可以为知识产权的开发和市场化所需资金进行融资

在企业的产品开发和市场化过程中，常常会遇到资金瓶颈，在这种情况下，相关各方往往会寻找适当的融资渠道。对于传统项目的融资而言，传统项目为市场经济的资本持有者所了解，双方有共同的相关知识背景，传统项目的融资人可以比较方便地和资本持有者进行信息交流，因此融资比较顺利。知识产权项目的融资和传统项目比较起来，融资要困难一些，原因在于知识产权涉及比较专业的领域，知识产权这种产权形式是新兴的事物，其只是在小范围内为相关机构和个人所了解。因此知识产权项目的融资人还不能在比较大的范围内找到潜在的资本持有者，融资困难程度相对较高。另外，知识产权融资的实际操作程序要复杂一些，这也增加了融资的难度。现在业界比较熟悉的是知识产权质押融资，但知识产权质押融资的讨论已经有几年了，真正实施的不多，主要用于银行贷款。知识产权质押融资遇到的主要困难在于担保质押的法律制度不完善、知识产权的评估比较困难、银行对担保的知识产权处置比较困难、金融机构对知识产权作为担保的管理缺乏经验。知识产权通过信托制度可以在一定程度上克服知识产权质押融资的不足。

信托制度可以在事前和事后为知识产权融资，所谓事前融资指知识产权在开发出来之前，开发者可以利用信托机构进行融资，比如某个动画作品或软件作品在未形成作品之前，开发者可以将自己的创意介绍给专业的信托机构，专业的信托机构在了解了开发者的创意之后，可以将自己掌握的信托资金贷给开发者以弥补开发者前期资金的不足，同时开发者承诺在作品开发成功后，将著作权质押给信托机构。事前融资实际上是利用信托机构的专业优势，因此事前融资的前提是信托机构必须是对相关知识产权所涉及的行业和开发者的技术背景有比较熟悉的了解，并能作出自己的准确判断，对于专业的从事知识产权项目信托的信托机构来说，做到这一点并非是特别困难的事情。

信托机构在提供贷款方面比银行更有自由度。根据相关规定，银行贷款要求借款人必须提供担保，而信托贷款则没有这样的要求。信托机构可以根据知识产权开发者的智力成果情况设计出资金信托产品进行发售，吸收潜在的投资者购买该信托产品，而银行等金融机构无法做到这一点。

所谓事后融资是指知识产权所依托的智力成果已经形成，但是知识产权权利人在将该智力成果推向市场时遇到了资金瓶颈，这时知识产权权利人可以将该知识产权作为信托财产设立信托，受托人将该信托财产作为证券化资产设计出证券产品，然后将该证券产品向市场发售筹集资金，该资金扣除部分费用后转由委托人所有，这样知识产权原始权利人就获得了转让该知识产权的转让收益，也就是说知识产权权利人在该知识产权进入终端市场之前就提前获得了收益，这就等于其得到了融资，其可以利用该笔资金投入到该智力成果的后续市场开发和其他知识产权的开发中。

2. 信托制度可以使知识产权权利人（或信托受益人）获得持续的收益

信托的成立以信托财产的存在和转移为前提，委托人将信托财产转移给受托人，受托人为受益人的利益管理和处分信托财产。信托制度是替人管理财产的制度，除了将信托财产处分的情况，受托人管理信托财产的收益是持续的。知识产权权利人将知识产权转让给信托机构后，信托机构获得了对该产权的管理和处分的权利，除了进行处分的情况下，信托机构可以通过使用许可、投资入股等手段对该知识产权进行管理，将收到的收益转移给受益人，这里的受益人也可以是知识产权原始权利人本身。使用许可、投资入股等管理手段获得的收益是持续的收益，这种收益的大小会随着该知识产权的市场开发而扩大。如果信托机构能尽责地对该知识产权进行市场开发，那么该知识产权的收益大小就会随着时间的推移而持续地和其市场价值相关联，市场价值扩大，收益也扩大。这种持续的收益形式对知识产权权利人更有利，因为其收益随着市场的扩大而增加，而不是一次性地转让给他人。一次性转让使得知识产权的后续收益由他人享有。

3. 信托制度是一种专家型财产管理制度

信托制度既促进了社会分工，进而提高了社会效率，也增加了知识产权开发者或权利人的利益。由于社会分工的发展，信托机构开拓市场的能力比知识产权权利人更强，因为他们掌握更多的市场信息，有专业的市场推广人员和手段。创造智力成果的人只需做好自己的创造工作，形成智力成果后，其他的工作就可以交给专业的信托机构来做。由于集约化和规模优势以及信托市场的竞争，对于某一智力成果创造者来说，信托机构收取的只是少量的服务费用，同时，智力成果的市场替代性没有普通商品强，那么智力成果的创造者会获得相对较多的利益，创造者的创造积极性会得到极大的激发，从而促进社会的科技进步和文明进程。

4. 信托财产的独立性使知识产权的市场开发更具稳定性

信托成立后，信托财产独立于委托人和受托人的自有财产。信托财产与委托人未设立信托的其他财产相区别。信托财产与属于受托人所有的财产（以下简称固有财产）相区别，不得归入受托人的固有财产或者成为固有财产的一部分。受托人死亡或者依法解散、被依法撤销、被宣告破产而终止，信托财产不属于其遗产或者清算财产。

12.3.8　知识产权信托中存在的主要问题

1. 知识产权的特殊性

知识产权因客体的无形性，通常不会直接由委托人转移至受托人，而知识产权不转移意味着受托人无法以知识产权权利人的名义谈判转让或者许可的实施事宜。委托人仍然拥有知识产权，故其很难尊重受托人对其知识产权的经营管理，容易抛开信托公司，进行私下交易，这就容易导致信托机构对以知识产权为标的信托对象的管理意愿不高。

2. 信托风险的防范设计困难

知识产权是法律赋予的权利，虽然权利人对知识产权的成果享有占有、使用、收益以及处理的权利，但其法律状态并不稳定，在法定有效期内知识产权可能因被诉无效，侵权而出现知识产权终结的状况。这种状况一旦出现，将会给受托人产生具有经济风险或者高额损失，也即知识产权权利有效性并不能得到充分的保障。

3. 信托登记制度不完善

按照《物权法》的原理，知识产权人在处分成立时，必须履行登记手续使其处分行为有效。但目前我国知识产权信托登记制度中登记机关、登记内容、登记程序等都没有对知识产权信托进行统一明确的规定，知识产权权利人办理登记，不知道向哪个机关办理，遵循什么程序办理，需要哪些文件，这些不明确在一定的程度上将阻碍知识产权信托的发展。

第 13 章　知识产权战略联盟

13.1　知识产权战略联盟定义

知识产权战略联盟是以知识产权为纽带，由产业内两个或以上利益高度关联的市场主体，为维护产业整体利益、为产业创新创业提供专业化知识产权服务而自愿结盟形成的联合体，是基于知识产权资源整合与战略运用的新型产业协同发展组织。

知识产权战略联盟包括品牌联盟、版权联盟、专利联盟等，其中版权联盟又包括影视版权联盟、音乐版权联盟、著作权版权联盟。通过在联盟内部建立起知识产权的集体保护机制，成员可依靠集体和社会的力量，提高自身的知识产权保护水平，共同创造一个有利于知识产权保护的社会环境。

如今，最常见的知识产权战略联盟乃是专利联盟，不同主体基于共同的战略利益，以专利协同运用为基础，联盟内部的企业实现专利的交叉许可，或者相互优惠使用彼此的专利技术，对联盟外部共同发布联合许可声明。下文以专利联盟为例进行全面介绍。

13.2　专利联盟的现状

我国知识产权制度建立得比较晚，知识产权保护意识比较薄弱，很多企业内部存在知识产权管理水平与自我保护能力低下的问题，在保护策略与知识产权的运用方面与发达国家相比有很大差距。真正能够重视知识产权保护，在内部建立知识产权制度，运用制度来为技术开发、技术保护服务的企业还不多。在这种情况下，尽快提高企业以及科研单位的知识产权运用与保护能力是非常必要的，建立知识产权联盟无疑是解决此问题的一个良好途径。

国外专利联盟经过多年发展已比较成熟，比较典型的有飞利浦、索尼、先锋联合组成的 3C 联盟，由日立、松下、三菱电机、时代华纳、东芝、JCV 联合组成的 6C 联盟，以及由通用仪器公司、松下电器公司、三菱电器公司、索尼公司和荷兰的飞利浦电器公司等 9 家机构成立的 MPE 专利联盟（MPEG LA）。自 2002 年的"DVD 事件"后，我国对专利联盟开始重视起来。至 2005 年，为了对抗美国的 ATSC 专利联盟，提高与其谈判的话语权，我国第一个具有专利联盟性质的产业联盟 AVS 成立。随后，我国不同规模、不同领域、不同目的的专利联盟也如雨后春笋设立起来。

13.2.1　专利联盟分布情况

从地理位置分布来看，我国的专利联盟主要集中在南部地区，有 2005 年 5 月成立的深圳彩电专利联盟，2006 年 10 月成立的顺德电压力锅专利联盟，2010 年 8 月成立的深圳 LED 专利联盟等；北部只有 2005 年 5 月成立的 AVS 专利联盟和北京 2008 年到 2013 年成立的八个重点产业知识产权联盟，包括北京市智能卡行业知识产权联盟、北京市音视频行业知识产权联盟、北京市智能终端行业知识产权联盟等。

从行业技术领域看，我国专利联盟集中在数字音视频编解码、电压力锅、彩电、地板、LED、电声、天然气装备、陶瓷、接木机等几个领域。其他领域并未有什么比较有代表性的专利联盟，已有的专利联盟在我国行业分类总数中仅仅占不到 1% 的比例，因此我国的专利联盟有很大的发展空间。

13.2.2　专利联盟联盟运营情况

1. 大多缺少独立管理实体

我国专利联盟中，深圳彩电专利联盟采用公司制的形式——深圳中彩联科技有限公司，管理专利联盟；AVS 专利联盟管理采用了民间非企业单位的形式——AVS 专利池管理中心，管理专利联盟；深圳 LED 专利联盟采用了社会团体的形式——深圳 LED 社会团体，管理专利联盟；具有独立管理实体的联盟仅占所有专利联盟总数比例不足 20%，大多数都不具有独立管理实体的联盟。例如，顺德电压力锅专利联盟，2006 年至 2008 年联盟工作机构挂靠于顺德知识产权协会秘书处，2008 后由顺德知识产权协会秘书处兼任联盟秘书处，由秘书长指派专人担任联盟执行专员协助秘书长负责执行联盟具体工作，委托广州粤高专利代理有限公司作为代管机构，全面负责联盟的法律事务，形成了以秘书处为核心的内外兼备的管理、运营架构。

2. 正常许可过少

现有的专利联盟中，很少有对外进行专利许可的。有代表性的几家，例如 AVS 专利联盟 2005 年制定了一元的专利费收取办法，即在中国，向使用 AVS 标准的编解码器的生产商每台编解码器收取 1 元专利许可费。然而实际上 AVS 专利池管理中心成立至今没有向外发放过一次专利许可。深圳 LED 专利联盟也较少开展专利许可业务，其管理章程仅规定专利联盟负责搭建国内首家 LED 专利数据库，为企业技术查新提供方便快捷服务；搭建企业知识产权管理系统，避免每个企业单独开发、重复建设，降低企业运营成本；定期举办知识产权培训，更新国内外知识产权动态；以联盟名义集体进行知识产权谈判，降低企业费用支出，根据联盟会员的需求，搭建其他共享信息平台，避免重复开发。成立 6 年来深圳 LED 专利联盟很少开展专利许可业务，国内其他专利联盟更是几乎没有开展许可业务。

3. 入盟标准复杂

2006 年 10 月至 2007 年 5 月间，顺德电压力锅专利联盟并不对外招募新的联盟成员，从 2007 年 6 月份开始，联盟开始对外邀请电压力锅领域的其他专利权人加入专利联盟，并随后制定了入盟条件：必须拥有自主品牌；有至少 10 项电压力锅专利；生产条件达到 ISO9001、ISO140001 标准；产品的外观设计与联盟成员和联盟已许可的其他企业产品有明显差别；经半数以上联盟成员同意加入；交纳 10 万元入盟费和联盟产品标识使用费等。同时入盟协议中规定：联盟有权对新入盟的联盟成员企业按照 ISO9001、3C 认证等标准严格进行审核，对企业的质量保证系统和技术安全系统进行评估，对其产品开展抽检，发现不合格的，联盟下达整改通知书要求进行整改，整改后仍然不合格的将被取消成员资格。同样的，《深圳市 LED 专利联盟章程》也规定，核心入盟标准有：在 LED 产业具有一定的代表性和影响力；企业有知识产权业务需要。这些都给企业进入专利联盟制造了一个门槛，大部分中小企业都难以进入，无形之中抑制了联盟的成长，不利于产业的快速发展。

为了促进我国知识产权联盟的发展，中国知识产权运营联盟应运而生。2015 年 4 月 26 日，在国家知识产权局支持下，由中国专利保护协会发起成立了中国知识产权运营联盟。该联盟联合全国重点知识产权运营服务机构以及高校、科研院所、企业、银行、投资公司等，致力于促进相关政策、机制和模式创新，整合国内外优质知识产权资源、促进知识产权运营，为建设知识产权强国、推动创新驱动发展作出贡献。

13.3　专利联盟运作模式

专利联盟的成长可以分为初始阶段、发展阶段、成熟阶段三个过程，不同阶段有着各自不同的特点。下面从联盟管理者职责以及联盟工作内容两方面，对各阶段的联盟运作模式进行分析。

13.3.1　初始阶段

1. 联盟管理者职责

由于专利联盟的组建通常由该行业技术领先的企业发起，它们所拥有的专利技术，可以通过专利联盟的形式得到最广泛的运用，因此在专利联盟的初始组建阶段，将由核心企业发挥组织管理的作用，核心企业也将成为联盟最大的受益者。

核心企业在联盟中应该扮演好组织者、决策者、协调者的角色。核心企业拥有行业内一定量的重要专利，具有较强的行业影响力，可以发动行业内或相关行业的企业来组建专利联盟，成为联盟的发起者。核心企业作为联盟组织管理的承担者，有权力决定成员企业的入盟与退盟条件，制定相关规则，当然规则的实行需要得到大多数成员企业的认可。在联盟的初期阶段，涉及防止技术外溢、实现技术扩散、技术开发、以核心企业为中心开展单向或双向的许可活动，核心企业在这些活动中能否协调好与其他成员企业的关系决定着联盟运作效果的好坏。

GSM-Motorola 专利联盟管理

以 GSM-Motorola 专利联盟为例，20 世纪 80 年代，欧洲电信标准协会（European Telecommunications Standards Institute，ETSI）统一制定了第二代移动通信标准，即 GSM。最终确定的 GSM 标准涉及了许多专利技术，而这些专利技术为多家公司所有，其中拥有标准的必要专利最多的是 Motorola 公司。然而，作为一个美国公司，Motorola 与参与 GSM 标准制定的欧洲公司有着不同的标准化策略：在参与欧洲 GSM 标准制定前，Motorola 已参与如美国的 D-AMPS 移动通信系统等其他通信讯标准的制定，为避免 GSM 标准的扩张影响其在其他地区的利益，Motorola 反对 GSM

标准的全球化发展战略。最终，为解决 GSM 标准的专利许可问题，Motorola 公司决定组建以其为主的专利联盟。在 GSM-Motorola 专利联盟中，Motorola 对联盟的运作起到了决定、控制、协调的作用，具体关系如图 13.1 所示。

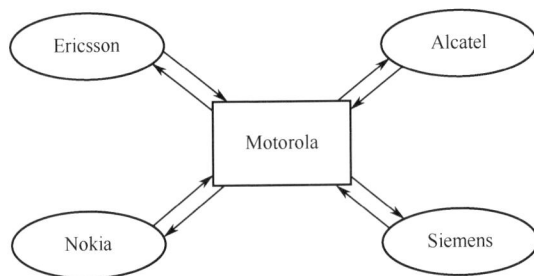

图 13.1　GSM-Motorola 专利联盟成员关系图

　　Motorola 联合 Nokia、Alcatel、Ericsson 和 Siemens 共同组建以其为核心的专利联盟。联盟不对联盟外的企业进行许可，同时，它对联盟内的其他成员进行限制地域且排他的交叉许可。Motorola 公司可以分别与联盟内的其他公司共享 GSM 标准必要专利以及所需要的其他相关专利技术，Motorola 与其他联盟成员之间存在双向许可活动，但是它控制着其他成员，并不允许其他成员之间进行相互的交叉许可活动。

2. 联盟工作内容

　　在联盟成立的初始阶段，成员企业主要以加强自身内部的知识产权管理，为以后联盟规范、有序、有效地运作做准备，以及联盟规章制度的设定为主，一般不会对外开展许可活动，而是核心企业与成员企业间的单向或双向许可。具体说来，包括以下几方面。

　　（1）设置联盟规章制度

　　联盟规章制度包括两个方面，一是各企业内部自身知识产权的规范管理，二是联盟成员企业间许可规范。

①企业内部自身知识产权的规范管理。

　　企业内部应建立日常制度化的知识产权管理部门，对产品或技术的专利进行归档保护。产品的专利权，不仅意味着该产品在技术上的专有权，也意味着在市场上的专有权。如果自身的专利或技术管理不得当，很容易导致技术流失，不仅是自己的技术让别人拥有了，而且无形地也会增加自己在市场上的竞争对手，从而影响自己在市场上的竞争力。很多企业刚开始并不注意此问题，认为别人仅凭产品是无法知道真正的技术，但是殊不知现在会有很多仿造的产品出现，更有甚者是有人能够研究出产品的含量，到最后就会追悔莫及了。因此在联盟的初始阶段就要对此情况进行警觉，采取适当的规范措施保护企业内部的知识产权，加强技术以及专利的管理，这是专利联盟运作的基础。一般的保护措施有指纹识别，技术数据进出由人员交叉管理，企业员工离职后一年内不得从事同类行业工作，公司建立专门的知识产权管理机构等等。

②联盟间许可规范。

许可制度的形成与规范在联盟初始阶段，进行的只是单项许可活动。单向专利许可是一种有关专利的相关权能如（所有权、使用权、产品销售权、专利申请权等）在许可双方的单向流动，其实质上是一种契约或合同。单向许可可从不同的角度对其进行分类：从授权范围的角度，可分为普通许可和排他性许可；从许可的内容多少的角度，可分为单一的专利许可和捆绑许可，从是否受国家强制力约束的角度，可分为一般许可和强制性许可。单向专利许可的目的主要是获得报酬以便对前期的R&D 投入进行一定的补偿和为了获得市场竞争优势而进行的一种策略性应用，如进入壁垒、规避被许可者生产的私人信息而带来的利润损失等。但是不管是哪一种形式的专利单项许可，也不论是出于何目的进行的单向许可都必须要制定相关的许可制度，使这种单向许可是带有规范性的，而不是随机处理的。

（2）累积专利筹码

在专利联盟的初始阶段，联盟内的专利总数没有形成规模，市场影响力有限。因此在此阶段，专利数目的积累、扩充，形成丰富的"专利池"应该是联盟企业共同追逐的目标。专利联盟通过积累大量的专利，可以获得专利上的一种量变，从而在与联盟外企业进行谈判的过程中增加了自身的专利筹码，无形中会提高联盟的市场影响力。专利联盟的技术开发有以下三种途径。

一是成员企业合作技术开发。合作技术开发应以市场需求为导向，查新文献、广泛调研、充分论证，做到知己知彼。第一，充分进行专利文献检索。对本领域或相关技术领域专利技术发展动态跟踪，了解该技术领域最新发展方向，找出切入点，分析开发的可行性、技术含量与市场前景，以及该项技术后续开发和延伸的价值。第二，分析该项技术的市场前景有无竞争对手及对手的实力，推向市场后的投资回收速度以及投资回报率，以及成员企业各自的收益情况。第三，分析联盟企业各自的技术实力、优势和弱点，充分发挥优势互补的聚合效应。

二是技术引进。如美国杜邦公司为发明尼龙用了 11 年时间，耗资 2500 万美元，而日本东丽公司引进该项专利技术只投入了 700 万美元，投产后 2 年内却净得利润 9000 万美元。不由单个企业出面，而是以专利联盟为主体实施技术引进，既可以节约成本，使成员企业共同收益，又可以避免很多其他由于侵权等带来的不必要的麻烦事件。

三是吸引新成员。通过吸收新的成员加入联盟一方面可以增加联盟的技术积累，另一方面可以促进联盟的发展壮大，可谓一举两得。在吸收新成员时，需要注意以下问题：第一，新成员是否具有核心的专利技术，联盟内的专利技术不是凭空而来，需要联盟各成员提供，只有可以为联盟提供新鲜的血液的成员，才可以共享联盟内的专利技术。第二，新成员的专利技术是否与联盟现有的技术重叠，联盟引进新的专利技术时，应当考虑相对于已有技术更先进的改良技术，或者是联盟尚未收入保护的其他专利技术，以扩大专利池的宽度和深度，而不仅仅是简单的重复叠加。

（3）建立联盟企业的技术交流平台

对于专利联盟而言，专利作为一种特殊资源是联盟竞争优势的主要来源，它决定了契约型专利联盟的合理性和优越性。专利联盟中所包含的"必要专利"对于技术标准的组建不可或缺，各个成员企业提供的"必要专利"往往具有极强的互补性，其在技术资源价值创造方面能够产生强大的协同效应，这使得契约型联盟结构在较低的控制条件下也可保持较强的稳定性和持续性发展。要想让专利联盟的成员企业能够发挥出这种互补共进的协同效应，各成员企业间畅通的技术交流必不可少。成员企业间技术交流的内容包括关于某项先进技术的公开会议，有关专利及其改进的公开交流会等等，这些活动均直接关系到专利的累积与开发、把握行业技术发展态势、分享技术成果。企业间建立联盟组织，无形中就搭建了企业间的知识技术交流的平台，关键是确保通过该平台实现知识资源的顺利共享。

13.3.2　发展阶段

1. 联盟管理者职责

在专利联盟的发展阶段，专利的交叉许可是其中的主导活动。随着联盟成员的不断增多，许可活动的大量开展与规范化运作，核心企业在其中的主导作用被大大削弱了，此时原有的核心企业为主的管理模式完成了联盟的组建与推动初始运作的使命，对于联盟的规范化运作不再适用，应该引入新的管理模式。

专利联盟作为一种典型的非股权战略联盟组织形式，其实质是一系列许可协议的集合体，各成员企业通过谈判达成专利与标准许可协议，各成员企业仍然保持对专利的所有权，而且独立性较强，不存在股权参与，它们之间仅仅是由许可协议而连接的战略关系，其本质上是一种准市场式的契约型联盟。对于这种组织形式，比较适用的是协会式组织管理模式。相对于核心企业一家独大的管理局面，显然成员企业共同参与的协会式组织管理将更加公平、公正，也更为成员企业所接受，联盟内的所有成员都将因为普遍的资源共享而共同受益。

AVS 专利联盟管理

AVS 工作组采用会员制，工作组成员自己决定是否将其拥有的专利技术作为技术提案提交给工作组。通过专门的评审程序，AVS 工作组对其会员提出的有关设立标准的技术提案进行评审，以确立标准草案，此技术标准草案在标准设立组织会员内部以及对外做专利征集，以就标准推行过程中可能涉及的专利获取专利权人的许可。工作组在发布标准之前，会请所有专利权人书面确认是否同意《AVS 专利管理规约》。只有同意规约，正式标准才会采用该技术。AVS 专利联盟采用"一站式"的收费政策，即所有提供专利的成员都不得单独向标准的使用者收取专利费，此专利费将通过指定的管理机构一次性收取。AVS 专利联盟管理机构是在中国注册的非营利组织，其指导与决策机构是 AVS 专利联盟管理委员会，具体执行机构是 AVS 专利联盟管理中心。专利联盟管理委员会由各核心专利权人授权，统一管理联盟内专利的授权费用和分配方式，向被许可人提供专利许可，并收取许可费用，许可费用在扣除管理机构成本支出后依据一定的分配方案进行分成。其使命是将实施 AVS 技术标准所需的核心专利放入 AVS 专利联盟，进行"一站式"许可，并对联盟进行管理。

2. 联盟工作内容

在联盟的初期阶段，最主要的目标只是积累专利，是一种量变的过程，但是当联盟发展到一定程度，达到发展阶段时，追求的不仅仅是专利的增加，而更多的是追求专利的质变过程，即通过专利使企业获得更多的收益。

（1）加强联盟成员间的合作与交流

在专利联盟的经营发展阶段，对应共同技术垄断的运作目标，联盟成员间深入的技术交流与合作必不可少。由于在初期阶段，已经建立起了技术交流的平台与合作技术开发的战略，在发展阶段需要将技术交流与合作开发深入下去，并且成员企业也需要建立起联合起来一致对外的"默契"。在此阶段，各成员企业应该在前期规范化技术专利管理的基础上，完善各自的情报搜集、信息分析及技术发展预测等功能，适时地进行信息的交流，使成员企业能够及时了解相关领域技术发展情况，绕过联盟外公司或实体布下的"专利陷阱"，避免侵权诉讼。

（2）广泛开展联盟成员间的内部互授与交叉许可

专利联盟真正运作起来，联盟内部广泛的交叉许可是一个标志。联盟建立的初衷也是通过内部互授予大量的交叉许可来实现的。一般来说，专利联盟成员通过交叉许可获得了整个专利池，与此同时，成员必须把根据该专利池发展出的新专利返授给联盟成员全体。尤其是互补性专利联盟，由于互补性专利只有结合起来才能实现最大市场价值，为了保证成员专利的技术领先性，更倾向于要求强制性的专利返授。返授是被许可人同意给予知识产权许可人使用被许可人经过改进的许可技术的协议。返授能够促进竞争效应，尤其当他们是非独家时。这样的契约安排提供了一种手段，可以使被许可人和许可人共享风险，鼓励许可人进行可能更进一步地以被许可技术为基础或由它提供信息的创新，促进第一时间的创新和以后创新成果的许可。

专利联盟的出发点之一就是共享科研资源，形成整体竞争力。交叉许可是实现这一价值目标的基本手段。特别是互补性专利的交叉许可是实现行业整体进步的必要手段。一般来说，专利的互补性是指在法律权利上相互独立，但在使用上有必要且有可能相互配合，以实现技术的实际应用、降低成本或者促进创新激励。也就是说，一项产品或技术是若干个不同专利技术的组合体，不同的专利技术分别覆盖该产品或技术的一个方面或者一项功能。这些专利技术彼此不可以相互替代，其中任何一项专利技术的实施都需要其他专利技术的许可否则，没有进行许可的专利技术就会成为障碍专利。通过专利权人的交叉许可，互补性专利得到共享和组合，从而使行业技术得到最大化应用。

（3）积极对外展开许可形成垄断局面

在专利联盟运作的发展阶段，为了保持联盟的成长势头，应当保证联盟的成员企业均能从中获取收益，而不仅仅是核心企业获取收益是此阶段必须实现的运作目标，它直接关系到所组建的专利联盟能否良性地持续运作。所以在专利联盟的经营逐步走上正常化轨道的发展阶段，应当积极对外许可，对非联盟企业使用联盟内的专利技术所收取的"专利使用费"一方面可以让联盟直接获得收益，另一方面，由于该行业大量的使用此技术，必将推动此技术成为行业标准，为联盟形成垄断局面创造条件。如"DVD事件"中的6C联盟和3C联盟，凭着自己拥有的"专利壁垒"，收取很高的专利使用费，最终在自己联盟内部成员企业之间进行分配，可以极大地促进成员进行知识产权建设的积极性，增强联盟实力。

进行专利许可时，专利许可费用的合理制定是影响该阶段专利联盟成功运作的关键所在。一方面，如果专利联盟收取的许可费过低，掌握关键专利技术的专利权人往往会因为许可收入太少而不愿加入联盟。另一方面，在日渐激烈的技术标准竞争中，只有"物美价廉"的技术标准才是庞大的技术市场可接受的，在技术水平相似的情况下，使用成本低的技术标准将更具优势。因此，专利联盟超出合理范围的许可收费会成为阻碍相关企业、甚至整个产业发展的障碍。典型的案例如 MPEG-4 技术标准。MPEG-4 标准因为相关专利联盟采取过于苛刻的收费模式，消费者使用解码设备除购买设备时需要缴纳的一次性专利费外，还将按使用时间进行收费，导致该标准被众多运营商围攻，陷入无法推广产业化的泥沼而无力自拔，前途未卜。

（4）明确成员入盟与退盟的管理

随着联盟的发展越来越正式，对于联盟成员的加入与退出也必须管理得更为规范。对于成员的入盟，必须有一定的入盟条件。一般认为，在专利联盟中包含的专利应该是在某一技术领域内相互补充性的核心专利，即某一标准推行过程中不可避免会涉及的专利。即我们认为当两个公司彼此拥有对方单独利用某一技术所需要的支撑性专利，且任何一方都不能通过独立开发避开对方所拥有的障碍性专利。美国司法部反垄断司在 3 个商务意见书中也特别指出了专利联盟中包含的专利应该是对标准推行而言"核心的"而非"仅仅是更有优势的"专利，即从实用性的角度上讲，在专利联盟涉及的领域内产品的生产不可避免会侵犯到的某一专利权。至于何谓"核心的"，美国司法部反垄断司也提供了两种衡量方法。一方面，在"技术上是核心的"，即此专利权必须与专利联盟许可范围内生产产品的规格直接相关，MPEG-2 专利池即采纳了这种方法。另一方面，在"商务上是核心的"，即某一技术在实际应用性的角度上讲是核心的，为生产符合标准的产品将会侵犯到这一专利。"实际应用性"依据在实践中绕开障碍性专利的成本效率进行分析。如果绕开某一障碍性专利需要付出非常大的成本投入，此障碍性专利在实际应用的角度上讲也是核心的专利。6CDVD 专利联盟就通过了"没有现实性的选择"来阐述了这一概念，而 3CDVD 专利联盟则运用了"在实际应用中是核心的"这一表述。

对于退出的成员，不得再免费使用联盟内的专利，同时不得带走任何与专利有关的信息，否则将会受到起诉。如有一日，退出联盟的成员还需要使用联盟内的专利的话，必须支付专利使用费。

13.3.3　成熟阶段

1. 联盟管理者职责

在联盟发展的成熟阶段，适合采用独立第三方管理模式，即专利联盟的管理事务托付给一家与专利权人没有人事和资本关联的独立第三方承担。这种模式可以极大地消解联盟形式可能面临的垄断指控，而且避免了某些强大成员对联盟的直接操控，同时作为专业化机构的运营也更具有稳定性，企业也可以全心去做自己的事。不过由于是委托第三方机构管理，主要的获益者除了联盟内的各成员外，还将包括第三方的管理机构。

对于第三方管理机构，必须做好以下工作。

（1）与政府沟通，建设专利信息平台

管理机构应主动与政府机构沟通，使政府发挥应有的主导作用，组织高等院校、科研院所、中介组织、行业协会、企业等社会各界积极参与专利信息服务的平台和专利管理平台的建设。要开发出规模大、质量高、专业化的专业信息资源库和通用的、面向公众的、方便实用的专利信息检索系统、专家咨询系统和专利信息分析系统，帮助我国企业随时掌握与专利有关的最新资讯。

（2）制定专利联盟的运行原则

联盟的运行原则是企业自愿参加，管理机构组织协调，专家支撑服务；盟内资源有偿共享，通过产权协调合作，谋求共赢发展。要加入联盟，必须填写《加入联盟申请表》，经批准后，即成为联盟正式成员。

（3）开展知识产权法律咨询服务

设立知识产权法律咨询急诊室，聘请知识产权法律专家就诊。当联盟成员遇到困难时，可通过管理机构的电话、传真或 e-Mail 提出请求，也可以通过管理机构的网站提出请求，寻求解决方案，必要时，应成员的邀请，管理机构的工作人员或专家将深入到联盟成员的所在地进行辅导服务。

2. 联盟工作内容

在联盟发展成熟时，其知识产权积累量丰厚，在行业中大量地进行了许可，具有相当的话语权，所以联盟应该站在更高的高度，以更长久的眼光对其未来进行战略性的规划，具体如下。

（1）制定行业技术标准与市场标准

要与跨国巨头展开直接的竞争，就要建立国内企业的专利池，并通过有效的市场运作使技术成果转化为自主市场标准，直接参与国际技术标准的确定，由规则的参与者转变为规则的制定者，做到以技术控制市场、创造市场，并非仅仅追随市场。

成为所属行业的技术标准与市场标准的制定者是专利联盟发展到成熟阶段的标志，也是专利联盟的发展所追逐的最终目标。专利联盟要最终能够成为行业标准的决定者，有三个方面的潜在条件：

一是当联盟发展到最成熟的阶段时，专利联盟组织拥有大量的专利，具有垄断势力的潜在可能性，由此专利联盟能够协调产量控制和制定共同价格，并且有可能用来建立标准，开发新产品，形成强的市场势力。

二是当专利联盟发展到成熟阶段，其运作可以对外来进入者或竞争对手构建技术与市场壁垒，由于联盟的影响力，强迫竞争对手接受包含竞争者不需要或不想要技术的一揽子专利许可能够获得高额利润。成功地提高竞争对手成本的战略，能够起到排除竞争和（或）进行掠夺式定价的作用，并且在一些情况下能够将竞争对手逐出市场，从而维护已有的技术标准与市场标准。

三是当专利联盟发展到成熟阶段，已经成为了行业内部一个重要的中介组织，因此能够争取政府政策的倾斜与支持。

（2）专利申请国际化，开拓国际市场

我国企业发展的最终目标不仅仅是守住中国市场，同时也要积极进攻国外市场。鉴于专利权的保护是有地域限制的，在制定自主技术标准、围绕其构建专利联盟的过程中，我国企业也要积极地走出去，到美国等发达国家大量部署技术标准的核心专利。企业在积极进行国际申请时，申请地域可包括出口市场、潜在市场及原料供应国。值得注意的是，鉴于每个国家的专利制度都不尽相同，我国企业在申请之前应该了解该国或该地区的专利制度。例如，美国实行的是先发明制，即一项专利只授予最先发明此项技术的申请者，这和我国的先申请制不同。此外，在进行国际申请时，还要注意国际优先权原则。

在经济全球化、知识产权保护日益国际化的背景下，企业竞争力的强弱不再取决于资本、劳动力，也不是企业的厂房、机器设备，而主要是取决于企业的核心技术优势。为此，发达国家的跨国公司纷纷构建以专利技术为后盾的技术优势。在此背景下，我国企业要阻止国外企业的进攻，就必须大力发展自主专利技术，以专利为盾牌。另一方面，我国企业国际市场的开拓，靠过去那种打价格战的方法，效果已十分有限。这是因为，离开了专利技术的保驾护航，即使通过价格竞争获得了短期的竞争优势，这种竞争优势也不会长久。因此，我国企业要想挺进国际市场、并获得持续发展，就应当精心培育企业自主专利技术，利用专利对其产品和技术进行保护，以技术垄断权和市场垄断权作为武器，排挤竞争对手，从而获得可持续的竞争优势。

（3）提高应诉能力，摆脱技术上受制于其他实体的可能性

专利联盟发展到成熟阶段，将在本行业内部建立绝对的技术优势，摆脱技术上受制于联盟外技术实体的可能性。在市场竞争日趋激烈的今天，自主知识产权和自有技术已成为决定市场成败的关键因素。随着中国企业越来越多地参与国际竞争，其面临的困境也越来越明显，由于没有自主专利技术、难以制定自主技术标准，我国企业只能作为拥有核心专利技术的外国公司的打工者，逐渐沦为没有自主品牌、自主技术的廉价"代工商"。事实上，在目前国际市场竞争十分激烈的情况下，我国企业往往由于没有自主知识产权，而导致不但谈不上发展，甚至难以生存。面对经济全球化与市场一体化的态势，面对知识产权保护的种种规定和要求，面对国外企业的专利打压，我国企业只有通过自身努力，提高创新能力，拥有自主核心技术，加速开发拥有自主知识产权的产品，才能突破国外的"专利圈地"。从长远来看，国内企业若想提升自己在国际市场竞争中的地位，必须发展自主专利技术并努力使其纳入技术标准。这不是单靠某个企业的力量可以实现的，在我国组建专利联盟，发展专利联盟，最终目的要彻底摆脱技术上受制于其他实体，特别是国外技术组织的打压与控制。通过专利联盟的发展成熟，建立专利预警机制，开展专利许可贸易业务，促使专利与标准的结合，可以提高我国企业的集体应诉能力，共同应对跨国诉讼，在知识产权方面形成对外国公司的反包围局面。

13.4 专利联盟的特点

专利联盟作为以专利使用权的分享和集中向第三者许可为目的的战略联盟，除具有一般战略联盟的部分特征外，还因为其联盟目的和联盟形式的特殊性，存在与一般战略联盟不同的特点。

13.4.1 技术先进性

专利联盟的技术先进性特点主要表现在三个方面：

第一，专利联盟的成立，一般都是由拥有核心技术的企业来主导，否则专利联盟将在该领域失去竞争力和领导力，难以真正地组建成功。这些拥有核心技术企业的存在使得专利联盟成为领域内的技术领先者，并表现出技术先进性的特点。

第二，专利作为专利联盟的基础，失去先进性的专利技术必将被市场淘汰，或者超过保护期限失效，从而也将从专利联盟中清除。因此，专利联盟中的专利可以维持技术先进性。

第三，专利联盟对于拥有先进技术的企业和具有先进性的专利技术具有吸纳性，使得专利联盟在发展过程中始终保持技术的先进性。

13.4.2　领域集中性和成员多元性

专利联盟一般自始至终都是聚焦于某一具体领域，不会中途发生改变，而联盟成员则会不断地被引进或者淘汰，并且联盟成员类型不固定，只要是具有自主知识产权的权利人都可进入。下面具体说明。

1. 领域集中性

专利作为专利联盟形成的纽带，只能将相同领域的企业吸引到一起。建立专利联盟的主要目的之一是为了分享专利，而专利本身具有领域局限性，一项专利技术往往只能应用于一个局限的领域，而且专利产品市场化以及专利的二次研发对于企业的专业化要求往往较高，非相同领域的企业无法进行专利的二次研发或将专利产品市场化而获得垄断利润，故专利对于非该领域企业的吸引力很低。并且联盟内部的专利往往具有互补性和妨碍性特点，而具有互补性和妨碍性关系的专利都处于同一领域，因此，专利联盟吸收的专利往往属于同一领域。

2. 成员多元性

专利权人作为专利技术所有者，不一定全是企业，还有可能是科研单位、高校，甚至可能是个人。建立专利联盟的目的在于分享专利权和向第三方授予专利使用权以获得利润，任何拥有专利联盟所需专利的专利权人都可以成为专利联盟的成员，这是专利联盟的开放性所决定的，因此，专利联盟的成员不限定为企业，这就决定了专利联盟的成员具有多元性。

13.4.3　专利联盟促进和阻碍竞争的双重性

专利联盟对于市场竞争的影响，既有促进作用又有阻碍作用。下面对其双重性特点进行具体分析。

1. 促进竞争

专利联盟对市场竞争的促进作用主要表现在以下 3 点。

- 专利联盟作为一个战略联盟，为联盟成员创造了一个知识分享和学习的环境，其特有的专利互授机制为联盟成员企业间的交流提供了条件，增强了联盟成员的创新能力，清除了联盟成员在技术开发过程中的专利阻碍，降低了联盟成员的研发费用，从而对联盟成员的技术创新产生了促进作用，也增强了其竞争能力。

- 专利联盟有效地控制了专利市场的恶性竞争。专利联盟的出现加强了对被许可人和许可人的无歧视性对待，避免了专利权人通过对专利许可费的恶性定价来阻碍竞争者的进入，从而达到垄断市场的目的，使相关企业可以平等的获取专利技术，从而促进了市场的公平性和竞争性。

- 专利联盟将多次重复性谈判减少为一次谈判，减少了交易费用，同时通过协调解决专利侵权纠纷，降低了诉讼费用，节约了专利产品市场化过程中不必要的消耗，也为新进入者降低了专利许可费恶性定价的可能性，简化了进入程序，降低了进入壁垒，从而增加了行业内的竞争者，起到了促进竞争的作用。

2. 阻碍竞争

专利联盟对市场竞争的阻碍作用主要表现在以下 3 点。

- 由于专利联盟规定成员间分享专利是免费的，而且要求联盟成员将在联盟内专利基础上研发的改进专利的使用权无偿地授予专利联盟，因此降低了联盟内成员进行技术创新的积极性。联盟成员都希望无成本地使用其他成员研发的新专利，而不愿花费成本来研发创新，从而抑制了联盟成员的技术创新能力，减弱其竞争力。

- 专利联盟的"搭售"行为，使得被许可者在获得自己需要的专利使用权的同时必须连带购买自己不需要的专利权，无形中成为联盟成员提高竞争对手成本的手段，造成被许可者因产品成本高而失去竞争力，甚至被驱逐出市场。

- 专利联盟在进入成熟阶段后，如果采取的管理模式不当，很容易在市场上形成垄断局面，造成一家独大，使其他企业很难涉足其技术领域或者需要花费大量的时间与精力绕过被垄断的技术，这将极大地打消其他企业的积极性，严重妨碍市场的竞争性。

13.5　"互联网+"对专利联盟的影响

传统的专利许可一般是需求者向不同的专利权人分别请求许可,而专利联盟可汇集某一行业的专利技术,形成行业专利池,对外进行一站式许可,大大降低了需求者的交易成本。但这种许可仍然存在信息传播慢、许可效率低的问题;而且,很多分散的、有获取专利联盟许可意愿的中小企业,由于高昂的专利许可费、专利实施难度、谈判实力等问题而对专利许可望而却步。互联网的介入,可大大加速专利许可的传播范围和传播速度;同时,专利许可的需求者也更易抱团结盟,共摊专利许可的费用和实施风险,大大降低了专利许可的门槛,专利权人也可通过更广泛的许可获得更丰厚的回报;同时也更有利于先进技术的传播与实施,降低全球技术研发的费用,加速全球经济的良性发展。

目前国外已有互联网化的专利运营联盟,例如 North Carolina State University、Technology Transfer Office、INVENTOR CAPITAL、ICAP Patent Brokerage 等,但均位于美国、欧洲等发达国家和地区。其中 ICAP Patent Brokerage 前述已有介绍,其公开经纪人模式是通过互联网平台与国际性新闻发布会向潜在的买方市场宣布技术出售的消息,在网站平台上公布尽职调查的细节,并直接联系潜在买家;密封投标拍卖会也是通过互联网平台完成尽职调查与有针对性的信息公开。

中国目前的专利联盟大多只是被动地应对专利诉讼,很少有自己的互联网专利运营平台,即使一些联盟建立了专属的互联网平台,但仅仅为联盟成员提供行业相关信息、行业最新动态、行业专利池展示等,联盟成员之间较少进行内部交叉许可或外部许可,更没有发挥互联网的优势以促进联盟发展壮大。例如,深圳 LED 专利联盟,虽然设立了 LED 产业专利联盟网,但是该网站平台仅提供了一些业内资讯及行业专利预警,并未积极吸纳新的成员,截至目前该联盟成员依然只有成立之初的 9 家企业。网站平台上的技术转让许可类信息也是寥寥可数,可见联盟较少通过互联网平台开展专利许可业务。

在互联网日益发达的今天,专利联盟可以借助互联网平台,跨越地域限制,汇聚各行各业的相关企业,通过大数据分析,将相同行业或者同一产业链的相关企业联合起来，构建产业生态体系，增强联盟整体实力。平台通过统一管理，整合线上资源，按照所需技术、专利有针对性地联合相关企业，再经过线上运营推动，一方面使联盟成员之间的联系更加紧密有效，另一方面也使需求方更易对接知识产权权利人，或联合产业链其他企业，共同取得知识产权的许可或转让。互联网专利运营使专利联盟的供需双方更为活跃，运营更为有效，综合实力更强。

第 14 章　知识产权诉讼模式

14.1　知识产权诉讼定义

本义上的知识产权诉讼是指在人民法院进行的,涉及知识产权的各种诉讼的总称,主要包括知识产权民事诉讼。

将知识产权诉讼列为知识产权运营的一种模式,可能会有人不解,然而这是知识产权有别于其他领域的特色,也是乏人熟悉的一环。之所以将知识产权诉讼列为知识产权运营模式的一个项目,其原因在于知识产权诉讼在知识产权领域的影响甚巨,更是知识产权运营的后盾及手段。

因此,本书以运营观点重新审视知识产权诉讼议题。本书所讨论的知识产权诉讼主要针对知识产权权利人通过司法体系维护自己权利的行为。在知识产权运营模式中,知识产权诉讼是维护知识产权市场竞争优势和保持知识产权技术市场份额或市场利润的重要手段,也是最常见的手段之一。

14.2　知识产权诉讼的现状

本书主要从美国知识产权诉讼的整体情况、我国知识产权诉讼案件的整体情况、我国知识产权诉讼的法制体系现状、知识产权诉讼的应用及研究现状四个部分来阐述知识产权诉讼的现状。

14.2.1　美国知识产权诉讼的整体情况[①]

近年来以知识产权诉讼为赢利方式的公司在国际市场上空前活跃。美国的知识

---

① 佚名.2016 专利诉讼研究:我们是否正处于拐点? [R].普华永道会计师事务所.2016.

产权诉讼赔偿额比世界上其他国家高得多，这也是知识产权运营这在美国活动频繁的主要原因之一。美国的知识产权诉讼主要是专利诉讼，根据普华永道会计师事务所发布的美国专利诉讼最新年度报告《2016专利诉讼研究：我们是否处于拐点》，从以下两个角度阐述美国专利诉讼的整体情况。

1. 专利诉讼量与法院的选择

2015年度，美国共记录约5600件专利诉讼，自1991年之后，专利诉讼案件量就一直维持着6.7%的年复合增长率。过去20年，涉及消费品领域的专利诉讼数量排名第一，第二是生物科技/制药，第三才是电脑硬件/电子产品。

美国专利诉讼中，专利权人最爱的法院有特拉华州、得克萨斯州东区、弗吉尼亚州东区、威斯康星州西区、佛罗里达州中区。统计表明，这些法院有更短的审理时间、更高的诉讼成功率和更高的赔偿金额。在地区法院判决中，有30%的双方都不满意，同时要求上诉，有80%的案子会再次上诉。有53%的上诉案件有不同程度的改判。

2. 赔偿额及其计算模型的选择

生物科技/制药产业的赔偿金是最高的，第二是医疗设备，第三是电信/通信。

2015年专利诉讼损害赔偿额的中位数是1020万美元，达到了10年来的最高点。2011—2015年，以中位数计，陪审团判决的赔偿金是法官裁定赔偿金的16倍，所有高赔偿额判决几乎都是由陪审团做出的。

NPE与非NPE的企业间的赔偿额与诉讼成功率也有不同。所谓NPE，是英文Non-Practicing Entity的缩写，中文名称为"非专利实施实体"或"非生产专利实体"。简单说，NPE就是指那些拥有专利但不从事专利产品生产的机构。过去5年来，NPE获得的损害赔偿金是非NPE的3倍。过去20年，专利权人的诉讼成功率为33%，非NPE的诉讼成功率始终比NPE高10%。即非NPE打官司容易赢，但NPE获得的赔偿金更多。

过去10年间，对于非NPE的企业，"合理赔偿金"仍然是最常使用的计算方式，使用"合理赔偿金"方法的诉讼是使用"利润损失"方法诉讼的3倍。报告认为，这可能是因为专利权人不想公布他们的成本与利润信息，或者"利润损失"的计算模型过于难以建立。自2014年美国最高法院的两项判决之后，法院开始倾向于让败诉者担负律师费，这引起了业界的大讨论，正方反方均有支持者。

14.2.2　我国知识产权诉讼案件的整体情况[①]

在知识产权战略这一顶层设计的推动下，在知识产权体系改革号角的召唤下，近年来知识产权诉讼蓬勃发展，这为我国知识产权制度的生根发芽奠定了良好的基础。中国国家知识产权局、国家工商行政管理总局、国家版权局在北京联合举行的"2015 年中国知识产权发展状况"新闻发布会上，中国国家知识产权局局长申长雨说，知识产权保护力度已进一步加大。据相关报告的记载，最高人民法院知识产权审判庭在 2015 年全年共新收各类知识产权案件 759 件。在新收案件中，按照案件所涉及的客体类型划分，共有专利案件 257 件，植物新品种案件 3 件，商标案件 325 件，著作权案件 83 件，集成电路布图设计案件 3 件，垄断案件 3 件，商业秘密案件 9 件，其他不正当竞争案件 14 件，知识产权合同案件 34 件，其他案件 28 件（主要涉及知识产权审判管理事务）。按照案件性质划分，共有行政案件 378 件，占全部新收案件的 49.80%，其中专利行政案件 112 件，商标行政案件 266 件，分别比 2014 年上升 100% 及 198.88%；共有民事案件 381 件，占全部新收案件的 50.20%。另有 2014 年旧存案件 77 件，2015 年共有各类在审案件 836 件。全年共审结各类知识产权案件 754 件，其中二审案件 7 件，提审案件 39 件，申请再审案件 682 件，请示案件 26 件。在审结的 682 件申请再审案件中，行政申请再审案件 361 件，民事申请再审案件 321 件；裁定驳回再审申请 514 件，裁定提审 81 件，裁定指令或者指定再审 38 件，裁定撤诉（包括和解撤诉）16 件，以其他方式处理 33 件。

通过对比 2015 年与 2014 年关于知识产权诉讼的数据可知，这些案件呈现出以下基本规律和特点：与专利和商标有关的知识产权案件仍在全部受理案件中占有最大比重，专利及商标授权确权类行政案件增幅明显；专利行政案件更多涉及的仍是技术特征的划分和解释、背景技术公开内容的确定、说明书是否充分公开等基础性法律问题，专利民事案件中涉及等同侵权争议的案件比例较高，现有技术抗辩和先有权抗辩的运用比较普遍；植物新品种案件在借助 DNA 等技术进行同一性对比方面继续向纵深发展，所涉技术问题更为复杂和专业；商标案件整体增幅较大，商标行政案件数量在 2015 年再次出现大比例增长，商标近似和商品类似的判断、在先权利的保护等法律问题仍居主导地位，诚实信用原则对商标案件审理的价值引导作用更为突出；著作权案件的数量和所占比例基本平稳，新商业模式下的网络侵权问题仍然突出，影视作品著作权争议频发；竞争案件中商业秘密纠纷所占比例较大，

---

① 佚名.最高人民法院知识产权案件年度报告（2015 年）[R].北京：最高人民法院，2016(04).

权利人取证和举证能力较弱，进而导致保护范围难以确定的现象时有发生。最高人民法院还首次审结集成电路布图设计案件，并对布图设计保护范围的确定等问题进行了有益的探索。

14.2.3　我国知识产权诉讼的法制体系现状

为了积极实施国家知识产权战略，扩大知识产权维权的威信力，促进市场经济的公平公正，更好地适用及服务我国经济的新常态，我国从法制层面、政策层面逐步加强知识产权诉讼体系的建设，扩大知识产权司法保护的力度，进一步构建良好的维权法律环境，切实保护权利人的合法权利。

在法制层面，目前，中国已经加入了众多知识产权国际公约，在知识产权保护制度上已经实现与国际接轨。为推动实施国家创新驱动发展战略，进一步加强知识产权司法保护，切实依法保护权利人合法权益，维护社会公共利益，根据宪法和人民法院组织法，2014 年 8 月 31 日，第十二届全国人大常委会第十次会议通过了《关于在北京、上海、广州设立知识产权法院的决定》，2014 年 11 月 3 日，最高人民法院发布《最高人民法院关于北京、上海、广州知识产权法院案件管辖的规定》。与以往相比，知识产权法院在审理相关案件时的专业性和效率无疑大大提高。知识产权法院将适应加强知识产权司法保护需要，进一步完善诉讼程序和证据规则，强化保全措施适用，探索建立技术事实调查制度，努力解决审判实践中因诉讼程序交叉影响案件及时审结等问题。

我国同时也采用了很多方法，更好地对不公平竞争行为或是不正当竞争行为进行制止。举例来说，北京知识产权法院目前在做的一件事就是使用技术检察官来帮助法官做专利的侵权判定。2014 年发布的《最高人民法院关于知识产权法院技术调查官参与诉讼活动若干问题的暂行规定》确立了我国的技术调查官制度。自 2016 年 4 月 1 日起施行了《最高人民法院关于审理侵犯专利权纠纷案件应用法律若干问题的解释（二）》（下称《解释二》），这是继 2009 年后第二次就专利侵权判定标准问题作出司法解释。《解释二》共 31 条，主要涉及权利要求解释、间接侵权、标准实施抗辩、合法来源抗辩、停止侵权行为、赔偿额计算、专利无效对侵权诉讼的影响等专利审判实践中的重点难点问题。该司法解释旨在依法保护专利权人利益、激励科技创新。除此之外，司法系统现在更加注重案例，为了集中展示知识产权司法保护工作的成就，充分发挥典型案例的示范引导作用，2015 年，最高人民法院、北京知识产权法院，以及其他一些重要的知识产权法院都公布了排名前十的典型案例。

在加强法律监督方面，上海起了很好的带头作用。近年来，上海检察机关强化法律监督，加大打击侵犯知识产权犯罪力度，完善专业办案机制，加快检察专业人才培养，在全国率先建立了覆盖三级检察院的金融、知识产权案件专业办案部门，2015 年以来共对侵犯知识产权犯罪案件提起公诉 327 件 522 人，办理了"淘宝城"侵犯知识产权系列案、利用手机 APP 侵犯著作权、全国首例"劫持流量案"等一批新类型案件。厦门海关对 412 批货物采取知识产权保护措施，涉及货物 38 万件，货值达 418 万元，有力地展示了我国海关打击侵权假冒、维护"中国制造"声誉和公平贸易秩序的决心。此外，厦门海关还以邮递渠道为重点，着力加强互联网领域假冒侵权行为治理，2015 年共查获侵权邮包 493 件，涉及爱马仕、香奈儿、耐克、阿迪达斯、三星等知名品牌。

广州在完善知识产权诉讼法制体系上也起到了很好的推动作用。为了解决查办知识产权案件中存在的一些困境，如相关司法解释的规定比较抽象，对涉及网络侵权的电子证据如何收集、如何固定、如何审查等，还有很多案件存在民刑交叉问题，难以区分把握，广东省检察机关不断完善知识产权刑事法律保护研究机制，通过举办论坛、专题调研、对疑难复杂案件进行论证和咨询、加强交流、向高新企业员工普法等多种方式，提高检察机关保护知识产权的能力和水平。深圳市检察院成立了"知识产权刑事法律保护研究中心"，专门研究知识产权刑事保护中遇到的疑难问题。由该中心草拟的《侵犯商业秘密罪的立法完善建议》已经提交全国人大法律委员会审议，推动了立法完善。

14.2.4　知识产权诉讼的应用及研究现状

知识产权诉讼所体现的价值已不仅仅是保护企业的权利不受侵犯，它已成为大多数欧美企业及日韩大企业作为市场占有率、毛利、品牌等营销与市场竞争的手段及后盾，甚至也是部分欧美日企业主要的营收获利来源。例如，最高人民法院于 2013 年公布的 2012 年度十大知识产权案例，其中之一是浙江华立集团有限公司与深圳三星科健移动通信技术有限公司 CDMA/GSM 双模式通信方式专利侵权纠纷。该案件不仅是国际知名手机生产商被诉侵犯中国同行专利权的第一案，而且其诉讼请求和一审判决赔偿数额均高达 5000 万元。所以通过知识产权诉讼进行知识产权保护之后的知识产权诉讼运用是更大的课题。

观察目前实务操作，多数企业所发动的侵权诉讼，仍只是偶发性的，与商业模式应是持续获利行为的意义相悖。如何以诉讼作为后盾及手段，让权利人获得最大的经济利益或竞争优势，也是长期以来乏人深研的课题。登录"中国知网"检索从

1979 年至 2016 年 3 月的期刊，其中用主题"知识产权"查询到的文章有 97402 篇，用主题"诉讼"查询到的有 165734 篇，而用主题"知识产权诉讼"查询到的仅有 1382 篇。登录"中国知网"检索从 2000 年至 2016 年 3 月的博硕士论文，用主题"知识产权诉讼"查询仅有 222 篇关于知识产权诉讼的博硕士论文。由此可见，我国的知识产权诉讼研究任重而道远。

14.3　知识产权诉讼主要类型

根据原告的不同，知识产权诉讼可分为知识产权侵权诉讼和知识产权确认不侵权之诉两种。

14.3.1　知识产权侵权诉讼

本义上讲，知识产权侵权诉讼是指权利人因知识产权受非法侵害而引发的诉讼。它们可以是单一知识产权侵权引起的知识产权侵权诉讼，也可以是伴随其他原因而引起的知识产权侵权诉讼，如由知识产权实施许可和知识产权转让引起的、由假冒专利知识产权引起的知识产权侵权诉讼。

本书所讨论的知识产权侵权诉讼是以提起侵权诉讼作为竞争手段，迫使竞争者退出市场，控制产品较高销售价格，压缩竞争者市场占有率及毛利，提升或维持品牌影响力，塑造自己的技术实力与声誉，借以提升或维持其市场占有率、毛利、品牌地位，并获取损害赔偿金、许可费、技术报酬金、资本利得及国际税收利益等多元报酬。

知识产权侵权诉讼可分为专利侵权诉讼、商标侵权诉讼、著作权侵权诉讼。

1. 专利侵权诉讼

专利侵权诉讼在本义上体现了对专利权的司法保护，是维护专利权市场竞争优势和保持专利技术市场份额或市场利润的重要手段。一旦被用来作为专利权运营的模式和策略，专利侵权诉讼往往偏离了专利权司法保护的宗旨。此时，启动专利侵权诉讼并不是为了把官司打到底，甚至也不是某一专利的单打独斗，而是以运营的专利池中的若干专利为后盾，以诉讼威胁达到其商业目的，获取相关的专利技术许可使用费和巨额赔偿金。善以专利侵权诉讼为手段的公司，能达到多重商业目的，包含各类收购、合并，借此弥补其在产品、技术与知识产权上的关键空缺，进而获得高额回报。

2. 商标侵权诉讼

商标是企业重要的无形资产，也是消费者借以识别企业产品和服务来源的标识。企业越来越重视品牌市场份额，而商标侵权诉讼是夺取商标市场份额有力手段。当企业的商标权受到他人侵害时，商标权人可选择通过诉讼，以司法救济来维护自身的合法权益。2014 年广东知识产权审判呈现四大特点，其中，以商标侵权诉讼为代表的市场份额之战持续升级，一些跨国公司和国内龙头企业通过品牌战争夺市场。

一般而言，企业应定期并主动监控市场上相同及类似商标的使用及注册情况，如发现注册商标被侵权时，应尽快采取法律行动，以避免假冒产品对自己造成的伤害。但在知识产权运营中，由于运营者有特殊的考虑，如希望获得巨额赔偿的企业，可待侵权行为实施一段时间后再起诉。为了能随时捍卫品牌效益，企业最好能事先制订一套发现商标被侵权时的应对流程。

在商标侵权诉讼中，根据谁主张谁举证的举证规则，原告应当就被告的商标侵权行为进行举证。通常来说，原告应当举出以下证据：原告拥有合法有效商标权的证据或者其他能证明原告有权主张权利的证据，如商标注册证书；被告实施了侵犯原告商标权的行为的有关证据；原告因被告的侵权行为所致损失的证据。

原告收集商标侵权证据的方式通常有三种。第一种是通过工商行政管理部门作出行政处罚取得证据。权利人或者利害关系人认为他人侵犯自己商标权时，可向工商行政管理部门进行举报，工商行政管理部门在对此进行处理时，有权收集证据并做出行政处理行为，即可通过工商行政管理部门做出行政处罚取得证据。第二种是通过法院证据保全而取得证据，《商标法》第六十六条规定，为制止侵权行为，在证据可能灭失或者以后难以取得的情况下，商标注册人或者利害关系人可以依法在起诉前向人民法院申请保全证据。第三种是自己取得证据，在原告自己取证的过程中，如通过购买取得对方侵权产品时，应当重视公证在取证中的重大作用，请公证处对有关行为进行公证，以加强有关证据的证明力。

3. 著作权侵权诉讼

提起著作权侵权诉讼，首先要搜集和整理相关证据材料，包括证明争议的著作权存在并能受到我国法律保护的证据、原告与争议著作权相互关系的证据、侵权行为存在和实施侵权行为的具体方式的证据、被告与侵权行为关系的证据、侵权获利与侵权程度的证据等，用以证明涉嫌被侵犯的著作权本身成立，以及证明侵权行为存在及具体的侵权方式。

14.3.2　知识产权确认不侵权之诉

知识产权确认不侵权之诉是指利益受到特定知识产权影响的行为人，以该知识产权权利人为被告提起的，请求确认其行为不侵犯该知识产权的诉讼。知识产权纠纷发生后，权利人通常会向义务人发出律师函，明确指出其侵权行为，并且表明即将通过诉讼维护自己的权利，追究义务人的侵权责任。但是权利人如果迟迟不行使自己的诉讼权利，只是通过警告威胁来拖延纠纷的及时解决，义务人的法律地位将会长期处于不确定的状态，产生现实的不安性。例如，对义务人造成不利影响、营业额显著下滑或者无法合理安排今后的生产经营，影响到义务人在市场竞争中的正常发展。在英美法系国家，为了消除此种法律地位不确定的状态设置了宣告判决、制止威胁的诉讼等相关制度，利用法院确认判决的公权性，直接有效地解决当事人的纠纷，为迅速恢复市场秩序提供了良好的司法环境[①]。知识产权确认不侵权之诉就是在这种背景下应运而生的。

知识产权确认不侵权之诉在我国是一种新兴的诉讼类型，和其他新生事物一样，人们认知它需要一个过程。2002 年 7 月 12 日最高人民法院颁布的《关于苏州龙宝生物工程实业公司与苏州郎力福公司请求确认不侵犯专利权纠纷案的批复》是我国第一个明确承认知识产权确认不侵权之诉的法律性文件，开启了这种诉讼在我国的发展进程。但是，该批复并没明确表示出不侵权之诉制度设计的目的，这也导致后来法院对此类案件的处理产生了分歧。2008 年 4 月 1 日起施行的《民事案由规定》，其中的第 152 个案由确定为确认不侵权纠纷，而且最高法院将此类纠纷定义为"利益受到特定知识产权影响的行为人，以该知识产权权利人为被告提起的，请求确认其行为不侵犯该知识产权的诉讼。"至此，确认不侵权纠纷才作为三级案由正式被最高人民法院所认可。2009 年 12 月 28 日最高人民法院颁布的《解释》第 18 条明确提出确认不侵犯专利权诉讼的立案条件。

最高人民法院发布的 2014 年中国法院 10 大创新性案例中，怀化正好制药有限公司与湖南方盛制药股份有限公司确认不侵害专利权纠纷上诉案〔湖南省高级人民法院（2014）湘高法民三终字第 51 号民事判决书〕对于确认不侵权之诉的条件进行了最新诠释。成立不侵权之诉应当符合以下条件：权利人发出侵犯其专利权的警

---

① 杨志宏.知识产权确认不侵权之诉研究[J].经济师.2016(04).

告；被警告人或者利害关系人书面催告权利人行使诉权；权利人在收到书面催告一个月内或者自书面催告发出之日起二个月内权利人不撤回警告亦不起诉。

14.4　知识产权诉讼的运作流程和目的

诉讼主要是权利人通过法院向侵权人提起诉讼而维护自己的权益。知识产权诉讼的权利人可通过诉讼达到自己的运营目的，知识产权诉讼的流程图 14.1 所示。

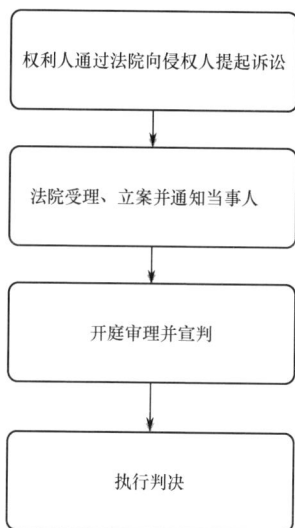

```
┌───────────────────────────┐
│  权利人通过法院向侵权人提起诉讼  │
└───────────────────────────┘
              │
              ▼
┌───────────────────────────┐
│   法院受理、立案并通知当事人   │
└───────────────────────────┘
              │
              ▼
┌───────────────────────────┐
│        开庭审理并宣判        │
└───────────────────────────┘
              │
              ▼
┌───────────────────────────┐
│          执行判决          │
└───────────────────────────┘
```

图 14.1　知识产权诉讼流程图

知识产权诉讼的主要目的可以分为以下四种。

14.4.1　获得赔偿

获得赔偿是知识产权诉讼最直接的目的。企业被侵犯知识产权的现象屡禁不止，为了维护企业前期开发投入的成本，通过知识产权诉讼获得赔偿，是维护自身的利益的一条途径。

侵犯知识产权的现象屡禁不止的原因主要有以下两点：首先，知识产权最本质的特征是客体的非物质性，使得保护范围具有不确定性，对方当事人使用的行为是否落入权利人权利保护的范围是一个复杂的问题；其次，知识产权具有地域性的特点。即使知识产权是为了对权利人的付出给予回报，而在特定的时间允许其垄断使用，未经权利人的同意他人不得使用，但是还是会频繁发生侵犯知识产权的现象，这时知识产权诉讼就能发挥最直接的作用，可以让侵权人对权利人进行损害赔偿。

14.4.2　控制市场份额

避免主要产品销售区域面临竞争者价格掠夺导致市场占有率与利润受影响，换言之，其商业目的就是利用知识产权侵权诉讼的手段，打击市场后进者商誉并将其赶出市场，巩固自身市场占有率。例如，当年红极一时的 HTC，在美国市场的季度销售额曾赶超三星和苹果这两大巨头，但面对接二连三的专利诉讼，HTC 节节败退。虽然最后 HTC 与苹果达成了和解，但自官司之后，HTC 的手机业务就一蹶不振，痛失市场，排名也一落千丈。

1. 禁止销售

企业间的竞争归根结底是终端产品的竞争，只要能生产出适合销售的产品，就能取得竞争的优势和胜利。如果能够通过知识产权诉讼临时或永久性地将对手的产品驱逐出市场，就可获得高额的垄断利润，就像微软在操作系统领域的垄断地位，在一张操作系统卖 49 美元就能获利的时候，它的市场价格却是 98 美元，这是大多数企业都梦寐以求的[①]。

在实践中，权利人向法院提起知识产权侵权诉讼的诉讼请求就包括禁止侵权产品在市场上销售，这就是通常所说的禁令制度。禁令主要包括最终禁令（也称为永久禁令）和临时禁令两种。

2. 延缓对手成长

在这一诉讼目的下，通常表现为在市场竞争中具有支配地位的企业利用自身的资金、知识产权储备优势，以及丰富的诉讼经验对那些它认为可能是潜在的对手一种延缓其成长的手段。对于最终是否侵犯其知识产权并不是其所最关心的。由于知识产权诉讼的专业性比较强，尤其是专利权诉讼，通常从起诉到最终结案历时较长，诉讼费用比较高，对一些小企业来说是一个沉重的负担。为了应付诉讼，通常会将整个精力投入到诉讼中去，而不能安心于企业的本职工作。

14.4.3　许可谈判

知识产权诉讼中一个很有意思的现象是：双方在法庭中剑拔弩张、你来我往，又在私下里进行着谈判。这是因为，知识产权案取证、论证通常都需要很长的时间，

---

① 纪富强.论知识产权的诉讼定位——以华为诉中兴为视角[D]. 重庆：西南政法大学，2012.

评估经济损失也相当困难，专利纠纷往往持续很长的时间。一旦陷入知识产权诉讼，会耗费大量资源在市场以外，因此双方达成和解的可能性很高。所以知识产权诉讼运作模式往往和知识产权许可运作模式结合使用，其最终目的是实现知识产权的经济价值。

例如，华为充分地利用知识产权诉讼来促使自己的目的达成。2016 年 5 月 25 日，华为在美国加州和中国深圳同时对三星提起知识产权诉讼，要求三星就其知识产权侵权行为对华为进行赔偿，这些知识产权包括涉及通信技术高价值专利和三星手机使用的软件，这些专利对智能终端产品的用户体验和互联互通十分重要。但是华为并不是在毫无征兆的情况下对三星进行起诉的，而是前期进行了一段时间的谈判，由于双方在某些问题上存在分歧，才通过法律途径解决这一争端。可见知识产权诉讼是许可谈判的手段，当谈判中的双方没有达成一致的意见，知识产权诉讼会推动协议的达成。

美国司法实践中有 76% 的专利侵权诉讼是以庭外和解结案的。上海知识产权法院自 2015 年 1 月 1 日正式开始受理案件，到 2015 年年底，共受理各类知识产权案件 1641 件，其中案件在审理过程当中当事人主动撤诉或者达成和解协议的占 42%。

1. 迫使商谈专利许可

知识产权的权能除了包括制造、使用、销售，还包括允诺制造、销售与进口等。企业在获得知识产权后，并不一定全部都是自行制造并销售，有的企业还会许可、授权他人制造销售。迫使商谈专利许可的专利权人有运营实体和非运营主体两种类型。

专利权人若为运营实体类型，运营实体就会通过商品或服务的销售来获利，部分区域自己卖产品，其他区域则善于运用被许可人市场与渠道关系。通过许可让被许可人生产销售产品，专利权人则在背后乐见市场成长带来的丰厚许可费收入。

专利权人若为非运营主体类型，该类型专利权人主要包括专利主张实体、学研机构与个人发明人等，启动的商业目的相对单纯，主要通过专利诉讼直接取得和解金、或者通过对外许可获得授权金、许可费等经济报酬，使其足以支撑新一轮的购买专利、技术研发及相应知识产权布局与权利主张，并非要将潜在侵权企业赶出市场。

高智发明公司和新加坡软件公司 Uniloc 均是通过专利许可等授权的形式获取高额利润来维持自身发展的。

美国斯坦福大学公布的一项"人间巨孽"的研究报告，披露了高智发明公司等专利聚合公司通常采用的两种获利手段，其中一种就是高智发明公司主动与企业联系，要求其成为高智发明公司所持有的某件专利的被许可方，如果该企业无意合作，高智发明公司就会将其所持有的专利许可给一个更具侵犯性的第三方，而第三方通过法律诉讼要求的许可费将远高出最初高智公司要求的许可使用费。

至于 Uniloc，尽管 Uniloc 一直以科技公司标榜自己，但是在这个日新月异的时代，此公司的技术已无法单纯通过产品满足客户需求，这使它转型成为利用原有专利储备来打官司获利的诉讼求偿实体。就其过往的诉讼经历来看，在 Uniloc 转型为"专利流氓"后，的确获得了一定的成功。从 2003 年 9 月 26 日成功告赢微软，与其通过庭外和解获取巨额赔偿之后，Uniloc 就开始利用手中为数不多的几项与"软件注册系统"、"许可证管理系统"和"电话会议系统"技术相关的专利频繁发起专利诉讼。据不完全统计，从 2003 年 9 月到 2016 年 5 月，Uniloc 一共在美国发起了 90 余起专利侵权诉讼，其中涉案的有微软、迈克菲、索尼、谷歌、华为、NEC、Facebook 和腾讯等近百家企业。2016 年 5 月 30 日，腾讯美国有限责任公司和腾讯控股有限公司因涉嫌专利侵权，被这个曾告赢过微软的老牌"专利流氓"Unilo 告上了美国得克萨斯州东部联邦地区法院。可见，腾讯此次面临的将会是一场棘手的官司，对方不仅有丰富的专利诉讼经验，其专利的杀伤力也不容小觑。

2. 促使商谈专利交叉许可

这一目的从表面上看与前一个目的并没有不同的地方，实际上两者之间有本质的区别。在前一种情况下，被告企业与原告企业不在同一级别，原告对被告来说不仅有技术上的优势，而且还有法律权属地位上的优势。而在这种目的中，原告企业与被告企业往往处于相同规模，具有相同的影响力，双方在在专利领域都有自己的核心技术，拥有专利池，共同形成相互间不可或缺但又时时对立的状态。如果双方决定通过传统的专利诉讼思想来解决问题，使对方无法使用己方专利，最终的结果可能是双方都无法前行，被对方所困。因此，诉讼并非为了维护权利，而是将其作为一种谈判手段，使得双方在可接受的范围内签订专利共享的协议，促使商谈专利交叉许可的达成。

华为对中国的专利交叉许可发展起到了很好的带头作用。本着"对智能手机行业健康发展的基础是行业内有大量的专利交叉许可协议来保障合法的技术共享"的这一理念，华为多年来积极与行业内其他专利持有人进行谈判和交叉许可，先后与几十家业界友商签署了许可协议。通信领域交叉授权的现象较为普遍，当年华为、中兴、爱立信曾互诉侵权，最终也是通过交叉授权达成协议的。

14.4.4　市场宣传

现代品牌的成功越来越离不开媒体的宣传，广告随处可见，但广告的费用是也非常巨大的。通过知识产权诉讼这一热门话题可以引起媒体的广泛关注，在达到市场宣传的同时还可以省去高额的广告费用。

21 世纪被认为是知识经济的时代，各国都制定符合本国国情的知识产权战略，知识产权被上升到国家战略的高度。与知识产权有关的话题都是媒体争相报道的焦点，这也是很多公司想要的。在某种情况下，一家公司希望给公众留下一个坚决维护其权利的形象，同时也可对公司的产品进行一番宣传，很多默默无闻的小公司，能巧妙地利用一场诉讼带来的媒体纷纷扬扬的报道一举成名，其产品得到迅速的推广。媒体的报道成了免费的广告，这样的诉讼是大多数企业都愿意参与的，他们看重的是在诉讼这个过程中在媒体的曝光率，反而不太在意诉讼的最后结果。很多企业，尤其是国外企业充分地利用了这一点，并且取得了很好的效果。

加多宝现在变得家喻户晓，就是归功于诉讼带来的市场宣传。广药集团曾授权给加多宝使用"王老吉"商标，加多宝借此推出红罐凉茶并大获成功，但广药集团收回商标所有权，并且从商业伙伴变为竞争对手之后，双方摩擦不断，在全国各地发生多起诉讼，包括"改名案"、"怕上火案"、"红罐装潢案"等在内。尽管加多宝在官司上一输再输，但双方通过诉讼都赚取了知名度。法庭之上，两家企业的争夺剑拔弩张，法庭之外换来的却是名声大震。王老吉诞生至今 188 年，却从没像今天这样惹人注目。不仅仅是对其作为日常饮品的那种关注，更是对它作为价值高达1080 亿元中国品牌的命运与归属的关注。从事知识产权研究的华南理工大法学院谢惠加教授说："打了这么多官司，两家企业似乎已经把诉讼当成营销手段了，加多宝越打越知名，形成了一个值得注意的现象。"

14.5　知识产权诉讼的特性

以飞利浦在 LED 照明领域的布局为例，飞利浦握有上千件 LED 照明领域的发明专利，从披露出来的相关专利信息可以看出，这些专利申请时间跨度达 10 多年，分布领域涵盖了一般照明、建筑照明、剧场照明等。除此之外，为弥补其专利组合在产业链、产品结构、技术结构上的不足，飞利浦选择通过并购手段，将其他公司的专利纳入，从而确定在关键产业点上定位专利，确定其在 LED 照明领域的主导地位。上述专利布局更像是围棋高手下围棋，落子时机、位置的选择都是经过深思熟虑后有组织、有计划实施的。而专利运营能力强的跨国公司也将这种专利布局的思路延伸到了知识产权诉讼方面，诸多证据表明，特别是在科技技术含量高的产业，知识产权诉讼诉讼都是富含着计划性、规模性、组织性、资源性，绝非只是个案争讼而已。若只将诉讼行为当作个案处理，将永远难以理解知识产权经营管理的近代趋势，也只能停留在面对无止境的诉讼威胁及权利金追索。

我国多数企业不了解知识产权诉讼在运营中的特性，缺乏应对此类纠纷的经验，如果不加以防范，势必会对其经营活动带来很大的负面影响。了解这些特性并将其应用于知识产权诉讼的运营中，已经成为国内企业面临的一个日益紧迫的问题。下文将就目前知识产权诉讼的各个特性予以说明。

14.5.1　计划性

知识产权诉讼的活动，已从零星个案寻求司法保护的行为，发展为计划性的商业活动。已成规模的企业或组织，甚至已有能力在每年年底，规划下一年度所要发动的所有知识产权诉讼。

原告的商业目的，可能是为了市场宣传，也可能是要求被告损害赔偿以增加营收，或者只是为让被告在应诉上疲于奔命，甚至是为了扰乱对方上市出货的相关布局以控制市场份额，所以其在诉讼规划的制定上就具有相当的灵活性。英特尔为了维护在中央处理器市场的占有率及毛利率，长期计划性地诉讼，虽然诉讼需几百万律师费，但其维护了市场份额，在销售上仍是市场赢家，用几天就可以将诉讼费赚回来。

从被告的角度，很难想象到权利人所提起的诉讼行动都是有计划的。若还原这些原告的诉讼规划可以发现，在其研发成果转化为专利时，就已瞄准现存及潜在的竞争者，甚至是下游客户，计划着未来如何提起诉讼。要使这番诉讼规划得以实行，前提是原告必须累积了大量专利作为有力武器，并且其累积的专利质量较高，能作为发动诉讼之用。例如，在思科诉讼之后，吃了苦头的华为下大力气投入研发，通过十几年的积累，现在华为的技术储备和专利持有量，已经达到连苹果公司都要向其缴纳专利授权费用的水准。综上，知识产权侵权诉讼的计划性，必须提前至科技研发及其成果转化知识产权的作业阶段，才可能执行这种以诉讼作为后盾及手段的商业模式。

具体来讲，要发起一个专利诉讼，原告需要事先规划的因素非常多，包括诉讼地区、诉讼法院、诉讼证据、诉讼专利、诉讼律师等的选择。

1. 诉讼专利的选择

原告需要事先规划的因素中，诉讼专利的选择非常有讲究。以华为为例，华为同时在中美两地起诉三星专利侵权。从此次华为递交到美国加州北区法院的起诉状中可以看到，此次美国诉讼中华为拿出了 11 件美国专利，而这 11 件专利的好处也很明显。侵权证据好找，侵权判定容易，只要三星的产品符合 LTE 标准，那么侵权基本就是必然的了。这 11 件专利都是 4G（LTE 标准）技术的标准必要专利，质量较高，专利权利稳定，无效基本很难，三星如果想要挑战这 11 件专利的有效性，其难度可想而知；赔偿金容易计算，标准必要专利一般都有比较固定的许可和赔偿费率，很容易找到参考对象和参照金额。

2. 诉讼证据的选择

诉讼证据的选择直接关系着赔偿数额的大小。虽然中国法院的知识产权案件普遍判决数额小，但也有个别案件的判决数额比较大。比如，在上海班提酒业公司诉法国 CASTEL FRERES 公司的商标侵权案件的一审判决书中，赔偿金额就高达 3373 万元，就是因为原告查获了被告海关进出口的销售证据，再依据同行业平均利润率计算而得。因此，凡有货物进出口记录的，销售金额、非法获利的数据就比较容易获得。

3. 诉讼地区的选择

中国各地的发展不是很均衡，地方保护主义也客观存在，因此，很多外国公司都不想到被告所在地的法院启动诉讼，想将诉讼转移到北京、上海、深圳、广州等一些大城市的法院管辖，这些地方的法官素质更高些，结果也会更公平些。这些想法是可实现的，依据中国法律，除被告所在地法院外，侵权行为的实施地、侵权结果发生地的法院对知识产权侵权案件也有管辖权。因此，很多外国公司都是在异地购买侵权产品，然后在产品购买地法院起诉销售商和制造商，就实现了改变管辖、异地起诉的目的。对于展览会，如果进行了相关展销证据公证，可以在展览会的举办地法院提起诉讼，也可以实现改变管辖、异地起诉的目的。

4. 诉讼律师的选择

由于没有英美法系的搜证程序（discovery），在中国法院进行知识产权诉讼的原告及其律师要对权利的来源、侵权的证据及损失的证据等整个环节进行举证。因此，相对于被告律师而言，原告律师的难度会更难些，工作量也会更大些。总体来说，知识产权诉讼是一项系统工程，一定需要专业的律师参与整个方案设计及细节的执行，才有可能取得一个比较理想的结果。

14.5.2　规模性

运营中，知识产权侵权诉讼的另一个特性，在于其发动的规模性。原告不仅手握大量专利，而且为了增加诉讼的影响力及压力，原告也可能同时或陆续在各国提起诉讼。

要经营规模性的专利诉讼，背后须有充分的资金、人才等相关资源作支撑。美国阿凯夏科技集团拥有诉讼所需的雄厚资金，曾根据不同情况选择不同的诉讼渠道，同时对超过 110 家企业提起 35 起专利诉讼。

但即使规模性大，也并不能确保企业达到发动诉讼的目的，涉及的被告众多还会给原告企业带来沉重的负担。所以并不是说，拥有规模性大就一定能达到诉讼的目的，这也是许多专利运营公司需要引进大量风险资金，以及组建基金的原因之一。2007 年新帝以 NAND Flash 专利所发动诉讼，其规模之大，涉及整个 NAND 型闪存产业的所有公司、产品及供应链的每个环节。甚至，新帝原本委任的 Wilson Sonsini 事务所，由于无力独自承担取证程序，必须将工作外包给其他事务所。然而，由于原告诉讼用的"808 号专利（US Patent 5719808）"引发专利行使问题加上部分被告公司仍有回避诉讼空间。这个案例充分显示了，即使规模大，也不一定能成功达成原告策划诉讼的真正目的的。

综上，规模性只是知识产权诉讼的一个特性，它需要与其他的特性共同作用，才会取得最佳效果。

14.5.3　组织性

如果一个企业想要以知识产权作为其商业竞争上的战略工具，就必须在诉讼处理上达到相当的组织性，将诉讼管理与组织经营联系在一起，通过融入组织文化，全面改善诉讼处理方式，并由此发展一套组织内部的标准作业流程。

14.5.4　资源性

在知识产权诉讼当中，各方面都以金钱、组织、研发等资源相互比拼，关键在于谁先在这场战役中不支或投降。由于原告和被告在诉讼发动及过程中都耗费甚巨，必须有充足的资源配合支应，才能在这场战役中屹立不倒。即知识产权侵权诉讼必须具备资金充足、人员配备充足等基本条件。

所谓资金充足，是指在诉讼过程中，需支付庞大的诉讼费、律师费、专家费甚至赔偿金及权利金，并且要有回避设计及改变模具或制程等相关开销，甚至可能丧失市场及流失营收的心理准备。

所谓人员配备充足，是指在诉讼处理上，需要具备详尽的产业、技术、产品、专利及竞争者分析等资料作为内应，这些资料的取得建立在诉讼规划人员、应诉人员、支持人员等充足的基础上。业务内容和目的不同，所需的技能是不一样的，所以在知识产权的运营工作中，除了需要技术性知识人才外，还需要法律知识及财务知识人才。

从以上归纳的知识产权侵权诉讼的特性中不难发现，面对相关事务不能再以纯粹按法律观点或个案思维去处理。也唯有具备这样的观念，才能为自己所属的组织作贡献。

14.6　知识产权诉讼风险

诉讼存在风险，在决定起诉前要慎重抉择。虽然风险是与利益相伴随的，但想要知识产权诉讼可能会带来的好处的同时，也必须学会承担由此带来的风险。在传统的民事诉讼中，诉讼请求能否得到法院的支持是当事人最为担忧的事情。而在知识产权运营中，知识产权诉讼作为企业参与市场竞争的一种手段，决定了其风险不仅仅局限于案件本身的风险，还有诉讼所带来的商业风险，一次败诉可能会彻底击垮一个企业。

知识产权诉讼的风险主要分为四种：专利被无效的风险、被认定为反不正当竞争行为的风险、泄露商业秘密的风险、商业损失风险。其中前三种是由知识产权的特点和诉讼法律上的风险所带来的非纯粹的商业风险，第四种是由于知识产权诉讼所带来的纯粹商业风险。

14.6.1　专利无效之诉

在原告提出专利侵权诉讼之后，面临的最大风险就是被告会申请原告专利无效，而原告为了降低专利被无效的可能，往往会采取保全措施，下面就专利无效和保全措施做具体阐述。

1. 专利无效

企业间的知识产权纠纷大多是由于专利侵权所引起的。《中华人民共和国专利法》第47条规定："宣告无效的专利权视为自始即不存在。"如果专利被申请无效，那么被告就不存在专利侵权的问题了。所以在实务中，在原告启动专利诉讼程序之后，大多数的被告除了被动应诉之外，都会主动出击申请对方的专利是无效的。

在我国实用新型和外观上设计专利都是不用经过实质审查就可获得专利授权的，所以专利被申请无效的比率还是相当大的。以实用新型为例，有一半的专利最终宣告无效，还有一部分被宣告部分无效。即使是在实行专利实质审查的美国，经过专利商标局授权的专利大约有46%被宣告无效。

2016年6月3日，国家知识产权局就捷豹路虎控告陆风X7造型抄袭路虎揽胜极光一事发布公告，判定陆风X7的专利权无效，但与此同时，国家知识产权局还宣布，捷豹路虎的揽胜极光车型专利权也宣告无效。2016年初Nike公司起诉Skechers抄袭其品牌一款名为"Flyknit"的设计，近日Skechers举证耐克专利无效，成功地驳回了侵权诉讼。所以专利权人在提起诉讼之前一定要考虑自己所拥有的专利的稳定性问题。一旦被告有强有力的证据能够证明原告的专利是无效的，不仅可以在诉讼中对抗原告的权利主张，驳回原告的诉讼请求，对原告来说更为被动的是，自己的短板落入了他人手中。一旦被告将这些证据公布出来，原告就不仅仅是输了官司这么简单。当其他国家的厂商以同样的理由抗辩时，它会失去对市场的控制。通常被告会因为战略的目的对证据进行保密，不会将其公布出去，和原告进行和解，但是对于原告来说，在市场竞争中这始终是个威胁。

2. 保全措施

在我国，受理的机构是国家知识产权局专利复审委员会。专利复审委员会先行裁决后，对专利复审委员会裁决不服的，可以向北京市第一中级人民法院、继而向北京市高级人民法院上诉。地方法院在被告提出宣告专利无效请求后，一般都会中止专利诉讼程序，等待专利有效性问题的终局裁决。专利无效程序通常会持续1～2年，这也是整个程序被拖延的主要原因。所以，原告的代理律师通常都建议原告要采取财产保全措施，使被告拖延时间的意愿降低，专利被无效的可能性也随之降低。

根据中国法律规定，原告可以申请法院对被告的账户进行冻结、保全，也可以申请法院对被告生产的侵权产品、生产设备、甚至销售发票、账册等进行证据保全。但是，依据实际操作的经验，现在证据保全的效果一般都比较差，因为保全的法官到被告现场之后，法官都不是十分积极地在被告的生产线、仓库中去寻找侵权产品（法官可能也不具备专业的产品知识），法官通常在现场只是做一个询问笔录就结束了，因此原告对证据保全都不能期望太多。关于财产保全，现在一般都能起到一些作用，因为被告的账户一般都会有金额，一旦账户被冻结，就会对被告的正常经营造成不少的影响，这将迫使被告会早点与原告协商解决问题，避免被告公司故意拖延程序。财产保全现在是知识产权诉讼中非常重要的一项措施，如果被告现金被冻结，那被告拖延时间的意愿也降低了。

14.6.2　泄露商业秘密

由于知识产权的公开性和实效性，企业为了在市场竞争中留有杀手锏，对最核心的技术有所保留，往往并不会将最核心的技术申请为专利，而是作为企业的商业秘密加以保护，例如，可口可乐的配方就是以商业秘密加以保护的公司最优资产。商业秘密是企业间保有其市场优势，在市场竞争中得以立于不败之地的关键。但在知识产权诉讼中，由于发现案件真实的需要，当事人往往需要就自己的知识产权举证，一不小心就会泄漏这类秘密，导致秘密保有的技术或经营信息被他人知晓，从而使商业秘密面临被侵害的危险，可能会对企业造成经营上的隐患。

相较于普通的民事诉讼中的证据问题，知识产权诉讼中的证据有两大特点，一是在知识产权诉讼中为了证明案件事实经常要提出大量的证据，其范围更为宽广；二是知识产权诉讼中的证据与企业的经营密切相关，包含了企业的关键技术和营业上的秘密，在诉讼中，当事人为了支持自己的诉讼主张，往往会不小心泄露企业的商业秘密。各国对诉讼中的商业秘密保护不是很完善，以至泄露企业的商业秘密往往会被竞争对手利用，这无疑会对企业的经营产生影响。

我国对知识产权诉讼秘密主要是从两个方面进行保护的，一是在出示证据的环节，规定涉及商业秘密的证据不得在公开开庭时出示；二是对公开审理原则做例外规定，为避免商业秘密被当事人之外的其他人知晓，法律允许当事人申请不公开审理[①]。

实务中，人民法院通常会要求对方当事人承担保密义务。但是此处的保密义务在法律上并没有强制性，仅仅是当事人之间通过协议的形式确立的合同关系。如果对方当事人拒绝签署保密协议，其义务也就没有法律上的依据，不产生任何法律效力。

---

① 纪富强.论知识产权的诉讼定位——以华为诉中兴为视角[D].重庆：西南政法大学，2012.

14.6.3 反不正当竞争行为

竞争是市场经济的本质属性,在市场经济中企业利用知识产权诉讼达到市场竞争的目的是一种正当的、有规则的竞赛,它要求竞争者之间必须地位平等,同时遵守公平、诚实守信的基本法则。

知识产权的取得,本身就意味着权利人取得了一种垄断地位。虽然知识产权是法律授予合法的垄断性权力,但是其使用必须是在合理的范围内,但是在实践中企业盲目地追求市场效益,通常会滥用知识产权诉讼,与反不正当竞争法通过保护正当的竞争秩序而要实现的社会整体目标—实质公平和社会整体效率相冲突,那么这时就会被认定为反不正当竞争行为,会受到反垄断法及反不正当竞争行为法的规制和调整,使滥用行为受到限制。

试图以经济上的代价来阻止企业提起知识产权诉讼可能性是很小的,但是所有企业都重视自己的声誉。对企业来说,一旦被认定为不正当的竞争行为,那么就会有损形象、造成品牌价值的降低、市场份额的减小,这是企业在提起知识产权诉讼时应当慎重考虑的问题。

14.6.4 商业损失

知识产权是一种法律保护的权利,目前知识产权诉讼的起因多是为了维权,获得利益。但是在实践中,最终的结果常常收益少于成本,只是维了权却没有获得商业上的利益。企业间的竞争行为是否成功的判断标准就是是否能够给企业带来利润,所以很难说一场维了权但失了利的知识产权诉讼是成功的。

一场知识产权诉讼会造成商业损失体现在多方面。首先由于知识产权的专业性比较强,在诉讼期间会花费大量的金钱。相比较普通的诉讼来说,律师的费用是比较高的,如果碰到涉外诉讼,无疑又会增加额外的支出。然而在花费如此昂贵的同时,企业往往不确定其能带来多少利益,同时还要面临由于专利被无效或技术鉴定出现不完全相同的结论使诉讼不了了之的情况。

除了花费大量的金钱之外,知识产权诉讼程序也是十分复杂的,容易造成程序上的拖累,给知识产权诉讼增添更高的风险性。以我国知识产权诉讼通常会经历的程序为例:一般在原告提起知识产权诉讼之后,被告会在答辩期间内向专利复审委员会提出无效宣告的请求,专利复审委员会受理后,会向法院提出中止诉讼请求,等到专利复审委员会决定后,再决定是否提起行政诉讼,如果不服,提起上诉,之后再由原审法院恢复审理,如果不服,再向上一级法院提起诉讼,正是因为如此复杂的程序,通常知识产权诉讼都会经历5年、7年、19年,甚至更长的时间。即使在以效率闻名世界的美国，历时 10 年的诉讼也并不少见。

在日益激烈的市场竞争中，谁抢占了先机谁就取得了成功的第一步。如果企业把大部分精力放在诉讼的争斗中，而忽略了更应关注的市场，那么最终的结果很可能会是两败俱伤。

14.7　互联网+对知识产权诉讼的影响

在互联网迅猛发展、信息传播成本几乎为零的今天，创新成果极易被他人"复制"，涉互联网侵权诉讼持续高发。互联网将成为知识产权战略竞争最集中的领域，专业技术性强的知识产权案件将呈上升趋势。所以未来互联网企业面对的要么是大量专利许可的谈判，要么就是大量诉讼。

北京市海淀区人民法院统计显示，近年来网络知识产权案件在知识产权案件中的比重越来越大。海淀区人民检察院知识产权检察处成立 4 年来，办理的网络案件也逐年递增，其中电商平台出售侵害商标权、专利权的产品和公共平台传播盗版影视、音乐、文学作品这两类案件数量最多。

"互联网+"时代的到来对知识产权保护和服务提出了新的、更高的要求。互联网技术蓬勃发展催生更多新业态，知识产权保护受网络虚拟性、开放性、线上线下交织等影响，实施严格保护的难度增大。如果不用严格的知识产权保护制度进行约束，企业创新投资就很难得到应有的回报，将严重打击企业创新的积极性。实行更加严格的知识产权保护，提升产业国际化发展水平，保障和激励大众创业、万众创新，为实施创新驱动发展战略提供有力支撑，成为当前知识产权保护的指导方针。加强对网络侵权行为的限制需要更多方面的综合考虑，不仅要考虑专利保护，还要采取商标保护、商业秘密保护、版权保护等措施。

14.8　知识产权诉讼损害赔偿数额的探讨

在知识产权运营中，诉讼的意义重大。在全面分析了知识产权运营中诉讼的相关基础理论后，针对我国目前在知识产权诉讼领域尚存在的不足，以及在制度建设中应予以着重关注的问题，以此为基础，进一步提出我国知识产权损害赔偿数额的完善措施及具体设想。

长期以来，知识产权损害赔偿数额低是困扰我国司法实践的难题之一。当前急需解决的一个课题就是我国应逐步提高知识产权赔偿数额，让司法保护跟上知识产权的市场价值。

2016 年 4 月 22 日，在中央政法委宣传教育指导室和最高人民法院应用法学研究所主办的"知识产权司法保护研讨会"上，多位法学专家建议，知识产权损害赔偿数额计算是当下我国知识产权案件审理的难点，应从市场价值的角度估算知识产权案赔偿数额，建立科学的损害认定机制来维系知识产权应有的市场价值，同时对恶意侵权和反复侵权者，适用惩罚性损害赔偿，以三倍或两倍赔偿数额，防止继续从事侵权活动，改善知识产权驱动创新发展的法治环境。

1. 现状

我国司法机关于知识产权损害赔偿的认定方式和数额计算有两个特点，一是过多适用法定赔偿方式，二是损害赔偿数额计算偏低。

依据我国法律，知识产权诉讼最终的判决金额，依据权利人遭受的损失或者侵权人的非法获利计算。如不能查明损失或非法获利的，则法官有权依据个案的实际情况，判决给予法定赔偿。我国《著作权法》、《专利法》和《商标法》规定了法定损害赔偿，如 50 万元以下（著作权）、100 万元以下 1 万元以上（专利权），以及 300 万元以下（注册商标权）。

我国 97% 以上的专利、商标侵权和 79% 以上的著作权侵权案，由于难以证明侵权所造成的损失和侵权人违法所得，不得不采用法定赔偿标准，平均赔偿额分别为 8 万、7 万和 1.5 万，不到诉求比例的 35%，低于企业同等专利授权费、培育商标知名度的广告费或同类作品平均稿酬。而 2009—2013 年间，美国专利诉讼全部赔偿数额的中位数高达 430 万美元。与发达国家知识产权诉讼的判赔金额相比，我国知识产权损害赔偿数额较低的问题是客观存在的。

30 多年的知识产权制度建设，已经有一些中国企业在知识产权方面有了不错的积累，如果再不提高赔偿金额，用法律规则引导企业真正重视研发投入，那么巨头之间的专利大战很快就会祸及中国企业。

2. 成因

产生损害赔偿数额偏低的原因，首先或是知识产权本身商业价值不高，即高水平、高价值、高效益的知识产权为数不多，尚不足以构成大规模高赔偿数额裁判的价值基础；此外，我国知识产权损害赔偿数额的认定未能借鉴专业化的无形资产评估方法，以保证判赔数额认定的科学性。

我国目前有关知识产权损害赔偿数额的认定方式，通常采用"填平原则"，即权利人损失多少，法院责令被告补偿多少。如果原告的实际损失难以确定，则以被告的利益所得加以确定；如果原告的损失和被告的利益所得均难以确定，则参照许可使用费的合理倍数加以确定。除上述认定方式外，法定损害赔偿数额的规定虽然预留了一定的自由裁量权，让法院可以在法定数额的范围内，考虑侵权的各种因素，适当增加损害赔偿数额，但在填平原则的支配之下，法定赔偿数额的确定，还是以权利人的实际损失、侵权人的利益所得或许可使用费的合理倍数确定的。

3. 学界观点

学术界和实务界一致认为知识产权侵权屡禁不止，其原因之一是损害赔偿数额过低，不足以有效威慑侵权行为。从侵权案件不断发生的情形来说，以"填平原则"确定知识产权的损害赔偿数额，不仅不能有效补偿权利人的损失，还难以有效遏制侵权。因为填平原则低估了受侵犯产品的实际价值，侵权人是在利益驱动下从事侵权活动的，如果侵权人感受到在支付损害赔偿后，还有利益空间，必然会继续从事侵权活动。应以"足以弥补"为度，把全面赔偿原则作为知识产权侵害赔偿的最高指导原则；以分类评估为准，让资产评估机构作为独立第三方，为知识产权损害赔偿数额的准确性、及时性提供保证；以多种赔偿并用为宜，坚持补偿性赔偿规则的主导地位，补充性适用惩罚性赔偿规则；以民刑相辅为要，突出刑事处罚在打击和防犯知识产权犯罪中的重要作用。

凡是受到他人侵犯的知识产权，必然是有较高市场价值的知识产权。按照常识，侵权人不会、也没有必要未经许可而使用那些无人问津的作品、专利技术，也不会仿冒那些没有什么市场价值的注册商标和商号，更不会冒着风险去盗用没有什么市场价值的商业秘密。因此，市场价值法是评估赔偿数额最为有用的方法。市场价值是从财产属性和市场交易的视阈来确定侵权赔偿的边界的，相比于惩罚性赔偿具有更强的可操作性及可预见性，能更好兼顾和平衡知识产权创造、运用的创新激励。如果法院以知识产权的市场价值，而非以其本身价值，就可判给权利人以合理的损害赔偿数额。由此而确定的损害赔偿数额也会让侵权者认识到，与其侵权而支付高额的损害赔偿，不如寻求许可，在支付了合理费用之后使用相关的作品、专利技术等。

第五部分
知识产权运营新模式

第 15 章　知识产权质押众筹模式

15.1　众筹简介

众筹翻译自国外"crowdfunding"一词，即大众筹资或群众筹资，香港地区译为群众集资，台湾地区译为群众募资，由发起人、跟投人、平台构成，是指一种向群众募资，以支持发起的个人或组织的行为。一般而言是通过网络上的平台连接起赞助者与提案者，或者投资人和融资人。众筹被用来支持各种活动，包含灾害重建、民间集资、竞选活动、创业募资、艺术创作、自由软件、设计发明、科学研究及公共专案等。2013 年全球众筹总募集资金已达 51 亿美元，其中 90%集中在欧美市场。世界银行报告预测 2025 年总金额将突破 960 亿美元，亚洲占比将大幅增长。众筹一般采用团购+预购的形式，在互联网平台上向网友募集项目的资金。现代众筹利用互联网让中小企业、艺术家或个人对公众展示他们的创意，争取大家的关注和支持，进而获得所需要的资金援助或投资。相对于传统的融资方式，众筹更为开放，能否获得资金也不再是由项目的商业价值作为唯一标准。只要是网友喜欢的项目，都可以通过众筹方式获得项目启动的第一笔资金，为更多创业者和中小企业提供了无限的可能。

1. 特征

众筹的特征如下所述。

（1）低门槛：无论身份、地位、职业、年龄、性别，只要有想法、有创造能力都可以发起项目。

（2）多样性：众筹的方向具有多样性，在国内的众筹网站上的项目类别包括设计、科技、音乐、影视、食品、漫画、出版、游戏、摄影等。

（3）依靠大众力量：支持者一般是普通的草根民众，较少公司、企业或者风险投资人。

（4）注重创意：发起人必须先将自己的创意（设计图、成品、策划等）达到可展示的程度，才能通过平台的审核，而不单单是一个概念或者一个点子，要有可操作性。

众筹的参与方至少包括

（1）发起人、提案者、融资者、筹资者：即有创造能力但缺乏资金的人。

（2）支持者、赞助者、投资者：对筹资者的故事和回报感兴趣的，有能力提供支持的人。

（3）平台：连接发起人和支持者的互联网平台。

2. 一般规则

众筹的规则一般包括：

（1）筹资项目必须在发起人预设的时间内达到或超过目标金额才算成功，如果项目筹资失败，那么已获资金全部退还支持者。

（2）对于承诺回报的筹资项目完成后，支持者将得到发起人预先承诺的回报，回报方式可以是实物、服务或者金钱。

3. 众筹发展简史

众筹最初是艰难奋斗的艺术家们为创作筹措资金的一个手段，现已演变成初创企业和个人为自己的项目争取资金的一个渠道。众筹网站使任何有创意的人都能够向几乎完全陌生的人筹集资金，消除了从传统投资者和机构融资的许多障碍。众筹的兴起源于美国网站 kickstarter，该网站通过搭建网络平台面对公众筹资，让有创造力的人获得他们所需要的启动资金，以便使他们的梦想有可能实现。这种模式的兴起打破了传统的融资模式，每一位普通人都可以通过这种众筹模式获得从事某项创作或活动的资金，使得融资的来源不再局限于风投等机构，而可以来源于大众。众筹在欧美逐渐成熟并推广至亚洲、中南美洲、非洲等发展中的国家和地区。

"众人拾柴火焰高"是一句中国俗语，而在互联网时代，这种东方智慧以"众筹"的形式被引入中国，并在国内被广泛应用。传统的筹集方式、耗时长、操作复杂，项目方往往需要举办大型聚会来筹措资金，不必要的花销过多、宣传覆盖面窄、筹集金额有限，而且相对来说投资门槛高，属于贵族金融，一般人难以触及。传统的筹集方式对最缺乏资金的知识产权权利人来说，是难以实现融资目的的。另外，有需求的投资方也往往因为信息不畅等原因，难以找到合适的项目。基于互联网的众筹运营模式，借助网络平台的优势，在大大降低知识产权权利人筹资成本的同时，打破了地理界限，扩大了宣传范围，让更多的人可以参与进来。同时互联网的低门槛特性，让小额资金参与大型项目投资成为了可能，从几百元到几十万元均可参与投资，实现了真正意义上的万众参与，更有效地利用了闲散资金，属于大众金融。一方面，互联网大数据聚集了各类知识产权资源，投资方可以更容易地找到合适的项目；另一方面，知识产权权利人也更容易获得投资。如此良性循环，将吸引更多的投资方与权利人，最终高效地将投资方与知识产权权利人的资源进行合理匹配。

以影视行业的著作权众筹为例，《十万个冷笑话》作为国内首部以著作权众筹形态出现的电影，可以说开启了电影众筹的新模式。《十万个冷笑话》最早是一部连载于"有妖气"原创漫画梦工场的国产漫画，后来被翻拍成动画短片。2012 年上线后，该系列动画短片引起各界的强烈反响，就连周杰伦也参与了配音。"有妖气"CEO 周靖淇说，之所以发动众筹项目，是因为短片虽然在网上人气高，搬上大银幕却存在一定风险，于是想到了通过众筹来检验电影版的可行性。2013 年 8 月，《十万个冷笑话》在"点名时间"平台上发起大电影的著作权众筹项目，很快吸引了超过 5000 位电影微投资人，在短时间内筹集到超过 137万元的投资。通过此次众筹，公司对电影的票房有了一定的预测，在一定程度上减轻了电影制作中的资金困难，聚拢了大批粉丝，无形之中还起到了一定的宣传作用。除了《十万个冷笑话》，还有电影、娱乐节目、小说、漫画等著作权也通过众筹手段取得了成功，验证了知识产权互联网众筹的可行性。国内众筹与国外众筹最大的差别在于对支持者的保护措施上，国外项目成功了，马上会给项目发钱去执行。国内为了保护支持者，把它分成了两个阶段，会先付 50%的资金去启动项目，项目完成后，确定支持者都已经收到回报，才会把剩下的钱交给发起人。截至 2014 年 7 月，国内有分别属于股权众筹、奖励型众筹、捐赠性众筹等不同形式数十家平台。

4. 众筹的优点

众筹具有其独特的优点，一般而言，传统的风投项目都来自关系网推荐，或各种网站提交的资料，而众筹平台则为风投公司带来了更多的项目，也拥有更高效的机制对项目进行审核，能更快地与企业家进行沟通，令投资决策过程更加合理。风投可以利用众筹平台上的资料，决定一个项目是否值得花时间。由于日程安排有限，很多风投资本家都认为众筹平台有其价值，帮助其节省了不少时间。风投每天都会收到数十份商业计划，格式不同，有些还缺乏必要的数据。而众筹平台会对这些商业计划进行分类整理，并以标准格式呈现，这能让投资者省下不少时间。

众筹平台也能让尽职审查过程变得更快。众筹平台会要求公司提供一些必要的数据，供投资者参考，帮助做出决策。标准化的项目呈现和商业计划节省了风投的时间，他们不必亲自搜索特定的信息，而这些信息往往会因格式不同，而难以查找。众筹平台能帮助企业家了解如何准备及呈现自己的项目，从而吸引更多的投资人。另外，众筹平台还能提升信息分享、谈判及融资的速率，像 AngelList、Fundable、Crowdfunder 和 EquityNet 这样的众筹平台，都拥有自己的技术，帮助简化融资过程。众筹平台有成千上万的投资者使用它。投资者形成了一个群体，而众筹平台往往也能让他们相互交流，在尽职调查中提供投资帮助。借助集体的智慧，投资者也往往能做出更理性的决策。众筹平台还能用来检验产品及服务的优劣。像 Kickstarter 这样的平台允许任何年满 18 岁的人参与，因而能让大批早期支持者帮助检验产品和服务，之后投资者可决定是否进一步参与。通过众筹进行成功运作的项目，还可以吸引风投公司的关注，从而获得金额更大的风险投资。

众筹对风投很有吸引力，因为它要求企业家展现自己公司的实力，以及众筹项目对市场的价值。这意味着，只有强大的团队和创新的理念才能接受市场检验、获得风投公司及其他投资者的青睐。

5. 众筹成功的关键

众筹成功的关键包括：

（1）筹集天数恰到好处：众筹的筹集天应该长到足以形成声势，又短到给未来的支持者带来信心。在国内外众筹网站上，筹资天数为 30 天的项目最容易成功。

（2）目标金额合乎情理：目标金额的设置需要将生产、制造、劳务、包装和物流运输成本考虑在内，然后结合本身的项目设置一个合乎情理的目标。

（3）支持者回报设置合理：对支持者的回报要尽可能的价值最大化，并与项目成品或者衍生品相配，而且应该有 3～5 项不同的回报形式供支持者选择。

（4）项目包装：有视频的项目比没有视频的项目多筹得 114% 的资金，而在国内的项目发起人，大多不具有包装项目能力。

（5）定期更新信息：定期进行信息更新，以让支持者进一步参与项目，并鼓励他们向其他潜在支持提及你的项目。

（6）鸣谢支持者：给支持者发送电子邮件表示感谢或在您的个人页面中公开答谢他们，会让支持者有被重视的感觉，增加参与的乐趣，这点也常常被国内发起人忽视。

15.2　知识产权质押众筹融资简介

知识产权质押众筹融资是融合知识产权质押融资和众筹融资而成的一种新型融资模式。知识产权质押众筹融资是出质人为了融资将知识产权作为反担保质押给某担保机构，由此担保机构为此融资项目提供担保，由互联网众筹平台运营方向普通投资者进行项目众筹融资，最后放款给出质人的间接质押融资模式。

知识产权质押众筹融资融合了知识产权质押融资和众筹融资，与传统的知识产权质押融资相比，具有以下特点。

（1）融资资金来源为普通投资者。知识产权质押众筹融资与传统的知识产权质押融资在资金来源方面有很大的不同，传统的知识产权质押融资的资金来源一般为银行或其他机构，而知识产权质押众筹的资金来源一般为通过互联网平台集合起来的普通投资者。

（2）资金来源为多个。传统的知识产权质押融资的资金来源一般为一个，而知识产权质押众筹的资金来源一般为通过互联网平台集合起来的多个普通投资者。

（3）互联网平台运营方为整个知识产权质押众筹融资的中介方和组织方。

（4）其为间接质押融资，质权方不是普通投资者，而是担保机构。

知识产权质押众筹融资为创新型中小企业融资人提供了一种新型的知识产权质押融资方式，并使得知识产权质押融资可以连通广大普通投资者，为广大普通投资者，特别是个人投资者提供了一个新的、操作便捷的投资渠道。知识产权质押众筹融资打破了传统知识产权质押融资投资方比较狭窄的束缚，可有效缓解中小型科技创新企业的融资困难，有利于科技和创新成果的转化，为知识产权的商品化和市场化，以及提升企业知识产权核心竞争力起到积极的促进作用。随着我国相关金融法规的进一步完善，知识产权质押众筹融资模式在融资额上有望超过传统的知识产权质押融资，成为知识产权质押融资的主力。

15.3　知识产权质押众筹运作模式

知识产权质押众筹的运作流程一般为：企业融资人向互联网众筹平台发出知识产权质押众筹融资的项目需求，并提出回报投资人的方案；互联网众筹平台对融资人及质押的知识产权进行初步评估，通过后交给担保机构，由担保机构安排对拟质押的知识产权进行实质审核，并安排对拟质押知识产权进行价值评估；借贷项目获得担保机构担保后，在互联网众筹平台上推荐给所有投资人；项目众筹若未达到融资人的目标融资额时，众筹失败，已筹资金退还投资人，达到目标额时众筹成功，多方签署相关合同，办理知识产权质押手续，互联网众筹平台放款给融资企业。根据借贷合同约定，融资人如期支付投资人本金与利息后，合同终止，项目完结。如融资人违约未按时支付本息，由担保机构安排处置变现后支付投资人的本息。众筹的项目资金为了安全起见应委托银行进行存管或托管。

企业在提出知识产权质押众筹的融资请求时一般应至少提供：企业和企业负责人的相关证件；拟质押的知识产权的相关证件，企业意向融资额度、期限、款项用途、还款方式、还款的资金来源等。平台的初步审核一般主要审查：企业的证照是否齐全，法人和负责人的证件是否齐全，证件是否在有效期内，企业的成立年限是否符合平台的最低要求，企业提供的知识产权是否真实有效且在企业或法人代表的名下。担保机构进行的实质评估审核，包括上述证件文件真实性、有效性审核，企业资信评估，并自行或交由第三方进行拟质押的知识产权的价值评估。知识产权质押众筹运作流程如图 15.1 所示。

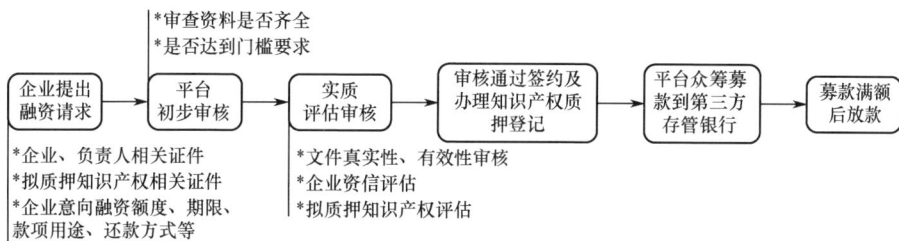

图 15.1　知识产权质押众筹运作流程图

15.4　知识产权质押众筹存在的问题及解决办法

知识产权质押众筹这种新型融资模式目前在国内还处于研究和探索阶段，没有相关的法律法规和政策指引，也没有政府部门安排的试点运作。知识产权质押众筹融资作为一种新型的知识产权质押融资模式，其一方面要解决传统知识产权质押融资的问题和难点；另一方面，因为这种融资方式涉及P2P融资，其同时还要解决目前P2P融资方面的问题和难点。在实际操作过程中，首先应以知识产权质押融资和P2P融资这两方面现有的政策作为操作指引；另外由于知识产权质押众筹涉及广大的普通投资者，其风险控制显得尤为重要，是知识产权质押众筹所面临的主要问题，在操作中可以具体采用以下九大风控制度。

（1）合格投资人制度。互联网众筹平台通过调查、考核等措施对申请成为投资人的客户进行筛选审核，保证平台的投资人具有相应的投资经验和风险抵御能力。

（2）合格融资人制度。互联网众筹平台通过设置融资人进入门槛，建立合格融资人制度。门槛条件可以是融资人企业资质，也可以是融资人信用信息等。

（3）融资人资信评估制度。互联网众筹平台对发起融资需求的融资人，建立融资人资信评估制度。资信评估体系收集融资人的资质凭证、违法违纪、中国人民银行信用系统数据及其他信用数据、质押物相关数据等，做资料核实、信用评级，形成资信评估报告。评估达到推荐等级时，互联网众筹平台将该融资项目及资信报告推荐给合作机构做下一步风控，达不到推荐等级不予融资。

（4）信息披露制度。互联网众筹平台提高信息透明度，有利于降低投资人风险。不但要充分披露项目信息，还要披露平台信息。项目信息包括融资人的信用记录、现在的收支、财务信息、资金用途、项目状况、项目风险、贷款跟踪等。

（5）第三方资金存管制度。互联网众筹平台应与银行业金融机构合作，由银行对平台流通的投资资金进行第三方资金存管。整个过程中，互联网众筹平台不接触资金，支付机构仅作为支付通道，资金在投资之后、提现之前始终处于银行账户的存管状态。第三方资金存管实现了投资人与借款人之间的点对点支付，避免互联网众筹平台设置资金池，保障投资人的资金安全。除了存管之外，也可由银行直接提供资金托管。

（6）知识产权评估机制。对质押知识产权进行市场估价时，应综合利用客观算法和主观评价，并考虑相关知识产权是否已经用于企业的产品上。

（7）担保审核评估机制。担保机构在收到平台推送融资项目的资信评估报告和评估公司的质押物知识产权价值评估报告后，对融资项目进行担保审核。不同于互联网众筹平台对融资人只做初步审核，担保机构的放贷审核体系应深入企业内部，审核企业的经营状态、可能存在的经营风险、企业的违约成本、债务、质押知识产权的产业化情况等，担保机构可以通过大数据分析判断企业是否为优质融资人。

（8）项目参保。保险公司可与互联网众筹平台和担保机构签署统一保险，对通过互联网众筹平台资信评估和担保机构担保审核的项目，统一购买保险。保险公司在该模式中分担了部分担保机构的风险，但并不降低整个知识产权质押融资项目的风险，仅是风险转移。

（9）违约风险预防措施。出现违约坏账分两种情况：第一是融资人具备有还款能力但不愿还款，第二是融资人失去还款能力不能还款。对于融资人具备还款能力但不愿还款的情况，防御措施的重点是在前期，首先要考察质押知识产权对融资人贡献价值，其次要考察融资人失去质押知识产权的代价，只要确保这两者均大于融资人的借款额度，融资人就没有违约的动力。对融资人失去还款能力的被动违约，需要在质押前的知识产权价值评估中，确保质押知识产权的市场价值大于借款额度。

15.5　知识产权质押众筹的现状和发展前景

2015 年 9 月，国务院印发《关于加快构建大众创业万众创新支撑平台的指导意见》（以下简称《指导意见》），这是对大力推进大众创业万众创新和推动实施"互联网＋"行动的具体部署，是加快推动众创、众包、众扶、众筹（以下统称四众）等新模式、新业态发展的系统性指导文件。《指导意见》指出，全球分享经济快速增长，基于互联网等方式的创业创新蓬勃兴起，四众等大众创业万众创新支撑平台快速发展，新模式、新业态不断涌现，线上线下加快融合，正在并将对生产方式、生活方式、治理方式产生广泛而深刻的影响。《指导意见》强调，加快发展四众，能够有效拓展创业创新与市场资源、社会需求的对接通道，搭建多方参与的高效协同机制，丰富创业创新组织形态，优化劳动、信息、知识、技术、管理、资本等资源的配置方式，为社会大众广泛平等参与创业创新、共同分享改革红利和发展成果提供更多元的途径和更广阔的空间。

　　知识产权质押众筹融资的发展在很大程度上又依赖于知识产权质押融资和P2P融资的发展，在知识产权质押融资和P2P融资经过一定时期和范围的成功运作，相关法律法规更加完善，风险控制方面更加成熟，得到投资者的普遍接受和认可时，知识产权质押众筹融资才会在此基础上有更大的发展。长远来看，知识产权质押众筹融资模式在融资额上有望超过传统的知识产权质押融资，成为知识产权质押融资的主力。

15.6　知识产权质押众筹产品和案例

　　在《关于加快构建大众创业万众创新支撑平台的指导意见》方针的指引下，一些知识产权运营公司对知识产权质押众筹进行了探索和尝试。以某知识产权运营公司提供的知识产权质押众筹产品为例，该产品的目标融资人为拥有核心知识产权并以知识产权质押融资的发展型企业。该产品的借款用途一般为购进设备、采购原材料、市场渠道开发费用等与生产经营直接相关的支出。通过知识产权质押进行融资，并可以结合自然人连带责任担保，无须使用有形资产质押。此外，该产品审核流程较快，一般仅需 10 个工作日左右，申请过程主要通过互联网在线申请上传资料，结合部分线下文件审核。如果申请通过并办理完知识产权质押等相关手续，融资项目将在该公司的互联网平台上公布进行众筹融资。

　　该产品在贷款额度、利率、期限、还款方式的限定为：

- 贷款额度为 3～60 万；
- 贷款利率为 12.00%～20.00%；
- 借款期限为 1～12 个月；
- 还款方式为等额本息、按月付息或到期还本还息。

　　该产品在互联网平台上运行，参与本产品运营的还包括融资方、投资方、资金存管机构、第三方评估机构、担保机构等。融资人限定为拥有核心知识产权并且其知识产权已经产业化，能带来经济效益的中小微企业。投资方是具有一定风险承受能力的自然人或者法人；存管机构是平台委托的具有资金存管资格的商业银行；第三方评估机构是对拟质押的知识产权进行评估的机构；担保机构是对融资项目提供担保的机构。

申请该产品的企业应至少具备以下基本条件：

- 拥有一项或几项核心知识产权；

- 具备产品雏形或产品已上市，且核心知识产权应用于主打产品；

- 需要资金进行项目初期运转。

申请企业成功获得融资的流程为：企业首先要在平台上注册认证成为会员，在网上提出融资申请并提供相关资料文件，包括企业和负责人相关证件、拟质押知识产权相关证件等；申请人同时提出拟融资金额、款项用途、期限、还款方式等信息。平台收到上述资料后进行初步审核，主要是确定提交的文件是否齐全及符合上述该产品融资的基本条件；然后担保机构会对申请企业进行资信评估，包括审核企业证件的真实性、有效性，评估企业的信用状况等。平台或者与平台合作的担保机构委托第三方评估机构对拟质押的知识产权进行评估，包括知识产权目前的权属及法律状态，以及评估知识产权目前的市场价值；审核通过后客户经理与申请人沟通确定融资金额、期限、利率、还款方式等并提请担保机构为此项目提供担保；担保机构审核同意担保后签订相关的合同、协议，并办理知识产权质押登记手续；之后平台将此融资项目公开众筹募款到第三方存管银行，项目募款满额后第三方存管银行放款给申请人。如果在众筹期限内募款没有达到项目融资额，则此融资项目取消，已筹得的款项退还给投资人。融资成功后，融资人按约定的还款方式支付本息给投资人。在融资方出现违约不能按时还款时，担保机构将负责进行违约的贷后处置，包括将质押的知识产权通过汇桔网或者其他途径出售变现。在项目的融资过程中平台适时的向申请人收取一定的中介服务费。

该产品的风控措施具体为：

（1）对投资人进行充分的风险提示和信息披露。投资人在投资前会得到充分的风险提示；对投资人的信息披露包括融资企业的基本情况介绍、产品和市场前景、企业和负责人信用状况、融资款项的具体用途、还款资金的来源；以及企业提供质押的知识产权权属、法律状态、评估价值、目前具体使用情况等。

（2）合格融资人制度。投资人应该是证照齐全有效、合法经营中的中小微企业；企业拥有一项或多项核心知识产权，具备产品雏形或产品已上市，且核心知识产权应用于主打产品；融资的资金直接用于企业的经营活动。

（3）融资人资信评估。审核确定企业的证件齐全、真实、有效，企业合法经营；查询确认融资企业的银行信用良好，净资产率高，财务杠杆低或者没有，企业资产无其他权利限制。

（4）知识产权评估审核。通过第三方评估机构确认拟质押的知识产权的权属及有效性，并对知识产权给予准确的市场估价。

（5）项目担保。由担保机构对融资项目进行担保，并在融资方违约时进行质押知识产权的处置和变现，保障投资人的利益。

（6）第三方存管制度。与银行合作进行投资资金的第三方存管，投资人的投资资金直接转入第三方存管机构账户，众筹满额后，融资款按约定直接转入融资人账户，在整个过程中平台方不接触投资资金，保障投资人的资金安全，不被挪用。

（7）针对违约的风险控制。坚持稳健的质押贷款原则，质押率一般控制在60%以下，确保融资人拥有质押知识产权的溢价价值和失去质押知识产权的经济损失均大于融资人的借款额度。通过企业财务报表对企业的经营状况进行深入了解，确认其经营运作良好、资金周转、应收账款处于健康状态、还款来源可靠稳定。企业实际控制人直接参与企业的经营，银行信用良好，有可查的足够的资产并愿意承担连带责任担保。

下面以该产品的一个成功运作项目为例具体说明。

时尚智能手表扩大生产融资

融资企业：北京****有限公司

法定代表人/负责人：赵**

身份证号码：110***19681028****

融资的企业是一家专业研发生产时尚智能可穿戴设备企业，主打时尚智能手表，承袭传统腕表的外观设计，同时又具时尚感、科技感，新款时尚手表屏幕和表带均为显示屏，可随时改变表盘和表带的样式，一共24种不同的搭配，方便搭配不同的衣服，出入不同的场合。融资人以其1个商标进行质押，融资用于这款时尚智能手表扩大生产，融资金额15万，以企业现有产品销售现金流作为还款来源。

申请人提供审核的企业和个人的证件包括：公司营业执照、税务登记证、组织机构代码证、机构信用代码证、法人代表赵**的身份证，以上证件经查真实有效。申请人提供的质押知识产权为商标一个，详细信息为，商标注册号：1396****；

注册日：2015 年 03 月 07 日；国际分类：第 14 类—首饰盒、表、翡翠、玛瑙、项链（首饰）等。经查该商标真实有效，确为企业名下，并在使用中，且为企业标识商标。

平台方联合第三方评估机构和担保机构根据上述介绍的该产品产品风险控制措施对此融资项目进行了严格的审核，结果如下。

（1）融资人资格。融资方的企业资质、证照齐全有效，包括三证一照、法定代表人身份证、银行开户证明。融资人拟质押的一件商标已使用在公司产品上，且为企业标示商标。融资资金用于企业扩大生产经营，借款用途合法合理；融资方总体符合该产品融资的基本条件和门槛。

（2）融资人资信评估。融资方的证照经查确认真实、有效，融资方企业目前经营状况正常。经信用评分，企业的经营能力、偿债能力、盈利能力指标较好，企业评分等级较高；企业还款能力较强、无贷款、对外负债较少、无对外担保。

（3）知识产权评估审核。质押物为一件商标。该商标为企业名下，有效且已使用，并作为企业标识商标用于企业的产品。这件商标的知识产权市场评估价值超过40 万元。

（4）针对违约的风险控制。经与申请人沟通，确认众筹贷款额为 15 万元；商标质押给担保机构，质押率低于 50%，稳健可控。企业法人代表即企业的实际控制人，其家庭、婚姻状况良好，名下有较多不动产和动产，资产规模较大并提供连带责任保证担保，牵制力强。经查，企业及法人代表贷款卡记录正常，信誉度良好，无法院被执行记录。企业的销售利润收入是主要还款来源，企业每月应收账款的回收正常、稳定，近 6 个月银行流水流入量稳定增加，作为第一还款来源保障性较高。

经与申请人沟通，确认此项目众筹额为 15 万元，周期为 6 个月，还款方式为按月付息，并办理了相关的签约手续及商标质押登记手续。平台将此融资项目在网上公开，公开的信息除了包括项目的融资额、回报利率、期限、还款方式等，还包括企业的情况介绍、产品和市场前景介绍、企业和负责人信用状况、融资款项的具体用途、还款的资金来源、企业提供质押的商标权属确认、法律状态确认、商标的评估价值、商标目前具体使用情况等。投资人在投资此项目前会得到来自平台方的风险提示。投资人的投资款项由与平台合作的第三方银行——招商银行广州分行存管。此项目在规定的募集期届满前满额，共有 15 个投资人出资；融款总额 15 万元已由存管银行交付给融资人。平台方在整个项目运作过程中适时向融资人收取一定的中介服务费。

　　该产品运作至今，已经成功为全国多家中小微企业募得急需的资金，尚未出现企业不能按时还贷的情况，实现了融资方和投资方的双赢。根据目前的数据，质押物无论从数量还是价值来看，以商标为主，专利次之。贷款企业中制造业占大部分且多为终端消费品的生产企业，服务业次之。该产品并未大面积推开，仍属试验和探索性质。

第 16 章　知识产权证券化

16.1　知识产权证券化定义

知识产权证券化作为一种创新的知识产权运营模式，是知识经济时代下结构性融资的新尝试，理论界和实务界在不断推动知识产权证券化实用性发展的同时，也对其进行了多维度的探索，目前知识产权证券化还主要处于摸索渐行阶段。知识产权证券化（Securitization of Intellectual Property）是指发起机构（如创新型企业）将其拥有的知识产权或其衍生债权（如专利许可的现有及未来收益），移转给特殊目的载体（机构）（Special Purpose Vehicle，SPV），再由此特设载体以知识产权或其衍生债权等资产作担保，经过重新包装、信用评价，以及增信后发行或出售在市场上可流通的证券，并以此作为发起机构的融资操作①。换言之，知识产权证券化是指发起人将知识产权所产生的现金流通过集合组成知识产权基础资产池，再对基础资产池的转让和信用增级，为专门开展资产证券化业务的特殊目的机构发行以知识产权所产生的现金流为背景支撑的金融产品的过程。知识产权资产证券化可分为著作权证券化、专利权证券化和商标权证券化，作为一种重要的金融创新，知识产权证券化对于我国建设多层次金融市场、发展自主知识产权具有重要意义。

由此可见，大部分知识产权证券化是以知识产权的未来授权费作为支撑，发行资产证券进行融资的方式。未来授权费主要包括预期的知识产权许可使用费和已签署的许可合同保证支付的使用费。相较于其他知识产权运营模式，知识产权证券化涉及技术领域广阔，形式多样且内容复杂，而且通常涉及前沿科学技术，单纯证券业或者知识产权业的从业者很难理解并操作知识产权证券化的全过程，这在一定程度上也束缚了我国知识产权证券化的发展。

---

① 佚名.知识产权证券化[EB/OL].http://wiki.mbalib.com/wiki/Patent_Property_Securitization.

16.2　知识产权证券化现状

知识产权证券化使得企业可以在当期从未来收入中提前获得预期收入，从而解决企业当期资金短缺或者融资困难的问题，而且证券化后也为知识产权的收益提供了保障，大幅降低了拥有知识产权企业的获利风险，故从这个角度来说，企业乐于采用知识产权证券化这种新的融资机制。正是由于知识产权证券化具有其他专利运营模式难以比拟的优势，美国、英国、日本等国家对知识产权证券化进行深入研究，并付诸于实践。

世界范围内最早的一例知识产权证券化实践是音乐版权证券化。在 Pullman Group 的策划下，英国著名的摇滚歌星大卫·鲍伊将其在 1990 年以前录制的 25 张唱片的预期版权的许可使用费进行证券化操作，预期版权包括 300 首歌曲的录制权和版权，于 1997 年发行了"鲍伊债券（Bowie Bonds）"，"鲍伊债券"的发行期为10 年、利率为 7.9%，为大卫·鲍伊筹集到 5500 万美元。"鲍伊债券"的成功发行起到了很好的示范作用，极大地拓宽了资产证券化的操作视野，开启了其他艺术家、作家、拥有版权或能带来版税收入的作品的所有者进行类似的证券化的先河。作为最早进行知识产权证券化的美国，知识产权证券化的基础资产已经非常广泛，从最初的音乐版权证券化开始，现已拓展到电子游戏、电影、休闲娱乐、演艺、主题公园等与文化产业关联的知识产权，甚至是时装的品牌、医药产品的专利、半导体芯片等领域。据相关数据统计，在发行"鲍伊债券"的当年，知识产权证券化在美国整个资产证券化市场中就得到了良好的发展，当年的知识产权证券化的交易总额为3.8 亿美元，2002 年已达到 150 亿美元的资产规模。在日本，知识产权证券化这一"用权"措施在日本知识产权战略中得到了越来越多的重视，2003 年伊始，日本每年都会在其年度《知识产权推进计划》提出知识产权证券化的相关措施，并修订相关法律。2003 年 3 月，Scalar 案在日本首开知识产权证券化的先河，Scalar 公司的专利资产证券化计划受到了高度评价，"Scalar 案"作为日本政府对知识产权的证券化的尝试，通过证券化实际获得融资为 20 亿日元。虽然在支付法律、会计、税收，以及融资领域的相关人员费用后，Scalar 公司收益甚微，但其对日本知识产权证券化的影响是十分巨大的。2004 年 5 月，日本制定了《知识产权推进计划 2004》，发布了针对战略性知识产权管理和融资过程中利用信托制度的法律，以及未来推进计划。2005 年 6 月，日本制定了《知识产权推进计划 2005》，进一步鼓励企业进行专利资产证券化，并修改了与资产证券化相关的一系列法律，消除法律对专利资产证券化的制度障碍。

我国法制制度层面并没有明确提出开展知识产权证券化业务，但针对于资产证券化出台了相关政策。2005 年起，我国资产证券化业务正式开始试点，主要规范信贷资产证券化业务，同时国家相关单位先后出台了《信贷资产证券化试点管理办法》、《关于进一步扩大信贷资产证券化试点有关事项的通知》等政策法规，为信贷资产证券化的业务的展开和发展提供了基础，自相关规定发布以来，国家开发银行、兴业银行、中国银行等银行分别发行相关信贷资产证券化产品。近年来，资产证券化相关的政策有了一些新风向，国务院 2014 年 1 月发布了《国务院关于取消和下放一批行政审批项目的决定》，其中取消了以往由证监会进行审核的"证券公司专项投资审批"，同年证监会于 2014 年 2 月 在例行记者发布会宣布证监会将不再受理作为资产证券化载体的"证券公司专项投资申请"，资产证券化业务将由新设立的公司债券监管部负责，行政许可取消后的管理机制体现市场化原则。这一政策改变被普遍认为是一项关于资产证券化业务的积极信号，使得我们对知识产权资产证券化业务的发展持乐观的态度。上述法律法规的相继出台，使得实践中已经相继出现了以相关收益权作为基础资产进行证券化，从而发行相应资产支持证券的案例。由于知识产权中能将许可费等授权费具有收益权，故可作为基础资产进行证券化，由此可知上述法律法规的出台，为我国知识产权证券化的发展奠定了良好的基础。

16.3　知识产权证券化的要素分析

为了保证知识产权证券化的顺利实施，对知识产权证券化中的核心要素进行分析显得尤为重要。一方面理解知识产权的核心要素有助于读者深刻地认识到知识产权证券化顺利实施的基本条件，另一方面，通过剖析知识产权的核心要素，能够使得读者全面掌握知识产权证券化与普通资产证券化的不同之处，从而揭开知识产权证券化神秘面纱。下文从知识产权证券化涉及的基础资产、知识产权证券化的基本条件，以及知识产权证券化涉及的主体与客体对知识产权证券化的核心要素进行分析。

1. 知识产权证券化涉及的基础资产

资产证券化中现金流量的状况在很大程度上取决于基础资产的品质，基础资产的品质将直接影响证券化的成败。由于知识产权证券化中的基础资产具有独特的性质和特性，这就使得知识产权基础资产的选择策略与其他基础资产有所区别。知识产权证券化涉及的基础资产通常指具有可预期现金收入流量的知识产权，通常包含专利权、商标权及著作权等知识产权中的一项或者多项。知识产权证券化中可预期现金收入流量的知识产权权利主体和权利本身的范围比较难以界定和厘清，知识产权固有的不稳定性不可避免地给知识产权证券带来比其他资产证券化更多的风险，而这种风险又因为缺乏公认和明确的评估标准而难以做到科学的评估，尤其是商业、商业秘密等类型知识产权更加难以评估。

但即便是知识产权本身价值难以评估对知识产权证券化的发展造成一定的阻碍，但由于知识产权具有对外有偿许可、信贷质押担保和权益性投资的财产价值，故也具有明显可预期的现金流，故也可以将其作为证券化的基础资产，促进企业融资。依据知识产权产生收益的品类不同，可将知识产权基础资产分为三类，分别为许可类基础资产、信贷质押类基础资产及投资分红类基础资产。许可类基础资产是以知识产权许可收益作为知识产权发行证券的基础资产，信贷质押类基础资产以知识产权质押担保所形成的信贷债券收益作为知识产权发行证券的基础资产，投资分红类基础资产是以知识产权参与投资产生分红收益作为知识产权发行证券的基础资产。

2. 知识产权证券化的基本条件

知识产权证券化通常需要知识产权本身满足一定的条件，才能确保投资的收益得到合理保证，投资者才具有投资意愿，从而保证知识产权证券化能够顺利地实施。知识产权证券化须满足如下基本条件：一是知识产权具有可预见收益的财产价值，这是知识产权能够进行证券化的重要保证，可预见收益的财产价值的知识产权包括知识产权商业化所拥有的债权、知识产权许可产生的收益权及知识产权投资分红产生的收益权等，这些知识产权的重要特征在于，其能够在未来产生可预测的稳定现金流且现金流入的期限与条件能够把握。二是知识产权具有良好的变现能力，知识产权有较高的变现价值或者对于债务人的效用较高，则能够产生良好、较为稳定的现金流，如电影、音乐版权等，由于能产生稳定的现金流，导致大部分的证券化的知识产权都来自于版权领域。三是知识产权持有人具有合法拥有知识产权的权属证明，权属证明包括可依法认定的证明材料。对于专利，最好包括权属稳定性的证明，而且降低知识产权失效的风险。四是拥有知识产权许可使用和质押担保合同各方应严格执行彼此签订的合同，保证知识产权投资收益稳定，通常可以委托律师或专业机构进行起草和修订，从而产生高质量和标准化的知识产权合同条款，保证知识产权证券的顺利实施。

3. 知识产权证券化涉及的主体与客体

知识产权证券化涉及的主体包括证券发起人、特殊目的机构（SPV）、担保人、承销商或代销商、受托服务银行及投资人。证券发起人是指拟通过知识产权融资并为此构建和转让知识产权基础资产池的发起人，证券发起人多为原始权利人，有时也不为原始权利人，如上文案例一中，证券发起人为 Royalty Pharma 公司，但原始权利人为耶鲁大学。特殊目的机构（SPV）是指仅为特定、专向目的而设立的法律实体，本文中是指以知识产权证券化为唯一目的法律实体，SPV 的主要作用是受让知识产权基础资产池并为此发行知识产权证券。担保人的主要作用是为知识产权支持证券提供信用增级，从而增加证券的评级，降低投资人的风险，增强投资人的投资意愿。承销商或代销商通常是证券公司，其主要作用是为发行知识产权资产证券代理承销，便于投资者更加便捷购买债券或者股票。受托服务银行通常是具有较高商业信用的大型银行，其主要作用是受 SPV 委托为知识产权证券管理现金流。投资人是购买知识产权资产证券的人，知识产权证券化能够顺利进行，最终取决于看投资人是否买单。

知识产权证券化涉及的客体包括收益权及发行产生的资产证券。收益权是指证券化的知识产权产生现在或者未来的收益，其包括债权。发行产生的资产证券是指通过知识产权的 SPV 发行所产生的现金流为信用支持而形成的资产证券。

16.4　知识产权证券化运作模式

知识产权证券化的运作模式主要通过知识产权的所有者作为发起人，将其可产生预期现金流的知识产权作为基础资产，转移给一个特殊目的机构（SPV），由 SPV以该基础资产作为担保，发行可以出售和流通的权利凭证。权利凭证通常的形式是债券和股票，债券是一种金融契约，是拥有知识的企业、高校或者科研机构等直接向社会借债筹措资金时，向投资者发行，同时承诺按一定利率支付利息并按约定条件偿还本金的债权债务凭证。股票是通常是股份公司发行的所有权凭证，是股份公司为筹集资金而发行给各个股东作为持股凭证并借以取得股息和红利的一种有价证券。

16.4.1　知识产权证券化的基本模式

知识产权证券化的交易基本大致可分为四个阶段，四个阶段包括 SPV 设立阶段、资产转移过程、知识产权证券的发行，以及知识产权证券的管理。

1. SPV 设立阶段

SPV 是一个专门为实现资产证券化而设立的信用级别较高的机构，它在资产证券化中扮演着重要角色，其设立的主要作用是使得被证券化资产可以从发起人的资产中独立出来，实现破产隔离功能，仅承担接受基础资产、保持基础资产独立性与发行证券的义务。SPV 主要扮演导管的角色，其核心功能是受让并管理由资产原始权利人管理的资产基础池及发行以该资产池为担保的证券，SPV 仅拥有名义上的资产和收益，实际管理和运作均委托他人进行，受托管理机构代表投资人持有证券的全部权益，收取证券的本息，并支付给投资者。

SPV 的主要组织形式有公司制 SPV、信托式 SPV 和合伙制 SPV，目前我国《公司法》、《信托法》及其他相关法律，都没有予以明确的规范支持。对于上述组织形式，SPV 与发起人之间往往存在密切关系，二者之间需要合理且沟通顺畅的处理机制，否则由于各方利益冲突和关联交易等问题，使得 SPV 的风险隔离作用形同虚设，也就难以发挥知识产权资产的作用，更进一步使得证券的收益安全失去基本支撑。在知识产权证券化的过程中，如果不采用 SPV 隔离机制或者 SPV 隔离难以发挥应有效果，则可能导致发行人直接作为证券发行主体，最终只能依靠企业信用作为证券融资的担保，而非增信的基础资产进行担保。

下文依据美国、日本等发达国家的知识产权证券化实践，以及我国资产证券化的相关法律，对公司制 SPV、信托式 SPV 和合伙制 SPV 这三种知识产权证券化的基本定义、操作方式及优缺点进行一一说明，以加深读者对知识产权证券化的运作模式的理解。

（1）公司制 SPV。 公司制 SPV 被称为特殊目的公司（SPC），SPC 一般只是发起人设立的空壳公司，属于特别法上的公司，其优点在可以扩大专利资产证券化中资产池的规模而摊薄证券化交易中较高的初始发行费。特别法上的公司是指特殊目的公司是专为专利等知识产权的证券化，以及其他类型财产的证券化所设立的公司，该类型公司在设立程序、业务范围、组织结构等方面与普通的公司有本质上的区别。很多国家在进行知识产权资产证券化的过程当中，都制殊了特别法，对特殊目的公司进行合理的规范。根据我国相关法律规定，对公司制 SPV 的企业发行股票和债券都有较高的注册资本要求和盈利门槛要求，这样的规定无疑增加了创新型企业融资的成本，同时也会将大量中小企业拒之门外，因此公司制 SPV 在我国发展受到较大的限制。

（2）信托式 SPV。信托式 SPV 被称为特殊目的信托（SPT），SPT 是资产证券化中的关键机构。信托是指委托人基于对受托人的信任，将其财产权委托给受托人，由受托人按委托人的意愿以受托人的名义为收益人的利益或者特定目的进行管理或者处分的行为。由于信托具有信托财产的所有权不属于委托人，同时信托财产又必须从受托人的自有资产中进行分离，从而避免自有资产对信托财产的影响，起到有效隔离风险的作用。由此可见，信托制度能够将信托财产的所有权和收益权有效分离并且较好地保持信托财产的独立性，能够更好地起到其破产隔离"防火墙"，在美国、日本等国家的知识产权证券化中是使用较多的一种 SPV 形式。2001 年 4 月颁布的《中华人民共和国信托法》为 SPT 提供了法律依据，为我国知识产权证券化过程中 SPT 的设立提供了制度基础。SPT 兼具财产管理与中长期融资功能，能够有效地促进专利权的产业化和市场化。SPT 最大的特点在于灵活性，它能够将资产分割为多个相互独立的部分，以实现股票、债券等多种类型的交易目标。

（3）合伙制 SPV。知识产权证券化的过程中，特殊目的的机构可以采用有限合伙的形式。有限合伙制度源于英美法系，它是指由普通合伙人和有限合伙人共同组成的合伙组织，即一个或者一个以上的普通合伙人与一个或者一个以上的有限合伙人所组成的合伙。普通合伙人对合伙企业的债务承担无限连带责任，有限合伙人则根据出资额承担有限责任。合伙制 SPV 在经济活动中发挥着灵活高效的作用，我国在发展高新科技企业、风险投资领域的发展急需引入类似制度。由于在合伙企业中普通合伙人要对合伙企业的债务承担无限连带责任，这在一定的程度上影响合伙企业作用特殊目的的机构的风险隔离作用的发挥。相较于公司制 SPV 与信托式 SPV，合伙制 SPV 极少被应用于实践。

2. 资产转移过程

资产转移过程也是"真实销售"过程，知识产权的所有者，又称为原始权益人或者委托人，将与知识产权有关的基础资产"真实出售"给 SPV，实现知识产权的所有者自身与基础资产的破产隔离，因此 SPV 在资产转移过程中虽然并不承担实际的管理工作，却是知识产权证券化过程中的重要组成部分。在资产转移的过程中，为了达到风险隔离的目的，要求发起人在出售基础资产时必须真实售出，即发起人须将资产所有权转让给特殊目的机构。在民法体系中，财产权须发生真实的主体变更，其相应的权利义务可以改变，从而隔离风险，然而知识资产的无形无体性、消费共享性、传递性等特征，特别是"专利许可"等方式普遍存在，使得"真实销售"的形式复杂化，并包含契约义务更新、让与、信托等形式，任一细节问题发生都可以使得风险隔离产生不确定性，影响证券化的完成。

在知识产权资产转移的过程中，SPV 起着隔离风险，保证交易顺利实施的作用。SPV 的风险隔离功能主要体现在三个方面：一是资产证券化基础资产池与资产发起人之间的风险隔离；二是 SPV 自身的破产隔离作用，即由于 SPV 自身不能破产或者破产的概率极低，从而避免知识产权资产证券化债券的持有人的利益受到威胁；三是资产证券化基础资产免受发起人的债权人及其他资产证券化参与者的债权人的追偿。

3. 知识产权证券的发行

知识产权证券为一种资产支持证券，资产支持证券的发行可采用公募发行与私募发行两种方式。SPV 按照公募的方式发行证券时，应当依照主管机关的规定向投资人提供招募说明书，对公开募集的资产支持证券进行强制性的信用评级，以提高投资者决策能力，并对资产支持证券发行人进行监督。SPV 按照私募的方式发行证券时，由于私募的对象一般是具有投资经营的机构投资者或者个人投资者，因此不采用公募发行方式下的强制性信用评级，而是由 SPV 根据投资者的需求决定是否进行信用评级。知识产权证券化过程中，一般需求聘请信用增级机构对证券提供适当的担保，再聘请具有一定知名度的信用评级机构进行评级，然后进行发行。知识产权证券本身具有足够的信用度，是证券成功发行的前提条件。如果知识产权相关的基础资产的质量和收益性尚不明朗时，以此作为担保发行的证券，需要通过信用增级机构提升其信用度，才可能被购买者所接受。

由于 SPV 中涉及的知识资产的复杂性，直接建立起稳定的信用十分困难，SPV 常常需要通过内部增级或外部增加的方式提高其证券化资产的信用。内部增级的方式主要有优先结构确认、超额抵押、发起人追索等，外部增级的方式主要有保险、第三方担保、现金抵押等。通过合理地增级的知识产权资产，更容易受到投资者的青睐，增级本身也是投资者进行投资行为的重要依据。知识产权证券的发行过程中，降低单一主体的风险及分散风险十分重要，而增级能够有效地降低单一主体的风险，并有利于风险扩散。此外，知识产权资产证券化的意义在于，可以将未来的收益提前变现，故知识产权证券的发行过程，也是未来收益风险的分散过程，因此也是一种知识产权的分散风险机制。此外，分散风险机制并不意味着消灭风险，当知识产权证券发行的风险足够大时，投资者最终不会买单，即证券无法销售。

4. 知识产权证券的管理

知识产权证券的管理主要包含两个方面。一方面是对知识产权使用进行管理，防止知识产权价值的外溢，维护原始权利人和 SPV 的利益。证券化的基础在于担保资产能在未来产生稳定的现金收益，知识产权使用的管理过程通常由原始权利人和 SPV 把控及执行，原始权利人和 SPV 需要保证知识产权权益的稳定及收益的稳定性。另一方面，是对证券有关的财务进行管理，保护证券化参与各方的权益。知识产权证券化的财务管理一般由 SPV 指定的受托人负责，如具有一定社会影响力的商业银行。托管人的主要作用是将产权消费者收取的使用费或者许可费的一部分作为本息偿付给投资者，将剩余部分收益返还给 SPV，并针对剩余部分收益设立专户进行管理。

不同类型的知识产权，知识产权证券的管理也不相同。版权作品、特别是影视音乐作品等，独立性资产特征明显，现金流容易预期，知识产权证券的管理过程更容易把控，这也是这类型知识产权证券化程度较高的原因。专利技术对于产业有很强的依赖，纯碎以专利许可方式获得长期稳定的现金流的技术类型及数量均有限，技术领先公司的核心技术在实践中的确通过许可方式获得专利费，但通常保持低调，仅限于维护自身市场的稳定，不太可能会单独将其公开证券化。另外，专利权利稳定性较差，容易被无效或者被诉，故专利证券化的管理相对来说比较困难，证券化的程度也较低。对于商标，其特许经营的方式已经类似于一种证券的分开发售，而且不发生交易的情况下，商标的价值难以估量，因此除了部分商标许可可能产生一定的现金流外，大部分商标难以进行商标证券化，但其预期收益通常较为稳定，权属争议也相对较少，故其证券化管理与专利相比，反而相对容易。

16.4.2　知识产权证券化的运作流程

知识产权证券化的运作流程基于知识产权证券化的交易模式，其核心是设立以资产证券化为唯一目的的 SPV。在知识产权证券化的过程中，首先，知识产权的所有者（原始权益人、发起人）将知识产权未来一定期限的许可使用收费权作为基础资产，转让给 SPV，形成资产支撑证券（ABS）。然后，SPV 聘请信用评级机构进行 ABS 发行之前的内部信用评级，确定 SPV 的信用等级。接着，SPV 将内部信用评级的结果与知识产权的所有者的融资要求进行比较，若无法满足融资要求，则采用信用增级方式，提高 ABS 的信用级别；若已经满足融资要求，则不做增级处理。

其次，SPV 再次聘请信用评级机构进行发行信用评级，评级完成后，ABS 应具有
发行所具备的信用等级。接着，SPV 向投资者发行 ABS，以发行收入向知识产权
的所有者支付知识产权未来许可使用收费权的购买价款。接着，知识产权的所有者
或其委托的服务人向知识产权的被许可方收取许可使用费，并将款项存入 SPV 指
定的收款账户，由托管人负责管理。最后，托管人按期对投资者还本付息，并对聘
用的信用评级机构等中介机构付费。知识产权证券化的运作流程如图 16.1 所示。

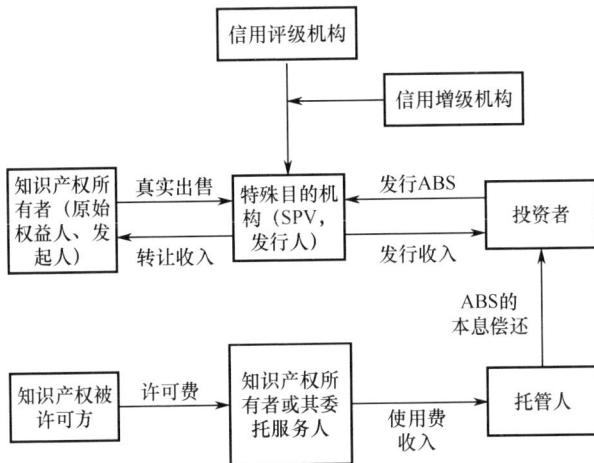

图 16.1　知识产权证券化的运作流程

16.4.3　知识产权证券化的案例分析

在知识经济转型升级的大环境背景下，知识产权证券化这种新型融资方式日渐
受到政府及企业的青睐。知识产权证券化的优势在于能够使得具有核心知识产权的
企业，通过增强资产的流动性来提供企业的生存及发展能力。国外知识产权证券化
涉及版权、专利权、商标权等多个领域，极大地扩展了融资模式的多样性，各国政
府也积极修订有关知识产权融资的法律及制度，为知识产权证券化的发展扫清障
碍，切实促进企业，尤其是科技型中小企业的发展。我国的资本市场体系还不够完
善，进行知识产权证券化的实践经验还极其有限，目前尚处于探索阶段。为了推动
促进我国金融体制的创新，解决我国中小企业的融资瓶颈，特解析国外知识产权证
券化的典型案例，期待起到抛砖引玉的效果，从而推动我国知识产权事业及科技创
新的发展。

1. Royalty Phama 公司的专利证券化案例

耶鲁大学已成功开发抗艾滋病新药 Zerit 并将其获得的药品专利许可给必治妥
公司，由于耶鲁大学基础建急需大笔资金，故耶鲁大学将其药品专利的许可费收益

权卖给 Royalty Pharma 公司。艾滋病新药 Zerit 专利的价值约为 1.1 亿美元，耶鲁大学每年可以 Zerit 专利许可中获得约为 1000 万美元的许可费。由于 Zerit 专利的许可费收益没有流动性，Royalty Pharma 公司因此承担较大的风险，为了隔离风险，Royalty Pharma 公司于 2000 年 07 月成立了 BioPharma Royalty 信托，BioPharma Royalty 信托为特殊目的机构（SPV），并通过"真实出售"的方式将 Zerit 专利的许可费收益权转让给该信托。以 Zerit 专利的许可费 70%的许可费作为担保，BioPharma Royalty 信托随后对 Zerit 专利的许可费收益的70%进行证券化处理，并发行了 7915 万美元的浮动利率债券和 2790 万美元的股票，并向耶鲁大学支付了 1 亿元的对价。BioPharma Royalty 信托还对证券化交易进行了优先/刺激债券的内部增级，将所发行的债券分成两部分，5715 万美元的高级债券和 2200 美元的次级债券，必治妥公司和耶鲁大学"AAA"的信用级别在评级机构的评定债券和投资级别时也起到重要作用，5715 万美元的高级债券的优先之安全被评为"A"，其偿债覆盖系数为 1.6。在 ZC Specialty 保险公司股权担保情况下，2200 美元的次级债券虽然偿债覆盖系数为 1.3，但确得到了"AA-"的投资级别。BioPharma Royalty 信托发行的 2790 万美元股票由 Royalty Pharma 公司、耶鲁大学和 BancBoaton Capital 公司持有，BioPharma Royalty 信托每个季度从必治妥公司获得 Zerit 专利的许可费收益，在收到资金后按照协议将收益支付给服务商和投资人，在完成交易后，将余额按协议分配给 Royalty Pharma 公司、耶鲁大学和 BancBoaton Capital 公司。在上述交易中，BancBoaton Capital 公司为债券的承销商和分销商，负责将债券售卖给投资人。

2. Guess（盖尔斯）Inc.的商标证券化案例

Guess 是一家位于洛杉矶的服饰公司，其向各类生产商发放商标许可，涉及的产品包括手表、包包、衣服及眼镜等。2003 年左右，Guess 面临较大的流动资金压力，为了解决其债务危机，Guess 以 14 个商标许可使用合同为基础发行了 7500 万美元的债券，期限为 8 年，以缓解燃眉之急。为了实现商标的证券化，2003 年初，Guess 成了证券化特殊目的机构 IP Holder LP，IP Holder LP 的两个普通合伙人分别为有限合伙人 Guess IP LP LLC 及普通合伙人 Guess IP GP LLC。发起人 Guess 的一家下属公司将拥有 14 个商标许可证全部以"真实出售"的方式转移至 IP Holder LP。在增信过程中，Guess 采用了超额抵押、发起人承诺、备用服务商等措施，作为本次证券化的主要内部增信手段，如发起人承诺 Guess 拥有 21 份商标许可合同，Guess 承诺在现金流缺失的情况下，将未进行证券化另 7 份合同的未来收益增加至基础资产池。最终，标准普尔和穆迪分别对债券给出了 BBB 和 Baa2 的评级级别。最后，IP Holder LP 将许可合同中所产生的所有收益转移至此次证券化的发行机构 GRF，再由 GRF 发行债券。

Guess 拥有的 14 份商标许可合同中 12 份为国内合同，剩余的 2 份为国际合同。这些合同的签订时间在 1984—2001 年之间，合同期限为 3～10 年。依据合同估算，Guess 拥有的 14 份商标许可合同的许可使用费在证券发行的前后几年将达到 2300 美元左右，而 Guess 确依靠上述 14 个商标作为基础资产池发行了 7500 万美元的债券，由此可见，商标证券化能极大缓解企业的现金流危机。

3. "梦工厂"电影的版权证券化案例

"梦工厂"电影工作室想通过证券化融资的方式增强其卡通电影和实景影片的制作和生产能力，2002 年 8 月，在福利波士顿金融公司和摩根大通的安排下，"梦工厂"电影工作室将 36 部电影的版权收益权通过"真实出售"方式转移至特许目的机构 DW Funding，并以此发行了 10 亿美元的循坏信用债券。"梦工厂"电影工作室将电影版权中除国内剧场和付费电视的收益外其他未来收益权均转让至 SPV，即 DW Funding，被转让的电影包括"角斗士"、"美国丽人"及"拯救大兵瑞恩"等卖座电影。在增信和评级过程中，"梦工厂"电影工作室通过提供几部附加质押电影实现内部增信，又通过 Ambac 保险公司为其发行的债券提供保险，摩根大通则提供 5 亿美元无抵押信贷融资，标准普尔和穆迪对基础资产的现金流进行压力测试后，给出了"AAA"的信用评级。在债券的发行过程中，JP 摩根旗下的收账公司及富利国民银行旗下的老鹰资本购买 1.5 亿美元的债券，余下的由另七家金融投资公司包揽，每家的购买额在 1 亿至 1.15 亿美元之间不等。债券的偿还从第 4 年开始，债券的法定期限为 7 年，超额收益部分通过 DW Funding 转交给"梦工厂"电影工作室。

16.5　知识产权证券化的风险及防范措施

知识产权从某种意思上来说，是国家主权机关通过法律手段平衡创新产业利益冲突而制作的一种无形权利，其诸多特性与普通财产截然不同。将普通资产证券化的手段直接应用于知识产权证券化，将会引起一系列难以预想而特殊的风险。对于知识产权证券化，发起人能否实现融资目的，以及投资人能否实现获利目的，最关键因素在于基础资产品质的优劣，这是由于基础资产品质的优劣直接影响到知识产权资产支撑证券的信用评级，而资产支撑证券的信用评级决定了投资者是否具有投资意愿。另外，由于知识产权本身具有时间性、无形性等特征，会进一步加剧基础资产的现金流不稳定、资产组合难以合理安排，以及基础资产信用不稳定等问题，这些都会进一步加剧知识产权证券化过程中的法律风险。下文将对知识产权证券化的风险及防范措施进行详细的说明。

16.5.1　知识产权证券化的风险

1. "基础资产池"构建过程中的风险

"基础资产池"构建过程中产生的主要法律风险包括知识产权评估风险、权属认定不清风险、超期及价值减损风险、知识产权稳定性风险，以及基础资产的审核风险。知识产权评估风险主要由于知识产权的价值评估一直是知识产权运营中的重大难题，知识产权证券化过程中对知识产权价值进行评判时可能会出现资产价值虚高的问题，这就导致 SPV 进行破产清算时，将会极大地损坏投资人的利益。权属认定不清风险这要是有知识产权权属问题具有多样性，可能会导致权利主体的不准确认定或者错误认定风险。超期及价值减损风险通常是由于知识产权具有超期、未缴费失效或者知识产权技术被淘汰而引起的减损风险，且与普通资产相比，知识产权的超期及减损风险更加难以预料。知识产权稳定性风险主要是由于知识产权稳定性难以判断，容易遭遇侵权诉讼或者违约诉讼等风险。基础资产的审核风险是指对知识产权产生的现金流进行评估时缺乏可供参考的历史数据，与知识产权相关产品的市场占有额、模仿的难易程度等风险都难以被调查，这就导致知识产权基础资产审核十分困难。

2. 知识产权资产证券化交易过程中的风险

知识产权资产证券化交易过程中的法律风险主要包括 SPV 法人结构风险、信息披露文件及财务报表的风险、合同违约风险，以及证券化文件被撤销风险。SPV 法人结构风险主要由于 SPV 并非实体公司，而常被称为"空壳公司"，只拥有名义上的资产和权利，在确定基础资产池后，原始权益人须将基础资产池"真实出售"或者通过设立信托转让给特殊目的机构（SPV），而 SPV 却通常需要委托他人进行管理和控制，受托的管理机构作为投资人的代表持有证券的全部收益，收取证券本息，被支付投资者，故投资者的利益是否得到保护与其受托的管理机构与知识产权证券化的原始权利人是否有利益输送有很大的关系。SPV 法人结构虽然有效隔离风险，但隔离风险的效果却取决于其委托人。信息披露文件及财务报表的风险主要来自两个方面：一方面，来自证券发行信息披露文件存在不实陈述，在证券化各个环节当事人较多，拥有基础资产的原始权利人、SPV、信用增级机构、会计师、律师、证券承销商、服务商等各个环节的当事人都有可能发生不同程度的虚假陈述或者欺诈行为，这就使得知识产权证券化过程中设计的法律文件存在弄虚作假的情况，势必会给投资者带来巨大的损失；另一方面，由于证券化过程中涉及各方当事人知识产权相关的经验通常不足，知识产权证券化的信息披露文件存在对知识产权的价值及稳定现金流的误判、误认等风险，会极大影响投资者的投资判断及策略。合同违约风险是指在知识产权证券化的过程中，知识产权证券化的一方当事人违反合同约定而给当事人的其他人造成损失的可能性风险。例如，如果知识产权许可协议的被许可人违约，不按照知识产权许可协议支付知识产权许可使用费，就很有可能导致知识产权的基础资产池的收益带来现金流周转困难。证券化文件被撤销风险主要来自与知识产权相关的法律还有待完善，存在灰色地带，且又由于知识产权难以估价，故容易导致知识证券化的相关文件条款与法律规定的条款相冲突时，法院判定知识产权券化文件无效或者失效的情形。

16.5.2　知识产权证券化的风险防范措施

1. "基础资产池"构建过程中的风险防范措施

对于"基础资产池"构建过程中的法律风险主要通过对合理预测知识产权前景、建立完善的知识产权评估体系、科学搭配知识产权资产池、合理运用知识产权产业政策、有效控制知识产权转让合同的风险，以及设立知识产权保险制度等措施来规避，从而保证"基础资产池"能够产生持续稳定的现金流。由于知识产权的收益及价值均取决于知识产权未来的市场前景，故合理对知识产权未来的市场前景做出准确的测算，就能极大地降低知识产权证券化的技术风险。合理预测知识产权前景通常通过分析行业的基本情况、商业运作情况、发展前景，以及法律机构等因素实现对知识产权未来收益进行预测，从而保证知识产权基础资产的现金流的稳定性，有效防止被证券化的知识产权的技术风险。建立完善的知识产权评估体系，知识产权的价值具有不确定性和可变性，但从理论上来看，知识产权的价值应该处于一个合理公允价区间，对这个公允价值区间进行适当的折价处理，则能保证知识产权的估价具有良好的稳定性及可靠性。我国知识产权存在评估不够规范、人才缺失的问题，设立专业的评估机构对知识产权进行客观公正的评估十分重要。此外，国家在制度升级、意识升级，以及经验升级上还需多下功夫。科学搭配知识产权资产池主要是考虑在搭建专利资产池时，利用合理科学的技术手段选择优质的知识产权资产进行搭配，考虑知识产权资产池时，应当具备一定的规模，专利许可费规模适中。科学搭配知识产权资产池重点需要关注知识产权资产证券化的存续期间现金流机构的多样化，短期、中期及长期等合同期合理组合，以保证基础资产池具有持续稳定的现金流。合理运用知识产权产业政策主要由于知识产权制度的设立，尤其是专利制度的设立，一定程度上是为了促进国家特定阶段的产业发展，促进实体经济的发展，故在对知识产权进行证券化处理时，基础资产池内的知识产权应当对专利涉及的相关产业的政策进行研究与预测，以避免产业政策的变化导致知识证券化出现技术风险。知识产权的交易各方应该签订详尽、明确的知识产权转让合同，知识产权转让合同中应明确证券化交易期间的管理条款，管理条款包括年费缴纳的规定、应诉主体的规定、对被许可人行为规定，以及发起人行为的规定等。知识产权保险制度是化解知识产权基础资产池构建中各类风险、保证基础资产池中专利权产生稳定现金流的重要措施，知识产权保险有利增强知识产权资产支撑证券的信用评级，具有一定增级作用，而且知识产权保险制度具有良好的风险分散功能和支持功能，能够在知识产权证券化之前转移基础资产池构建中的法律风险。

2. 知识产权资产证券化交易过程中的风险防范措施

知识产权资产证券化交易过程中的风险主要源于 SPV、发行证券或者债券过程中产生的风险，对于这类型风险主要的防范措施有规范"真实出售"过程中的法律风险、规范信托式 SPV 中的法律风险，以及强化知识产权证券化中信息披露的法律制度。SPV 的本身就是一种隔离风险的措施，但由于 SPV 又被称为"空壳公司"，其权利的行使属于其委托人，因此建立一套完善的法律制度，保证"真实出售"过程得到严格的执行，才能保证被转让人出售的基础资产池与原始权益人的经营风险相隔离，保证原始权益人即使是严重亏损或者破产清算也对基础资产的未来收益不产生影响或者仅产生较少的影响。因此，要建立严格的法律制度保障转让方或者其他债权人无法追偿已经"真实出售"的基础资产池，无法回购或者保留对基础资产池的控制权。根据信托法法理，信托财产权中的管理权和受益权被分离，分别由受托人和受益人享有，故信托财产权名义上转让给受托人，但不归受托人所有，受托人的债权人不得要求信托财产抵触债权人债务，同时信托财产也不属于受托人的破产财产，故信托式 SPV 本身具有良好的风险隔离作用，但由于信托式 SPV 的参与主体增大，其管理难度加大，任何环节的疏忽都可能导致知识产权证券化的失败，故从法律法规及实际操作中，加强信托式 SPV 的财产管理，将有利推进知识产权证券化的顺利进行，并在证券化基础资产与债权人（即原始权利人）之间建立起一道"防火墙"。知识产权证券化中信息披露制度是投资人投资信心和投资决策的基本保障，是防止证券欺诈的重要手段，知识产权证券化风险源既包括与知识产权基础资产池的未来现金流、偿付能力、知识产权标的稳定性、知识产权标的法律状态以及潜在的侵权、诉讼等有关联的风险，还包括与知识产权基础资产池信用增级及信用担保相关的风险。与知识产权证券化风险源相关的信息应在法律法规的保障下重点披露，以便投资者实时知晓基础资产的基本情况，从而提高投资者的投资预期。另外，知识产权证券化的过程中还需要重点披露证券发行人的经营业绩、财务状态、企业负债，以及企业偿还能力的信息，良好的企业综合经营状况，也是知识产权证券化顺利实施的重要推手，直接影响投资人的投资信心及投资决策。

16.6　知识产权证券化的特点

发展知识产权证券化对融资者、投资人和发展都带来新的机遇。对融资者而言，知识产权证券化的最大特点，是其能够在取得融资的同时，保留对知识产权的自主性。在证券化过程中，被转移到 SPV 进行证券化的资产，通常是知识产权的权利人授权他人实施知识产权所取得的现有回报或将来的提成，如应收账款，而不是知识产权本身。在证券化交易后，发起人仍可保有并且管理知识产权。这种特点对创新型企业别具意义，因其在取得资金融通的同时，发起人还能对知识产权进行进一步改良或应用，持续提升其价值。此外，证券化融资还可以提供融资者较高的融资杠杆，取得相对便宜的资金。

从投资人的角度来看，知识产权证券化的产品具有较佳的流动性。而其风险与报酬在股票和债券之间，因此可作为丰富资产组合的良好投资标的。而证券化所产生的破产隔离效果，可以使投资人直接投资看好的技术或著作，而不必过于担心发起人的经营状况。对于宏观经济的发展而言，知识产权证券化产品的存在，可使不同风险偏好者通过市场进行交易，从而提升整体经济的效用水平。从经济学分工理论的视角来看，创新型企业可以将风险资产透过证券化转移出去，更专注于知识创新与管理的工作；而专业投资人则通过资产组合来分散所承接到的风险。

16.7　知识产权证券化的必要性

进入知识经济时代，无形资产在企业资产价值中的比重在近 20 年中大约从 20%上升到 70%左右，知识资产逐渐取代传统的实物资产而成为企业核心竞争力所在。这就要求企业应该将融资的重点从实物资产转向知识资产。知识产权证券化正是顺应了这种历史潮流，为知识产权的所有者提供了以知识产权为依托的全新的融资途径，将知识资产与金融资本有效融合在一起，从而实现在自主创新过程中资金需求与供给的良性循环。

根据 PullmanGroup 的估计，全球知识产权价值高达 1 万亿美元。随着知识产权相关产业在世界各国的经济中所占比重越来越大，以及知识产权商业化运作的加强，全球知识产权的价值还将保持持续增长的势头，这就为知识产权证券化提供了丰富的基础资产。知识产权证券化的前景是非常广阔的，在未来肯定会成为资产证券化领域的主力军。

知识产权证券化最初的发展来自于知识产权所有人尽快收回研发成本和实现研究收益的需求。发展知识产权证券化对了我国企业，尤其是创新型企业的发展有着特别重要的作用和意义。

1. 有助于解决中小企业融资难问题

2009 年 9 月中央发表《文化产业振兴规划》，标志着文化产业已经上升到国家的战略产业高度。尤其是金融危机以来，随着人民币的升值和人力成本的不断上升，过去依靠价格和资源进行竞争的方式难以为继，我国迫切需要进行产业结构的调整和增长方式的转变。文化产业中的大量企业属于创新型企业，固定资产较少，无形资产往往占到 50%以上，仅仅依靠内源融资难以满足企业发展的需要，上市融资门槛较高，也难以达到银行的借贷要求，知识产权证券化无疑是解决创新型企业，尤其是中小企业的有效途径。

2. 有利于促进知识产权的转化

教育部编写的《中国高校知识产权报告（2010）》中指出，1985—2010 年，作为我国主要科研力量的高校累计专利授权总量 150029 件，而其中能够得到转化的专利不足 5%，从发达国家的经验来看知识产权产业化所需要的资金是研发所需资金的 10 倍，2010 年我国拥有科技研发的投入为 7062.6 亿元，从这个角度看我国知识产权的产业化所需资金将超过万亿。知识产权证券化不仅可以解决这一问题，还能够降低知识产权转化的后续资金需求，提高知识产权的转化率。

3. 可以有效降低创新型企业融资过程中的风险

知识产权证券化一方面能够使知识产权所有者，即创新型企业在获得资金、享有资金的时间价值的同时将风险转化出去，即通过证券化将创新型企业的风险分散给了购买证券的广大投资者；另一方面，又通过成立 SPV、信用增级等方式降低投资者所承担的风险。

4. 对创新型企业的影响较小

向银行借贷或者发行企业债券都会提高创新型企业的资产负债率，对其企业形象、信用记录产生影响，而发行股票会对企业的资本结构、控制结构产生影响。知识产权证券化是将知识产权所带来的收益通过"真实出售"给 SPV 来发行证券，并不会增加企业的资产负债率，也不会改变企业的资本结构、控制结构，同时还能够使企业保有知识产权的所有权，可以说在现有的融资方式中对创新型企业产生的影响是相对较小的一种。

第17章　知识产权保险模式

17.1　知识产权保险定义

通常法律上所讲的保险为：按照规定，投保人向保险人交付保险费，保险人承担赔偿或给付保险金责任的合同关系。因此，保险具有化解和转嫁风险的功能。企业或个人在掌握知识产权的过程中同样会不可避免地遭遇诉讼风险及索赔风险。因而知识产权保险是保险分散风险的功能与知识产权风险相结合的产物，即法律上的知识产权保险是指根据保险人和被保险人双方的合同约定，将知识产权和知识产权侵权赔偿责任作为保险标的，投保人向保险人交付保险费，保险人对所承担的知识产权发生合同约定情形时承担赔偿责任的保险方式。

知识产权的法律风险主要来自两个方面，其一为权利人的知识产权受到了来自于他人的侵害，权利人的预期收益将受到消极影响；其二为权利人在市场竞争过程中侵犯了第三人的知识产权，而需要面对诉讼或赔偿损害。当权利人遭遇到这两种风险时，考虑到知识产权诉讼的耗时长花费高，权利人多半会放弃诉讼程序，转而寻求其它替代性争端解决机制。但是如果能对知识产权诉讼进行恰当的管理，知识产权诉讼所带来的价值和利益是替代性争端解决机制所无法相比的。因此需要克服知识产权诉讼的固有缺陷，化解知识产权诉讼本身具有的风险，而知识产权保险恰好可以迎合这一目的的实现。

因此，可以说知识产权保险主要是围绕专利、商标、著作权以及商业秘密等知识产权的侵权风险而设计，主要解决由于知识产权的侵权行为而造成的民事责任赔偿和财产损失问题，化解权利人在侵权诉讼中的诉讼费用负担以及侵权损害赔偿所带来的压力。

17.2 知识产权保险的发展与现状

随着知识经济的到来，知识产权的巨大商业利益被越来越多的人所认识，随之而来的知识产权侵权现象日益严重。权利人为了维护自己的合法利益，被卷入知识产权诉讼不可避免。卷入知识产权诉讼对于大多数企业来说都是棘手的问题。知识产权诉讼程序复杂，耗时较长，更为重要的是想要走完所有的诉讼程序，高昂的费用也是令许多企业头疼的问题。例如中国企业频遭美国"337"调查并败诉，除了因为自身的科技创新能力不足和知识产权保护意识较弱，另一个更重要的原因在于应诉的费用十分昂贵。在这样的背景下，为了分担企业在知识产权诉讼中的风险，减少损失，维护知识产权权利人的合法权益，一些保险公司开始顺应市场需求，开发新的保险险种，知识产权保险就应运而生了，它有效地减轻了企业知识产权侵权的资金压力。

17.2.1 国外知识产权保险的发展

知识产权保险最早在美国发展起来，20 世纪 80 年代美国最先开展了普通商业责任保险，这是知识产权保险的最初形态，开创了知识产权保险的先河。

但是那时的知识产权保险并不专业，只是通过对既有保单的扩大解释来实现的。国家联合火灾保险公司（美国国际集团在匹兹堡的分支机构）于 1994 年推出了首张综合性的专利侵权责任保险，形成了世界上第一张以知识产权为保险标的的保单。经过近三十年的发展和演进，美国已经形成了一套成熟且完善的知识产权保险制度。虽然有待完善，但其知识产权保险制度已经造福众多企业，覆盖了专利、著作权、商标权以及商业秘密等诸多领域，范围全面而广泛。紧接着，英国、日本这些知识产权业较为发达的国家也相继推出知识产权相关的保险。与美国相比，他们以保险产品种类多、保险基数先进、索赔金额巨大而备受欢迎。欧盟各国将知识产权保险的重点领域集中在专利领域，积极构建专利诉讼保险机制。为配合欧盟以及中小企业为主的产业结构特性，欧洲发展出一套独立、以保护中小企业为主要目的的专利保险，这与美国的制度建设有着重大不同。

各国知识产权保险的设立路径也有所差异，美国知识产权保险的设立主要是由法院以判例形式推进的。欧盟构建了专利保险的七种方案，险种多样，承保模式主要包括强制模式和自愿模式。欧盟知识产权保险制度以英国最为成熟，互助保险是一大特色。另外，英国知识产权保险设立了法定登记程序，专利申请人投保后须到知识产权局登记，对专利侵权行为起到很大的威慑作用。与其他国家相比，日本知识产权保险的特别之处在于险种设计和承保机构，日本专利许可保险仅针对日本企业专利的海外许可费无法或难以收回的情况，承保机构是一个具有法人资格的半官方机构日本出口与投资保险公司[①]。

此外，近年来日本围绕知识产权的民事诉讼案大幅增加，花费高额诉讼费的事例越来越多，甚至出现了有的中小企业不得已退出当地市场的情况。日本特许厅有意通过创设保险制度来缓解企业对拓展海外业务的担忧。据日本媒体 2016 年 6 月 7 日报道，日本特许厅将为海外知识产权诉讼创设保险制度，若日本中小企业在海外开展业务时卷入侵犯知识产权等诉讼中则提供诉讼费用，企业缴纳的费用将由国家补助一半。

虽然知识产权保险业在西方国家日臻完善，但知识产权保险的盈利还没有达到显著的效果。2006 年 4 月 Betterley 进行一项知识产权保险国际经验调查报告，该报告指出目前只有美国和英国的保险计划实现了盈利性的结果，其他国家和地区的知识产权保险还有待加强。

17.2.2　我国知识产权保险的发展

我国知识产权保险的"第一例"，可以追溯到 2001 年第三届高交会。中国人民保险公司推出了《高新技术成果转让险》，跨出知识产权交易保险的第一步。2004 年 4 月，北京中关村知识产权与中国人民保险公司成功签署了一份《中关村知保合作框架协议》，率先在全国开展知识产权保险领域的研究与合作，探索中国知识产权与保险有机结合。我国首款专利保险产品是于 2010 年推出的《专利侵权调查费用保险》。

为促进知识产权与金融资源结合，保障知识产权价值实现，强化企业和地区及产业创新发展优势，2012 年 4 月，我国知识产权局正式启动专利保险试点工作，首批选取广东省广州市、四川省成都市、辽宁省大连市、江苏省镇江市、北京市中关村等四市一区作为专利保险试点地区，试点期限为 3 年。紧接着，《国家知识产权局关于确定第二批专利保险试点地区的通知》（国知发管字〔2012〕120 号）

---

① 郭咏梅.我国专利保险制度研究-从我国专利保险试点出发[D].西安：西北大学，2015.

下达，又正式批准 20 个地区，贯穿我国 14 个省份，展开专利保险第二批试点工作。根据专利保险试点近三年来的理论构建和实践经验，国家知识产权局下达《国家知识产权试点、示范城市（地区）评定和管理办法》（国知发管字〔2014〕34号），又确定 6 个地级市（城区）、10 个县级城市为国家知识产权试点城市，进一步加快了我国专利保险制度试点工作的进程。在国家知识产权局负责推进的知识产权保险工作中，重点是专利保险，首先是专利执行保险，紧随其后的是专利侵权保险。

于 2011 年 12 月和 2013 年 4 月，人保财险先后两次接受国家知识产权局独家委托开展知识产权保险试点工作。经过近两年多的试点偿试，人保财险分阶段推出专利执行保险、专利代理人职业责任保险和专利侵权保险三款专利保险系列产品，并联合国家和地方知识产权局在北京、镇江、广州、成都等 27 个地市先后开展三批试点推广工作，截至 2014 年上半年，专利执行保险已在全国 34 个地市实现业务落地，累计提供专利执行保险风险保障 9505 万元，为 744 家企业的 2496件专利提供风险保障和保险服务，可见专利执行保险近年在我国的试点工作已初具规模和成效。

在知识产权保险的地位方面，据调查了解"知识产权保险体系问题研究"已被列入了 2008 年度国家知识产权局软科学重点研究项目指南中。这是我国首次将知识产权保险专题纳入国家级研究课题。由此看出，我国已经意识到了知识产权保险的重要性，也像其他发达国家一样开始重视知识产权保险问题了。知识产权局等单位的《深入实施国家知识产权战略行动计划(2014—2020 年)》提出要增加知识产权保险品种，扩大知识产权保险试点范围，加快培育并规范知识产权保险市场。

与知识产权保险较为发达的国家相比，首先，我国知识产权保险的创设时间较短，理论研究和实践经验相对缺乏，但推广较快。目前，我国知识产权保险推广总体进展不错，但主要反映在国家政策层面，还存在一些政策引导层面的制约，尚无法律层面的相关规定。我国企业对知识产权制度性风险缺乏足够、深入的认识，缺乏相应的管理手段与对策来防范和化解知识产权制度性风险，导致一些企业在知识产权的取得、实施、保护中遭受巨大损失。不少企业在未遭遇知识产权纠纷时只看到企业支出，在纠纷出现时，才想到知识产权保险可带来的回报，但为时已晚。因此，须引导企业提高预警能力，提前应对市场风险。与此相应的是，国内的保险界对知识产权还不甚了解，从而造成了我国在知识产权保险领域发展的滞后。

17.2.3　知识产权保险的研究现状

国外知识产权保险研究主要集中在该制度创设较早的美国、欧盟、日本、瑞士等发达国家和地区，理论和实践研究成果显著，文献资料相对丰富。国外理论研究具体包括概念界定、承包范围、险种类型、可行性研究、优化管理等方面。专利保险可行性的研究主要是通过调研报告的形式呈现，各国对其都比较深入。丹麦于2001 年发布关于专利保险经济结果的报告；欧盟于 2003 年发布专利诉讼风险保险可行性报告；英国于 2004 年发布的关于专利实施的报告中对建立专利保险制度的可行性也进行了阐述[①]。

我国的知识产权保险是舶来的，起步较晚，对其研究也相对不足。登录"中国知网"检索从 1979 年至 2016 年 3 月的期刊，其中用主题"知识产权"查询到的文章有 97402 篇，用主题"保险"查询有 281482 篇，而用主题"知识产权保险"查询仅有 4617 篇。登录"中国知网"检索从 2000 年至 2016 年 3 月的博硕士论文，用主题"知识产权保险"查询仅有 883 篇关于知识产权保险的博硕士论文，可见我国知识产权保险研究方面的不足。

17.3　知识产权保险运作模式

国外的知识产权保险运作模式根据各国的国情主要有商业运作模式、政府支持模式、强制保险模式三种。其中商业运作模式以美国为代表，美国的知识产权保险发展比较完善，运作由美国知识产权保险公司等专业公司和 AIG 等大型综合保险公司通过自身商业化保险产品的推销而进行。政府支持模式以日本为代表，在 2003年由经济产业省所属的行政法人"日本贸易保险公司"开展其知识产权保险。强制保险模式以英国为代表，在缴纳专利申请费用和缴纳专利维持费用的时候一并缴纳保险费。同时欧盟委托的 CAJ 咨询公司认为，专利保险涉及面狭窄、专利保险高保费低赔付率、中小企业潜在的专利保险需求多，因此，应实施专利强制保险。欧盟委托 CAJ 咨询公司提出但没有实施强制专利保险模式。

我国的知识产权保险目前还处在试点阶段，知识产权保险市场发展时间较短，

---

① 郭咏梅.我国专利保险制度研究-从我国专利保险试点出发[D]. 西安：西北大学，2015.

风险管理能力尚有不足，虽然知识产权保险对我国来说具有战略性意义，但面对具有较高成本的知识产权保险，保险公司出于自身利益的考虑必然会指定较高的保费，而投保企业从自身成本角度考虑，不愿意接受高昂的保费，这无疑形成了需求不足而供给又乏力的局面，给知识产权保险的发展造成了阻碍。显然，此时需要政府进行调控，引导知识产权保险市场的发展。

从知识产权保险的运作模式来看，各试点城市或地区都积极探讨并摸索出了符合本地实际情况的模式，其中，以下三种模式最具有特色和代表性。

17.3.1　知识产权保险合作社模式

由政府补贴建立知识产权保险合作社，该合作社由政府主导，保险公司、代理机构、企业联合组成，它将政府、专利代理机构的专业服务以及保险公司的资金服务资源进行整合。投保的企业需要加入知识产权保险合作社，从而成为知识产权保险合作社的会员。政府首期设立合作社的专项资金来扶植知识产权保险的发展。企业加入知识产权保险合作社，在遭受知识产权侵权时，可以得到保险公司的赔偿，减轻企业知识产权诉讼成本。同时知识产权保险合作社的专业人员会为会员单位提供专业的咨询和维权策略，加强企业的知识产权保护和管理。知识产权保险合作社的业务范围除了帮助会员办理知识产权保险的投保，也包括协调解决履行保险合同时的争议，以及协调政府推进知识产权管理工作，举办提高知识产权保护水平的公益活动，由政府认可的知识产权服务机构为会员提供知识产权制度建立、培训、咨询等一系列的服务，除此，还会对会员间的知识产权纠纷进行调节。由此可见知识产权保险合作社为会员企业提供了全方位的知识产权服务，不仅限于知识产权保险方面，还延伸至更多的知识产权服务方面，形成了完整的体系。

我国在佛山市禅城区首次试点专利保险合作社，政府投资 120 万进行补贴建立，这是全国首创。佛山市禅城区结合地区实际，稳步推进试点工作。一是加强组织领导，成立了由副区长为组长的试点工作协调领导小组，明确各项工作负责人。二是制定了《佛山市禅城区国家专利保险试点工作实施方案》和《佛山市禅城区专利保险补贴资金管理办法》，并把专利保险纳入禅城区贯彻实施《佛山市建设创新型城市总体规划（2013—2020 年）》。三是建立联合工作机制，佛山市禅城区经济促进局（知识产权局）与当地人民财产保险公司签订专利保险试点战略合作协议。四是加强工作创新，为提高保险的适用性，制定了 4 个保险方案供企业选择，不同基准保费对应不同的赔偿额，灵活性大，最高可以获得保费 90 倍的赔偿费，赔偿金额达到 144 万元，并根据投保专利数量和投保年限对企业进行不同的保费补贴政策。在工作模式方面，成立专利保险合作社，建立专利保险技术专家咨询组和法律维权援助组两个服务团队，搭建企业、保险机构与中介机构对接平台，为企业提供咨询、评估、培训等服务。五是多渠道开展宣传工作，使社会各界充分认识专利保险的意义，提高企业保护创新优势的意识。

17.3.2　"政府扶持+服务联盟"模式

在运作模式方面，政府给予知识产权保险补贴，并提供知识产权战略、知识产权创业、知识产权质押贷款贴息等优惠政策。服务联盟构建了较好的服务平台，能提供包括知识产权风险方案设计、经纪人服务、法律咨询、专利代理人服务等全面的服务。

北京中关村实行了此种"政府扶持+服务联盟"模式，对构建保险公司、中介服务机构、企业之间创新服务合作机制进行了有益尝试，在率先试点的 5 个城市中独树一帜，形成了鲜明的特色。专利保险经纪公司和法律服务机构等专业机构形成的服务联盟，为中关村专利保险试点单位提供了专利保险方案设计、投保、索赔等全方位专业支持，推进了第三方服务机制构建。在知识产权保险产品的销售方面，中关村采取了灵活多样的产品类型，包括"低保费+低保险金额（保障水平）"的基本知识产权保险产品，对于想花低成本购买基本保障的企业具有十分明显的吸引力。

17.3.3　"统一投保+无偿托管"模式

地区的优秀企业和专利，由地区知识产权局优先实行统一专利投保；同时，建立完善的专利托管服务平台和专利维权服务信息平台，为托管企业提供专利风险分析、战略跟踪、应诉策略以及与专利维权相关的服务。

广州东莞地区实行了此种"统一投保+无偿托管"模式。东莞作为第二批国家专利保险试点城市，为进一步促进科技金融产业融合，探索专利保护新模式，提升企业专利保护和应用能力，对高新技术企业、知识产权优势企业，以及获得国家、省、市专利奖，获得各商业银行专利权质押融资的专利，由市知识产权局优先实行统一专利投保；对参保专利实行免费托管；建立完善专利托管服务平台、专利维权服务信息平台、专利保险融资项目库及其管理系统，及时对企业专利纠纷和专利维权事项进行指导，对投保期内专利进行法律动态跟踪，并鼓励东莞具备条件的知识产权服务机构为托管企业提供专利风险分析、战略跟踪、应诉策略以及与专利维权相关的服务，提高东莞专利维权和应对纠纷的能力。对积极参与参保专利托管的机构，给予适当的专利托管补贴。

知识产权保险运作流程：在保单签订前，投保人对所投保的知识产权提供相应的权利证明，保险人对此予以核实。投保人在参保前做好必备的前期工作，一方面全面检索知识产权数据库，以确认自己参保的知识产权项目有没有侵犯其他任何人的知识产权；另一方面还需要有关律师开具没有侵犯知识产权的证明，并提交给保险公司，核实后才有可能获得保险。

在做完以上前期工作后，接下来的承保工作流程可由图 17.1 所示。

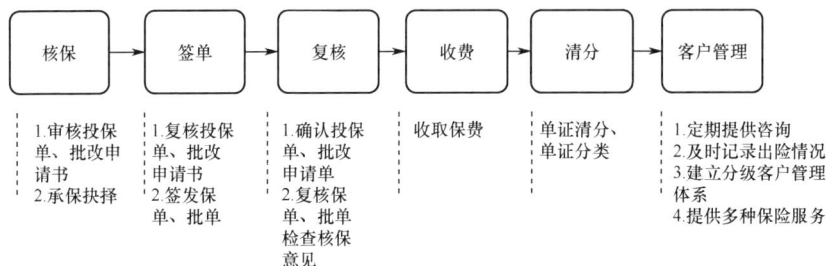

图 17.1   知识产权保险承保工作流程图

以上保险的模式符合我国国情，我国在知识产权保险推行初期实施了政策性保险，比较研究并不断完善了佛山市禅城区知识产权保险合作社模式、北京市中关村的"政府扶持+服务联盟"模式和东莞地区的"统一投保+无偿托管"模式，整合了保险公司、中介服务市场、知识产权信息服务平台、企业各方力量和需求，突破了知识产权维权困难的瓶颈，加强了对企业的知识产权保护和管理，鼓励了企业发明创造。此外，在实施深度合作模式中，政府应营造公平有序的市场竞争环境，避免因权力寻租而导致的不正当竞争和垄断现象，以免对知识产权保险推行带来负面影响。

17.4   知识产权保险主要类型

知识产权保险有多种分类方式。按照保险业务的不同内容可分为：专利保险、商标保险、著作权保险等类别；按照行为主体不同的战略类型可分为：进攻性知识产权保险，防御型知识产权保险。知识产权保险多指狭义上的，其主要包含两大类，即知识产权执行保险和知识产权侵权责任保险。这也是目前世界上知识产权保险所包含的两种主要形态。

我国知识产权保险是在借鉴美国、日本等专利保险发展相对成熟国家的理论和实践成果的基础上，立足我国知识产权侵权和保险需求的实际，从 2012 年国家第一批专利保险试点工作就立足高远，从专利领域侵权最广泛、专利权人权利亟待维护、最能有效遏制专利侵权的角度出发，选择专利执行保险为我国试点的首个险种。根据我国试点地区出台的关于专利保险保费补贴办法等政策性文件，我国专利保险的类型名目繁多，主要包括专利执行保险、专利侵权责任保险、专利代理人职业责任保险、境外参展专利侵权责任保险、专利质押融资保险等险种。目前我国试点地区推广主要是前两种。

国家知识产权局 2015 年发布的《2014 年知识产权金融服务再上新台阶》一文中披露 2014 年专利保险取得新突破，全面实现专利执行保险、侵犯专利权责任保险、知识产权综合责任保险、知识产权质押融资保险业务运营，全国有 798 家创新型中小微企业投保专利保险，保障金额 1.34 亿元，其中投保专利执行险的企业数量较上年增长 45.7%。

综上，本文按照国际主流的分类方法及中国知识产权保险的发展将其分为知识产权侵权责任保险、知识产权执行保险、知识产权综合责任保险、专利代理职业责任保险、境外参展专利侵权责任保险、知识产权质押融资保险。

17.4.1　知识产权侵权责任保险

知识产权侵权责任保险又称为知识产权防御保险，较执行保险而言，其为一种更加传统的知识产权保险类型，发展较早且是知识产权保险领域最为普遍的一种保险类型。知识产权侵权责任保险主要针对被保险人不适当地使用了他人的知识产权而遭受诉讼的风险进行保护，其保险标的为被保险人因为侵犯他人知识产权而涉诉时的诉讼费用以及被判定侵权后的损害赔偿费用。

知识产权侵权责任保险本质上是一种责任保险，其保险利益是消极的期待利益。由于责任保险的保险标的不是特定的财产，无法准确具体评估其价值，因此责任保险中没有保险价值的概念。所谓保险价值，是指保险标的物的价额，但是保险金额为投保人或被保险人对于保险标的所约定的保险金额，通常情况下保险价值和保险金额是相同的。因此，保险价额和保险金额是一对紧密联系的概念，保险价额的确定性直接关系到以保险金额为判断标准的保险合同类型，但是知识产权侵权责任保险中投保人和保险人也不可能就保险金额进行约定，因此不会发生不足额保险和超额保险的问题，保险人只就保险事故发生时在最高额限度内予以理赔。

17.4.2　知识产权执行保险

知识产权执行保险也称知识产权侵权排查保险、知识产权进攻保险，虽然称谓不一，但其本质相同，其承保范围都为权利人（投保人或被保险人）知识产权遭受他人不法侵害时主动提起诉讼时所需的诉讼费用，包括权利人对第三人在保险期间实施的侵权行为提起诉讼的费用，对第三人主张权利人知识产权无效而提起反诉之抗辩费用，重新审查权利人知识产权效力之费用以及重新公告其知识产权效力之费用。

需要注意的问题是，执行保险仅对诉讼费用进行赔偿，并不包括权利人因权利受到侵害所遭受的损失，这是由于知识产权尤其是专利具有专业性强、鉴别难度高、风险范围大，从而导致保险对风险的控制难度加大，保险人无法有效预估和控制该风险，因此在实务中保险人一般只对诉讼费用予以承保。再者，被保险人财产损失，有可能通过诉讼法院判决侵权人进行赔偿。

因此，从某种程度上讲，知识产权执行保险，乃一种诉讼费用保险，系指被保险人有胜诉之可预期性且无滥诉之情形时，保险公司对被保险人进行支付所支付的费用予以赔偿之保险。

知识产权侵权保险与知识产权执行保险的区别如表 17.1 所示。

表 17.1　知识产权侵权保险与知识产权执行保险的区别

	标的不同	被保险人	承保范围	类型不同	归责原则
侵权保险	被保险人因侵权而产生的对第三人的民事赔偿责任	被保险人是潜在侵权人，在制造、使用、销售产品过程中，可能侵犯他人知识产权，从而成为被告	因侵犯第三人的知识产权权利而须承担判决的对第三人的经济赔偿。包括：经济赔偿责任、诉讼费、其他必要合理的费用	它以被保险人的民事赔偿责任为保险标的，因此是责任保险	作为责任保险必须考虑被保险人侵权的主观过错。极力防范道德危险的发生，因被保险人故意侵权行为而导致的危险，不承担保险责任

（续表）

	标的不同	被保险人	承保范围	类型不同	归责原则
执行保险	被保险人的利益,即一种因权利遭受侵害而导致的财产利益	被保险人是权利人,经常的情况是被保险人的知识产权被他人侵犯,一般情况下是原告	合理维权费用。公证费、复印费、鉴定费、翻译费、诉讼费、律师费等费用。承包范围小于侵权型保险	以被保险人财产利益为保险标的,是财产损失保险;目的在于补偿被保险人因权利被损害所导致的财产损失	属于财产保险。目的在于保护被保险人免受因起诉侵权行为而导致经济上的利益受损

17.4.3 知识产权综合责任保险

即一份保单可以涵盖包括专利权、商标权、著作权、植物新品种权等在内的知识产权"原告险(对抗侵权过程中就法律诉讼、反诉讼等费用进行赔偿的执行保险)"、"被告险(偿付在应诉知识产权侵权诉讼时所必须支出的侵权辩护费用和赔偿费用保险)"、"运营险(偿付在知识产权许可、转让等过程中发生纠纷时的诉讼费用、赔偿费用保险)"三个模块的保障。

该保险产品有助于投保企业以较少的代价防范和抵御知识产权风险,节省因知识产权纠纷而付出的人力、物力和财力,从而有利于投保人及受益人更好地进行自主创新和国际合作嫁接创新,增强市场竞争软实力,促进知识产权产业化、市场化。

全国首单"知识产权综合责任险"保单由苏州天臣国际医疗科技有限公司(简称天臣国际)与国泰财产保险有限责任公司签订,保险范围涵盖海内外。2014 年 11 月 1 日,这份"知识产权综合保险"保单正式生效。2014 年 11 月 12 日,这张在苏州工业园区诞生的"中国第一单"被正式交付给中材科技(苏州)有限公司。合同期内,天臣国际一旦遭遇知识产权侵权,或在知识产权领域被其他企业起诉,保险公司不但将在保额范围内支付相关诉讼费和律师代理费,还将组织专业律师团队帮助天臣国际维权,从而降低该企业的经营风险,解决他们的后顾之忧。2016 年 1 月中德生态园与有关企业签署了"知识产权综合责任保险"合作框架协议,正式开展山东省首例知识产权综合保险,该保单构建了企业"知识产权防护盾",为企业进一步拓宽海外市场保驾护航。

17.4.4 知识产权质押融资保险

1. 知识产权质押融资保证保险

保证保险以被保证人的信用风险为保险标的,被保证人自主或根据权利人的要求与保险公司订立保险合同，由保险人向权利人担保被保证人自己的信用，当被保证人的作为或不作为致使权利人遭受经济损失时，由保险人向作为被保险人的权利人承担保险给付义务。一般而言，保证保险合同分为诚实保证保险合同和确实保证保险合同。其中，确实保证保险合同是指保险人以相对于保证人的地位向特定确定人提供担保，承担被保证人不履行法律或合同义务给权利人造成损失，保险人负责赔偿的一种保险合同，知识产权质押融资适用此种保险。在保证保险合同中，知识产权融资企业是投保人。

2. 知识产权质押融资信用保险

信用保险突出将被保险人的信用放在核心的位置，对于知识产权质押融资中的主观因素引起的客观风险，有针对性的作用。信用保险是权利人向保险人投保债务人的信用风险的一种保险，它也是把债务人的保证责任转移给保险人，当债务人不能履行其义务时，由保险人承担赔偿责任。

信用保险跟保证保险既有诸多的相同又有明显的区别，在适用于知识产权质押融资的理论分析中有许多共同的作用点。保证保险以保证人与债权人之间的债务代付行为将债务人与债权人之间的债权债务关系嫁接到保证人与债务人的物权关系中，信用保险则是保险公司根据直接的保险法律合同关系赔付合同相对人—债权人，继而取得代位资格，但结果同样是企业不能按期偿还贷款时，由保险公司先行赔付，承担债务人对债权人的义务，对企业享有银行在知识产权质押融资合同中的权利，隔断和化解企业与银行之间的直接风险，完成物权与债权的交接，给企业缓和风险压力的同时，也让银行能在第一时间得到补偿，节省知识产权变现和在二级市场周转的资金和人力成本。与保证保险相似的，将信用保险引入知识产权质押融资中，可有效地分配银行、融资企业以及保险公司的风险，有效提高商业银行向中小企业发放贷款的可操作性。

17.4.5 专利代理职业责任保险

1. 定义

专利代理责任保险是指由专利代理机构支付保险费，即代理机构作为投保人和被保险人。因为代理机构是责任承担的主体，《专利代理条例》规定，专利代理人因违法执业或者因过错给委托人造成损失的，由其所在的专利代理机构依法承担赔偿责任。即专利代理职业责任保险是以被保险的专利代理机构及其雇佣的专利代理人在专利代理事物中因疏忽过失而使委托人及第三人受损害而承担的民事赔偿责任为保险标的的保险。

该险种采用非列明保险责任方式，承保责任范围广，能有效转移各代理机构的执业风险。除故意行为超出营业执照经营范围经营、无书面委托合同、专利代理人员无《专利代理资格证书》等情况外，其余只要法律规定被保险人承担经济赔偿责任的，保险人均负责赔偿。

2. 发展

国知局在《专利代理行业发展规划（2009~2015 年）》中提出"研究我国知识产权中介服务体系相关行业的执业保险制度及有关规定，探索建立专利代理行业执业保险制度"。为落实"探索建立执业保险制度"，国知局在 2011 年初，已成立了专利代理风险保障机制研究课题组，专门研究专利代理执业风险问题，将执业保险作为风险转移的重要途径。

中华全国代理人协会在专利代理责任保险的推动中起着重要作用。2012 年 2 月 20 日 14 点至 17 点，在中华全国代理人协会会议室举行的关于"专利代理职业责任保险"的座谈会就被保险人主体选择、保险范围的设计、赔偿方案是否能满足不同代理机构的要求、保费计算方式是否合理等问题展开了深入的讨论，推动了专利代理职业责任保险的发展。

为了给专利代理行业风险保障体系的建立打下基础，2013 年 1 月 30 日，《2013~2015 年专利代理职业责任保险统保示范项目保险协议》正式在京签订。根据保险协议的约定，专利代理职业责任统保示范项目将按照"市场运作、协会推动、企业自主"的原则，采取由协会为专利代理机构的参保提供协调服务，由专利代理机构自愿投保，由中汇国际保险经纪有限公司提供保险中介服务，由平安财产保险股份有限公司承保的方式开展。

统保项目自 2014 年 7 月实施以来，多家专利代理机构积极踊跃地参与了统保项目的投保，初步构建了行业风险保障机制，运行一年以来，统保项目收效显著。为了进一步提高专利代理行业抵御风险的能力，健全专利代理行业的保险机制，协会继续开展了 2015—2016 年度统保项目，下达了《关于办理 2015~2016 年度专利代理职业责任保险的通知》。

综上，通过专利代理责任保险，提高了专利代理行业的整体抗风险能力，有利于维护委托人合法权益，促进专利代理行业的又好又快发展。

3. 发明专利授权险

该险种是平安产险在专利代理职业责任保险下开发出的最新保险产品，在全国尚属首创，由中国平安财产保险股份有限公司广东分公司与广州华进联合专利商标代理有限公司经过半年的调研论证后正式推出。该产品承保由于专利代理机构或专利代理人提供的专业服务存在过失、错误或遗漏，造成委托人的发明专利申请因不符合《中华人民共和国专利法》中所述的新颖性、创造性而被国务院专利行政部门驳回，导致委托人代理费用损失，依照法律应赔偿委托人一定的经济损失。

发明专利授权保险服务于专利"申请后授权前"这一时机，是专利全生命周期保险服务的重要环节，有助于提高专利撰写质量、为进一步提高专利授权率提供可靠保障，降低专利创新及维权成本、提高创新积极性，有利于推动专利代理机构创新服务模式、提高服务水平和服务能力，有利于促进知识产权与金融资源结合、保障专利价值实现。

2016 年 5 月 20 日，全国首个专利发明授权险签约仪式在广州开发区举行。会上，中国平安财产保险股份有限公司与广州华进联合商标代理有限公司签订了发明专利授权保险的合作协议。它不仅是一家保险公司与一家专利代理机构的签约仪式，更是知识产权与金融保险深度合作的一次全新探索，是广东省加快知识产权强省建设的大胆尝试，具有较强的现实意义和经济意义，特别是对整个广东专利的提质增效是一次非常有意义的尝试。

17.4.6　境外参展专利侵权责任保险

随着中国对外贸易的蓬勃发展，中国企业赴境外参展的大军日益壮大。然而，知识产权问题却时常在这支大军前方跳出来，成为一头"拦路虎"。应对知识产权纠纷，已是企业境外参展的当务之急，为此保险公司推出了境外参展专利侵权责任保险。

境外参展专利侵权责任保险的保障内容为出展前及展会中的费用、成本，不包括侵权损害赔偿责任。保险公司按照投保人选择的责任限额收取保险费。保险公司保障的责任有经济损失和法律费用。经济损失为在保障期间内，被保险人在保险单载明的境外展会期间因投保的参展展品非因故意实施侵犯第三方专利权，而被第三方在展会期间主张停止侵权时，被保险人因此遭受的合理经济损失，具体包括人员差旅、展位费、布展成本、律师费等。法律费用为保险事故发生后，被保险人因保险事故而被提起仲裁或者诉讼的，对应由被保险人支付的仲裁或诉讼费用以及事先经保险人书面同意支付的必要的、合理的费用。

17.5 知识产权保险的特性

知识产权保险是新型的险种，是知识产权和保险制度的结合，且知识产权本身的多样性以及知识产权侵权的复杂性使得知识产权保险同一般的保险相比较而言具有自身显著的特性。

17.5.1 职能具有全面性

保险的本质是集众人之力以达到分散风险的目的，针对企业的商标、专利及著作权的侵权风险必须积极进行防御，而此种防御的平均费用却少则几十万美元，多则更高。因此知识产权保险可以为企业提供诉讼费用的支持，以解决企业的后顾之忧，帮助企业制定战略和对策，加强风险管理，在诉讼中充分发挥制度赋予的手段。

其次，知识产权保险在分散权利人侵权诉讼风险的同时，也加大了侵权人的损害赔偿能力。当企业的市场竞争行为过失侵犯他人的知识产权时，如果应诉并且败诉时，知识产权保险可以对该侵权企业因侵权损害赔偿所遭受的损失进行填补，从而大大增加了侵权人的侵权损害赔偿能力。

最后，由于权利人的知识产权已经纳入到保险的范畴，对权利人无论是主动起诉还是被动应诉都提供了诉讼上的资金支持，那么这在客观上能够给市场的其他竞争主体一种心理暗示，使其不敢轻易主动提起知识产权诉讼或侵犯权利人的知识产权，从而有效地防止滥诉，进一步规范相关主体的竞争行为。目前针对国际上的"专利流氓"，美欧、日韩等国家纷纷采取措施对此种专利滥诉行为进行限制和规制，考虑到知识产权保险的本质功能，其不失为对抗"专利流氓"的一种有效措施。

17.5.2 保护对象具有多样性

当权利人的知识产权受到侵犯时，权利人可以原告的身份提起诉讼，保险人按照约定向权利人提供保险金以支付诉讼过程中所产生的鉴定费用、诉讼费用及律师费等，从而解决了权利人因高昂诉讼费用而怯于提起诉讼的后顾之忧。

另一方面，企业在市场活动中不适当地使用了他人的知识产权且被起诉侵权时，此时该企业则以被告的身份参与诉讼且保险公司为其提供全部或部分诉讼费用乃至损害赔偿费用，从而为企业的正常经营提供保障，同时权利受到侵害的第三人的利益也得到了保障。

因此在知识产权诉讼的过程中，无论是原告、被告还是受到侵害的第三人，各方当事人就知识产权而产生的风险都能够得到很好的规避和化解，知识产权保险能够为各对象提供全面的保护。如若细分，知识产权保险所保护的被保险人，通常涵盖企业机构本身及其董事、经理、股东和雇员，甚至还包括分销商等其他主体[①]。

17.6　知识产权保险的优缺点

由于知识产权侵权保险和知识产权执行保险在知识产权保险中占有重要地位，本节针对这两种保险的优缺点进行详细的阐述，供读者在选择的时候有所参考。

17.6.1　知识产权侵权保险的优点

1. 成本相对较低

由于可以省略保险标的价值的计算环节，因而知识产权侵权保险的成本相对较低。

保险标的价值计算环节的省略是由知识产权侵权保险的性质决定的。知识产权侵权责任保险属于责任保险的范畴，是指保险人对于第三人依法应负赔偿责任，受赔偿请求时，负赔偿责任的一种责任保险。也就是说，第三人保险所承担的，是被保险人因法律规定、契约约定或事实上的必要费用所产生的经济上的负担，不是被保险人的特定财产所遭受的损失。而此种经济上的负担，在订立保险合同时是无法进行预估的。

2. 承保范围广泛

知识产权侵权责任保险不仅对被保险人因侵犯他人知识产权产生的损害赔偿费用予以承保，还对抗辩费用和诉讼费用等予以承保，因此，知识产权侵权责任保

---

① 樊王平.我国知识产权保险法律制度研究[D]. 北京：北京交通大学，2015.

险承保的范围相对来说比较广泛。而知识产权执行保险只对诉讼费用予以承保，被保险人由于被侵权所遭受的损害赔偿费用是排除在外的。

17.6.2 知识产权侵权保险的缺点

1. 属人性偏高

为了将保险风险控制在可控范围内，保险公司通常会严格控制被保险人转让保险合同。原因在于企业是否会侵犯他人知识产权，往往与企业自身是否进行了侵权检索或知识产权管理有关。如果被保险企业发生重大变化，其各项决策流程与风险控制管理程序也会随之发生显著变化。如果在此时不能给予保险人重新评估保险风险的机会让其决定是否继续予以保险，这对保险人来说是很不公平的事情。

以瑞士再保险公司之示范保险合同为例，其明文规定，被保险企业发生合并、分立或出售其资产，或其超过 50%有表决权股份为他人所得时，须在交易有效日后 30 日内通知保险人。且未经保险人书面同意，其交易后的企业的专利侵权责任不属于承保范围。

因此，正是由于知识产权侵权责任保险的属人性较高，保险人不可能无条件地同意被保险人转让保险合同，由此给被保险人对保单的运用造成限制，难以提高企业投保的意愿，从而进一步导致投保企业少保费偏高的问题。

2. 保险给付速度较慢

保险的给付速度对于被保险者来说是一个不容忽视的因素。专利诉讼往往延续数年之久，此时被保险人若请求不到保险给付，以支付其抗辩费用，则几乎与没有保险保障一样，知识产权保险也几乎形同虚设。

但是为了避免保险人不必要的损失，也为了避免被保险人获得额外的不正当利益，实务上知识产权如专利侵权责任保险保单大多约定：于损害赔偿或停止侵害之请求结果确定以前，保险人就抗辩费用不负赔偿责任。

17.6.3 知识产权执行保险的优点

1. 属人性较低

专利诉讼费用保险是以投保人或被保险人对侵权人主动提起诉讼时的专利诉讼费用作为保险标的，保险风险的增加与否主要取决于来自于外界的第三人（侵权人），而非投保人或被保险人自身，因而其价值受专利权人的影响较小。

所以在实务上,知识产权执行保险如专利诉讼费用保险的保单一般不对保险合同的转让做过多的限制。

2. 保险给付速度较快

在进行专利侵权诉讼之前,专利诉讼费用保险的被保险人需要出具与专利有效性及侵权成立的可能性等文件,向保险人请求给付保险金以支付诉讼费用,起诉证明并非必要文件,因此专利诉讼费用保险的给付速度优于专利侵权责任保险的给付速度。

17.6.4 知识产权执行保险的缺点

知识产权执行保险最大的缺点在于保险标的价值的计算缺乏客观的标准。

为了使被保险人所获补偿不超过保险标的价值,以遵守保险法上不当得利禁止原则、损失补偿原则,以及复保险、超额保险等规定,知识产权执行保险的保险标的必须事先进行计算,以让保险人进行合理的风险评估及保险设计。然而这样的做法一定会提高运营的成本,从而使该类保险就保险费用而言应该具有的价格低的优势不复存在[①]。

17.7 互联网+对知识产权保险的促进作用

据中国电子商务研究中心发布《2015 年度中国电子商务市场数据监测报告》显示,2015 年,中国互联网消费金融交易规模 250 亿元,相比 2014 年的 103 亿元增长 142%,预计 2016 年将达 680 亿元,互联网金融的发展已呈爆发之态。而知识产权的金融属性也正逐步得到国家及市场的重视,知识产权是企业发展的战略资源和自身竞争力的核心因素,它产生的影响难以估量,加快促进知识产权与金融资源融合,才能更好地发挥知识产权对经济发展的支撑作用。

在这样的市场背景下,2015 年 11 月 30 日,广州知商互联网科技有限公司经营的知商金融与中国人保(PICC)正式签署战略合作协议,为用户提供专利交易、专利侵权等保险服务,为企业的知识产权事业保驾护航,也为知商金融平台用户提供了一款具有极高投资价值的理财产品。此举营造了良好的知识产权互联网金融环

---

① 樊王平.我国知识产权保险法律制度研究[D].北京:北京交通大学,2015.

境，保障了投资者的正常权益，提升了互联网公司及保险机构的服务能力与服务水平。另外双方将共同研发知识产权保险的相关产品，包括商标保险、专利交易保险、版权保险等，有效地促进了知识产权的商品化、产业化、金融化、生活化进程，切实落实国家对中小微企业发展金融扶持政策，为深入实施创新驱动发展战略和知识产权战略提供有力保障。

第 18 章　专利标准化

　　市场参与者通过申请专利获得法律赋予的合法垄断后，可以独自产业化其技术实现利润最大化。其他市场参与者受制于专利的排他性，即使掌握该专利技术也无法产业化生产。药物专利等单一专利技术的产品很容易做到这一步，例如被大家所熟知的辉瑞公司的伟哥专利。但在一些技术领域如通信等，一件产品涉及的专利技术成百上千，没有市场参与者可以独占所有的专利，来阻止别的竞争者进入该领域。市场参与者间的专利优势在交叉许可中被抹平，无法独占的情况下，企业开始谋求对标准的把控。将自有专利技术写入标准，使所有的参与者在遵循标准的同时，等同于遵循企业的专利技术。如此，市场参与者依然可以对其他竞争者及整个行业产生巨大影响力，以此获得巨大的利益。也即"技术专利化、专利标准化、标准许可化"。

18.1　专利标准化相关定义

　　标准[①]：为在一定的范围内获得最佳秩序，经协商一致制定并由公认机构批准，共同使用的和重复使用的一种规范性文件。标准宜以科学、技术和经验的综合成果为基础，以促进最佳的共同效益为目的。

　　标准化可以有一个或更多个特定目的，以使产品、过程或服务具有适用性，这样的目的可以包括品种控制、可用性、兼容性、互换性、健康、安全、环境保护、产品保护、相互理解、经济效能、贸易等等。

　　法定标准：由政府标准化组织或政府授权标准化组织制定的标准，称"法定标

---

① GBT20000.1-2002 标准化指南.第 1 部分：标准化和相关活动的通用词汇

准"。国际上熟知的如 ATSC、MPEG 等技术专利的标准化属于此途径。

事实标准：由单个企业或数个企业借由私有标准组织所建立的标准，称"事实标准"[①]。

个别企业标准或联合制定的联盟标准，由于其对所在行业的巨大影响力，而被行业内大多数市场参与者认可并遵循，成为事实标准。与法定标准相比，事实标准由行业内具体的参与者自行定制，制定者对标准具有绝对的话语权，甚至主动将自有专利与标准融合，使行业内遵循事实标准的所有参与者被迫使用其专利技术。2003 年初思科诉华为案中思科的私有协议实际上就是企业标准，由于思科在互联网设备上的垄断地位，其私有协议事实上已逐渐演化成行业标准和国际标准。NFC、DVD 等技术专利的标准化形成也属于此途径。

标准应是为行业内所有市场参与者服务的，是对所有参与者共同的要求和规定，是公平的，并具有普适性。专利是法律仅对专利权人赋予的技术独占，是垄断。标准在制定过程中，需要参考业内所有参与者现状与当前技术，尽可能使用被业内广泛使用和认可的公知技术。但在某些领域的公知技术不完善的情况下，必须要引入专利中的技术来完成标准的制定，形成专利与技术标准融合。与技术标准融合的专利即我们俗称的"标准必要专利"（Standard-essential Patent）。

标准必要专利：标准必要专利是指包含在国际标准、国家标准和行业标准中，且在实施标准时必须使用的专利，也就是说当标准化组织在制定某些标准时，部分或全部标准草案由于技术上或者商业上没有其他可替代方案，无可避免要涉及专利或专利申请。当这样的标准草案成为正式标准后，实施该标准时必然要涉及其中含有的专利技术，该专利即为标准必要专利。

不难看出，标准必要专利从某种程度上决定着产业的发展方向乃至话语权，是专利中的战斗机。

标准中的技术基本是完备的，如果有企业达不到生产的技术标准，可以向标准体系寻求技术的许可，从而获得相应达标的生产技术。同时由于标准是统一和方便的，专利是垄断的，标准必要专利一方面使得标准得到普及，另一方面又在市场准入方面形成垄断。无论法定标准还是事实标准的具体实施者，均须获得标准中涉及专利的权利人的授权方可按标准实施，而获得授权，绝大部分是要付费的。

[①] 周延鹏.财富密码：知识产权运赢及货币化[M]. 北京：知识产权出版社，2015.

18.2　专利标准化的特征

18.2.1　专利与标准的技术等同

等同的特征是指与所记载的技术特征以基本相同的手段，实现基本相同的功能，达到基本相同的效果，并且本领域的普通技术人员无须通过创造性劳动就能够联想到的特征。基本相同的手段包括产品部件的简单移位，方法步骤顺序的简单变化和专利必要技术特征的简单的替换、分解、合成等。

标准与专利的技术等同，可以是形式等同或实质等同。形式等同指将标准文本与专利的权利要求的文本进行形式上的对照，就可以直接判断两者的一致性。实质等同指虽然文本形式上有差异，但是无须经过创造性劳动就可以判断出二者的一致性，例如通过前者能够直接和毫无意义地得到后者，或者通过简单的文字变换或功能组合就得到后者。

技术等同表明实施标准必然使用该专利的方案，并不需要通过分析产品实物来举证，由于产品符合特定标准是产品生产者的承诺，该承诺已经构成对事实有效的自认，即实施标准的产品侵犯与之技术等同的专利的专利权。

相对于标准来说，当专利的方案"上位"于该标准时是概括的必要专利，此时专利的方案不是直接被使用，而是出现了新的具体特征。但是无论出现了哪些新的特征，其都被一项基础性的专利中有效的特征所概括。

18.2.2　标准必要专利的特征

标准必要专利具备以下三个方面的性质：时间性、互补性、相对性[①]。

时间性。时间性表明，有的专利现在是但将来不是必要专利，这是由于当出现新的技术或专利能够被替代时，相应标准必要专利的资格应当消失；而有的专利现在不是但是将来会转化为标准必要专利，这是由于标准的发展把一些新的专利技术采纳进标准。

互补性。标准不会直接纳入两件可以相互替代的专利，所有涉及的标准必要专

利都是可实现完全不同的功能，各自实施独立于其他标准必要专利，彼此相互补充相互关联共同构成了标准的组成部分。

相对性。专利的必要性是相对的，一方面，如果该专利技术具有其他技术不能达到的高性价比特征，因此作为标准使用，此时该专利是因为技术和经济上的必要所以写入了标准；另一方面，由于标准的起草者或管理者可能通过程序垄断标准起草过程，使专利写入了标准，此时该专利由于权威的影响而成为标准必要专利，因此专利的必要性与标准的关系具有相对性。

18.3　专利标准化现状

专利源于创新，专利标准化首先从创新能力较强的技术发达国家开始。目前国际社会，法定标准的国际性标准化组织主要有国际化标准组织（International Organization for Standardization,ISO）、国际电信联盟（International Telecommunication Union,ITU）、国际电工委员会（International Electrotechnical Commission,IEC），被大家熟知且目前在市场极为活跃的通信标准化组织主要有第三代移动通信伙伴项目（The 3rd Gencration Partnership Project,3GPP）、第三代移动通信伙伴项目 2（The 3rd Generation Partnership Project,3GPP2）、互联网工程任务组（Internet Engineering Task Force ,IETF）等。

事实标准一般由处于技术领先地位的企业、垄断企业、企业集团或行业联盟组织制定或认可，是被市场实际接纳并实施的技术标准，如美国微软公司 Windows 操作系统和英特尔公司对计算机芯片共同构成的"WinTel"标准，全球路由器市场巨头美国思科公司以"私有协议"形式推行的路由器标准，由索尼、飞利浦等企业集团联合制定的 DVD 标准等。

国内外在专利标准化方面有许多杰出的实践者，如德国的西门子、思科、SONY、诺基亚、Google、三星、高通、中国的华为等，尤其是德国的西门子公司在电气方面的专利标准化方面具有很深造诣。融合标准必要专利较多并对行业产生巨大影响且为大家熟知的标准有 TD-LTE 宽带无线移动通信技术标准、LED 照明技术标准、2G/3G/4G 标准。高通公司及其主导的 CDMA（3G）标准无疑是专利标准化的典范。

高通主导 CDMA 标准[①]

1990 年 7 月，美国高通公司公布了最早的 CDMA 标准，经过许多移动通信运营商和制造厂家的协商讨论，于 1990 年 9 月发布了建议标准的修订版本，并于 1990 年 10 月公布了暂行规定，成为此后一段时间内被广泛认可的主要规范。

1993 年 7 月，美国国家标准学会电子工业协会（TIA）再次征集各方面的建议，经会议讨论后正式将其确认为 IS95 标准，即"双模式宽带扩频蜂窝系统的移动台—基站兼容标准"。目前世界上许多国家已经以此为蓝本生产和建设 CDMA 数字移动通信系统。在 IS95 发布以后，北美 TIA 又对它进行了修改，在 1998 年年初，TIA 将几个标准综合在一起，并增加了许多新的功能，发布了新的 ANSI-95B 并使它升级为美国国家标准。

1999 年，为了发展第三代移动通信，又在 IS95 的基础上开发 CDMA2000 的标准，并作为候选国际标准之一向 ITU 提交。

从以上 CDMA 标准的发展历史可以看出，IS95 标准是第三代移动通信的核心标准，而在 IS95 标准中，美国高通公司持有其中 1400 多件专利。

从 1988 年开始，高通公司开始尝试将码分多址（CDMA）技术应用于无线和数据产品。在 CDMA 技术的研发过程中，高通公司做了两项重要举措：其一是将研发过程中所有大大小小的技术共 1400 多件都申请了专利；其二是把高通的 CDMA 技术提交到美国 ANSI 的 TIA，然后逐步将其从事实标准变成美国国家标准，并力图将美国国家标准转化为国际标准。

1995 年 CDMA 技术开始商业化推出，1999 年，ITU 指定 CDMA 为 3G 无线系统的行业标准，之后又认定以 CDMA 标准为核心的欧洲和日本的 W-CDMA、美国的 CDMA2000 和中国的 TD-SCDMA 为第三代移动通信待选国际标准。在此基础上，许多重量级的无线运营商开始建设或升级至 3G CDMA 网络，以增加语音通话和高速数据传输的容量。而与此同时，作为 CDMA 标准中的核心专利权人的高通公司也开始全方位地许可赢利。高通公司成为专门开发和销售知识产权的公司，是专利与标准融合实施最成功的企业。2016 年 4 月 21 日，高通公布第二财季的财报，营收 55.5 亿美元，净利润 11.6 亿美元[②]。据统计，高通公司营业收入的 70% 来源于专利许可。

---

① 徐健,苏琰.专利池的运营与法律规制[M]. 北京：知识产权出版社，2013.
② 唐风.高通公布第二财季财报：净利润同比增 11%[EB/OL].
　　http://tech.sina.com.cn/t/2016-04-21/doc-ifxrpvea1022642.shtml

18.4　专利标准化的推进模式

标准是技术成果的累积，专利是技术成果的法律保护形态。市场参与者根据其所处市场竞争地位不同，会采取不同的专利标准化推进方式。同样是市场领先者或主要竞争者，也可能采取完全不同的策略。

市场中具有一定技术积累的参与者，对外公布一部分技术成果，该部分技术成果没有申请专利保护，免费公开的目的在于迅速扩大技术影响力，使得消费者、下游生产者或者其他竞争者熟悉其产品和技术，广泛使用其产品以推动其技术普及，从而获得市场认同，达到建立事实标准的目的。同时，该市场参与者的其他技术成果则会申请专利保护，将核心技术与不易替代的技术通过专利赋予的法律垄断权利掌握在自己手中，而这部分技术与已经向市场公开推广并免费使用的技术是与整个技术标准紧密结合难以分离的技术组成部分，一旦有市场参与者接受了免费公开的技术并实施，则很难避过专利保护的技术部分。

其他的市场参与者要想进入已经建立事实标准的产品市场参与竞争，多会采用市场已经存在的事实标准，这样做的入行门槛最低，可以自由地采用已有事实标准进入市场参与竞争，与市场上现有上下游实现技术无缝对接，较易铺开市场。但是由于仅有一小部分技术是公开免费被使用，核心技术部分已经被事实标准主导者申请知识产权保护，该部分技术有可能被公开或未被公开（被公开的目的是为了实现技术的进一步推广普及），但是否免费则完全取决于事实标准主导者。一旦事实标准主导者决定收取该实施标准的标准必要专利许可费，则实施该事实标准的市场参与者基本没有市场谈判的话语权，因为其产品的规格技术标准都是由事实标准主导者所拥有，并且已经通过知识产权申请受到法律保护，事实标准主导者对该整体技术的实施具有绝对的市场支配力。

有较强实力与较长远计划的市场参与者一般不会实施由竞争对手主导的技术标准，而会选择通过建立和推广自己的事实标准，将消费者、上下游产业参与者吸引过来。但由于已被市场认可的事实标准的存在，如此做显然是非常困难的。

在更多的市场竞争剧烈行业，单个市场参与者通过市场标准战略来建立自己的事实标准很难成功，为了争夺市场份额，联盟成为保障自有利益的主要途径。部分市场参与者结盟，采用和推广统一的技术标准，首先在联盟内部适用和遵守，并通过联盟成员的影响力迅速扩大技术标准在市场中对上下游产业链和最终消费者的影响，使之被联盟外部竞争者、上下游市场参与者、消费者等接受，成为行业内默认要遵从的技术标准，即事实标准。

联盟标准为非强制标准，是否能够被推广运用以致被整个行业接受成为事实标准，需要市场检验。但由于联盟的联合行动，成员都是由行业内重要参与者组成，联合起来的市场占有率具有一定比重，联盟标准比单个企业的事实标准更易建立。

联盟标准在国际市场竞争中比较常见，如 1988 年美国 DVD 制造商推出的 DVD-ROM 和 DVD-VIDEO 技术标准、1999 年欧盟境内的生产者共同研发的 DVD 技术标准、美国和欧盟于 2002 年底核准的 3G 移动电话技术标准、2002 年 2 月 6C（日立、松下、时代华纳、JVC、三菱电机、东芝六大公司）和 3C（索尼、先锋、飞利浦公司）统一新一代 DVD 规格推出新一代"蓝色光盘"标准等。

随着市场竞争加剧，一些标准的建立会直接影响到一个行业的走势，关系到一个国家的行业兴衰，在类似 5G 标准等这样引领未来技术的巨大产业标准建设方面，联盟标准建设开始由企业联盟向国家主权机构助推企业联盟演变。

考虑到标准和知识产权政策的发展以及全行业对专利嵌入标准的警惕，除上述将自有技术申请专利主动向标准必要专利推进外，要实现专利标准化，还可通过专利包围标准策略实现。其推进方式有三种：（1）在外部标准化活动中，引导标准的发展，重点是引导需求方面，一旦标准化组织有可能获得这种引导所产生的惯性，就积极组织专利策略、迅速布局专利，做一个"口袋阵"静待标准向引导方向发展，如此布局的专利就存在成为"标准必要专利"的潜在可能；（2）针对框架标准或需求标准中的中空部分，即可能涉及专利，因此没有参与者愿意在标准中把这件事情说清楚的那些方面，这种情况下企业不是盲目地提建议，而是在知识产权方面做文章，用自有专利把这些中空填平；（3）针对标准中已经明确规定的功能需求，要附加技术特征做专利。例如，标准中规定了一种信令的功能，就策划一个实现这种信令的硬件装置来申请专利[①]。

---

① 王加莹.专利布局和标准运营[M]. 北京：知识产权出版社，2014.

18.5　专利标准化 FRAND 原则

18.5.1　专利标准化的必然性[①]

知识产权与技术标准的融合有其必然性。两者融合加强了各自的创新扩散功能，有利于提高整个产业的生产效率，同时二者融合所带来的"垄断利润"是创新投入的回报，激励了市场竞争者更积极参与创新。

专利标准化促进技术扩散。知识产权促进技术创新扩散体现在知识产权的信息功能和交易功能。标准促进技术创新的扩散体现在技术标准作为协调多样性而在技术上共同遵守的规则，具有统一性和普遍性的特点。知识产权与技术标准相融合以后技术扩散的效果更大。为了使技术标准得到扩散与推广，标准中专利权人有动机实施许可。由于产业分工的细化，很难有一个专利权人能完整地掌握某项标准中的所有专利，专利池成为企业标准化运营中的一种重要形式，进而演变出新型的技术市场经营模式。

专利标准化激励了创新。专利标准化以规则的方式维护了创新垄断所带来的高额利润。市场参与者创新的原因就是在于新生产要素和生产条件组合引入生产体系使得结果呈现高出社会平均生产率的高额利润。标准中专利技术壁垒给予拥有者一定的技术独占期，反映了创新垄断的特征，与基于规模经济形成的传统垄断具有本质上的不同。创新垄断环境下再创新能够打破垄断并产生新的创新垄断，形成周期性的技术浪涌。在位的垄断企业无法控制、阻止他人对知识产权的改进与再次创造，因此对创新的保护不但不会减弱市场中的竞争力量，反而会使竞争更加激烈。

专利标准化赋予技术创新更多成功的机会，成为改变市场格局的力量。例如在手机市场上，诺基亚公司曾经占据市场支配地位，创新而崛起的苹果公司开启了智能手机的新时代，通过创新改变了原有的市场格局，创新不足的诺基亚则逐渐没落。要保护市场格局不变也唯有创新，例如英特尔公司不断研发出性价比更好，运转速度更快的计算机芯片；微软公司从 Windows 95 到 Windows 8 等不断推出新的个人电脑操作系统。

---

① 王加莹.专利布局和标准运营[M]. 北京：知识产权出版社，2014，226-227.

如果专利与技术标准融合后，持有人不许可"标准必要专利"，则会限制技术扩散和标准实施，标准的意义将不复存在。为了保障专利标准化能够有效促进技术进步与产业发展，避免因法律赋予专利的垄断属性阻碍技术标准的推广与实施，保证使用标准的市场参与者能够在同样的条件下公平竞争，平衡专利权人与标准实施者的利益，国际上的主要标准化组织纷纷通过制定各自的知识产权政策，尽可能鼓励成员披露标准中涉及的必要专利，在长期的实践中形成了"公平、合理、无歧视"（Fair, Reasonable and Non-discriminatory）许可原则，即 FRAND 原则。

18.5.2　专利标准化发展的公平保障——FRAND 公平许可原则[①]

FRAND 原则即公平合理无歧视原则。公平是要求占有主导地位的市场参与者不能在相关市场上利用知识产权许可限制竞争；合理是指对使用者收取相同的费用；无歧视是指无论被许可人是谁，基本的许可条件应该相同。遵循 FRAND 原则并不意味着阻止他人使用专利，它所鼓励的是向所有市场新进入者开放专利，同时保障专利持有人获得公平的回报，从而进一步开展新技术的研发。工信部电子知识产权中心巫晓倩顾问认为，由于 FRAND 原则的抽象性，从政策环节很难明晰，可以通过引入法院或仲裁来确定是否符合 FRAND 原则。

标准化组织成员在制定标准时承诺，如果标准中含有自己的专利，将按照 FRAND 原则向标准实施者收取专利许可费用。具体许可费用和许可费率，在标准发布后由专利权人与标准实施者单独谈判确定，标准化组织不参与其中。FRAND 原则是各大标准化组织成员单位需要履行的许可义务之一。FRAND 原则本身没有准确定义，"公平、合理、无歧视"含义模糊不清缺乏有效的判断标准，长期以来标准必要专利权人和标准实施者在 FRAND 原则的指导下，通过具体许可谈判达成一致。围绕着该原则产生的两个主要问题引发各方讨论：首先，FREND 许可承诺是否具有合同性质；其次，根据 FRAND 原则，如何确定合理的许可费率。

许可费率是 FRAND 原则的核心问题。许可费率计算的理想状态是综合考虑标准必要专利价值、产品利润贡献率、市场贡献率、专利研发成本等因素后量化出一个费率。但在实际中要按上述要素进行计算非常复杂，基本行不通。许可方和被许可方都希望许可费率能够符合各自的利益。被许可方希望费率能够尽可能的低，而许可方则希望通过将自己的专利技术贡献到标准中去，以此获得一个比较合理的回报，弥补研发成本与风险。然而在实际操作中由于双方之间的分歧巨大，很难达成

---

① 谭增. 标准必要专利—专利中的战斗机[J]. 北京：中国知识产权，2013(81).

一致。

在微软诉摩托罗拉一案中，微软在其游戏机产品中采用了无线标准相关专利，为此摩托罗拉要求微软每年支付高达 40 亿美元的使用费，而西雅图地区法院认为微软只须每年向摩托罗拉支付 180 万美元的使用费，数额相差巨大。该案判决书中提到，在标准必要专利许可谈判中，标准必要专利在 FRAND 许可承诺下，应当符合下列四个基本经济原则：（1）FRAND 许可费应有助于该标准的推广；（2）决定 FRAND 许可费的方法应尽量减少阻止该标准推广的风险，即专利挟持（Patent Hold-Up）风险，还要考虑到今后可能出现的其他标准必要专利的专利费累加问题（Royalty Stacking）；（3）FRAND 许可费应保证专利权人在其知识产权方面的投资获得合理回报；（4）FRAND 许可费应当限制在基于该专利技术经济价值的合理使用许可费用，而不应考虑该专利被纳入标准后的经济增值部分。这些诉讼的裁决为后来的许可费率的谈判和判断提供了重要的参考依据。

FRAND 原则具有较大的包容性。由于市场的多样性和知识产权保护的地域性，标准组织无力为所有的"标准必要专利"制定统一或个性化的许可模式与费率，而且涉及价格的谈判具有竞争法上的风险。所有 FRAND 原则要求知识产权谈判应该在标准组织之外通过双边方式解决。FRAND 原则能够在较大程度上包容不同知识产权持有人的策略分歧，使他们能够在 FRAND 框架下寻求自身利益的最大化。

FRAND 原则限制出现"标准必要专利"不许可现象，并不会导致专利持有人在与标准实施者商谈许可费用时处于被动的谈判地位，接受实施者过低的许可费率或者只实施不支付许可费用，原因是专利权人可以通过禁令救济来维护自己的合法权益。

"禁令"是专利法为了保护专利权人利益而赋予的主要救济手段，适用于所有普通意义上的专利。我国《专利法》（2008）第六十六条中明确规定："专利权人或者利害关系人有证据证明他人正在实施或者即将实施侵犯专利权的行为，如不及时制止将会使其合法权益受到难以弥补的损害的，可以在起诉前向人民法院申请采取责令停止有关行为的措施"。同时第十一条规定："发明和实用新型专利权被授予后，除本法另有规定的以外，任何单位或者个人未经专利权人许可，都不得实施其专利，即不得为生产经营目的的制造、使用、许诺销售、销售、进口其专利产品，或者使用其专利方法以及使用、许诺销售、销售、进口依照该专利方法直接获得的产品"。禁令救济可以有效保护专利权人的合法利益免受侵害。

FRAND 原则与禁令救济原则是护航专利与标准融合的重要保障措施。

18.6 专利标准化的利与弊

18.6.1 专利标准化对企业带来的益处

标准可以有效地规避竞争,淘汰不符合标准的市场参与者,提高市场准入门槛,提升市场参与者在整个行业的美誉度。市场参与者参与标准制定本身即能为企业带来莫大益处。

在未有事实标准产生的竞争性市场环境下,标准制定一般就是多方博弈的结果,任何市场参与者都希望标准朝向有利自己的方向制定。行业内高技术企业会提议将标准的要求制定得足够苛刻以淘汰落后技术,最理想的情况莫过于把所有竞争者都淘汰,只有自己能够符合标准。而技术落后方则会提议标准适应更广泛的市场竞争,制定相对较低的技术标准以便降低行业准入门槛,繁荣自由竞争。在标准制定过程中,参与者最先把握了规则发展的方向甚至影响规则,在标准实施时也已经提前调整和适应了标准规则,在其他市场竞争者还忙于调整自身以避免达不到标准要求时,标准制定参与者已经率先调整产品质量,早一步调整原材料的采购,工艺技术调整,以抢占市场先机。任何一个技术参数的设定,从小的方面来说,足以影响一个企业的生死,从大的方面来说,甚至决定一个行业的发展走向。市场参与者在制订标准过程中,发出了自己的声音,了解了标准核心内容,提前知道产品或者行业动向,抢占市场先机。除此之外,参与标准制定还能提高市场参与者在同行业和市场的知名度;引导同行业的发展方向,甚至引起行业的重新定位;提高市场参与者自主产品的市场认同度;有利市场参与者扩大市场份额,提高市场参与者的竞争力。

而市场参与者持有的专利一旦被写入标准成为标准必要专利,为市场参与者带来的益处将更加巨大。

1. 网络效应

消费品的效用会随着消费者数量的增加而增加,新消费者给老消费者带来正向的外部收益,产生正反馈或者规模递增,这就是经济学家 Katz 和 Shapira 定义的"网络效应"①。与传统的规模效应不同，网络效应并非来源于供给方，而是产生于市场的需求方，这是网络效应的经济本质。个体用户因网络效应，从产品中获得效用会随其所使用产品的用户规模的扩大而增大。兼容产品的用户数量增加，也会对消费者的收益产生影响。Liebowitz 和 Margolis 对此认为，当采取相同行动的代理人数量增加时该行动产生的净价值增量②。

网络效应是专利标准化的一个重要经济特征，它从需求侧和供给侧两方面对产品市场产生影响。专利标准化之后，标准的总效应包括基本效应和网络效应。基本效应仅与标准所采用的技术水平有关；而网络效应则与采用标准的用户数量有关。由于网络效应带来的增值，国际电信联盟规定，发展中国家可将网络效应溢价作为发达国家网络运营商至发展中国家网络运输业的国际入局通信结算价基础上的非成本附加要素③。

用户规模越大的标准，越容易产生递增的网络效应，提高消费者的网络规模与预期，并进一步加强早期的成功，最终形成市场垄断。与之相反的是，用户规模过小的标准，无法获得市场认可，将被市场边缘化直至退出市场。而当相同功能的技术开展市场竞争时，用户规模最先达到并超过临界容量点的技术，能够最先挟网络效应优势获得市场地位。

微软视窗操作系统受益于大量用户带来的网络效应

微软操作系统的成功就得益于网络效应带来的正反馈。微软通过与 IBM 合作逐步建立起了自己的用户基础；通过与英特尔的合作使得正反馈的作用进一步增强。软件开发商为了扩大销售量，通常考虑为拥有更多用户的操作系统编写应用软件。市场操作系统庞大的用户基础促使应用软件开发商首先为视窗操作系统编写应用软件，从而又进一步扩大了消费者对市场操作系统的需求。

2. 客户的路径依赖效应

网络经济的一个显著特征即是：网络一旦形成就会具有强烈的路径依赖效应。在忽略网络效应的市场上消费者的选择可以从偏好和技术上得到解释，但是在网络效应明显的市场上，路径依赖效应会起到非常重要的作用。原因在于网络经济中某一商品或服务的消费者换用替代品要付出代价：包括购买和装配新产品的代价以及

---

① KATZ,SHAPIRO.Network externalities,competition,and compatibility[J].American Economic Review. 1985. 75(3): 424-150.
② LIEBOWITZ,S.J.,MARGORLIS.S.Network extermality: An uncommon Tragedy[J]. Rand Journal of Economics(Spring 1985).
③ ITU-T recommendation D.165.

知识的学习成本，以及可能发生的试错成本。因此一旦消费者选择某一件技术标准产品之后不希望投入转化成本，会使自己套牢于一种商品。网络效应强化了这一过程，大用户量下，单个消费者的使用惰性会使其放弃更好的新技术而采用已有旧技术，特别是新技术无法与旧技术兼容时。

QWERTY 键盘

被广为熟知的路径依赖效应案例要数目前市场上按 QWERTY 字母排列的键盘。该模式排列键盘长期存在，但该排列设计被证明并不是最合理的排序，但路径依赖效应的原因，致使客户习惯于该模式，更改习惯适应其他新模式太过困难。

喷墨打印机

喷墨打印机的价格只用 600 元左右，但是更换一个墨盒要花费 200 多元，由于打印机墨盒不能通用，所以用户将被迫使用该品牌的墨盒。实际上打印机之所以价格廉价，正是由于路径依赖效应下墨盒可以盈利，打印机的价格被有意降低，以便网络效应下更大程度发挥路径依赖效应通过墨盒盈利。

除非当利益足够大（大于所有消费者转移带来的成本压力），新技术方才会发动消费者转移原有技术至新技术模式下，帮助消费者克服路径依赖。利益足够大时，新供应商乐于帮助消费者消除原有供应商的基础并消化转化成本。大额投资者帮助消费者克服技术路线锁定的方法是建立多线技术并存兼容的多供应商环境，这使技术设施的提供者之间能够产生充分的竞争，使消费者从一种技术或产品转换到另一种技术或产品不需要很高的成本。

滴滴打车通过价格补贴大战使客户和消费者接受新的约租车服务，目前的移动端 APP 营销也多通过优惠、补贴的措施促使消费者克服惰性试用新技术新产品。如此做付出的成本越大越说明路径依赖效应的价值。

3. 有利于己的技术壁垒

市场参与者将拥有自主知识产权的技术标准化，意味着所有市场参与者中，自己是最熟悉标准中的技术或自己是最有能力实现该技术并达标的企业，别的市场参与者必须通过研发、改造、调整、模仿你的专利技术才有可能达标，这需要竞争者巨大的资源投入。因此，这相当于一道技术壁垒，而你是最先、甚至是唯一越过该技术壁垒的市场参与者。

4. 获取专利许可收益

其他市场参与者即使投入资源获得了实施标准的能力，也即掌握了标准必要专利持有方所掌握的技术，在实施过程中，也需要向标准必要专利持有方支付专利许可费用方可实施该标准。这同样对其他市场参与者构成了强力限制作用，以高通为例，其他手机制造商可以自己生产手机芯片，但制造芯片须向高通支付 5%的专利许可费，这等于比高通自己的芯片高出 5%的成本，在市场竞争中已经处于劣势。

5. 获得专利交叉许可的主动权

标准制定可能涉及多件标准必要专利，但每一个标准必要专利都是不能够被其他标准必要专利替代的，即一个标准中的所有标准必要专利都是互补的。一个市场参与者实施标准需要获得所有标准必要专利持有人的许可。这种情况下，普通的市场参与者在商谈许可时将处于极为被动的局面，因为商谈本身就意味着对普通市场参与者的限制，限制你实施标准。即使获得许可也意味着普通市场参与者需要向标准必要专利持有者缴纳一笔费用。而市场参与者手中若同样持有标准必要专利，哪怕只有一件，情况将完全不同，因为此时不是简单的获得其他标准必要专利持有人的单方许可，而是你与其他人的标准必要专利交叉许可商谈。握有标准必要专利，相当于掌握有商谈的话语权。

标准必要专利持有实体的动机

Wilson, Sonsini, Goddrich & Rosati 律所的高级顾问 Stuart Chemtob 从分析标准必要专利持有实体的动机出发，对由此产生的问题进行了深入分析并提出对策建议。他认为个人发明者通常自身不具有进入下游市场的资源，因此通过寻求其他途径来实现发明的商业化，他们一般为一次性参与者，与将来的标准制定无利害关系。而大学通过资助科研和学术项目，提高研究院和机构的声望，他们对研究人员的发明支付报酬，一般没有兴趣进入下游市场或参与将来的标准制定。致力于创新的企业在某些方面与大学相似，但更关注于商业性，经常致力于开发基于标准的技术，目的是为了收回科研成本，资助未来科研，盈利以弥补研发风险，作为反复参与者，以参与新一代标准制定为目标。下游产品生产商可能开发自己的标准必要专利，同时也可能从其他方收购，他们的动机更为复杂，取决于其研发标准必要专利的程度和需要取得其他标准必要专利持有人许可的程度，作为反复参与者，有兴趣确保其技术被未来标准接受，但也并非总是如此。对于"专利蟑螂"这种以收购专利并以诉讼为手段获得不合理的高额和解费的经营模式，一旦标准必要专利被其收购，则正常的市场秩序会受到威胁。因此，在政策制定或执法时，应当分析不同实体的立场和动机，认识到它们在标准制定过程当中所做的贡献，确保研发投入取得合理回报。这对实际操作都具有重要的指导意义。[1]

---

① 谭增.标准必要专利—专利中的战斗机[J]. 北京：中国知识产权，2013(81).

18.6.2 专利标准化对企业带来的弊端

1. 技术公开成为公知技术

专利技术公开并非始于与标准融合，而是在专利申请阶段就已经公开化。但毫无疑问专利与技术标准融合之后其公开度更高，更多市场参与者为符合标准参与与市场竞争，必须知晓标准及标准中的技术，从而推动了专利技术成为公知技术，使更多的市场参与者能够模仿、学习和使用专利技术而成可能。特别是考虑到专利法律保护的地域性和信息流动的互联网化和全球性，在权利人未申请专利保护的地区，或专利保护环境较差的地区，标准实施推动专利技术公开且免费，权利人并不能从中获得利润。

技术与技术标准融合后导致的技术公开，还存在另一种潜在风险，技术方案等同风险。原本有多重替代方案的技术路线因为某专利与标准的融合，使得其他替代技术方案被迫搁置，所有市场参与者使用相同技术方案，将导致相互竞争更为直接和激烈，这一点仅从所有市场参与者需要采购相同的原材料就可见倪端。技术路线收窄导致的竞争加剧必然冲击标准必要专利持有人自身。

因此，市场参与者在推进专利与技术标准融合的过程中，需要注意标准的适应范围，参与者自身的战略与知识产权布局，评估专利与技术标准化融合之后带来的技术公开风险。

2. 在 FRAND 原则下将专利技术许可给竞争对手

专利一旦与技术标准融合，根据专利在标准制定前做出的公开承诺，专利持有人需要在 FRAND 原则下将专利许可给任何标准实施者，包括专利持有人的竞争对手。该原则对专利权人的许可行为具有一定的限制作用：即专利持有人不能在相关市场上利用知识产权许可限制竞争；对使用者收取相同的费用；无论被许可人是谁，基本的许可条件应该相同。该原则其实可以简单地理解为对之前做出的公开许可承诺的兑现，不许可违反承诺，因此市场参与者在推进专利与技术标准融合前，需要考虑清楚，是否真地要将专利许可给其他市场参与者，包括所有市场竞争对手。

本节开头讲过使专利权人利益最大化的方式，是专利的权利人在全球范围内申请专利保护后，独自实施专利的产业化，赚取产品收益。美国辉瑞公司的伟哥专利等许多药品专利都是如此操作的。1994 年，辉瑞公司向全世界 100 多个国家同时申请专利保护伟哥技术，此后 20 年伟哥产品每年为辉瑞带来数十亿美元的销售额，而其他市场参与者空有技术却不能生产销售，例如仅在中国就有近二十家企业在伟哥专利 20 年保护期到期前申请了仿制"伟哥"的生产批件但不能上市，只能待伟哥专利到期后才能投入生产和销售。拥有完全自主许可权利时，选择在主流市场自主产业化，在偏远地区实施地域专利许可，在发达国家制定较高许可费用而在贫穷国家实施廉价许可费率等差别定价，许可给 A 企业或 B 企业等都完全由权利人决定，具有非常大的自主性，权利人根据自己的利益决定许可或不许可，什么样的许可方式等等。

独自产业化实施可以保障权利人的利益最大化，而根据 FRAND 原则一旦许可给竞争对手，则意味着权利人必须与所有的竞争对手共享市场，这在任何一个市场竞争者看来都是需要慎重考虑的问题。根据 FRAND 原则，权利人是不能通过高额许可费来间接达成不许可给对手的目的，而且一旦许可，也不能对竞争对手收取差别许可费。标准必要专利权利人可以收取许可费，依然占据市场竞争的主动，但相比完全自主的专利许可方式，FRAND 原则的存在会限制权利人对其他竞争者的影响。

3. 专利许可费率受到限制

相对来说，完全自主的专利许可费率会高于已经被标准化的专利许可费率。完全自主的专利，许可是完全市场化的，许可或不许可，采用多高的许可费率完全是许可和被许可双方决定，不受其他因素影响。而标准必要专利的许可费率，在标准化组织制定标准时就已经考虑到，标准的目的就是推广技术普及和使用，是要求市场所有的参与者都要遵守的规则，不会希望只有一家遵守而其他所有参与者都不合格，因此会对标准必要专利的许可进行限制，FRAND 原则就是在这种情况下诞生。在 FRAND 原则下，专利的许可费率受到的影响非常巨大。市场参与者必须评估其技术因被标准化之后带来的许可限制，标准化虽然能为企业带来巨大的市场影响力，但最终还是要看能为企业带来的直接经济利益，专利标准化能获得更多的许可对象，但许可费率会降低，企业必须对此认真对待。

微软与谷歌专利费率之争[1][2]

2010 年，微软向手机制造商摩托罗拉移动发起这一诉讼，指控摩托罗拉违反了合同规定的"以合理的成本提供 Xbox 游戏机和 Windows 产品所使用的无线与视频专利许可"等相关的义务条款，等同指责摩托罗拉违反 FRAND 许可原则。

---

① 沉石.微软 VS 谷歌　一场深刻影响专利用权市场的世纪诉讼[EB/OL].
　h ttp://www.wtoip.com/news/a/20150410/8882.html.
② 悦潼.谷歌你不能向微软收取过多专利费[EB/OL].
　http://tech.qq.com/a/20150731/007922.htm.

双方争端的核心是标准必要专利的许可费率，摩托罗拉向微软索取其最终产品售价的 2.25%，作为包括在 WiFi 及视频压缩技术标准之内的几项标准必要专利的使用费。按摩托罗拉提出的许可费率微软须支付 40 亿美元。

2012 年谷歌收购摩托罗拉后继续与微软就该案展开诉讼。2013 年 4 月，西雅图一家联邦法庭对此案作出判罚，判断微软支付谷歌 180 万美元的许可费用。西雅图联邦法庭不支持谷歌的许可费率很重要的一点即认为其违背 FRAND 原则。谷歌不服向美国旧金山第九巡回上诉法庭提起上诉。2015 年 7 月，上诉法院裁定，此前西雅图地方法院有关微软因使用谷歌旗下摩托罗拉移动部分专利而向谷歌支付 180 万专利费用的裁决是正确的。

考虑到近乎所有制造科技产品的企业，都依赖于类似的标准确保他们的产品能够与其他公司的产品共事，因此本案备受业内瞩目。用了类似 3G、长期演进技术、Wi-Fi 和蓝牙等技术的企业，为案件判决欢呼，他们期望能在不必永远支付巨额专利费的同时，永久性地使用这些专利技术。与此同时，专门从事标准技术开发的企业，如高通和诺基亚等则反对该判罚结果。

需要特别说明的是，目前高通在中国的专利许可对象超过 100 家，许可的方式与上述案件中摩托罗拉提出的许可费率计算方法非常类似，高通按照终端智能手机销售价格的 4%~6%向这 100 多家中国企业收取专利费。

微软与谷歌之间的这场专利诉讼案，无疑将对今后全球标准必要专利的用权规则产生深远影响，并很大程度上会成为今后同类案件判罚的重要参考。

第 19 章　知识产权投资增值模式

19.1　知识产权投资增值定义

知识产权投资增值是指投资人通过投资于具有增值潜力知识产权标的,并将知识产权标的进行知识产权的产品化、商业化、市场化运作,从而带来的增值收益的行为。

知识产权因具有潜在升值前景,因此除使用价值外也具备投资增值价值。目前许多个人投资者对商标、域名的投资就是看重了稀缺知识产权巨大的升值潜力。专利是对技术研发成果的保护体现,具有核心技术的专利同样具有可观的升值增值空间。

19.2　知识产权投资增值现状

知识产权增值投资的投资主体主要有普通投资者、企业和知识产权运营机构三类。三者在知识产权投资方面并无明显区别,相对而言,由于投资的金额与投资周期的关系,普通投资者多见于商标、域名等小额短期投资,企业与知识产权运营机构更倾向于投资专利组合等大额长期投资。

近年来,我国商标转让合同备案数量有着大幅增长。由于汉字字数有限,常用汉字组合注册下来的优质商标资源日趋枯竭,因此较后成立的企业想注册获得优质商标的难度会越来越大。购买商标成为此类企业获取优质商标的主要途径,致使优质商标投资增值效应越发显著,我国商标投资市场因此日趋活跃。

下面以商标市场的两个案例对知识产权投资增值的现状进行说明。

章先生注册了"现代"商标。现代汽车上市后发现，无法使用"现代"商标，而重新确立品牌名称投资巨大，因此决定与章先生协商是否可以购买"现代"商标。最终章先生将汽车类的"现代"商标转让，同时获得现代在浙江省的总经销权，获利约 4000 万元。

2001 年深圳唯冠还在生产一种互联网个人接入设备，起名为 ipad。深圳唯冠因此注册了 ipad 商标。八年后，美国苹果生产一款 ipad 商标平板电脑。当苹果公司的 ipad 在中国进行销售后，其使用的商标侵犯了唯冠公司的商标权利。2012 年，苹果公司与深圳唯冠就 ipad 商标案达成和解，苹果公司向深圳唯冠公司支付 6000 万美元，购买下该商标。

上面两个案例虽然影响巨大，但商标使用终端为巨头公司，并不具备投资增值的典型性，在汇桔网平台通过投资商标获得 43 倍收益的杭州人张小姐，则更具有代表性。

张小姐投资了一批商标和域名，并委托汇桔网维护这批知识产权的运营。2013 年，一位客户在汇桔网上看中张小姐投资的一件商标，43 类商标"九份芋圆"，最后以 9 万元购入。张小姐注册商标总共花了 2000 元，净赚 86750 元，单笔投资收益率高达 43.4 倍。

域名投资起源于互联网技术的发展，目前域名投资市场相对成熟，主流域名的注册量快速上升，较后建立的互联网企业难以通过域名一级市场注册到理想的域名，同时部分日趋知名的企业也会考虑更换更有利于企业或网站发展的域名。在此背景下，域名交易市场愈发活跃。

表 19.1 为 2014 年上半年海内外交易金额最高的十个域名相关信息的统计情况。由表可见以".com"为后缀的域名仍占据域名交易的主导位置，此类域名由于日渐枯竭而变得越来越有价值。

表 19.1　2014 年上半年海内外域名交易金额排行榜前十名统计情况

序　号	域　名	购买者	成交金额（美元）
1	MI.com	北京小米科技有限责任公司	3 600 000
2	Whisky.com	Theresia Luening	3 100 000
3	Sex.xxx	Barron Innovations	3 000 000
4	Youxi.com	趣游(北京)科技有限公司	2 430 000
5	37.com	上海三七玩网络科技有限公司	1 960 800

（续表）

序　号	域　名	购买者	成交金额（美元）
6	MM.com	未知（国内投资商）	1 200 000
7	100.com	广州华多网络科技有限公司	950 000
8	Wan.com	北京畅游时代数码技术有限公司	800 000
9	Teamwork.com	TeamworkPM	675 000
10	Game.cn	北京乐汇天下科技有限公司	512 307

由此批域名购买者名单可以看出购买者绝大多数为我国企业，可见我国市场对于域名需求量之巨大。表 19.1 里出现的我国企业多为游戏开发商，鉴于游戏为互联网利润较高的新兴行业之一，域名交易在此行业有着相当高的活跃程度。

专利投资增值是知识产权投资增值的核心，下文会着重介绍。

19.3　知识产权投资增值的类型

本节通过对知识产权投资增值模式从战略性投资、重点领域投资和特定市场投资三个方面进行分类，从而说明投资增值的类型。

19.3.1　战略性投资

战略性投资主要是从具有潜力的领域进行投资。投资这类型的知识产权需要有战略的眼光，而且某些情况下需要运气成分，因为未来的发展是难以预测的，尤其是商标、专利等方面。战略性投资的投资周期也比较长，对于商标这种越来越稀缺的资源，也是一个不错的选择。而对于专利的战略性投资，往往出现于技术较为强大的企业，这些企业拥有充足的资金进行战略投资。

19.3.2　重点领域投资

重点领域投资往往发生在高新技术具有广阔前景的领域，高新技术日新月异，许多现代技术正朝着大型化和系统化的方向发展，各种技术领域之间的界线也越来越模糊，所以可跨领域应用、提高独占市场的能力、具有垄断市场效果的专利技术，也是专利运营者特别关注的重点。此外，某些产品被市场接受程度很高，围绕产品的专利所体现的价值就很大，这类专利也是专利运营公司收购的重点。重点领域收购是基于专利或是完善专利组合的目的，或者是可跨领域应用、提高独占市场的能力、具有垄断市场效果的技术领域进行的，有目标的收购活动。

19.3.3　特定市场的投资

特定市场投资与产业政策息息相关，也就是该技术实施所在的产业与国家产业政策紧密关联。只有专利技术与国家产业政策相一致，才会得到国家及地方的支持，该类专利才会迅速形成产业。越是国家鼓励发展的行业，技术实施的价值越能够较快地发挥出来。目前，政府支持的战略性新兴产业的正在蓬勃发展，相应的专利运营公司对新兴产业领域中专利的关注度也与日俱增。

19.4　知识产权投资增值众筹模式

19.4.1　运作模式综述

知识产权的增值溢价投资可以认为在知识产权诞生的第一天就已经随之产生，但发展至今市场并未呈现繁荣景象，除市场其他因素影响外，信息交互技术不畅是一个重要原因。考虑到目前市场上有出现试水互联网知识产权增值投资的理财产品出现，本节所介绍为互联网与知识产权投资结合，并通过众筹的方式获取资金的知识产权投资增值众筹模式。该运作模式只是知识产权投资增值模式的一个小分支，但随着知识产权投资与互联网有着更深的融合并得到进一步的发展，该模式具备繁荣知识产权投资市场的潜质。

在该模式下的投资人为普通知识产权投资者，但投资者只投资不运营，投资所得的知识产权委托知识产权运营公司运营，运营获得收益按比例分成，投资人与知识产权运营机构通过众筹平台达成合作，具体模式如下。

知识产权运营机构根据专业知识与运营经验，搜寻市场上稀缺、热门、新兴、基础、核心或其他具有显著增值潜力的知识产权标的，进行预筛选与组合，并与预选中的知识产权权利人达成预购买协议。

知识产权运营机构将预购买运营的知识产权组合包装成独立的运营项目，通过介绍该组知识产权运营的预期收益，吸引投资人，在众筹平台上向大众筹集运营资金，并明确运营收益的分配方式等信息。

众筹平台筹集到购买知识产权的资金后，知识产权运营机构使用资金按预期价格购买相应知识产权，形成知识产权组合。知识产权运营机构与投资人的投资合同生效。知识产权运营机构通过运营经验将知识产权标的进行产品化、商业化、市场化运作。运作的方法根据合同规定，合同未有规定时知识产权运营机构自选运营方法（投资人全权委托知识产权运营机构运营，不限制具体运用方法），包括各种组合许可、溢价卖出等。所获运营收益按合同约定与投资人分成。

该模式相对较新颖的地方在于通过互联网众筹的方式吸引投资人获得了投资资金，其他如知识产权代运营等在行业内早已被实施。因此需要对该模式中众筹平台进行说明。

19.4.2　知识产权投资增值众筹模式

知识产权投资增值众筹模式运行机制如图 19.1 所示。

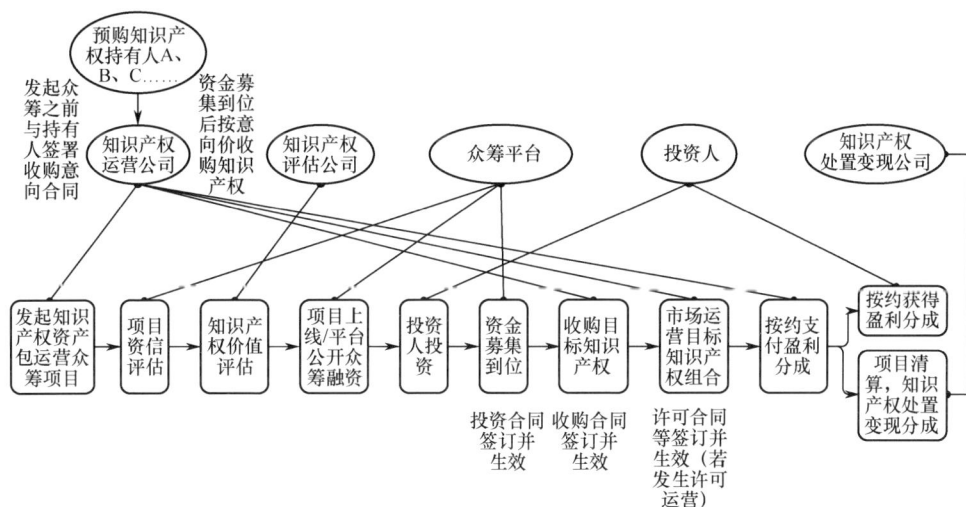

图 19.1　知识产权投资增值众筹模式运行机制

知识产权运营公司作为融资人，融资项目标的为通过公司经营经验筛选到的知识产权资产包。以专利为例，筛选到的专利能够组合成专利池，打破某一领域其他专利的技术封锁，形成完整的技术保护专利组合，或者在某一技术领域形成专利技术壁垒，阻止其他企业进入该技术领域涉及的产品市场。即通过组合的形式使知识产权资产包的价值大于单个知识产权的简单叠加。知识产权运营公司与该批知识产权原权利人签署意向收购合同。

众筹平台作为互联网中介平台，知识产权运营公司向众筹平台提出融资需求，附带融资项目的商业计划书，并提出回报投资人的盈利分配方式。众筹平台对知识产权运营公司进行资信评估。之后，众筹平台通过公开募集的方式，将融资项目公布在平台，推荐给投资人。投资人根据自己的投资经验、项目的商业计划书、资信报告等信息，若认可该项目的投资回报及投资风险，可在众筹平台投资该项目。通过众多投资人投资，达到知识产权运营公司期望的资金额度，投/融双方投资合同成立并生效。知识产权运营公司获得所需资金收购目标知识产权并运营该知识产权项目，通过技术授权许可、组合技术投资入股、知识产权组合整体打包交易、分拆增值交易等多种方式运营获取利润，并按照约定的返利方式和时间返回投资人收益。项目运营周期结束后，若还有剩余知识产权资产，则将其变现，按约定比例返还投资人变现资金，项目完结。

该模式按盈利收益分成，投资人享受投资收益的同时承担运营亏损风险，无须担保公司和保险公司介入该模式，方式简单，但考验投资人对知识产权的认知。

该模式一次投资一个或多个知识产权，安全运行的核心是知识产权运营公司对拟投资知识产权标的增值预期的合理评估以及运营能力。

该模式避免了知识产权运营公司重资本运作，可以发挥知识产权运营公司的专职运营能力，运营更多的知识产权组合。

19.4.3 风控机制

知识产权投资增值众筹模式的风控机制包括知识产权审核筛选机制、知识产权评估机制和收益分配与退出机制，下面说明其风控机制的特点。

1. 知识产权审核筛选机制

该模式下，知识产权运营公司需要建立自己的知识产权审核筛选机制，其筛选逻辑和筛选结果必须能够被普通投资者认可（运营公司在平台披露的知识产权资产包的盈利预期需要被投资者看到并认可才会获得投资资金）。这要求运营公司深入所选择的技术研究领域、熟悉现有市场及预测未来市场技术趋势的能力。筛选机制包含价格评估机制、知识产权替换机制、购买机制等内容。筛选内容包括知识产权、持有人、预购价格、购买方式、知识产权组合形式、预期运营方向、预期对应的市场主体、预期运营收益等。

2. 知识产权评估机制

该模式中知识产权运营公司通过其运营经验和专业知识，从不同知识产权持有者手中购买关联性知识产权，形成知识产权组合，其组合价值远远大于单个知识产权价值的叠加。

知识产权价值评估公司在评估该组合知识产权的价值时，其评估机制与质押模式不同。质押模式中的知识产权价值评估只是组合价值评估的第一步，在筛选购买单个知识产权中用到（后期若出现组合知识产权拆分交易这种情况，也会用到），之后通过评估组合知识产权对整个行业中企业的价值贡献及这些企业被禁止使用该组合中的知识产权可能带来的经济影响等多个方面，评估组合知识产权的总体价值。

3. 收益分配与退出机制

该模式中，投资人根据项目运营收益提取利润，分成比例按照投资约定进行。由于该模式的特点是投资周期长，利润分成不可能按月或按季进行，比较可行的利润分成周期是半年或一年。

知识产权资产包运营期满后，存在两种退出机制：第一种期满后按照约定对运营收益分成，并委托知识产权处置变现公司将所有知识产权变现分成，项目完结；第二种期满后，知识产权资产包运营进入平稳获益阶段，未来数年有明确、稳定、可观的收益，知识产权运营公司有继续运营的动力，与愿意继续分享未来收益的投资人达成新的运营周期协议后，继续运营该知识产权组合，需要退出的投资人，平台为其设置知识产权转让机制，或直接由运营公司支付其本金及收益从而获取其原有份额。

19.4.4　市场参与主体

知识产权投资增值的线上众筹运作模式，参与方主要包括知识产权运营公司（融资人、受托人）、投资人（委托人）、众筹平台。

1. 知识产权运营公司

知识产权运营公司通常为具备资深知识产权运营企业或者机构，对知识产权运营具有一定的预判能力。在众筹过程中以融资人身份在众筹平台被介绍。在与投资人的投融合同生效后，若投资人同意委托知识产权给其运营，则知识产权运营公司为该批知识产权的受托人。

2. 投资人

投资人为从事与知识产权相关的投资活动，具有一定经济来源，且认可知识产权可带来增值收益的机构或者个人。投资人首先需要具备投资知识产权获得增值收益的意愿，然后因具有一定额度的闲散资金，且主体地位和资金来源途径合法，即可参与到投资活动。

3. 众筹平台

众筹平台是知识产权运营机构融资项目的融资操作平台，为信息中介服务平台，对提供的信息真伪负责，但不对融资项目的风险负责，主要承担平台的用户端设计、运营及推广、数据库管理、后台维护以及技术层面的风险管控等工作，保证项目正常使用。

19.5 知识产权投资的特殊性

知识产权的投资标的为无形资产，与其他资本有所差异，因此投资知识产权作为一种获取市场收益的经济行为，具有一定的特殊性。下面以专利投资为例进行说明。

1. 投资于具有潜在价值的专利

专利是一项具有很大潜在价值、战略投资价值的资产。具有潜在价值的专利可以提升专利作为资产的配置效率，进而提升经济体的效率。专利投资的核心是寻找对投资主体而言更具有运营价值的专利，因此在市场经济中，通过这种资产的流动使得专利与其他资产的契合度有所提升，进而提升整个经济体的效率。

专利的价值往往被很多不确定性因素影响，每种因素对专利的价值产生特有的风险。在知识产权投资创业中，产权和风险对知识产权投资效果的影响最重要，这与知识产权本身的无形性和价值的不确定性有直接关系。

2. 专利投资的流动范围局限性较大

专利投资一般局限在某一行业或某一技术领域范围内。专利背后的技术是其价值的基础，因此专利的流动往往受行业与技术范畴的限制。一般而言，专利投资的流动范围较为狭窄。

3. 专利投资运营的风险较大

在国内，专利投资运营的风险远高于知识产权法制体系发展健全的资本主义国家。目前，国内在专利评估方面正处于起步阶段，对专利价值的实证研究文献几乎空白，尚未形成有效的专利价值评估体系。知识产权服务机构应雇用业内专家提供专利价值评估服务，帮卖家确定预期价格，万一知识产权评估机构对企业所投资的专利的评估偏低，将给企业带来损失。这就是国内专利价值评估的现阶段的特殊状况，这种状况加大了专利投资运营的风险。对于专利运营者而言，这面临着一个困境：其必须要能够有效和有益地利用专利具有的价值，以此来吸引投资者；但要组建这样一个良性的专利运营市场，则需要投资者提供的流动资金。

第 20 章 知识产权众筹

20.1 知识产权众筹定义

知识产权众筹是指企业为了快速突破某一领域，而在该领域大规模收购知识产权的模式。企业将从中挑选出合适的专利技术或者商标等进行收购，在短时间内，迅速在该领域获得知识产权积累，降低产品侵权风险的同时获得大量的技术支持，可节省大量的时间与精力，一般适用于大型的、具有一定经济实力的企业或公司，因为一般的企业或公司难以在短期内为专利技术投入较大的资金。

20.2 知识产权众筹的现状

2014 年 1 月 30 日联想宣布以 29 亿美元收购摩托罗拉的手机业务，同时也继承了摩托罗拉与主要专利拥有者的交叉授权。同年 3 月，联想与美国专利授权公司（Unwired Planet）达成协议，以 1 亿美元购买对方的 21 项专利组合，涉及 2500 余件美国专利的使用权，包括 3G 和长期演进技术（LTE）专利，以及其他重要的移动技术专利。同年 4 月，联想又收购日本电气株式会社在全球多个国家申请的超过 3800 项专利组合，包括智能手机等移动设备的生产制造。通过这 3 次海外收购，联想获得了 9000 余件涉及 3G 和 4G 移动通信领域的专利，奠定了在通信行业的基础，虽然进入移动通信领域的时间不长，但却通过这一年的收购行动，迅速扩张了在移动互联领域的技术实力，减小了与该领域巨头的差距，同时为自己争取到了一定的话语权，降低了企业未来产品受到侵权诉讼的风险，可谓一举两得。可见，企业对打算涉足或者欲快速突破的领域内的知识产权具有强烈的渴望。

如今的企业业务结构越来越多元化，更多的企业开始避免"将所有的鸡蛋放入同一个篮子"，以防止资源的过度集中化，从而增强企业的抗风险性和营收能力。在开发某一新的领域时，强大的专利积累往往是决定成功的关键因素，当公司计划进入某一新的领域时，其知识产权积累几乎为零，需要一个从无到有的过程。前期如果仅仅通过自身的积累，不仅需要大量的人力、财力投入，更需要大量时间，短则一两年，长则三四年。在目前日益激烈的市场竞争环境下，商机稍纵即逝，并没有太多的时间给企业去准备，慢慢进行积累。而大量收购专利，进行知识产权众筹则可以迅速弥补这一短板，提高企业创新起点，增强企业市场竞争实力，获得事半功倍的效果。尤其是在知识产权保护力度较大的国外，如果没有知识产权保驾护航，一般难以快速进入某一领域，因此企业对欲探索领域的知识产权渴求异常强烈。

知识产权众筹目前并未兴起，大多数企业都是在默默地进行专利积累，辛苦地四处寻找可交易的知识产权资源，然后逐一谈判收购。联想在 2014 年进行专利收购的行为是一个典型的例子，最终仅能从有限的几家企业手中获得所需的专利技术，并且由于收购目标范围狭窄，所以很容易遇到坐地起价的情况，花费大量的金钱或者附带一些不平等的交易约定。而知识产权众筹中，企业仅须发布收购要求以及相应的回报，满足条件的知识产权权利人则会主动地联系需求企业，与其进行商谈，企业可以在短期内获得大量的知识产权资源，掌握主动权，从中选择具有技术含量的，符合自己需求的专利技术进行交易。

20.3　知识产权众筹运作模式

在传统的知识产权众筹模式中，需求企业仅仅是通过线下发布知识产权需求，并主动进行知识产权技术的搜集，目标范围有限，常常找不到合适的技术，所搜集到的知识产权价格通常也会比较高，传统的众筹方式还存在着不必要花销过多，众筹到的资源也相对有限等问题。另一方面，由于传统线下的宣传覆盖面窄，许多知识产权权利人往往很难接收到企业发出的需求信息，或者不能迅速接受到信息，不能及时找到合适的企业接收其闲置的知识产权，不光浪费了自己前期投入的大量人力、物力、财力，后期还需要缴纳不菲的维护费用，知识产权的价值难以得到真正体现。技术需求企业与知识产权权利人之间仿若隔了一条鸿沟，沟通十分不便。

互联网的迅速发展，对传统的知识产权众筹产生了巨大影响，借助互联网平台，企业作为项目发起人，可以直接将自己的需求信息发布出来，而不用像以前一样，到处宣传，一家家地联系知识产权权利人。知识产权权利人作为出资人会主动通过平台或者其他方式与企业联系，提供适合企业需求的知识产权信息供企业进行选择。具体的众筹流程如图20.1所示。

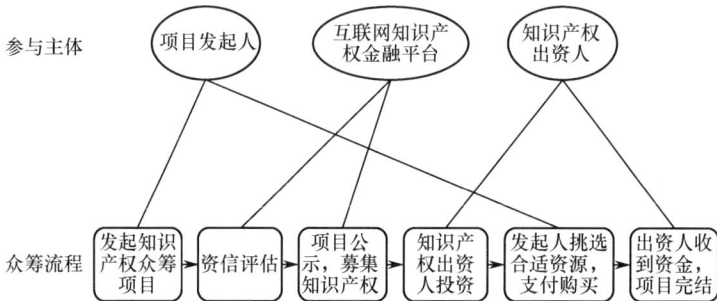

图20.1　互联网知识产权众筹流程

企业作为项目发起人，向知识产权运营平台提出知识产权众筹申请，平台对其进行资信评估，减小发起人恶意终止或者不履行合同要求的概率，经审核合格的申请人，平台将把其知识产权众筹项目在平台上进行公示，供知识产权出资人（知识产权权利人）进行查看，查找自己拥有的知识产权所合适的项目。

项目发起人的项目公示内容至少包括所需筹集的知识产权类型（商标、专利、版权、域名等）、数量和对知识产权的具体要求。例如，如果是商标，需要说明所需商标的类别、计划使用在什么产品上、期望商标附带的寓意、期望关键字等；如果是专利，需要说明所需专利是发明还是实用新型、技术所属领域、想要解决的技术问题、是中国专利还是国际专利等，以方便知识产权出资人对自己所拥有的知识产权进行快速筛选，在最短的时间内为项目发起人提供其所需要的资源，缩短众筹周期。

发起人除了需要公示自己的需求外，还应该公布其投入回报，以激励出资人积极地提供其所拥有的知识产权资源。技术交易之前在线下比较难做的一个重要原因就是因为回报方式难以平衡，需求方多倾向于一次性购买，而持有方多倾向技术入股，以期待获得持久的收益。在该模式中，建议项目发起人首选一次性购买的方式作为投入回报，可以在公示内容中加上预期的知识产权收购价格范围，此种购买方式操作简单，可以省去很多的后续麻烦。另外，如果知识产权出资人所拥有的知识产权质量很高，可以与项目发起人联系，协商技术入股的具体事宜。通过互联网平台，知识产权出资人可以直接与项目发起人在线联系，通过站内信、邮件等进行相互沟通。

在项目发起人发起众筹项目并公示具体要求及回报方式后，知识产权出资人根据知识产权众筹项目的具体需求，认为自己所拥有的知识产权资源符合项目要求并且感觉回报合理，就可以通过平台上传所持知识产权的证书复印件并进行简单介绍，以供项目发起人进行选择。

与一般的众筹不同的是，在该模式中，如果在众筹截止时间，众筹到的知识产权资源数量未达到预期，项目发起人也可以选择是否仅接受已经众筹到的部分，而不是像一般的众筹一样，达不到预期目标就众筹失败，将已众筹的部分返还给出资人。另一种情况是，即使出资人提供的知识产权数量达到了项目发起人要求的数量，众筹也不会停止，最终的众筹数量可能是预计目标的 2 倍以上，发起人将从这些资源中，挑选预期目标数量的、自己所需要的、质量较高的知识产权进行交易。各方签订相关合同，项目发起人通过平台支付购买费用给知识产权出资人，但是资金暂时由平台进行保管，等到知识产权出资人完成权属变更后，再由平台将资金转入出资人账户，项目完结。

知识产权出资人也可以将自己所拥有的知识产权信息分类上传至平台上的不同板块，标示价格并对其进行简单介绍，设置关键词，以供企业可以主动地寻找，这样做在一定程度上可以节省企业寻找合适知识产权的时间，也更利于出资人知识产权资源的推广，将知识产权的价值最大化。

20.4　知识产权众筹的作用及特点

提早进行专利布局是企业特别是科技企业最重要的战略，企业为进入某一新的行业，需要提早进行大规模的研发储备，积累大量的知识产权资源。如果拥有的知识产权数量过少，很容易成为竞争对手攻击的目标。具备较强的经济实力的企业，通过线上或者线下的知识产权众筹，可以快速获得打通新行业大部分技术关节的知识产权，获得技术的同时，形成知识产权保护；可以所拥有的知识产权为武器，打破其他竞争者已有的知识产权保护壁垒限制，并且有了知识产权的丰厚积累，可通过交叉许可获得他人的知识产权使用权利，减少企业知识产权许可费用的支出，同时在侵权诉讼中能够起到重要的筹码作用，提高谈判能力，防止他人发起的恶意诉讼。

通过传统的线下知识产权众筹，由企业发布其知识产权需求，同时主动与想要合作的企业联系，通常可以获得某一领域的部分核心技术，不过众筹范围相对较窄，需要的时间也比较长，并且价格昂贵，大多数企业都难以负担；而通过线上知识产权众筹，则可以向全国乃至全世界收购所需的知识产权，在短时间内获得大量在核心技术基础上开发出的辅助技术。由于辅助技术是在核心技术的基础上开发出来的，其开发成本比核心技术要低得多，并且还比核心技术更完善、更具有经济价值。所以辅助技术拥有者可以采用"包围战术"，与核心技术拥有者谈判，进行交叉许可，从而获得实施核心技术的权利。线上知识产权众筹范围广、选择多、所需经费相对较少，是未来中小企业进入某一领域时进行知识产权积累的不错的选择。

20.5　知识产权众筹存在的问题及解决办法

20.5.1　出资人难以及时关注项目需求信息

知识产权众筹需要较长的时间周期，而知识产权出资人一般难以随时关注市场的需求变化。此时可以通过平台建立出资人会员制度，将出资人所拥有的知识产权信息纳入平台数据库，协助出资人代运营其知识产权。当有项目发起时，平台主动进行匹配，有合适的项目信息再通过邮件、短信、电话、站内信等方式对出资人进行提醒，然后由出资人决定是否投资该项目，并与项目发起人进行沟通。这样可以大大降低出资人的运行投入成本，能够及时地将项目需求与合适的知识产权资源进行匹配，缩短众筹周期和提高知识产权众筹成功率，提升"投/融"双方的客户体验。

20.5.2　众筹到的知识产权质量参差不齐

由于知识产权众筹是面向全中国乃至全世界进行的知识产权筹集行为，知识产权出资人的身份千差万别，可以是企业、高校、科研机构，还可以是个人，所以难以避免地，所筹集到的知识产权资源质量必定有高有低。如果直接将所有的知识产权资源直接推荐给项目发起人，项目发起人将没有时间与精力对海量的资源进行初步筛选。平台作为众筹活动的中间人，有义务给发起人提供良好的体验，可以利用技术手段或者人工对所筹集到的知识产权资源进行初步分析，再将筛选后的资源推荐给项目发起人，这样就可以把质量比较低的资源排除在外，呈现给发起人的将是一批质量相对较高的知识产权资源。平台可以对项目发起人收取少量的排查费用，以支付其排查成本，使平台可以提供更好的服务。平台也可以将自己的资源库中所拥有的优质资源直接推送给项目发起人，降低项目发起人与知识产权出资人之间的沟通障碍。

20.5.3　项目发起人可能在项目中途终止众筹

项目发起人如果因为任何原因在项目众筹阶段单方面终止众筹活动，不仅浪费平台的资源以及出资人的精力，更将对平台的信誉、出资人的信心造成打击。因此，对于项目发起人，平台在该模式中除进行资信评估外，还须建立项目预付金制度。项目发起人在向平台申请知识产权众筹时，交付一定比例的预付金，并且约定若因项目发起人单方面缘故终止知识产权众筹项目的情况下，预付金用以支付平台对该项目的支出以及知识产权出资人的补偿，不再将预付金退还给项目发起人。以此防止项目发起人的恶意行为，保障平台及出资人的利益，使知识产权众筹拥有一个更好的运作环境。

第六部分
知识产权运营的未来

第21章　知识产权运营互联网化

知识产权与互联网的结合始于知识产权申请从纸质向线上化转变，目前知识产权申请、权利变更等很多项目的管理都实现了互联网化，且随互联网申请率持续走高，纸质申请即将退出历史舞台，完全过渡到互联网化办理将成为必然。

互联网对知识产权的维权保护影响巨大。信息资源在互联网得到广泛的传播，对世界范围内的政治、文化、经济、法律等各个方面都产生了巨大的影响，与此同时，这些共享信息的知识产权保护问题也凸显出来，成为亟待解决的一个难题。网络共享与知识产权保护的关系是辩证统一的，既互相统一，又在一定程度上互相矛盾。信息网络共享极大地便利人类的工作和生活，使人民在生活中更加尊重原创、尊重知识产权。与此同时，信息网络共享又必然增大网上侵犯知识产权的行为，增加了知识产权保护的难度。

知识产权存在的侵权问题主要表现在，网络共享引发的著作权问题、商标权的使用冲突问题、侵犯专利权的问题，以及网络引发的数据库保护、合理使用等新的问题。要解决网络共享与知识产权保护的利益冲突，关键要寻求一个平衡，平衡知识产权权利人、公众网络用户、网络服务商三者的利益。[①]

知识产权权利人在上传自己的图片、美术作品、生活感悟文字、设计图纸等至网络时，大多出于传播、分享的目的，并没有明确的营利性，也不太关注知识产权问题，但若他人利用自己上传的作品进行商业化盈利，则是权利人不愿意看到的。知识产权与互联网结合要能够保障权利人的合法权利，互联网扩大了信息的传播与受众，也理应扩大知识产权给权利人带来的利益。目前的一些网络公众号、网站新闻报道、个人微博等，在文章的开头、末尾经常会看到"版权所有"、"未经作者许可不得转发"等字样，说明社会开始重视网络上的知识产权。

公众网络用户在获取他人共享资料时，对转发的文章注明"转自""来源"等也说明了公众对他人知识产权的尊重。

---

① 丁慧.网络共享环境下知识产权保护问题研究[D]. 大连：大连海事大学，2013.

网络服务商，特别是一些搜索服务商，在过去会在搜索结果下同时附带下载链接，属于未经许可侵犯权利人的知识产权。现在这种情况已经大为改观，网络服务商以优酷、YouTube 等视频网站为例，对网友上传的热门视频会给予一定金额的回报，这说明网络服务商对原创、对知识产权的尊重。

知识产权运营向互联网化转变刚刚起步，国内起始于知识产权证书交易，目前出现了一些有代表性的知识产权互联网交易平台。在这些互联网交易平台上，知识产权被摆放上来并标明价格，买方可以通过网上快捷支付完成购买，也可以发出购买需求，以便权利人联系。表 21.1 列举了基于 Alexa 全球排名[①]的国内十大知识产权互联网交易平台（统计日期：2016-05-25），这些平台上的交易品种类主要以商标、专利、著作权为主，其交易资源大多数来源于国内，少量资源来源于国外。

表 21.1 国内主要知识产权互联网交易平台（参照 Alexa 全球排名）

序　号	平　台　名　称	网　　　址	Alexa 全球排名
1	汇桔网	http://www.wtoip.com	3883
2	重庆猪八戒网络有限公司	http://www.zbj.com/	7271
3	北京知识产权交易所	http://www.cbex.com.cn	38 886
4	中国技术交易所	http://www.ctex.cn	44 218
5	中华商标超市	http://www.gbicom.cn	45 196
6	超凡网	http://www.chofn.com	66 777
7	高航网	http://www.gaohangip.com/	67 393
8	91 企业资源网	http://www.91zy.com	166 385
9	应用技术网	http://www.aptchina.com	194 977
10	北京尚标知识产权代理	www.86sb.com	320 713

从表 21.1 中也可以看出，虽然仅仅发展数年时间，但国内知识产权交易平台的市场竞争力已拉开差距，汇桔网目前已经处于领跑地位，遥遥领先其他平台。

交易平台的市场竞争刚刚开始，其他知识产权运营模式向互联网化转变还处于探索阶段，这与其他运营模式在国内本身还不成熟有关。但可以预见，由于互联网带来的巨大便利，使得知识产权运营的互联网化成为不可阻挡之势。下面具体分析互联网化给知识产权运营带来的六大影响。

1. 降低知识产权运营的资源采集成本

互联网上征集知识产权可以帮助运营机构轻松获取巨量知识产权资源，以此为

---

① Alexa 全球排名：基于访问量的全球网站排名。

基础的大数据将带来无限运营想象空间,方便的专利池组建,轻量化的信托管理等。由于专利池在许可、证券化、专利标准化等许多模式中会被组建使用,具有代表性,所以下文以专利池为例进行介绍。互联网与知识产权结合,组建专利池会变得非常容易,如果一个运营机构在线上发起组建一个 VR 虚拟现实技术的专利池,那么它可以通过线上平台将这个项目推荐到全世界(或具体指定国家),并设定征集条件和给权利人的回报,来征集全世界的 VR 专利。VR 专利的权利人通过衡量利弊确定是否将专利交付给征集的运营机构,实际上绝大多数权利人会将专利交付给运营机构委托运营,重要原因在于专利的价值是具有叠加效应的,单个专利一般不能独自形成产业化产品,价值受到其他互补技术专利限制,而一旦多个专利组建专利池形成组合,专利之间形成技术互补,则其价值将呈几何级数增长,远远超过组合中单个专利的价值总和。另外一个原因是专利运营需要专业资源投入,包括运营人才、发起资金等,且运营回报周期较长,绝大部分权利人是不能承受这部分专业资源投入的,只有专业运营机构或大企业才可能去运营。可以预见未来绝大部分权利人的知识产权运营会委托给专业互联网知识产权运营机构进行运营。

2. 扩展运营受众

知识产权运营的受众因运营模式不同,差异巨大。交易、许可及技术入股模式的受众以实体企业居多;质押众筹、增值投资及证券化的受众是投资人;而信托与知识产权众筹模式的第一受众则是权利人。以知识产权质押众筹为例,知识产权质押众筹是普通质押的细分市场,特点是质押物不同于房产、厂房等有形资产,而是知识产权这一无形资产。知识产权权利人希望通过质押其知识产权进行融资,过往的经验是质押给银行,但银行苛刻的质押条件和低质押率导致这一政府大力提倡的融资方式,并没去取得较好的市场效果,原因是知识产权定价难和变现难。而随着技术市场成熟和互联网大数据发展,定价难和变现难都可以被专业的知识产权运营机构解决。在专业知识产权运营机构的参与下,权利人可以通过众筹的方式将知识产权质押给无数个普通投资人,而知识产权运营机构的参与保证了普通投资人的投资安全性,因为一旦权利人出现违约不能及时还本付息,知识产权运营机构可以安全快捷的将质押的知识产权变现,以赔付出借人的本息。因为有安全边际的保障,又由于权利人给予出借人的利率远高于银行,所以出借人会倾向将钱借给众筹项目。

众筹是低门槛投资,对投资人的资质和投资金额限制较低,这样会吸引大批普通投资人投资知识产权质押众筹,使得投资知识产权的受众面扩大。实际上,让更多的人参与知识产权的投资、运营、商品化、产业化的本身也极大地推动了知识产权运营的普及，使其更加大众化、生活化。

3. 提升知识产权质量

一个成熟的知识产权互联网市场，市场主体积极参与，权利人、知识产权代理公司、经销商、运营公司、中介机构、各种联盟机构活跃，知识产权入市频繁而数量庞大，各种交投踊跃，知识产权市场还与相关实体经济市场紧密相连，带动各类辅助市场共同繁荣

繁荣的知识产权流转、交易、运营、产业化市场让知识产权有了被市场快速检验的机会，对研发过程也起到积极地反馈与改善作用。好的知识产权被快速流转、交易、运营及产业化并带来获利，劣质知识产权在市场中难获青睐，终将被放弃。在市场法则引导下，由于获取劣质知识产权无利可图，大众会更倾向投入资源研发和获取优质知识产权，而不是获取劣质知识产权，由此提升市场的整体知识产权质量。

4. 知识产权大数据为我国知识产权征信建设打下基础

未来的知识产权征信数据包括知识产权确权、维权、用权、侵权大数据等，都能够被有效采集。知识产权征信系统建成后会极大地维护权利人权益并对侵权行为产生严重惩戒。知识产权征信数据还可以作为我国个人与企业征信系统的有机组成部分，在我国的个人与企业的诚信核查、贷款、企业资质评价等许多方面成为征信基础数据。

2014 年 6 月 14 日，国务院印发并颁布《社会信用体系建设规划纲要（2014—2020 年）》，明确知识产权领域信用建设。建立健全知识产权诚信管理制度，出台知识产权保护信用评价办法。重点打击侵犯知识产权和制售假冒伪劣商品行为，将知识产权侵权行为信息纳入失信记录，强化对盗版侵权等知识产权侵权失信行为的联合惩戒，提升全社会的知识产权保护意识。开展知识产权服务机构信用建设，探索建立各类知识产权服务标准化体系和诚信评价制度。

在高新技术企业认定中，重点对企业的知识产权拥有量进行考核，未来可能会通过大数据考核企业的知识产权产业化率、许可率、知识产权侵权行为等更多数据项目。除高新认定外，知识产权的征信大数据还将应用于更多方面。贯彻和落实国务院知识产权信用建设，知识产权大数据将不可或缺。

5. 知识产权大数据解决小众需求

如果市场出现对某一技术领域的知识产权交易、许可等需求，在过去知识产权

运营机构承接这样的需求来做，属于定制需求，价格非常高。而在互联网时代，小众需求通过网络聚集后将形成大众群体多样化需求的一部分，由于需求数量庞大，知识产权运营机构就会将此作为商机，设计标准产品满足该需求，如果现有技术无法满足就有可能深入到研究阶段，整合科研资源，去专门开发技术来满足这些需求。小众需求通过网络聚集后将形成大众群体多样化需求，看似需求定制，但实际上已经大不相同。类似这样的知识产权交易、许可需求，在互联网化之前只是小众声音，而随着互联网化，这些小众声音积少成多最终可能发展成为知识产权运营的新模式、新产品、新方向。

6. "市场法"有可能成为知识产权价值评估的主流

目前的知识产权价值评估多采用成本法与未来收益法，极少采用市场法，其中的重要原因就是没有市场数据进行参考。互联网技术与共享经济思维将彻底盘活知识产权的商品化流通，流通共享成为知识产权运营的基础，以此为基础将产生无数细分大数据，知识产权的交易大数据因此建立。知识产权交易大数据将是"市场法"的理想市场环境，所有的知识产权都有大量同类交易数据作为参考，知识产权的所有优点、缺点也都有相同优点与缺点的大量交易数据作为比对，在知识产权交易大数据环境下，知识产权的价值将变得透明，这种对知识产权价值的评估甚至通过计算机就可以完成，而无须投入人力资源，"市场法"将有可能成为运营知识产权前价值评估的首选方法。

如果将交易的大数据根据技术流向，向前后扩展，知识产权的研发、获取、维护、交易（或其他运营）、产业化等所有环节都可以建立大数据模型，所有环节的成本、利润都将变得透明。这里非常重要的一点是知识产权的产业化，一件知识产权产业化的利润，通过市场大数据分析同样可以准确评估，通过计算机即可完成，这是后文中互联网共享经济加速知识产权产业化转化率的基础。

第 22 章　知识产权共享经济

信息、资源共享互惠带来经济效益并不是新鲜事物，互联网的诞生就提供了巨量的信息共享，由此带动了互联网经济的发展，并且这轮信息共享还远没有结束。

共享经济被广泛关注、讨论和竞相参与是源于 2010 年前后，随着 Uber、Airbnb 等一系列实物共享平台的出现，共享开始从小范围熟人资源交互，经借助互联网平台的中心信息交互，转变为陌生者之间大面积的以闲置资源使用权换取利润的经济行为，其影响面广、经济体量巨大、发展前景广阔、涉及行业众多，被冠以"共享经济"名称。共享经济的核心价值是提高了社会资源的有效利用率。

共享经济的出现对传统的市场竞争秩序带来强烈冲击，正如李开复所说"世界最大的出租车提供者（Uber）没有车，最大的零售者（Alibaba）没有库存，最大的住宿提供者（Airbnb）没有房产"。由于其使用的是闲置资源，属于低成本资源，因此具有巨大的竞争优势，这从 Uber 对出租车与汽车租赁行业的冲击就可见一斑。目前共享经济模式开始在各行各业崭露头角。

出行行业的 Uber 是共享经济的代表企业，国内滴滴打车可以认为是中国版的 Uber，2015 年底两家公司的估值均超过 150 亿美元。

住宿行业，国际巨头 Airbnb 重塑了酒店行业，你可以从个人的手中租住一间房屋，而不是从一家酒店租住，该公司旅游房屋租赁社区业务遍布 190 多个国家近 34 000 个城市，2015 年底该公司估值超过 250 亿美元。国内与 Airbnb 类似的公司有爱日租、途家、住百家、小猪短租、蚂蚁短租等，最早模仿 Airbnb 的爱日租成立于 2011 年 6 月，但是因为照搬美国模式完全忽略中美文化及市场差异在烧掉投资人千万美金后于 2013 年倒闭，现在发展不错的主要有途家、住百家、小猪短租。

快递行业，未来被认为是共享经济的最大受益行业，利用有空闲或顺路的人协助送快递，在共享经济下的快递业，人人都是快递员。目前国内最大的共享经济快递公司是达达快递，其用移动和众包的方式解决 O2O 领域最大的痛点：本地商户的最后 3 公里配送。目前达达有快递员近 100 万人，覆盖 40 多个城市 30 万家商户，日订单 150 万单，仅一年半时间已完成四轮融资。2015 年年底，达达快递的估值已经超过 10 亿美元。

厨房共享，国内始于 2014 年，和外卖不同的是厨房共享模式可以让离你最近的小区阿姨帮你做饭，最知名的是唐万里的"回家吃饭"，其次有"蹭饭""小 e 管饭"等。2015 年年底"回家吃饭"的业务已覆盖北京、上海、广州、深圳、杭州 5 个城市，完成 4 轮融资。

教育共享，最知名的当数"沪江""一起作业网""猿题库"等。其中"沪江" 2015 年完成 D 轮融资，估值超过 10 亿美元。

咨询培训共享，代表产品是"在行""聚行家""大咖门""8 点后""1 英里"等。

资金共享，以 P2P 行业为代表，国外有 Prosper 与 Lending Club，国内有陆金所、人人贷等。2016 年初，陆金所完成 12.16 亿美元融资，估值 185 亿美元。

共享经济开始影响各行各业，而对于知识产权行业来说，共享的意识从知识产权制度建立之初就已经存在，而随着本轮以互联网技术为基础发展起来的共享经济，对知识产权行业及知识产权运营都带来了巨大的机遇。

22.1　知识产权是共享思维的产物

专利技术在申请专利的同时，就已经对技术作出清楚、完整的说明，所属技术领域的技术人员不通过创造性劳动，仅仅通过该技术领域的普通技术知识与常规手段能够实现该技术，相当于向全社会公开共享了该技术。他人未经权利人授权不能实施该技术用于商业目的，但可以以实验、科研、技术探索为目的对专利技术进行技术实施、探索、革新、升级、再创新。如此以来，申请专利共享技术并不会阻碍科技进步，而是通过技术公开共享推动了技术进步，至专利保护期满，该专利技术将成为全社会的公共技术财富。

可以看出，专利制度的目的就是为了技术的公开共享，让发明人将自己的技术共享给全社会，以便社会技术持续进步，而 20 年的专利技术实施垄断期是对专利权人的妥协性鼓励，在这种技术共享思维下诞生了各国的专利制度。截至 2015 年年底，我国累积授权专利数量超过 1000 万件，这意味着有超过 1000 万件创新技术可以共享给全社会，这无疑会极大地促进我国科学技术的进步和创新能力的增强。

随着我国知识产权运用意识提升，任何一个科研工作者在研发一个新课题时，都可以从浩如烟海的已经公开的专利技术库中寻找前人的技术成果作为基础来开展新课题，而不是从零开始。

知识产权诞生于浓郁的共享思维，而知识产权的申请确权、维权保护、用权运营在互联网共享经济下会迸发出更耀眼的火花。以知识产权的共享思维为指引，运营大数据为基础，涉及社会各行各业的由知识产权直接或间接影响的经济活动，可以称之为"知识产权共享经济"。

22.2　共享运营有利知识产权的价值实现

知识产权运营的过程就是将知识产权价值有形化、经济化和最大化的过程，而衡量一件专利价值的最简单办法就是看一件专利技术被实施后能够通过服务和改善人类的生活质量产生多大的社会效益，并通过经济效益直接表现出来。专利技术的价值最大化与专利权人的利益最大化统一而矛盾。权利人的利益最大化是通过独家实施专利技术获取利润，专利的价值最大化则是全球所有需要该技术的个体，都可以实施该专利技术，让更多的人通过该技术获益，让技术最大化地服务于社会并被社会吸收再创新。

目前已被创造和使用的知识产权，绝大部分只发挥了部分价值，没有被价值最大化使用，可以理解为知识产权的价值被闲置或部分闲置，这类似一辆汽车只运输了一个人，而汽车本身是有五个座位一样。此处所说的知识产权为已经被权利人实施并发挥效益的知识产权，那些未被产业化的知识产权或未通过运营产生效益的知识产权，而被闲置的就更多了。

知识产权共享经济下的运营，即共享运营，是将知识产权共享给更多人使用，影响更多人，受益更多人。这与将专利技术写入标准成为标准必要专利类似，让更多的人接触和使用知识产权，在此过程中，知识产权的权利人通过不同运营模式获取利润。

知识产权的许可、技术标准化都是将知识产权共享推广给更多人使用的过程。目前的知识产权许可一般集中在线下，由少数权利人许可持有的少数知识产权，很多知识产权及其权利人并没有参与到知识产权许可中来，也没有获利。而通过互联网，知识产权的共享经济能够惠及更多权利人。下文以许可模式为例阐述知识产权共享运营。

在互联网环境下，知识产权的共享许可应该是如下模式。知识产权权利人（这里排除中介机构，因为互联网共享经济的去中心化效应，不再需要普通中介机构）将自有知识产权通过互联网共享公众平台进行许可邀约，并明确许可的条件、方式、适合的被许可方条件等等，知识产权运营机构（两个原因导致必须有知识产权运营机构存在而不是向其他行业一样被去中心化：一是知识产权相对商贸行业较为专业；二是社会还未进步到知识产权专业知识成为普世知识的地步）对发出的知识产权许可邀约信息进行分类或整合，整合的目的是通过专业技能整理汇总出知识产权许可组合，[①]以方便被许可人自己选择知识产权许可组合。整合过程中会形成无数种组合，必要专利会出现在几乎所有的组合中，重要功能性辅助专利会进入筛选项，方便被许可人选择，外围专利则通过价格等其他条件进行筛选。如此，被许可人可以通过条件筛选，简单快速地获得自己所在行业的整套专利的授权许可。该过程非常类似购买电脑时自己组装或直接购买品牌机(自己筛选类似于组装，运营机构推荐的组合类似于购买品牌机)。知识产权的许可与被许可更多的由双方自由决定，知识产权运营机构只起到中立的专业整合作用，在大数据的背景下，许可方和被许可方都有无数选择。在互联网共享许可模式下，会最大程度的避免一个专利组合垄断一个行业的情况发生。

共享许可模式降低了许可方和被许可方的投入成本，任何普通人都可以在共享许可模式下完成自己知识产权的对外许可或获得自己需要的知识产权许可组合的授权。大数据会导致市场竞争更趋向于公平竞争和自由选择，一旦一件较低价值的专利被高价许可必然会带来较差的客户体验和评价。而在更趋于公平竞争的共享经济下，信息更加透明，相互竞争的知识产权其他属性被计算机筛选后，去中心化的客户体验、评价、为客户带来的实际价值收益等，将成为被许可人选择知识产权组合的重要依据。因此被许可专利的许可价值会在市场经济调节下自然回归其应有的价位。这是大数据共享经济带来的竞争规则，即公平的市场化竞争。

22.3　共享运营是知识产权运营最佳路径

知识产权运营在国内外的发展参差不齐，目前运营比较好的无一不是行业内寡头公司或寡头联盟操控的知识产权运营机构。这样的知识产权运营能够成功，更多

---

① 知识产权的许可组合初级整理是可以通过计算机实现的，但能够被实施的知识产权许可组合必须经过专业人员整理，这是为什么该模式需要专业的知识产权运营机构参与的重要原因。

是运用了寡头在行业内的影响力。比较有代表性的就是专利标准化,寡头及寡头联盟更容易推动和建立事实标准,市场属于被动接受,这并不利于市场竞争和技术进步,也不具有专利标准化运营的普遍性,其他企业不能复制该运营模式。

在互联网共享经济时代,知识产权的运营是真正地回归普通权利人的运营,任何知识产权权利人运营其知识产权,都有与行业寡头相同的竞争环境,权利人的市场占有率和行业影响力不会对共享经济下的知识产权运营产生影响,运营的价值核心直接体现运营客体,即知识产权本身的价值,而非权利人的影响力、运营者的运营能力或其他。

知识产权共享经济是所有权利人的共享经济。权利人在知识产权市场运营过程中,将自有知识产权共享出来供其他有需求的个体有偿实施、证券化投入市场供投资人购买获取收益或供其他个体投资该知识产权获取增值收益等。无论以何种运营方式,在知识产权共享经济时代,呈现于使用者面前的都是知识产权,使用者也只在乎知识产权。通过计算机等技术可以实现其他信息的透明化和程式化,使用者只需专注知识产权技术本身,合则用,不合则弃,大数据带来的海量数据使得使用者拥有几乎无穷的选择。除了极少数的核心知识产权属于不可替代外,绝大部分知识产权都有替代选择。

共享运营真正实现了知识产权的无差别推广,让所有有兴趣、有能力实施知识产权的人有了获得知识产权的渠道,真正有机会实现知识产权的价值最大化,并且为权利人带来收益。知识产权共享运营是对现有运营模式的有力升级,是最佳途径。

对知识产权需求形成的大数据,又使得绝大多数知识产权都有几乎无穷需求者来选择。对于知识产权的需求方来说,真正有了获取所有自己所需知识产权的途径,无论是向外购买、被技术许可、投资知识产权均可实现,多样性的替代选择方案也保证了获取这些知识产权的价格公正。

这是在知识产权运营之前的运营环境中从未有过的,是普通权利人可以有效运营知识产权的时代,而不是行业寡头才能够运营的时代。知识产权是共享思维的产物,知识产权的运营借助互联网共享模式,可以完全颠覆现有的知识产权运营模式,是更有活力和想象力的共享运营,将成为与寡头运营并行的市场代表性运营。

共享运营能够有效实现知识产权的价值最大化,并为权利人带来巨大利益,并且降低了运营门槛、运营成本,推动和普及知识产权运营。知识产权的诞生就具备共享属性,共享共惠共赢是知识产权本身存在的目的。

22.4 互联网共享经济加速知识产权运营

互联网共享经济在与各行业结合的过程中，对各行业的原有运作方式产生了巨大冲击。对知识产权行业而言，知识产权共享运营是知识产权价值实现的最佳途径，知识产权通过互联网技术实现共享经济运营，在看得见的未来，至少在以下四个方面会对知识产权运营乃至整个行业产生积极的促进作用。

1. 互联网共享经济加速知识产权商品化①的流通

互联网的发展从技术上为知识产权商品化流通提供了快车道，互联网共享经济与知识产权的结合，则将改变知识产权运营主体的运营思维，让随时随地都在发生的知识产权商品化流通，成为知识产权基础运营方式。

知识产权的互联网共享经济，运营的第一步就是共享。共享是运营的基础，只要知识产权的权利人通过共享经济平台共享自有知识产权一开始，其运营就已经开始了。知识产权一旦共享，就可以像电商的商品一样，借助互联网技术在全国、甚至全球流通。包括产业化在内，知识产权的每一次运营操作都可视为一次流通。与普通商品类似，流通速率越快其价值越容易彰显，越容易转化为知识产权的其他商品化运营方式，越有可能实现知识产权的产业化。共享运营有利知识产权的价值得以实现，共享的人越多，知识产权的价值越容易实现，直至共享的知识产权成为普世技术，其价值得到最大化利用。

知识产权在市场中的商品化流通越快速与频繁，数量基数越大，其市场的价格波动就越小，发展越稳定。在形成知识产权商品化流通大数据的基础上，市场对知识产权的定价将会更客观与更准确，这也是本书在技术入股章节讲解知识产权量化时提到的"市场法"评估知识产权价格的理想市场环境。目前，国内由于没有知识产权商品化流通大数据，该方法无法有效实施，未来随着知识产权共享经济发展，共享数据不断地累积与大数据的形成，"市场法"评估知识产权的价值将成为便捷有效的评估方法。

---

① 知识产权商品化是指知识产权本身具有使用价值和升值潜质，与普通商品相似，可以进行类似普通商品的买卖、投资等市场行为，知识产权像商品一样流通，其价值才更易彰显。

知识产权商品化流通的过程，不仅是知识产权商品化的运营，而且是知识产权商品化的方式，共享思维将能够让知识产权在流通中创造财富，在流通中增值财富。知识产权共享经济将知识产权的商品化流通速度极大地提高，知识产权的流通顺畅，知识产权需求者的获取顺畅，知识产权的价值转化之路才更加顺畅。

2. 互联网共享经济加速知识产权产业化转化

（1）提高知识产权产业化率

互联网共享经济加速知识产权商品化流通，为知识产权的产业化提供了转化基础。共享的知识产权会被更多的需求者接触、了解、评价、对比，有能力、有产业化需求的一方有更多机会在共享的知识产权中获得自己所需的知识产权。而共享经济下的巨量共享与需求对接会极大地提高整个社会的知识产权的产业化率。

特别需要说明，知识产权的获得与知识产权的产业化在多数情况下是由不同的市场主体进行的。知识产权的获得需要大量的科技研发，高校和科研机构在这方面投入较多，而知识产权的产业化能够最快速的实现经济效益，是企业的追求所在，这也是企业更注重成熟应用技术而科研机构更深入技术前沿探索新兴技术的原因。

知识产权共享经济在加速知识产权产业化过程中，将知识产权的获取与产业化模块化对接，让科研者更专注科研，让产业化者更专注技术成果转化。在知识产权共享经济下，科研者的巨量科技成果被知识产权保护，通过合适的产业化者来将其转化成生产力，共享模式下这种供给和转换都是巨量地进行，被产业化的、被暂时闲置的和无法转化被淘汰掉的知识产权都大量存在。在知识产权产业化大数据中，个体知识产权的产业化转化途径是明确的和可控的，一件知识产权在研发阶段就可以准确预估未来的产业化前景与收益，研发者和产业化者都能准确、清晰地预判知识产权的价值。

知识产权共享经济对其产业化的促进作用，除了加速供需双方的匹配效率外，还在产业化的具体实施过程中发挥巨大作用。在技术实施的人才、设备、创意、服务能力等方面，共享经济对知识产权的产业化落地起到积极的促进作用，该部分内容在本章第五节中会详细阐述。

（2）高产业化率有助降低社会重复研发投入

知识产权共享经济在提高知识产权的产业化率的同时，还降低了全社会的整体重复研发率。重复研发对社会资源造成巨大浪费，知识产权制度的推出，通过公开共享知识产权技术，并且允许公开的专利技术被他人用于实验与科学研发，有效减少了重复性研发。在专利申请被公开的那一刻起，该技术就可以被全社会的研究工作者们免费获得，而无须再继续投入资源研发该技术，这是专利制度本身具有的遏制重复研发的作用。现在的科研工作者在做新课题时首先会进行查新或专利检索，避免重复研发。

专利制度没有解决的重复研发问题也是由制度本身所决定的，一项创新性技术被研发出来后，可能意味着研发工作者在多个方面取得技术突破。例如，一件药物合成新技术被创造并被申请专利保护，而为了合成该药物产品，在其合成过程中为了满足苛刻的合成条件，权利人还突破了新型催化剂的合成技术、高精度温控技术和常温萃取技术，这三项创新技术在药物合成专利的申请文件中并不会被详细提及，而是以技术秘密的形式被保护。因为权利人只要申请了新药的专利，就可以获得新药技术的独家实施权，其他竞争者无法实施该药技术与其竞争，其核心技术被一件专利和三件技术秘密保护。权利人不公开三件技术秘密是因为不能从其中获利。这样导致其他研究工作者在获得了药物合成的专利文献资料后依然不能有效实施该技术，因为缺少其中的另外三项关键技术，这就是常说的技术多层保护。

知识产权共享运营可以有效解决由于技术多层保护带来的重复性研究资源浪费，因共享经济极大地繁荣了知识产权产业化转化市场，产业化大数据可以客观和准确地评价一件技术产业化带来的利润，因此在知识产权共享经济时代，技术共享成为主流，通过技术共享获取利润成为与通过产业化获取利润同等重要的盈利方式。在可以获取合理回报的情况下，研究者会更多地选择将技术通过知识产权加以保护，然后公开共享出来获取利润，自己则专注于新的研发。同时，实体企业的这种技术多层保护需要快速变现，为企业收回研发成本和增加利润，因为未公开的技术秘密在被他人研发、攻克并申请专利保护后将没有运营价值了。在共享经济下，技术共享必然带来技术爆发式增长，新技术的迭代将非常快速，新技术获利的最好方式是申请专利保护后通过产业化或其他商业化运营获取收益，而不是技术秘密保护。科技成果只需要通过知识产权保护，就可以完全开放地共享给社会，而且是整套技术无保留的共享（也必须是无保留的共享）。知识产权共享运营真正让重复研发的社会资源止步于科技成果的知识产权保护的申请阶段。

3. 互联网共享经济加速知识产权金融化

（1）知识产权金融化的重要性

知识产权是国家发展的战略性资源和国际竞争力的核心要素，金融是现代经济的核心。知识产权金融化服务是贯彻落实党中央国务院关于加强知识产权运用和保护战略部署的积极举措，是知识产权工作服务经济社会创新发展、支撑创新型国家建设的重要手段。

促进知识产权与金融资源的有效融合，有助于拓宽中小微企业融资渠道，改善市场主体创新发展环境，促进创新资源良性循环；有助于建立基于知识产权价值实现的多元资本投入机制，通过增值的专业化金融服务扩散技术创新成果，全面促进知识产权转移转化；有助于引导金融资本向高新技术产业转移，促进传统产业的转型升级和战略性新兴产业的培育发展，提高经济质量和效益。金融是知识产权的催化剂，知识产权金融化可以帮助权利人更快速、更多地获取利润，增强权利人的持续创新能力，也就增强了整个社会的持续创新能力。

互联网共享经济环境下知识产权金融化的影响可以从两个方面考虑，一方面是对知识产权运营模式的影响，另一方面是知识产权金融化衍生的新产品新模式。

（2）共享运营加速知识产权金融化

目前知识产权质押融资是国内知识产权融资的最主要途径之一，每年的融资额在百亿级。知识产权质押融资能够有效地降低企业尤其是创新型企业的融资成本，帮助企业发展。国家在政策上，鼓励和支持这种质押融资方式，有不少地方政府甚至推出利息补贴等扶持手段来推动质押融资。但市场效果并不理想，政府主导下的质押融资被困于百亿级别。究其缘由，就是非常明确的两个问题挡住了质押融资的路：作为最主要的质押放贷方，银行没有能力评估被质押知识产权的市场价值；银行没有能力将违约质押的知识产权处理变现。

知识产权交易大数据下"市场法"有可能成为知识产权价值评估的首选方式，知识产权的价格因为有充足的同类知识产权交易数据作为参考，价格是公开透明的。知识产权交易大数据建立的基础就是知识产权的商品化快速流通，包括交易变现。因此，在未来知识产权共享经济下质押融资的两大难题迎刃而解，知识产权成为像房产一样可以准确估价又可方便变现的成熟商品，无须政府引导与贴息，银行也会加大知识产权的质押力度。

我国质押融资的质押对象主要是银行，在共享经济环境下质押对象可能会发生改变。一旦知识产权可以向普通成熟商品一样估价和转手变现，也就可以像普通商品一样方便的质押融资，质押融资投资人将扩展到一切可以提供资金的个人和机构。

目前市场上出现的知识产权质押众筹融资，即通过第三方评估机构对权利人的知识产权进行价值评估后，权利人以知识产权质押，通过众筹平台进行融资。融资对象为普通出借人，一般是小额投资者。权利人的一个融资项目通常会有几百、几千甚至更多出借人。这种融资方式有别于传统之处在于资金来源是通过众筹来获得，而众筹的本质是共享经济中的闲置资金共享，该内容在本章第六节会详细介绍。知识产权质押众筹融资是知识产权共享与资金共享经济结合的产物，未来该模式发展前景很可能颠覆目前我们认知的知识产权质押。

对于知识产权许可，共享经济的许可案例大数据可以对任何一个新的许可协议提供合理的许可价格参考，因为有大量同类或相似许可数据可供参考，同时知识产权共享经济下有更多的人需要许可，有更多的许可组合供给，市场将会繁荣而稳定。

对于知识产权技术入股，知识产权共享经济对知识产权的量化有更清晰的认知，而充足的知识产权供给方与充足的技术需求方在共享环境下，会有更多的知识产权以入股的形式为权利人带去收益。企业通过技术入股的方式引入先进技术，节约了研发资金，缩短了研发周期，与权利人实现双赢。

对于知识产权证券化，在知识产权共享经济大数据下，由于每一件知识产权的研发、申请、运营、产业化的数据都有大数据做参考，因此每一项数据都可以认为是透明的和公开的，知识产权证券化同样如此。一组已经产生稳定收益的知识产权组合，或者一组还在组建中的知识产权组合，其未来的预期收益通过大数据都是可以比较和预估的。大数据的存在大大降低了知识产权证券化的运营风险，必然极大促进知识产权证券化发展。与之类似的还有知识产权信托、知识产权投资增值、专利标准化、知识产权战略联盟四种运营模式。

对于知识产权诉讼模式，知识产权共享运营会为法院带来大量可以参照的案例，对侵权赔偿的数额通过大数据计算可以准确评估。实际上，在共享运营大环境下案件的走势、赔偿的金额等都可以提前预估，很可能走不到法院讼诉这一步，而责任双方就能通过市场化手段解决了。

对于知识产权众筹，众筹本身就是共享思维的产物，在知识产权共享经济下，知识产权众筹有可能成为其他知识产权运营的开始。这里说的第一步是针对知识产权的运营方（需求方）而非供给方。知识产权众筹与其他模式不同之处在于它是由运营方发起的，其他模式的知识产权共享是权利人主动共享，众筹则是运营方主动发出需求，其他权利人根据这个需求，考虑是否将自有的知识产权共享给运营方。

该过程由运营方主导，运营方可以在众筹知识产权时明确众筹的目的和回报方式。若运营方众筹时明确是一次性给予知识产权权利人一定额度资金，直接获得知识产权，则促成了一次知识产权转让交易；若运营方众筹时明确所有众筹来的知识产权将组建专利池等知识产权组合用于对其他个体的许可,给予权利人的是每年许可收益分成,则该知识产权众筹仅仅是知识产权许可运营的第一步;若运营方众筹时明确众筹的所有知识产权组合用于许可后会证券化打包出售给其他个体,权利人一次性获得证券化收益,则知识产权众筹是证券化运营的第一步;若运营方明确众筹来的知识产权将用于实业生产,则知识产权众筹是快速获取技术的第一步,本书第五部分第 20 章已介绍了这种运营方式;若运营方众筹知识产权时只明确了对权利人的回报方式,而要求权利人不干涉其运营方式,或者说由运营方自行选择运营方式,则可以认为双方达成了信用托管,是知识产权信托运营的开始。知识产权共享经济下的运营,专业运营机构将发挥巨大作用,而知识产权众筹,将是运营机构获取运营客体的有效途径。

4. 互联网共享经济加速知识产权生活化

"我给你阅读的愉悦,我是一本书,我有版权;我给你耳朵的享受,我是一首歌,我有版权;我给你便捷的体验,我是一款软件,我有版权;我给你快乐的感受,我是一款游戏,我有版权;我给你视听的盛宴,我是一部影片,我有版权;版权,带给我们一个如此多彩的世界。"——国家版权局公益广告

国家版权局的公益广告在提倡大家保护版权、尊重原创的同时,也在告诉我们:知识产权,就在我们身边,它悄无声息地伴随我们生活,改变着我们的生活方式,我们正享受着知识产权随时随地为我们创造便利。图 22.1 反映了我们每天都与知识产权密切接触。

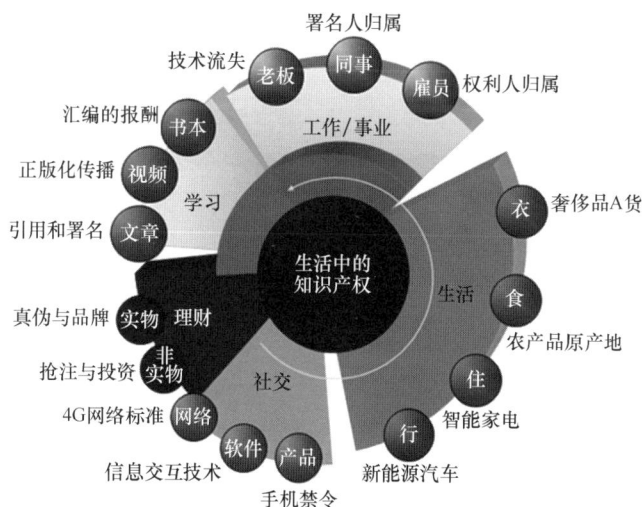

图 22.1　知识产权生活圈

知识产权一直在影响我们的生活，但我们似乎又无从察觉。共享经济会对知识产权价值起到推广的同时，也会极大地降低知识产权的创造成本、运营成本和使用成本。知识产权侵权的成本将会加大，法院因知识产权共享经济更易判定侵权行为和确定侵权赔偿，同时降低侵权人的信用评级，这在完善的征信体系社会会影响侵权人的方方面面。

在知识产权共享经济时代，知识产权渗透到我们生活的每一个角落，尊重、保护、运用知识产权融入我们的生活习惯，生产、制造、购买知识产权产品成为理所当然的行为方式，侵权产品不再有生存的空间，知识产权影响我们的生活习惯、改变我们的生活方式，知识产权的价值得以最大彰显，中国的知识产权时代才真正到来。

知识产权生活化不是终极目标，而是知识产权行业发展必然要进入的一种社会状态，从法制环境到企业经营再到个人的思维意识，作为普世价值观被接受和潜移默化地执行。

22.5 知识产权共享经济的创新之路

知识产权来源于创新，知识产权的创造与产业化应用是经济发展的核心推动力。在大众创新、万众创业的背景下，对创新资源的投入无疑将更加巨大，我国全社会 R&D[①]投入持续走高，2015 年投入 1.4 万亿人民币，其中 77%来源于企业，财政支出占 R&D 投入的 20%以上，投入资产近 3000 亿。可统计的研发创新投入如此之多，未统计的创新资源投入更加巨大。如何将这些创新资源发挥效益，使其能够最大化地转化为创新成果与知识产权、推动社会经济发展，共享经济提供了一条完全依靠市场化行为来最大化知识产权创新资源效益的新途径。

创新资源除了资金，还有人才、设备、创意等，由于资金相对重要，将在本章22.6 节单独介绍，本节重点介绍知识产权共享经济如何最大化发挥人才、设备、灵感创意这三项创新资源的效益，为创新服务。

---

① R&D：全社会研究与试验发展经费。

1. 知识产权共享经济之人才共享

人才是一切创新的源泉，对人才资源的有效使用是创新的一大保障。共享经济时代人才资源可以利用空闲时间游离于固定科研岗位之外，承担更多的科研项目，发挥更大作用，甚至可以完全脱离固定科研岗位（去中心化），在更多科学研究中贡献力量，将人才的科研能力充分施展，创造更多的科技成果与知识产权。

通过共享经济平台，具有科研特长的专家、教授、工程师、科研工作者、有一技之长的各色人才等都可以发布自己的特长与自己空闲时间，或者主动在自己的空闲时间内承接共享经济平台发布的科研项目、科研求助等。人才通过共享自己的科研能力，使更多的科技项目因此受益，更多的科技成果与知识产权被创造，自己也从中受益。

对于企业而言，一个企业不再仅仅依靠固有的少数科研人员来承担所有的科技研发，或通过"挖墙角"的方式去恶性竞争人才。通过共享经济平台可以招募更多的人才为自己服务，或者将科研项目公告出来，让有兴趣的人才主动投入到这一项目中来。企业获得了更多研发人才来完成自己的科研项目，而付出的成本很可能少于支付给固定工作者的成本，既扩大了自己的科研能力又缩减了自己的科研经费支出。

成熟的共享经济创新市场，一个企业计划一个创新项目后，细分成若干分支项目，将创新项目信息发布于共享经济平台，附带项目完成的条件及支付的酬金等，寻求科研工作者（个人、团队、工作室、专业研发机构如科研院所与高校等均可）承接其中的各分支项目。项目的所有科研细分支项被科研工作者承接后，整个创新项目的科研人员团队组建完毕，科研项目启动。

此时有两种情况：所有承接科技项目的科研工作者聚集于一个项目发起方的实验室来完成项目；或者科研工作者在自己的实验室来完成项目，仅交付研发成果给项目发起方。总体来说第二种情况更贴合共享经济的本质。

待科研项目完成后，该科研项目的团队成员解散。目前市场上开始出现的众创、众包，可以认为是对共享经济创新市场、创新人才资源利用的初探。

众创是指在现代互联网背景下，一方面热爱创新的大众（创新者）基于由企业搭建的或者自发形成的互联网平台实施创新活动并且通过互联网进行创新成果的展示或出售；另一方面其他企业或个人（需求者）通过互联网搜寻和获取创新成果并加以利用的一种新型创新模式。

首先，众创具有参与式的特点。众创的主体是大众，通常为一种松散的、基于兴趣或利益协作的较弱关系，而个体的多元化决定了平台资源的多元化，加之知识壁垒的打破，个体创新的机会被大大的均等化了。其次，众创模式必然是以互联网为载体的。在知识的形成和交互过程中，互联网充当了知识转移的媒介；在创新的实施过程中，互联网充当了创新者交互和协作的公共平台；而在创新成果展示、交易的过程中，互联网充当创新成果的技术市场角色。再次，众创活动降低了传统创新模式下的研发风险和成本，提高了创新的效率。众创模式下企业的战略重点不再是筛选创意和实施研发，而是搜寻和利用创新成果，企业因此不需要承担创新失败的风险。

根据创新活动的主导者不同，可以把众创分为两大类：企业主导式众创和大众主导式众创。企业主导式众创是指大众在企业创新需求的主导下识别机会并参与企业创新的过程；大众主导式众创是指在没有明确创新需求的情况下，大众主动获取创新机会，从而实施创新并将其商业化的过程。

Web2.0 是以参与、开放和共享为核心理念的第二代互联网组织形式，通过应用 Web2.0 相关技术，网络用户作为信息的载体逐步成为网络资源的制造者甚至管理者。通过虚拟创新社区，企业能够借助外部创意和群体创造力促进企业的创新活动。网络用户是开放式创新的参与者和技术源。企业开放式创新参与者主要有供应商、客户、竞争者、中介咨询机构、独立研发结构、大学和其他高等教育机构、政府部门，除此之外，制造商、互补性企业也是开放式创新的重要参与者。

随着 Web2.0 时代的到来，许多机构和企业为了实现更快、更高速的自我营销和资源获取，纷纷加入了诸如电子商务平台、商业社交平台、技术论坛等开放性社区。以期通过开放式创新增强自己的研发创新能力。

宝洁公司研发转型案例[①]

在 2000 年之前，宝洁一直沿用"靠企业内部出创意"的旧模式。面临一些亟待解决的问题——已有的管理模式太过保守、品牌创新力度不足、在中国投放产品速度缓慢、本土竞争对手过多且压力过大等问题。有一些新的挑战或问题，内部可能没有这种资源和能力去做，那就会寻求那种开放式的创新。

保洁公司通过 Innocentive 网站的"创新中心"平台将企业内部的部分研发任务发布到该网站，吸引来自世界各地的智囊团提供解决方案，并提供丰厚的报酬，近年来为企业节约了大量的研发成本。

---

① 李梦娜, 巍伟. 宝洁公司借助众创平台进行新产品研发的模式研究[J]. 商 Business，2015(35):101.

宝洁现任董事长兼CEO阿兰·乔治·雷富礼 10 年前就推出了产品研发的"CD模式"，即所谓的"联发"（Connent and Develop）模式，要求宝洁的创新项目必须有 50%来自公司外部。"联发"模式由于重新定义了宝洁与消费者、供应商的关系，使得宝洁获得了源源不断的外部创新源泉。作为组织结构的创新成果，宝洁的"联发"模式也被写进了哈佛商学院的案例教材中。

2. 知识产权共享经济之设备共享

在知识产权的获取与产业化阶段均需要设备，研发需要实验设备、检测设备，产业化需要小试设备、生产设备及辅助设备。对中小微企业来说，实验成本是其必须要承担的，但对实验结果进行一次检测所需的检测设备，没有几个公司能购买得起。例如，一次化学合成实验的原料成本可能只要几百元，但检测合成结果的设备（质谱仪、色谱仪等）动辄几十万，仍至上百万元，绝大部分企业都负担不起高昂的设备费用。没有设备将严重制约中小微企业的研究创新与知识产权产业化实施。目前市场的普遍情况是，越有钱的企业越能投入设备、资金、人力用于研发创新，就越能获得更多的创新成果和知识产权来产业化，也越能从中获得收益支持下一轮研发，形成良性循环，而中小微企业正好相反。

我国的研发、检测、生产设备闲置问题早已有之。许多企业的研发、检测、生产设备并没有处于 24 小时满负荷运转状态，而高校与科研院所的研发、检测设备的使用率则更低。高校与科研院所能够获得财政资金支持来购置所需的研发设备，设备资源充足，但是许多设备购入的目的往往是随科技项目的，一旦项目完结这个设备很可能被长期闲置。各地政府机构之前有采取过一些措施，例如，一些地方科技部门、行业协会等，通过征集愿意有偿出借使用权的高校、科研院所的设备组建设备联盟，用于联盟内部互享设备资源或对外共享，但因技术、市场等原因并没有很好的实施。

互联网技术与共享经济市场则能够很好地解决和平衡设备方与需求方之间的利益。共享经济鼓励拥有设备的企业、高校科研院所甚至个人等一切拥有而没有满负荷运作设备的市场主体，将设备在闲置时间内共享出来让其他人使用，方便他人的同时也为自己创造经济收益。通过设备的闲置时间来获取收益并不会影响设备权利方的正常使用，也不会对其研发造成困扰，是绝大多数设备拥有方愿意接受的。没有设备购买能力的小企业、创业公司等可以共享这些设备的使用权，如此只需支付少量的设备使用费就可以帮助自己通过研发创新获得科技成果与知识产权。在知识产权产业化的过程中，通常需要小试试机与小批量生产来验证实验室成果的可行性，但生产线设备过于昂贵，许多小企业及创业公司无力购买。这种情况下，通过共享未满负荷运作的其他企业的生产线来进行生产是最经济的做法。通过生产稳定技术、扩大市场需求之前，都可以通过共享生产线的方式来产业化其知识产权，设备拥有方则通过设备的闲置期获得收益，从而实现双赢。

3. 知识产权共享经济之创意共享

创意共享对于那些创意制造者来说太重要了。任何一个设计师在接到客户的一个产品设计时，都会设计多个方案，而最终只有一个方案被选择，其他替代方案设计在被淘汰（仅仅被一个客户淘汰）后，会被设计师丢弃进垃圾桶。同样，图纸设计、广告创意、策划方案、装修方案、服装设计、家具设计、模具设计等等行业，每一个被选择实施的创意背后都意味着数倍的创意被遗弃。这些被遗弃的创意同样是设计师花费时间与精力精心创造出来的创意结晶，在其他地方依然可以被使用，具有极高的价值。

共享经济可以发挥这些备选创意的价值，设计师将自己的创意方案、图纸等通过各种形式在共享经济平台共享，其他对设计师的创意有兴趣的需求者可以联系设计师，通过一定的报酬获得该设计作品的使用权。设计师的创意转化为收益，而需求者则节省了聘请设计师的费用和设计时间。

创意、设计、方案等一旦形成图纸就成为设计师的作品，设计师对此拥有版权。需求者想要通过共享经济平台获得所展示的创意设计，必须通过权利人的授权，否则构成侵权。

创意共享经济的市场前景广阔，每一个为公司的广告宣传、产品包装设计、logo设计绞尽脑汁而无能为力，最终请求专业设计师帮助的人对此都应深有体会。创意共享经济也将极大的提升创意工作者的工作热情，同时通过其创意带财富。

22.6　知识产权共享经济之资金共享

1. 资金共享模式的现状

资金是创新乃至整个经济的助推器。将资金共享理解为一个个体将自有的闲置资金共享给另一个个体使用，获取一定报酬的行为。其中个体可以是个人或企业，也可以是认识的或者陌生的。资金共享远可以追溯到熟人之间的借钱。本节阐述2005 年以来，随着互联网技术的发展，陌生人之间通过以互联网共享经济平台，将自有的小额资金投资、借贷给陌生人使用，以获取资金收益，并由此对知识产权与创新发展带来了推动作用。目前市场火热的 P2P 网络借贷、股权众筹、产品众筹、知识产权质押众筹等均为资金共享的经济模式。

国际上 P2P 模式兴起于 2005 年前后，较早的有英国的 Zopa 和美国的 Prosper 等公司。国内以陆金所为代表的 P2P 网络借贷在 2013 年前后突然爆发式增长并开始影响大众的投资习惯。目前国内 P2P 行业的共享经济平台达到 2000 多家，2015 年 10 月至 2016 年 5 月的 7 个月时间内，P2P 网贷行业的累积成交量突破 1 万亿元，创出历史新高。

P2P 的资金共享运作模式。首先，资金需求方向 P2P 网络借贷平台提出融资需求申请，申请内容一般包括所需融资金额、融资周期、融资资金用途、承诺给出借人的资金回报率，以及向出借人证明自己具备按时还款能力的证明资料等。证明材料一般包括资金需求方的经济实力、公司的盈利能力、融资项目的盈利前景，以及融资项目失败后其他还款能力等。P2P 网络借贷平台作为信息中介，会对融资人进行资信评估。

其次，P2P 网络借贷平台将融资项目在平台发布，供出借人投资。出借人通过自己的投资经验和风险承受能力，评估融资项目的风险与融资人承诺的资金回报率，对认可的项目进行投资。目前大多数平台对投资资金基本没有限制，50 元就可以起投，上不封顶，但绝大多书出借人为小额投资者。经过出借人投资，资金总量达到融资人的融资需求时，融资成功，融资人获得资金，借贷关系成立，借贷合同生效。

再次，融资人按照公开合同约定的还款方式，在规定的时间内还本付息给出借人，融资结束。

2. 资金共享对创新的影响

中小微企业具有创新的原始动力，在大企业已经占据市场份额的情况下，中小微企业与其竞争的最佳途径就是颠覆式创新、破坏式创新，利用大企业转型慢的弱点获得竞争优势。所以中小微企业不缺乏创新，对其制约最大的是资金短板。以往中小微企业获得资金的渠道是银行借贷，银行重视企业的还款能力，所以更倾向借钱给大企业而非中小微企业。知识产权共享经济下，由于创意与知识产权的变现渠道、市场价值、产业化盈利等都可以通过大数据准确评估，因此其变现渠道多样，变现周期快速，变现能力强，银行乐于借钱给中小微企业，而普通出借人也同样可以借钱给中小微企业。在互联网去中心化影响下，银行的资金规模优势被减弱，个人在可以直接投资创新企业的情况下，将不需要把钱存到银行，再由银行投资给创新企业（这有可能导致目前的银行金融体系改变）。

共享经济将使资金直接由个体源源不断地直接流向个体，而不再通过银行、理财机构、投资机构等资金中介，加速了资金流转，使更多资金直接流向具有创新成果与知识产权的中小微企业（投资创新的资金回报会远高于投资大型企业的规模扩充带来的资金回报），形成大众投资创新，万众投资创业。

3. 资金共享对资金持有人的影响

国内由于投资环境相对简单，大众的投资渠道窄，闲置资金存银行成为绝大多数人的首选，除此之外，似乎没有具有普适性的投资渠道。近几年出现的以余额宝为代表的各类"宝宝"，其投资回报方式与利率与银行并无明显差别。没有投资渠道成为制约大众赚取投资收益的主要屏障。在互联网共享经济下，资金共享为大众投资打开了方便之门。

P2P网络借贷仅仅是赚取比银行高几个百分点的固定利息收益，就能在两三年时间里激发全社会的投资热情。大众投资有了新渠道，而且收益相对传统银行高出许多。P2P网络借贷作为固定利率收益的借贷方式，2015年年底的平均收益率接近12%，高出银行数倍。2015年全年P2P网络借贷融资额9823亿元，作为对比，2015年美国全年的VC投资额刷新近10年来的历史新高，为773亿美元，仅为我国P2P融资总额一半。可以预见，P2P网络借贷、产品众筹，特别是以后的股权众筹，将会无限激发大众的投资热情，带动全社会大众的闲置资金投向产业，特别是创新产业。

共享经济为大众带来了投资渠道，提高了大众的投资收益，激发了大众的投资热情，而在引导大众资金从银行向直接的资金需求者转移过程中，将会有更多资金投向创新，让创新成为大众参与的经济活动。

4. 共享资金对知识产权运营的影响

知识产权运营在共享经济模式下依然离不开专业运营机构，这是由知识产权的专业性、特殊性决定的。知识产权运营机构在作为资金需求方的过程中，享受共享资金市场环境带来的便利的同时，也更易扩大知识产权运营规模。通过共享的资金经营共享的知识产权，并最终与利益方共享收益成为了可能。可以预见，知识产权的证券化、专利池、知识产权保险等在共享资金支持下，必将为目前萎靡的市场注入强心剂。

第 23 章　知识产权运营基金与创新创业

23.1　我国知识产权运营基金产生的背景

我国很多创新型企业拥有大量的创新技术，但缺乏知识产权全流程的资金投入，又由于没有土地等固定资产，这些企业很难通过资产抵押筹集到资金，而知识产权质押贷款目前申请周期较长，费用和贷款利率较高，贷款额度低，难解企业资金需求的燃眉之急，导致专利和技术转化应用受阻。在加快创新型国家建设、推动产业转型升级的大背景下，如何利用资本市场激活存量知识产权，使知识产权的价值得到释放，变得日益迫切，相关政府部门意识到了这个问题。2014 年，国家知识产权局与财政部联手，以市场化方式促进知识产权运营服务试点工作，推动设立基金，融合资本。《国务院关于新形势下加快知识产权强国建设的若干意见》也明确提出，要运用股权投资基金等市场化方式，引导社会资金投入到知识产权密集型产业。

近年来，在此背景下，部分省市相继发起设立了知识产权运营基金。知识产权运营基金是一种投资基金，但与一般的投资基金又有不同，它的投资是围绕知识产权的项目进行的。目前在我国，知识产权运营基金尚属新生事物，处于萌芽阶段，这些知识产权运营基金大致可分为两类：由政府资金引导、社会资本参与的运营基金和主要由企业出资主导的市场化运营基金。

23.2　我国知识产权运营基金现状

近一年来，我国知识产权运营基金从寥寥无几，到如雨后春笋般的涌现，充分体现了近期随着我国创新创业战略的实施，整个社会对技术转化和知识产权运营的重视，下面对我国近期成立的和正在筹备中的具有代表性的知识产权运营基金进行详细的介绍。

1. 睿创专利运营基金

2014年4月25日，就在世界知识产权日前一天，中国第一支专注于专利运营和技术转移的基金——睿创专利运营基金在中关村正式宣告成立。睿创专利运营基金以政府为引导，企业为主体，委任具有运营经验的智谷公司来管理，在中国开创了一种全新的商业模式。睿创专利运营基金第一期基金将重点围绕智能终端、移动互联网等核心技术领域，以云计算、物联网作为技术外延，通过市场化的收购和投资创新项目等多种渠道来集聚专利资产，希望在近5年内储备一大批高质量的核心发明专利。目前，有多家从事智能终端与移动互联网业务的公司作为首批战略投资方参与睿创基金。中关村科技园区管委会、海淀区政府通过引导资金给予支持，智谷公司作为普通合伙人管理基金投资策略与日常运营。随后，国内其他多个省份也设立了相应的知识产权运营基金，重点投资了一批知识产权运营孵化器及与知识产权相关的优质项目；2015年4月26日是第15个世界知识产权日，当天我国首家中国知识产权运营联盟在北京成立，该联盟联合了全国重点知识产权运营服务机构、高校、科研机构、企业、银行、投资公司等，整合了国内外知识产权资源，促进了相关政策、机制和创新模式的发展。它标志着我国知识产权运营服务的系统化升级，开启了我国知识产权运营的2.0时代。中国知识产权运营联盟也是我国采取一系列新举措打通知识产权、资本和产业之间通道的全新尝试。中关村管委会有关负责人表示，以市场为导向，以企业为主体，政府引导、多方参与，由国际化的高端专业团队来运营，是这一基金的显著特色，这种专利运营模式将有助于进一步激活中国的技术交易市场，促进科技成果的转化，提升企业知识产权保护意识，强化自主创新能力。智谷公司负责人表示，如何高效地运营专利资产，主动参与到全球化的知识产权战略格局中，在愈加激烈的市场竞争中争取更多的主动权，是绝大多数本土企业面临的严峻挑战。智谷公司自2014年成立以来，已创建了一套适合我国市场环境和创新体系的商业模式，为有效地管理本基金奠定了基础。我们希望这支基金能成为专利运营在中国的先行者和实践者，为中国更多的企业跻身于世界竞争舞台保驾护航。

一直以来，我国的专利运营一直是个难点，我们一方面拥有数量庞大的有效专利，另一方面我们缺乏资金投入到高质量的专利运营，睿创专利运营基金在此方面是否能有突破非常值得期待。

2. 国知智慧知识产权股权基金

2015 年 11 月 9 日，国知智慧知识产权股权基金发布会在京召开，国内首支国家资金引导的知识产权股权基金——国知智慧知识产权股权基金正式发布。发布会主题为"示范•引导•发现"，知识产权股权基金的设立体现了示范、指引的主题，"国知智慧知识产权指数"的建立显现的是发现的主题，两者均为了大力发展我国知识产权服务，充分发挥技术市场的作用，并帮助企业在激烈的竞争中脱颖而出。国知智慧知识产权股权基金首期规模 1 亿元，主要投资于拟挂牌新三板的企业，基金的投资定向用于企业知识产权挖掘及开发，基金的核心要义是帮助国内中小企业有效地获取核心技术专利，为企业在未来行业发展格局中获取主导权，从而发挥其示范性作用。另外，基金亦将在细分行业及细分地域上与其他机构合作，以基金的运作为蓝图，大规模复制并撬动社会资本参与，在助力专利创新和企业知识产权保护中最大程度上发挥政府资金引导性作用。"国知智慧知识产权指数"将主要用于发现具有技术实力、创新能力和成长潜力的拟挂牌新三板企业，通过对已挂牌新三板企业的知识产权指数研究，分析出成功企业所具有的特质，从而作为投资及专利服务的重要指标，最终帮助企业有效地获取核心技术专利，提高其价值，指数的核心价值就是"发现"。基金主发起方为北京国之专利预警咨询中心（下称国之中心），成立于 2003 年，由国家知识产权局专利局专利审查协作北京中心（下称审协北京中心）设立，是国内首家提供专利应急和预警咨询服务的专业机构。2013 年，国之中心成为国家财政部和知识产权局指定的首批"国家专利运营试点企业"，并获得财政部 1000 万资金支持。此次基金的发起也得到落户地——海淀区知识产权局的大力支持和积极响应。基金合作方北京清林华成投资有限公司（下称清林华成），是以私募投资管理为主业的股权投资企业，其系合法设立及合法登记备案的私募投资基金管理人，已发起设立多支具有影响力的基金。发布会上，双方签署了"国知智慧知识产权指数研究合作协议"。国家知识产权局专利管理司司长雷筱云指出，国之中心作为全国知识产权运营公共服务体系"1+2+20+n"的 1/20，发挥"国家队"的示范带动作用，与清林华成强强联合，发起成立知识产权股权基金，是搞活壮大知识产权运营市场的大事，是助力大众创新、万众创业的好事。并提出三点建议，一是突出产业特色，瞄准国家战略和市场趋势；二是突出服务特长，依托审协北京中心专业团队，实现基金投资收益与企业创新发展的双赢；三是突出基金特点，为形成中小企业"铺天盖地"的局面贡献力量。审协北京中心主任白光清表示，"为中国创新主体服务"是很多人共同的使命，审协北京中心将积极响应国家的号召，集中所有的智慧、能力和优势资源，着力打造专利服务品牌，通过设立基金，以少量的政府资金带动更多的社会资本投向企业的专利创新和知识产权综合实力提升，积极探索中国专利运营新模式，为知识产权直接贡献 GDP 做出努力。清林华成总经理赵伟表示，从美国的实践看，大部分知识产权创业阶段的资金，是通过股权融资的方式获得的。随着我国专利保护力度的不断加强，知识产权股权投资必将成为日后的一大投资趋势。业内人士认为，国内首支知识产权股权基金的发布，发挥了政府资金的示范引导效应，支持了中小微企业的技术创新，是贯彻落实党中央和国务院关于"大众创业、万众创新"的决策部署，实施创新驱动发展战略，推动产业转型升级，深化知识产权领域改革，支撑经济发展新常态，加快知识产权强国建设的创新举措。

作为国内首支国家资金引导的知识产权股权基金，我们期待国知智慧知识产权股权基金在知识产权股权投资方面能尽快打造自己的示范合作项目，为我国知识产权股权基金的发展开个好头。对于国知智慧知识产权股权基金的另一大关注点——"国知智慧知识产权指数"是否能得到业界的认可和接受。众所周知，知识产权评估本身存在难点，"国知智慧知识产权指数"的评估方法是否科学和合理将接受现实的考验。

3. 北京市重点产业知识产权运营基金

2015 年 12 月 31 日，"北京市重点产业知识产权运营基金"在北京市经济技术开发区宣布正式成立。这是我国首支由中央、地方财政共同出资引导发起设立的知识产权运营基金，也是迄今为止国内资金规模最大的知识产权运营基金。据了解，该基金采取有限合伙形式，存续期为 10 年，募资规模达到 10 亿元，首期 4 亿元人民币已认购完毕，其中，中央、北京市、部分中关村分园区管委会三级财政体系投入政府引导资金 9500 万元，引导重点产业企业、知识产权服务机构和投资机构等投入社会资本 30 500 万元。基金首期将重点关注移动互联网和生物医药产业，主要投资于这两个产业中拥有核心专利和高价值专利组合、市场前景良好、高成长性的初创期或成长期企业，或者具有相应产业领域特色的知识产权运营机构。该基金将以阶段参股的方式向开展相应产业领域业务的知识产权运营基金进行股权投资，支持发起设立新的知识产权运营基金，并积极引导构建由产业知识产权联盟或知识产权运营机构运行管理的结构优良、布局合理的专利组合（专利池）项目。该基金具有四个显著特点。

一是在全国知识产权运营领域资金规模最大、投资层级最广泛，实现了财政资金"四两拨千斤"的杠杆作用。基金由北京亦庄国际投资发展有限公司作为政府资金出资代表发起设立，计划规模 10 亿元人民币。

二是投资方向聚焦知识产权价值，实现收益最大化。该基金将投资于现有的核心知识产权和未来 5～7 年具有行业前景与技术趋势的前沿技术，包括以知识产权为核心的无形资产，拥有这些技术、以知识产权为核心资产的新兴创新企业，以及细分领域的知识产权运营基金。

三是运营过程战略性合作，实现产业知识产权布局。近年来，北京市知识产权局在轨道交通机电技术、新能源汽车、智能语音等领域引导建立了 16 家产业知识产权联盟。2015 年 1～11 月，联盟各成员申请发明专利 1.2 万件，获得发明专利授权 6000 件，拥有有效发明专利超过 2.4 万件。基金将与这些产业联盟建立战略性合作关系，通过"购买+培育"等方式，投资联盟核心专利组合，有效盘活专利资源，开展组合许可、作价入股等多种形式的专利运营，发掘其市场价值，加快核心专利资源向产业释放；同时，通过股权投资方式，为产业联盟及所属产业中具有核心知识产权的创新型企业和知识产权优势企业提供资本支持，支撑产业整体提质、增效、升级。该基金还将服务于国家重大专项知识产权管理，与众多专项课题组合作，例如核心电子器件与高端通用芯片及基础软件、重点与极大规模集成电路制造技术及成套工艺、新一代宽带无线移动通信、重大新药创制等，完成重大战略产品、关键共性技术和重大工程的知识产权布局和运营。

四是投资回报充盈，实现各方资本共赢。基金预期年平均收益率 20% 以上，10 年收益率不低于 200%，基金首期规模 4 亿元，10 年收益不低于 8 亿元。该基金有望为北京市带来近 2 亿元税收。对财政资金而言，将实现良性循环、保值增值；对社会资本而言，除获取资金增益外，还可优先获得基金专利池的专利许可，从而在生产自由、经营自由和产业话语等方面获得更充足的投资回报。

简单来讲，北京市重点产业知识产权运营基金实现了财政资金"四两拨千斤"的杠杆作用；投资方向聚焦知识产权价值，实现收益最大化；运作模式多样化，实现精准式投资；运营过程战略性合作，实现产业知识产权布局；投资回报充盈，实现各方资本共赢。作为重点产业知识产权运营基金，该基金将发挥不同于传统产业发展投资基金的作用，更加关注产业发展中的知识产权要素，重点聚焦于四大方面：①服务国家重大专项知识产权项目。基金将与国家重大专项建立战略合作关系，通过核心技术突破和资源集成管理，完成重大战略产品、关键共性技术和重大工程的知识产权布局和运营。②培育运营高价值专利。基金将充分发挥相关产业各类联盟作用，围绕促进战略性新兴产业领域知识产权发展的战略目标进行合作。③知识产权服务机构深度参与基金管理。知识产权服务机构作为基金运行的专业支撑力量，除了参与投资基金外，还会通过资源合作、专业服务提供等方式深度参与项目筛选、价值评估、项目退出等基金运作，形成知识产权服务机构与金融投资多角度、多层次的互动合作。④紧密联系中关村园区各类创新主体。基金投资方中就有 6 个中关村分园区，将有力推动基金服务首都各大高校、科研院所和创新型企业，助力"产学研"相结合，提升我国重点产业领域的知识产权创造运用能力。北京市知识产权局相关负责人表示，这支基金的成立，充分诠释了知识产权资源与金融资源的高度融合，更开启了知识产权服务北京科技创新中心建设，助力首都构建"高精尖"经济结构的新起点、新里程。

作为我国首支由中央、地方财政共同出资引导发起设立的，也是在发布时为国内资金规模最大的知识产权运营基金，北京市重点产业知识产权运营基金服务于高科技产业集中的北京地区，占尽了天时地利人和，其运作模式，以及该模式能否成功运作并达到预期的目标，对全国各地刚成立或筹备中的知识产权运营基金有着重要的示范作用和标杆作用，注定成为我国知识产权运营基金发展史上的标志性事件。

4. 七星天海外专利运营基金

2015 年 8 月，七星天通过自主成立了据称是国内第一支海外专利运营基金，其成功收购了日本精工集团（Seiko）的近 220 件显示技术专利，该批专利涉及美国、日本、中国、法国、英国等 8 个国家和地区，目前已正在国内实施运营。2015 年 3 月 25 日，七星天（苏州）海外专利运营平台正式落户江苏苏州国家知识产权服务业集聚区，并开始启动运行。该平台未来将面向全国，从事海外专利产出及运营的相关事务。这个海外专利运营平台是由国家专利运营试点企业、国内知名的专利运营机构——七星天（北京）咨询有限责任公司（以下简称七星天）创立。苏州市知识产权局的相关领导、七星天的股东、客户和知识产权系统的嘉宾一起见证了七星天海外专利运营平台的成立。七星天海外专利运营平台将依托获得江苏省知识产权局、省政府金融办批准，在苏州市高新区知识产权集聚区筹建"江苏国际知识产权运营交易中心"。2012 年，全国首个"国家知识产权服务业集聚发展试验区"落户苏州高新区。现在"集聚区"已有近 70 家知识产权服务机构入驻，初步形成了包括知识产权业务审查、代理服务、预警分析等在内的知识产权服务产业链。

据七星天总裁龙翔介绍，"苏州七星天"将通过专利孵化、专利天使、专利猎头三类面向不同企业和机构的专利运营模式，匹配高校、科研机构的专利资源、企业的海外专利需求，推动海外专利运营平台的运作，扶持技术类初创企业，为企业走向国际市场保驾护航，为促进地区经济和产业发展发挥积极作用。苏州高新区科技局相关负责人表示，像七星天这样专门从事涉外知识产权服务的机构目前在知识产权服务业集聚区内还比较少，该企业的出现填补了这一空白，也为高新区的先进科技制造业走出国门提供了保障。近些年，伴随着"走出去"的步伐，不少企业遭遇了海外竞争对手发起的密集"专利诉讼潮"。国内制造业企业对于了解海外专利制度环境、获取海外专利储备以抵御诉讼及侵权风险的需求日益强烈。2012 年，美国资深专利诉讼律师龙翔博士回国创立了七星天。龙翔在美国从事法律工作多年，也多次目睹了中国企业在打入国外市场时的类似遭遇，为了让国内企业在"走出去"的时候不再缺乏应对之道，他怀着"让中国的智力资源获得全世界的承认并实现其公允的价值"的愿景创办了公司。2015 年，七星天入选"国家专利运营试点企业"。创立 3 年左右的时间里，七星天引领国内专利运营之先，迅速发展成为行业翘楚，备受业界关注，被誉为"专利资本市场的开拓者"。七星天的业务主要包括美国专利诉讼支持服务、中国企业海外专利护航服务、大学与科研院所发明创造的海外专利投资。至今，七星天已经形成了"北京——苏州——旧金山——华盛顿"两国四地的机构布局。七星天已经构建包括 6 名美国专利律师和专利代理人组成的海外律师团队，4 名中国专利代理人团队和 50 多名理工科硕、博士组成的专利分析师团队。目前七星天拥有了一批一流的客户资源，包括有影响力的高校政府科研机构及国内外产业巨头。不仅如此，七星天还与中科院（北京）国家技术转移中心、中科院长春应化所、东南大学、重庆邮电大学、深圳大学等国内大学和科研机构展开了专利投资及运营合作，并一起开创了中国大学产学研的新模式——"七星天模式"。同时，七星天也在为国内外一流企业，如上海联影医疗、滴滴出行、同花顺、大华安防、雅虎（Yahoo）、美国美满电子（Marvell），以及 Jones Day、K&L Gates 等知名美国顶级律师事务所提供全方位的知识产权服务和专利诉讼支持服务。"七星天"将推出专利孵化、专利天使和专利猎头三大面向不同企业和机构的专利运营模式。龙翔说，七星天推出的专利孵化模式，是一种全新视角下的高校专利运营投资模式，主要是：协助大学/科研机构进行技术发明的价值评估，挑选有市场前景的技术发明，撰写、申请为高价值的海外专利之后，再进行授权、出售、诉讼维权等运营。这一模式将成为苏州专利运营平台的主要基石模式之一。专利天使模式，是挑选具有核心技术、运营前景良好的初创企业进行合作，出资为企业撰写、申请高质量的海外专利，以服务作价获取初创企业部分股权。这一模式系统解决了初创技术类企业专利保护难、资金短缺的难题。专利猎头模式，是通过匹配国内企业、机构的专利需求，以及海外专利市场的专利转让渠道，通过专利收购基金的方式进行运作，系统化解决中国企业海外专利储备不足的市场痛点。

七星天海外专利运营基金是一支私营的知识产权运营基金,七星天(苏州)海外专利运营平台自从落户江苏苏州国家知识产权服务业集聚区到计划落户到"江苏国际知识产权运营交易中心",七星天始终得到政府方面的大力扶持,并依托苏州地区高科技制造业企业聚集和长三角国际大企业总部聚集的优势,我们期待在政府的支持和未来"江苏国际知识产权运营交易中心"的配合和服务下,七星天海外专利运营基金能走得更远更稳。

5. 山东省重点产业知识产权运营基金

山东省作为知识产权运营试点省份,拥有 4 家国家专利运营试点企业(服务型)和 2 家国家专利运营试点企业(生产型),数量位居全国前列。为深入推进知识产权运营试点省工作,山东省局与省财政厅联合下发了《山东省知识产权运营试点实施方案》,择优评选了 4 个运营试点市及 10 家运营试点单位,初步形成覆盖全省的运营服务体系。以国家 4000 万元引导扶持资金为基础,通过募集社会资金共同组建山东省重点产业知识产权运营基金,探索知识产权运营的商业模式,支持能够有效支撑产业转型升级发展的专利运营项目。山东省重点产业知识产权运营引导基金将重点投资于国家和山东省确定的重点发展产业、战略性新兴产业、专利密集型产业领域,特别是海洋化工及生物资源开发产业及其关键领域的知识产权运营项目和服务。2015 年 12 月 25 日,山东省财政厅、山东省科学技术厅、山东省知识产权局印发了《山东省重点产业知识产权运营引导基金管理实施细则》(下称《实施细则》)的通知。《实施细则》规定引导基金是由财政资金出资设立并按市场化方式运作的政策性基金,资金来源为国家、省等各级财政拨款和投资收益等。引导基金主要通过注资参股方式,与其他符合条件的社会资本、地方政府资金,参与发起设立或参股在山东省内注册的重点产业知识产权运营子基金(以下简称子基金),也可视情况采取跟进投资的方式进行投资运作。以后年度,根据引导基金运作情况和中央有关基金管理要求,进一步完善引导基金运作方式。引导基金在子基金中参股不控股,不独资发起设立股权投资企业。引导基金实行决策与管理相分离的管理体制,按照"政府引导、市场运作、防范风险、滚动发展"的原则投资管理。管理机构及职责方面,规定设立引导基金决策委员会,负责引导基金设立运作相关重大事项的决策。山东省科学技术厅、省知识产权局负责提供重点产业知识产权运营项目库中的相关项目,为参股子基金提供项目信息查询和对接服务,并监督子基金投向,但不干预子基金具体投资业务和投资项目的确定。山东省财政厅代表山东省政府履行引导基金出资人职责,山东省经济开发投资公司(山东省财金投资集团有限公司)作为引导基金管理公司,根据授权代行出资人职责。山东省金融办作为山东省政府金融管理部门，负责指导监督引导基金管理公司的经营管理。

（1）引导基金管理公司的职责

①根据山东省科学技术厅、山东省知识产权局牵头提出的支持重点、申报要求，对外公开征集或招标选择拟参股设立的子基金；

②对拟参股子基金开展尽职调查、入股谈判，签订子基金章程或合伙协议；

③对引导基金实行专户管理，专账核算。根据子基金章程或合伙协议约定，在其他出资人按期缴付出资资金后，将引导基金及时拨付子基金托管银行账户；

④代表引导基金以出资额为限对子基金行使出资人权利并承担相应义务，向子基金派遣代表，监督子基金投向；

⑤定期向引导基金管理办公室、山东省科学技术厅、山东省知识产权局报告引导基金和子基金投资运作情况及其他重大事项。

引导基金的分红、退出等资金（含本金及收益）应由引导基金管理公司拨入基金托管银行专户，并按规定将引导基金收益上缴山东省国库，由山东省财政统筹安排或用于扩大引导基金规模。山东省财政厅向引导基金管理公司支付管理费。

（2）投资运作与收益分配方面

投资运作与收益分配方面，规定引导基金参股的子基金主要投向高价值专利培育、专利产业化投融资、专利布局等，支持产业创新链、价值链、资金链、服务链的完善，探索产业知识产权运营的商业模式，支持重点产业转型升级，重点投资于国家和山东省确定的重点发展产业、战略性新兴产业、专利密集型产业领域，特别是海洋化工及生物资源开发产业及其关键领域的知识产权运营项目和服务。子基金应优先投资山东省知识产权局重点产业知识产权运营项目库中的项目。在中国大陆境内注册的股权投资管理机构或投资企业（以下简称投资机构）可以作为申请者，向引导基金申请设立子基金。多家投资机构拟共同发起设立子基金的，应推举一家机构作为申请者。申请者应确定一家股权投资管理机构作为拟设立子基金的管理机构。

（3）子基金管理机构应符合以下条件

第一，在中国大陆注册，且实缴注册资本不低于 1000 万元人民币，有较强的资金募集能力，有固定的营业场所和与其业务相适应的软硬件设施。

第二，有健全的股权投资管理和风险控制流程，规范的项目遴选机制和投资决策机制，能够为被投资企业提供创业辅导、管理咨询等增值服务。

第三，至少有 3 名具备 3 年以上股权投资或基金管理工作经验的专职高级管理人员，至少 1 名具有 3 年以上相应产业领域知识产权运营业务经验的专职或兼职高级管理人员，管理团队稳定，具有良好的职业操守和信誉。

第四，具备良好的管理业绩，至少主导过 3 个股权投资的成功案例。

第五，机构及其工作人员无行政主管机关或司法机关处罚的不良记录。

（4）新设立子基金，申请引导基金出资的，还应符合以下条件

第一，在山东省境内注册，且投资于山东省境内企业的资金比例一般不低于子基金注册资本或承诺出资额的 80%；

第二，主要发起人（或合伙人）、子基金管理机构、托管金融机构已基本确定，并草签发起人协议、子基金章程或合伙协议、委托管理协议、资金托管协议；其他出资人（或合伙人）已落实，并保证资金按约定及时足额到位；

第三，每只子基金募集资金总额不低于 1.5 亿元人民币。其中：申请者为投资企业的，其注册资本或净资产不低于 5000 万元人民币；政府出资人出资额一般不超过子基金注册资本或承诺出资额的 40%，其中引导基金出资额原则上不超过子基金注册资本或承诺出资额的 25%；子基金管理机构对子基金认缴出资额不低于基金规模的 2%；单个出资人或一致行动人出资额不得超过子基金注册资本或承诺出资额的 2/3；除政府出资人外的其他出资人数量一般不少于 3 个。

第四，子基金对单个企业的投资原则上不超过被投资企业总股本的 30%，且不超过子基金总资产的 20%。

（5）其他重要规定

子基金按照市场化方式独立运作，依据章程或合伙协议约定进行股权投资、管理和退出。子基金的投资存续期限原则上不少于 8 年、不超过 10 年，引导基金通过到期清算、社会股东回购、股权转让等方式实施退出。确需延长存续期的，须经山东省财政厅、山东省科学技术厅、山东省知识产权局及山东省金融办同意，并报决策委员会批准。因相关资产被冻结或发起人无法达成一致等特殊原因，到期无法清算，子基金主发起人（或主合伙人）应承诺受让省级引导基金所持股份，受让价格按独立第三方资产评估机构评估值确定。子基金企业按章程或合伙协议约定向子基金管理机构支付管理费用。引导基金管理公司应与其他出资人在子基金章程或合伙协议中约定，引导基金以出资额为限对子基金债务承担责任。引导

基金管理公司应与其他出资人在子基金章程或合伙协议中约定，当子基金清算出现亏损时，首先由子基金管理机构以其对子基金的出资额承担亏损，剩余部分由引导基金和其他出资人按出资比例承担。引导基金及子基金的股权投资资金应当委托符合条件的金融机构进行托管。子基金管理机构在完成对子基金的70%资金投资之前，不得募集其他股权投资基金。引导基金管理公司要加强对子基金的监管，密切跟踪其经营和财务状况，防范财务风险，但不干预子基金的日常运作。引导基金管理办公室、山东省科学技术厅、山东省知识产权局负责对引导基金管理公司履行出资人职责情况进行监督，视工作需要委托专业机构开展审计，定期对引导基金的目标、政策效果及子基金投资运行情况进行绩效评价，并向决策委员会报告。

山东省重点产业知识产权运营基金作为地方政府主导的知识产权运营基金为全国各地由政府部门主导，财政资金投入的知识产权运营基金提供了一个重要的参考范本。其出台的相关的引导基金管理实施细则也为国内其他地方提供了一个具体操作的范例，具有重要的参考价值。

6. 广东省粤科国联知识产权投资运营基金

2016 年 1 月 22 日，广东省知识产权局在广州举办了广东省粤科国联知识产权投资运营基金成立大会暨工业机器人专利池发布及运营研讨会。会上宣告正式成立"广东省粤科国联知识产权投资运营基金"，其是广东省第一笔知识产权运营基金；基金以中央财政 4000 万元重点产业知识产权运营扶持资金为引导，向社会有关机构、民间资本招募。基金总规模将达 30 亿元，首期计划形成 5 亿元的知识产权运营基金规模，将围绕高档数控机床和机器人、新一代信息技术等十大战略产业，以及知识产权服务业，通过市场化的知识产权收购、孵化、投资等多种渠道，积极探索知识产权运营的商业模式，推动产业知识产权协同运用，促进创新驱动发展，推动产业转型升级、提质增效。期待广东省粤科国联知识产权投资运营基金为广州和广东省的重点产业的发展起到重要的助推作用。

7. 广州知识产权运营基金

根据国务院《关于实施〈国家中长期科学和技术发展规划纲要〉若干配套政策的通知》《中共广州市委广州市人民政府关于大力推进自主创新加快高新技术产业发展的决定》，为撬动社会资本，共同扶持区内企业做大做强，为中小型企业提供持续的知识产权运营服务，帮助中小企业构建专利保护体系、获取核心技术专利，成为知识产权示范企业；为企业在未来行业发展格局中获取主导权，推动广州市"智能装备及机器人、新一代信息技术、新能源汽车、生物医药和健康、新材料与精细化工、轨道交通、能源及环保、高端船舶与海洋工程装备、航空与卫星应用"等重点产业的发展，拟设立广州知识产权运营基金。2016 年 3 月 26 日，由广东省知识产权局发起，广州市知识产权局、广州开发区科技创新和知识产权局、知识产权运营平台汇桔网联合打造的"知商谷"国际知识产权众创空间在广州股权交易中心举行启动仪式，同时宣布了广州知识产权运营基金的筹备正式启动。汇桔网相关负责人表示，广州知识产权运营基金的成立，将直接激励创新创业的开展，同时为广州建设"国际科技创新枢纽城市"增添动力。据悉，广州知识产权运营基金正式成立后，将落户于"知商谷"国际众创空间，将为广州及广东地区的企业提供服务。

设立广州知识产权运营基金，具有多方面的现实意义，它可以补充知识产权质押贷款的短板，即申请审核成本较高、时间较长的缺点，为企业提供急需的知识产权运营资金，有助于构建多样化的融资体系。投资者可以直接参与基金的经营管理，活跃知识产权投资市场、加速知识产权流通与转化。基金将发挥基金管理人在国际国内知识产权投资领域的专业才能，为科技创新性企业引入优质的战略投资伙伴和管理服务，帮助有研发能力的高科技人才和企业尽快实现科研成果的转化，推动创新技术的发展，用"平台+引导+资本+服务"的模式推动产业升级，帮助广州地区的创新型企业实现创新技术转化和产业改造升级。

近年来，在相关政府部门的引导和推动下，知识产权运营基金在我国各地快速涌现，以期缓解创新型中小企业面临的融资难问题。我国的知识产权运营基金尚处于萌芽阶段，存在运营经验不足、综合性人才缺乏、知识产权配套服务不完善、优质专利资源不足等因素，制约着我国知识产权运营基金的发展，能否破解这些难题，将成为其有效发挥价值的关键。目前我国知识产权运营基金在发展模式上还处于摸索阶段，在运营能力、运营效果等方面与国际知名知识产权运营基金还有较大差距。另外，我国还存在知识产权评估标准缺失、评估价值差别大、按需评估、评估价值可信度不高等问题，影响了知识产权运营，进而为知识产权运营基金的运作造成障碍。知识产权运营基金缺少复合型人才和强大的运营团队也是亟待解决的难题之一。知识产权基金运作涉及很多环节，需要既懂得投资、又懂知识产权、还懂技术的人才。这种汇集多领域、多学科的复合型人才目前非常稀缺，在劳动力市场的价值往往较高。有些专利运营基金虽然成立了，但难以支付高昂的报酬使得专业运营人员没有到位，运营方案和运营项目难以很好地运作。政府出资引导的知识产权运营基金，财政资金主要起示范和引导作用，发挥杠杆效应，以财政资金带动社会资本投入，起到"四两拨千斤"的效果，后期运作还要以市场化方式进行；能否实现市场化运作，吸引众多民间投资加入是政府引导的专利运营基金能否真正发挥实效的关键。专利运营基金不是仅仅依靠一家机构开展工作，而需整合一些有共同目标的金融机构、担保机构、评估机构、企业等来共同经营，如何简化流程，使各基金运作参与方密切配合，提供高效的服务，让急需获得融资的创新型中小企业快速拿到所需资金，是知识产权运营基金需要重点解决的难点。

第 24 章　专业的知识产权运营机构
逐步兴起及壮大

创新来源于技术研发工作者，创新成果申请知识产权保护一般有专业的知识产权代理工作者，知识产权的权利纠纷与权利保护一般需要律师。知识产权的运营也需要专业的知识产权运营机构与人员。

大的企业和高校可能拥有上述从科技创新到知识产权运营的各色专业人才，但绝大部分中小企业只拥有技术研发工作者，为其提供源源不断的技术创新与产品更替，并不具备较强知识产权运营的能力。但国内绝大部分知识产权的运营是由企业、高校、个人等知识产权权利人自己在运营，运营机构参与较少，整体运营效率并不高。这样导致目前国内专利产业化转化率低下，留在权利人手中的知识产权，无法有效通过流通实现商业价值和提高产业化率。

在这里需要说明一下知识产权商品化流通。以专利为例，实现专利权人利益最大化的方式是如辉瑞公司的伟哥专利一样，申请全球专利保护，独家产业化生产。而对专利技术本身而言，实现技术最快和最大化地为社会做出贡献，是公开技术供全球有能力的市场参与者产业化。专利法的本质就是公开换保护，所有技术本身在专利公告时已经公开，那么如何供全球有能力的市场参与者产业化该技术？作者认为只有流通，不将专利紧紧握在初始权利人手中，而是通过不断的流转、交易等各种方式，让更多的市场参与者有机会获得该专利。无论是许可还是购买，当有更多的市场参与者有机会产业化该专利时，其技术的价值才能最大化服务于社会。在流通过程中，权利人掌握主动权，专利的权利流转远比让专利沉睡更能为权利人带来经济收益。

知识产权在流通中更易体现经济价值，这需要专业与深入的运营，权利人本身并不是知识产权运营的最佳选择，因为企业权利人的强项是创造和产业化知识产权，高校、科研院所的强项甚至只是创造知识产权。专业运营机构能有效填补知识产权运营市场的空白。之前运营知识产权的除了权利人、权利人联盟外，只有代理机构和律所，均不具备专业的知识产权运营能力。目前，市面出现的少量知识产权运营机构（如技术转移机构等）仅具备部分知识产权运营能力，作者认为随着国内知识产权经济迅速发展崛起，未来专业的知识产权运营机构会大量涌现，与现有的知识产权中介机构相比，未来一个合格的知识产权运营机构应该具备如下特征。

1. 价值评估能力

知识产权的价值量化是知识产权运营的重要组成部分，本书在第四部分第一节技术入股部分中有详细介绍。无论运营机构专注于何种知识产权模式运营，价值量化都是运营的前提和基础，一个合格的知识产权运营机构，必然具备评估知识产权价值的能力。

知识产权评估属于无形资产评估，对评估机构的资质和人员资质都有非常严格的规定，这是未来一个合格知识产权运营机构的最基本能力，也是资质要求，可以看做是一个入行的资质门槛。目前国内具备知识产权评估资质的知识产权运营机构凤毛麟角。

2. 技、法、经综合专业能力

评价知识产权的价值需要了解知识产权的技术，知道技术能带来怎样的益处并产生多大的经济效益和社会效益。知识产权是法律赋予的有条件的垄断，维护与运营过程中，产生的所有纠纷，最终的处理手段都是通过法律手段来处理。知识产权运营的最终目的是为权利人带来利益，可以是直接的经济收益，也可以是间接的市场优势，这要求极强的经济运作能力。

技术专长、法律资源和经济能力中，技术和法律是基础，只有具备了相应的技术、法律专业能力，才有开展知识产权运营的基础。经济运营能力则是评价一个运营机构运作能力的最直接体现，通过市场手段将权利人的知识产权按照一定的运作模式进行市场化操作，并为权利人带来利益，其运营能力可以直接通过所获利益来评价。在未来的市场竞争中，一个运营周期短、收益水平高的知识产权运营机构是权利人将自己的知识产权委托运作的首选。

3. 资源整合能力

资源包括知识产权资源、知识产权运营所需的配套资源、人力资源（主要指运营机构外部专家资源）、金融资源、渠道资源、其他市场辅助资源等，知识产权运营机构需要整合上述所有资源为己所用，来推动自己的知识产权运营，由于涉及内容较广，在此仅就知识产权资源整合能力进行阐述。

在以往的知识产权运营中，非常重要和困难的一步就是知识产权供给资源的获取与知识产权需求信息资源的获取，为此，许多运营机构（多为政府背景）会动用大量人力物力首先筹建资源数据库。然而随着互联网时代到来，知识产权资源的获取变得轻松简单，运营机构通过互联网平台可以收集全世界的资源，而且几乎是免费收集（国内最大的知识产权交易与产业升级平台汇桔网，在成立两年的时间里，仅依靠互联网在全世界范围内收集了超过 100 万件知识产权，而且全部为免费收集）。由于权利人对知识产权运营不专业，更倾向寻求知识产权机构运作，这使得未来的知识产权运营有可能在极短时间内迅速获得大量知识产权资源。

互联网时代的知识产权资源获取变得轻松，知识产权资源整合则变得更加复杂化。首先是知识产权资源数量大而质量参差不齐。不同其他产品可以通过严格的质量控制做到筛选和分类，每一件知识产权都是独一无二的，大量数据的存在会对后期的信息匹配带来困扰。计算机只能处理简单的分类，而知识产权在筛选、整合环节就需要专业（懂知识产权并且懂技术的行业专家）人员，因此，知识产权运营机构相比之前，会在资源收集方面变得轻松，但资源的整合则需要运营机构拥有强大的专业技能和人力资源的投入。

以专利许可收益证券化为例，专利运营机构需要将网络上的零散资源整合并精简出具有许可价值的专利，该步骤本身需要极强的技术功底和对现行市场的把握。以精简出的专利组建专利池并对需要该专利池技术的企业进行授权许可，该步骤除需能够整合网络需求外，还需扩展到线下，整合市场上尽可能多的许可需求。专利池获得稳定的许可收益后，可以将该专利池的许可收益打包证券化。

4. 较深的行业沉淀

国内目前的知识产权运营，以交易为例，更多的是证书交易，浮于表面，并不需要深入行业和专业技术，这样的知识产权运营无法产生太大的经济价值和社会价值，这是知识产权运营的初始阶段。随知识产权运营逐渐成熟，未来成熟的知识产权运营机构一定是专注一个或少数几个行业深耕。只有如此才能深刻了解行业现状、技术发展路径、未来技术方向与行业趋势，才有可能准确把握并布局知识产权，为将来知识产权运营建立基础（知识产权的价值最大化在其申请知识产权的若干年之后，技术被市场完全产业化之时，因此，知识产权运营的价值最大化也在未来）。

知识产权运营除了对行业技术有跟踪与技术走势预测外，对行业内的市场参与主体及其采取的技术路线也要相当熟悉，例如在组建一个基于许可获利的专利池进行运营前，通过分析市场参与主体的市场占有率、发展定位等情况提前判断，预判哪些市场参与主体将会非常乐于接受专利池的许可，哪些市场参与主体会与专利池进行交叉许可，哪些市场参与主体会抵制专利池的许可，哪些市场参与主体会有意向入股或收购专利池，哪些市场参与主体则因不同技术路径而不会与专利池发生关系。以此判断专利池在许可运营过程中可能的收益，可能发起诉讼的成本，可能被反诉或被发起专利无效的风险等，要做到这些，知识产权运营机构一定是在行业内浸淫多年的资深机构。

同时，运营知识产权相关的一些行业配套，例如资金、人才、渠道、法律法规、政策导向等，整合这些资源也需要运营机构对行业有一定的影响力和深入的了解。

目前，市场上比较成功的知识产权运营主体（如西门子、思科、SONY、诺基亚、Google、三星、高通、华为、高智等）无一不是行业资深玩家。未来专业的知识产权运营机构，也必定是在特定行业深耕，熟悉行业规则与发展趋势，能有效整合行业资源的机构。

5. 长期运营规划

知识产权运营的周期相对较长，一件专利、商标经营几个月就可获利的情况比较少见，正常的知识产权运营从规划、资源筛选、运营实施到获利是一个漫长的过程。由于需要缜密和专业的规划，艰辛的谈判（资源获取商谈与类似许可谈判等）与诉讼，知识产权运营机构的获利周期通常按年计算。

以高通为例，该公司 1988 年开始投入研发，5 年后其技术才被写入 IS95 美国标准，又 5 年后，ITU 指定 CDMA 为 3G 无线系统的行业标准，之后 CDMA 成为国际标准之一。可以看出，高通的知识产权的影响力是逐步扩大的，其获利能力也是随着影响力的增大而增强。此外还应注意到，高通知识产权运营的成功与提前布局密不可分，2000 年前后随着各国开始 3G 建设，高通布局的知识产权的商业价值才爆发式增长，并为高通带来巨大利润，这一切都是高通长期经营知识产权最终迎来收获期的必然结果。

第 25 章　知识产权运营法制环境与
　　　　企业管理形态改善

25.1　政策法制环境改善

我国自 2008 年由国务院颁布实施《国家知识产权战略纲要》以来的 8 年时间，全社会的知识产权确权、维权、用权水平得到了显著提高，国家在知识产权法制建设持续完善，同时为了加强对知识产权的保护，2014 年年底，北京、广州、上海相继成立了知识产权法院，执法力度与执法水平稳步提高。同时国家对知识产权的政策导向开始从确权申请到用权运营转变。

在我国知识产权法律法规及政策制定的前 30 年里，企业、高校、科研院所"重申请，轻实施，重评级，轻运用"的现象非常普遍。造成这种局面是由于早期政策大部分都着重鼓励创造和申请，而忽视了知识产权的运用，导致大量智力劳动成果资源浪费。

实际上，早在 1996 年 10 月我国就颁布了《促进科技成果转化法》，1999 年颁布了《合同法》第 18 章"技术合同"相关法令，为智力劳动成果转化、运用提供法律层面上的保障，同时中央和地方在此后也制订了不少行政法规用于促进知识产权的运用。然而我国的知识产权的转化率一直都非常低，知识产权在产业化中实施状况严重偏低，大量的知识产权被冷藏甚至浪费。鉴于此，近年来国家不断推出鼓励知识产权运用的政策，或将原鼓励创造知识产权的政策改为鼓励运用的政策。例如，2008 年 6 月颁布的《国家知识产权战略实施纲要》，其制定的定位就是担当中国运用知识产权制度促进经济社会全面发展的重要国家战略的角色。

2008 年修订的《专利法》，2014 年 5 月实施的新修改的《商标法》，均强化了对知识产权转化、运用的规范及保护。全国各地也先后推出促进用权业务的政策，省一级的如四川省在 2012 年推出《四川省专利实施与促进专项资金管理办法》，城市一级的如西安市在 2013 年推出《西安市专利活动专项资金管理办法》。

2012 年 9 月，国家颁布《关于进一步加强职务发明人合法权益保护促进知识产权运用实施的若干意见》，将职务发明知识产权相关要素纳入其晋升、职称、奖励的考评范围。鼓励高等院校、科研院所在评定职称、晋职晋级时，将科研人员从事知识产权创造、运用及实施的情况纳入考评范围，同等条件下重视知识产权落实、运用情况优的候选人员在评选时可获得加分。由此可见，知识产权的用权、实施已经获得国家、地方、各行业的高度重视。

根据《2014 年国家知识产权战略实施推进计划》（以下简称"计划"）描述，该计划制定的目标任务是强化知识产权政策与产业、区域政策的衔接，推进战略性新兴产业知识产权工作，研究我国知识产权密集型产业的发展规律和培育政策，完善以知识产权为核心和纽带的创新成果转化运用机制，实施促进知识产权转移转化的政策措施，推动知识产权成果产品化、商品化和产业化。该计划相关的工作措施包括：

- 加快促进战略性新兴产业的培育和发展，加强战略性新兴产业知识产权集群式管理，发布国家战略性新兴产业专利发展报告；

- 开展知识产权密集型产业基础研究，明确知识产权密集型产业范围，探索建立符合我国国情的知识产权密集型产业目录和统计规范；

- 推动《促进科技成果转化法》修订，推动科研机构和高等院校建立技术转移工作体系，改革和完善中央级事业单位科技成果处置和收益分配制度，启动国家科技成果转化引导基金，积极推动产业技术创新战略联盟专利共享和成果转化。

- 提升工业企业知识产权运用能力，宣传贯彻《工业企业知识产权管理指南》，制订企业知识产权运用能力评估指标，支持地方围绕工业转型升级关键环节开展特色产业或区域知识产权运用试点工作。

2015 年 12 月，国务院印发了《关于新形势下加快知识产权强国建设的若干意见》，提出了"提高知识产权侵权行为惩治力度""加大知识产权犯罪打击力度"等一系列举措。要求执法部门持续加大工作力度，探索基于新技术的监管手段，严惩违法违规行为，切实保障每一个权利人的合法权益。唯有如此，才能"加快建设知识产权强国"，才能为创新型国家建设保驾护航。

2016 年 2 月 26 日，国务院印发实施《中华人民共和国促进科技成果转化法》。

鼓励研究开发机构、高等院校通过转让、许可或者作价投资等运营方式，向企业或者其他组织转移科技成果。国家设立的研究开发机构和高等院校应当采取措施，优先向中小微企业转移科技成果，为大众创业、万众创新提供技术供给。其中将知识产权的权利归属下放至研究开发机构与高等院校；将科技成果转化纳入对研究开发机构与高等院校的年度考核；科技成果转化收益的50%以上用于奖励科研人员；单位在履行勤勉尽责义务、没有牟取非法利益的前提下，免除单位领导在科技成果定价中因科技成果转化后续价值变化产生的决策责任等细则，对高校与科研院所的技术成果转化给予了极大的自由度。

2016年4月26日是第16个"世界知识产权日"，国家知识产权局、中宣部等23个部门联合主办的2016年全国知识产权宣传周将主题确定为"加强知识产权保护运用，加快知识产权强国建设"。两个主题清晰地呈现了知识产权保护的新任务——在互联网、大数据、云计算等新技术新业态迅猛发展的背景下，"构建公平公正、开放透明的知识产权法治环境和市场环境"的步伐亟待加快。

国家政策与法制环境对知识产权从确权申请到用权运营的转变一直在进行，而且力度越来越大，在我国知识产权数量原始积累连续多年世界第一后，存量知识产权的用权运营已经成为必须要解决的问题，政策向用权运营转变属情理之中，而且可以预料，未来知识产权用权运营的扶持力度还会持续增大。

但同时我们也要注意到国内知识产权运营法制环境的不足，而这些不足在未来数年内有可能被完善，这是由国家知识产权战略层面决定的。

目前知识产权运营市场依然存在法制缺失，知识产权证券化、知识产权保险、知识产权众筹、知识产权增值等多个方面都有待知识产权法制建设进一步完善。以专利保险为例，国家知识产权局于2012年首次批准中关村等8个地区展开专利保险试点工作，2013年又正式批准沈阳市等20个地区展开专利保险的第二批试点工作，强力启动国内专利保险制度的建设，可见我国知识产权法制建设推广的力度和决心，但也表明我国的知识产权保险还处于探索阶段。

随着知识产权竞争加剧，未来的知识产权纠纷与诉讼会更加频繁，特别是知识产权与互联网结合，知识产权行业会出现新的运营模式，督促我国法制建设加速，跟上市场步伐，为知识产权运营创造最基本的法制环境保障。只有在成熟的知识产权法制环境中，知识产权才能得到尊重和保护，一切知识产权运营才能开展。

25.2　企业管理形态改变

1. 国家发展大背景促企业知识产权管理形态改变

企业的知识产权管理形态将逐步改善。目前我国企业大多还没有迈过知识产权保护的门槛，更不用提知识产权运营。2008 年颁布实施的《国家知识产权战略规划》，从创造、运用、保护和管理四个角度指引我国知识产权产业前行。2013 年颁布实施的我国首例《企业知识产权管理规范》，其中强调了知识产权运营的重要性。知识产权的竞争是市场竞争的制高点，企业必须将知识产权战略与企业的发展战略结合，从企业长远发展的角度规划知识产权战略与运营。没有知识产权的企业没有竞争力，也就没有未来。

在国家提出创新驱动发展的大背景下，创新是与创新成果保护紧密相连的，而对创新成果保护的体现就是知识产权，取得知识产权后的产业化运营才是实现创新价值的关键。我国的企业、高校、科研院所合计的科技成果转化率有多少？答案是只有 10%左右，而发达国家的数据是 40%。提升创新成果产业化除了持有人加强自身产业化能力外，最重要的是市场参与者必须对知识产权进行主动运营，让知识产权流动起来，而不是成为躺在荣誉簿中的证书。企业需将知识产权运营作为常态管理，提升运营意识，明白企业竞争的核心竞争力即知识产权竞争。知识产权是企业的巨大财富，产业化到全球当然能实现利润最大化，但绝大部分企业并没有能力实现全球产业化。因此，除了产业化外，通过本书第四、第五部分讲述的运营途径，同样能够将知识产权的价值间接体现，为持有者带来经济利益。而在一些技术密集产业，知识产权的运营则成为生死存亡的问题。小米的手机在美国举步维艰就是最惨痛的案例。

2. 市场竞争加剧促企业提升知识产权战略高度

随着市场竞争加剧，未来的市场参与者对待知识产权与现在不同。一个创新型企业从创业开始，其核心技术就已经受到知识产权保护（这是防止抄袭、防止大公司挖人带走技术的必须手段）。企业在此时已经具备知识产权运营的基本规划。例如：对企业发展未来有明确的计划，对知识产权有自己的估价，是否会许可给其他竞争者自己的知识产权（多指计划外的市场，例如国外市场，省外市场，自己的业务暂时涉及不到的市场等），是否会变卖给大型企业（企业被并购等）。知识产权的运营，在企业获得知识产权的同时就已经开始，而企业知识产权运营的前提是知识产权管理和知识产权战略制订。

为了利于企业经营战略和知识产权战略的全面实施，专职的知识产权人员、管理组织成为企业内部机构中必不可少的一个部分。企业知识产权管理从兼职负责、到专职专人、再到成立独立知识产权部门，知识产权战略需要与企业的发展战略高度融合。

成熟的企业知识产权部门，基本职责主要集中在：一是专利情报管理、创新发明的挖掘、申请专利、订立专利实施许可合同、管理专利权、商标等其他知识产权的综合管理、知识产权纠纷处理、发明奖励、知识产权教育培训、对知识产权的评价管理、对外沟通交流、对涉密文件的管理、知识产权风险管理等；二是建立知识产权文献数据库，实现内部数据沟通和信息共享，避免重复研究，节约资金和时间；三是建立公司内部的知识产权管理、研发、生产、法律和销售部门之间的沟通机制，加强知识产权法律制度的执行；四是建立企业知识产权规章制度，例如，《知识产权管理办法》《科研成果奖励条例》《专利创新鼓励办法》；五是制订企业知识产权战略规划等。知识产权部门的层级高度体现了企业对知识产权管理的重视程度。常见的知识产权部门组织结构如图 25.1 所示。

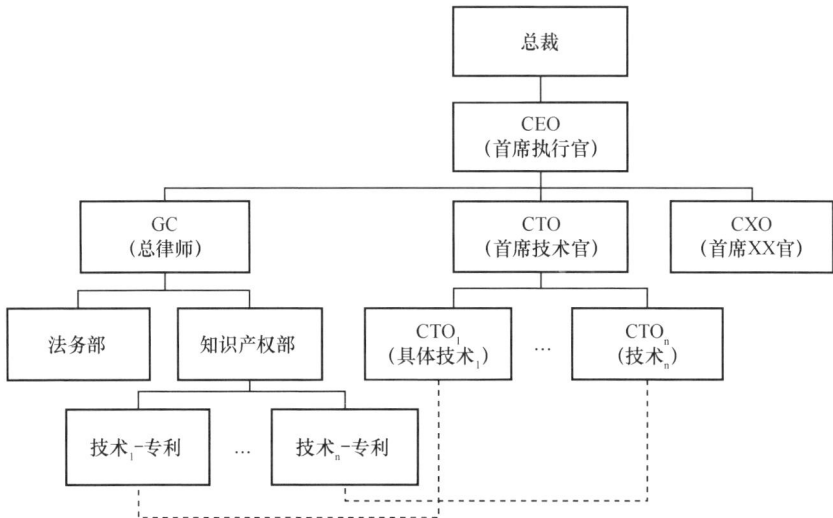

图 25.1　公司知识产权组织管理体系

知识产权战略规划是知识产权运营的纲领，过去企业往往考虑将一些密级低、较滞后的技术申请专利，在没有外界因素触动下，也很少主动地去注册商标、登记著作权；在控制申请材料质量方面投入成本少，委托资质一般的代理所处理相关事务，导致后续的专利收购、技术转让许可等运用措施难以开展或大大降低了其评估价值。现在企业已逐渐主动重视专利申请、专利使用，注册商标的使用、许可业务，登记版权，并由企业内分管负责人甚至总负责人处理。除了专利工程师或律师外，还有专门的人员负责采购专利和技术实施，或聘请专业人员管理知识产权。比如，有的企业聘任专职专利代理人、知识产权律师、知识产权规划师等人才，并鼓励内部员工学习和报考获得专利代理人、知识产权律师、知识产权规划师等资质。未来企业的知识产权战略规划将从基础性知识产权确权与维权转向用权、转向盈利。知识产权作为企业的核心竞争力和宝贵财富，不仅仅是通过产业化实现产品和服务利润，知识产权本身就是高附加值的商品，通过知识产权的许可、证券化、标准化等多种运营方式为企业创造财富，这将是知识产权战略规划的核心。

25.3　知识产权运营市场环境逐渐成熟

知识产权运营市场环境成熟的前提是全社会知识产权意识与法制普及已经完成。知识产权意识包括科技成果申请知识产权保护意识、消费者的知识产权生活化意识、企业生产经营时对他人知识产权的检索与规避意识、知识产权维权意识等。成熟的知识产权运营市场环境具备下列特征。

1. 知识产权更易产业化

知识产权从技术走向产品的步伐变得更快，成熟的市场具备完善的知识产权产业化条件，技术转化成产品所需市场资源可以方便获取。场地、设备、人才等在未来共享经济下实现了无差别使用，任何人都可以使用任何共享的资源。对于产业化资金，在硅谷每天上演的创业传奇告诉我们，那里是创业者的天堂。创业者聚集地造就了投资者聚集地，无数的资金紧随创业者的脚步，一旦一个好的技术产生，投资资金必将蜂拥而至，创业者只要有好的想法、技术、项目，就不愁没有产业化的资金。

2. 知识产权获利途径多样

知识产权运营市场的成熟的必然前提是知识产权技术市场的成熟，任何一个知识产权诞生，其代表的技术都可以在市场上被客观、理性的评价。有开创性价值的知识产权将获得市场青睐，除了投资权利人产业化该知识产权外，其他市场竞争者会努力争取拿到该知识产权的许可或与自有知识产权产生交叉许可，而运营机构根据自己运营特点不同，会吸收该知识产权进入自己的专利池进行相应的市场运营，如证券化等。

3. 知识产权的价值在成熟市场可以被准确评价

在一个成熟的技术市场，一件知识产权需要投入多大资源来产业化，以及产业化的风险、未来收益等都是可控的和可预算的，因此知识产权本身的价值也可以准确估算。在此基础上，知识产权的交易、质押、众筹融资、证券化、保险等运营模式也将因标的物价值的稳定而变得可以稳定运营。

4. 知识产权运营配套资源市场成熟发展

除了前面提到的风险投资机构对知识产权产业化的投资，以知识产权专利池组建为例，专利运营许可的线上线下推广配套机构、法律服务机构、技术评价机构、知识产权信托投资机构等配套资源完善，能够满足知识产权多途径价值实现，也能满足投资人或其他服务者在知识产权价值实现过程中参与和获利。

5. 运营市场逐渐细分化

知识产权运营市场的成熟会加剧整个运营市场的竞争，运营机构求新求变的过程中，向更细分的市场突围，成为更细分市场的专家与领导者成为必然选择。以行业细分为例，一个无线通信行业的知识产权运营市场可能细分到手机市场、手表市场、穿戴市场、车辆通信市场、物联网市场等，物联网市场又可细分为智能家居市场、人防安全市场等。

以运营模式来细分，本文讨论的运营模式在未来的知识产权运营机构中都会出现，但没有机构可以运营所有的模式，沉浸某个行业内专业运作专利标准化的机构可能不会再涉足知识产权保险等业务，重要原因在于当每种运营模式的市场都足够巨大时，跨模式运营可能产生不必要的风险，向细分领域发展远比跨界发展风险要低。

后 记

《国家知识产权战略纲要》颁布实施 8 年来，我国知识产权事业取得飞速发展，专利受理量连续 5 年位居世界第一，商标注册量连续 15 年位居世界第一。多年积累使我国成为名副其实的知识产权大国。但是，我们不是知识产权强国。

在知识产权运营方面，我国知识产权的运营意识与运营环境还很落后。根据《2015 年全国技术市场统计年度报告》显示，我国 2014 年全国登记备案专利技术合同仅 7111 项，成交金额 661 亿，此数量与我国目前庞大的知识产权拥有量严重不匹配。如何发挥我国知识产权的价值，让如此巨大的无形资产助力大众创新、万众创业，成为我国迈向知识产权强国亟需解决的当务之急。这也是《国家知识产权战略纲要》中提到的"创造"、"保护"、"运用"、"管理"中的后两者，即知识产权的运营和战略管理。

对于如何做知识产权运营，我国绝大部分企业还处于懵懂探索阶段。能做好知识产权"创造"、"保护"的企业，必然会诉求知识产权的"运用"、"管理"，但遗憾的是国内对如何通过知识产权的商业运营为企业创造市场价值，没有成型的普适模式，甚至没有能够可供学习和参考的书籍。

本书通过分析国内外知识产权运营的差异，系统性地阐述了知识产权交易、许可、技术入股、质押融资、信托、战略联盟及诉讼七大传统运营模式，并同时提出新兴的知识产权质押众筹、证券化、保险、专利标准化、投资增值及知识产权众筹六大运营模式，可为我国企业知识产权运营提供全面的参考，帮助处于不同发展阶段的企业，选择适己的知识产权运营方式。其中，知识产权的质押众筹、投资增值及知识产权众筹三种运营模式属于全新的运营模式，之前的知识产权相关书籍中从未提及，在全国乃至全世界均属首创，希望通过本书，能让更多知识产权行业的从业者了解这几种新模式，更希望能以此为契机激发出更多新的知识产权运营模式。

知识产权是个舶来品，国外发达国家比我们起步早、发展快，掌握最基本的知识产权运营与管理能力，是参与国际市场竞争的基础。但处于追赶者的角色，与知识产权游戏规则的制定者们竞争，我国企业处于劣势。反超国外知识产权发达国家的机会不是没有，在知识产权互联网化过程中及共享经济思维影响下，全球的许多行业、许多原有的竞争规则将被打破，这是知识产权全球化运营的一次洗牌，我国的知识产权事业将在这轮变革中迎来发展良机。

在本书成书的过程中，王斌、千帆、王松、李洪瑶、杨焘、王丹、林智斌、陈明、陈万慧等也做出了突出的贡献，参与很多细节工作。在此，对他们做出的努力与贡献，表示最衷心的感谢！

编　者

2016 年 7 月 13 日

参 考 文 献

[1] 佚名.企业专利运营指南[M].深圳市市场监督管理局，2014.

[2] 上交会组委会.2016 年技术贸易发展[R].第四届中国（上海）国际进出口交易会，2016.

[3] 彭支援.以联盟建设开启知识产权运营 2.0 模式[N].新华财经，2015-04.

[4] 刘华.知识产权制度的理性与绩效分析[M].北京：中国社会科学出版社，2004.

[5] 毛金生,陈燕,李胜军,谢小勇.专利运营实务（第 1 版）[M].北京：知识产权出版社，2013.

[6] 蒋孟引.英国史[M]. 北京：中国社会科学出版，1988.

[7] 余丹.知识产权战略投资：风险、战略与法律保护（第 1 版）[M]. 浙江：浙江工商大学出版
社，2015.

[8] 史晓星,章立.国外知识产权运营及启示[J].中小企业管理与科技，2013(10).

[9] 叶京生.知识产权制度与战略（2006 年版）[M].上海：立信会计出版社，2006.

[10] 李龙.日本质押融资和评估[J].华东理工大学学报：社会科学版，2009(4).

[11] 张伟君 . 英脱欧对欧盟知识产权制度的影响 [EB/OL]. http://v.fayi. com.cn/
content_3258889.html，2016-06-29.

[12] JPO.Annual Report[R].Japan Patent Office, 2012:45.

[13] 齐荣坤.企业知识产权管理与保护实务[M]. 2014.

[14] 包海波.韩国知识产权发展战略及启示[J].杭州师范学院学报，2013(9).

[15] 周胜生.韩国知识产权战略启示录[EB/OL].http://www.nipso.cn/onews.asp?id=21013.

[16] 毛金生,陈燕,李胜军,谢小勇.专利运营实务[M].北京：知识产权出版社，2013.

[17] 刘斌强.高智发明（IV）：基于专利数据的分析与启示[J]. 北京：中国知识产权，2014(4).

[18] 孙惠娟.基于中外对比专利运营模式的研究[D]. 镇江：江苏大学，2014.

[19] 毛金生,陈燕,李胜军,谢小勇.专利运营实务[M].北京：知识产权出版社，2013.

[20] 刘红光,孙惠娟,刘桂锋,孙华平.国外专利运营研究模式的实验研究[J].图书情报研究，
2014(2):7.

[21] 王经亚,陈松.德国技术转移体系分析及借鉴[J].经济研究导刊.2009(8).

[22] 佚 名 . 德 国 史 太 白 技 术 转 移 中 心 成 功 经 验 及 合 作 建 议 （ 管 理 资 料 ）
[EB/OL].http://www.docin.com/p-1455075421.html.

[23] 史晓星,章立.国外知识产权运营及启示.中小企业管理与科技（下旬刊），2013(10).

[24] 孙惠娟.基于中外对比专利运营模式的研究[D]. 镇江：江苏大学，2014.

[25] 陈宝明.英国技术集团发展经验.高科技与产业化[J]，2012(2).

[26] 佚名.全球知名技术交易平台和技术转移机构[EB/OL]. http://www.360doc. com/content/

15/0504/15/15408035_468000741.shtml.

[27] 崔国振.2013 年中国专利运营状况研究报告[R].i 智库，2014.

[28] 国家版权保护中心.2011—2015 年全国作品自愿登记情况统计[EB/OL].http://www.gapp. gov. cn/chinacopyright/contents/6125/233300.html.

[29] 国家工商局,商标局 2011—2014 年中国商标战略年度发展报告[EB/OL].http:// www. yygs. com/ gsj/uploadfiles/201504/20150422084319839.pdf.

[30] 赖名芳.2014 年我国著作权登记数量呈突破性增长[EB/OL].2014-01.http:// www. gapp. gov. cn/ news/1656/188535.shtml.

[31] 冯晓青.当前我国企业知识产权资本运营的现状[J].上海财经大学学报，2012(6).

[32] 孙惠娟.基于中外对比专利运营模式的研究[D]. 镇江：江苏大学，2014.

[33] 中国技术交易信息服务平台.公司简介[EB/OL].http://us.ctex.cn/article/aboutus/introduction/

[34] 白洋.横琴知识产权交易平台拟上半年上线.[EB/OL].2016-02.http://zh. southcn. com/ content/2016-02/25/content_142991597.htm.

[35] 邓媛雯. 全国首个"知识产权易保护"模式落地横琴.[EB/OL].2016-03.http://finance. ifeng.com/a/20160330/14298609_0.shtml.

[36] 杜跃平,王舒平,段利民.中国专利运营公司典型模式调查研究[J].科学进步与对策，2015 年 32(1).

[37] 华为投资控股有限公司.2015 年年度报告[R].深圳:华为投资控股有限公司，2016.

[38] 王杨.敢叫板苹果，华为的底气在哪里？ [N]. 观察者网，2016-04.

[39] 冯晓青.企业知识产权运营管理研究.[J].当代经济管理，2012 年, 34(10):91-92.

[40] 王晓亮.山东平邑归来庄金矿矿长个人专利入股创天价[N].齐鲁晚报，2009-06.

[41] 毛金生,冯小兵.企业知识产权战略指南[M].北京：知识产权出版社，2010.

[42] 佚名.技术入股应该注意的问题[EB/OL].http://wenku.baidu.com/link?url=TFzHpp-j6LPtbh-Z39OLwg1-6xsO5Aw3qn7aDX8hghCq-WIVN8Lvoc5zZTrD37tH_BEdehJPmgCesixQK8yf9_c hU_uPcf4c73bscX-0CmG

[43] 陈昌柏.知识产权战略—知识产权资源在经济增长中的优化配置（第二版）[M].北京：科学出版社.2009.

[44] 北京市浩伟律师事务所.技术入股的作价评估方式 [DB/OL].http://www.haoweilaw. com/cgal_info.asp?lb_id=3588.

[45] 中都国脉（北京）资产评估公司.非专利评估价值的主要因素[DB/OL].http://www.sinocap. com.cn/luntan/20130712273.html.

[46] 孙浩.基于实物期权视角的企业无形资产价值评估研究[D].成都：西南财经大学，2009.

[47] 土壹.基于期权定价理论的计算机与自动化技术专利价值评估研究[D].北京:北京交通大学,2011.

[48] 新华社.法学界人士呼吁解决知识产权损害赔偿认定难题 [DB/OL].2016-04-22. http://www.chinacourt. org/article/detail/2016/04/id/1844849.shtml.

[49] 徐跳.价值流转中的知识产权评估研究[J].知识产权，2014(6).

[50] 冯晓青.我国知识产权质押融资及其完善对策研究[J].河北法学，2012(12).

[51] Edward C Halbach, Jr Trusts.Gilbert Law Summaries[J].Thomas/West，2008.

[52] 申长雨.2015 年中国知识产权发展状况新闻发布会演讲稿[EB/OL].http://www.sipo. gov.cn/twzb/2015zscqfzzkfbh/.

[53] 邓净. 发达国家知识产权信托法律制度比较及中国借鉴研究[D].华东交通大学,2014.

[54] 佚名.2016 专利诉讼研究:我们是否正处于拐点？[R].普华永道会计师事务所.2016 年[60] 佚名.最高人民法院知识产权案件年度报告（2015 年）[R].北京：最高人民法院, 2016.

[55] 杨志宏.知识产权确认不侵权之诉研究[J].经济师，2016(4).

[56] 纪富强.论知识产权的诉讼定位—以华为诉中兴为视角[D].西南政法大学，2012.

[57] 佚名.知识产权证券化[EB/OL].http://wiki.mbalib.com/wiki/Patent_Property_Securitization

[58] 郭咏梅.我国专利保险制度研究-从我国专利保险试点出发[D].西北大学，2015.

[59] 樊王平.我国知识产权保险法律制度研究[D].北京：北京交通大学，2015.

[60] GBT20000.1-2002 标准化指南.第 1 部分：标准化和相关活动的通用词汇.

[61] 周延鹏.财富密码：知识产权运赢及货币化[M]. 北京：知识产权出版社，2015.

[62] 王加莹.专利布局和标准运营[M].北京：知识产权出版社，2014.

[63] 徐健,苏琰.专利池的运营与法律规制[M].北京：知识产权出版，2013.

[64] 唐风.高通公布第二财季财报： 净利润同比增 11%[EB/OL].http://tech.sina.com. cn/t/2016-04-21/doc-ifxrpvea1022642.shtml.

[65] 谭增.标准必要专利—专利中的战斗机[J].中国知识产权，2013(81).

[66] KATZ,SHAPIRO.Network cxtcrnalitics,competition,and compatibility[J].American Economic Review.1985.75(3):424-150.

[67] LIEBOWITZ,S.J.,MARGORLIS.S.Network extermality: An uncommon Tragedy[J]. Rand Journal of Economics(Spring 1985).

[68] ITU-T recommendation D.165.

[69] 沉石.微软 VS 谷歌 一场深刻影响专利用权市场的世纪诉讼[EB/OL].http://www.wtoip. com/news/a/20150410/8882.html.

[70] 悦潼.谷歌你不能向微软收取过多专利费[EB/OL].http://tech.qq.com/a/20150731/007922.htm.

[71] 丁慧.网络共享环境下知识产权保护问题研究[D].大连：大连海事大学，2013.

[72] 李梦娜,巍伟.宝洁公司借助众创平台进行新产品研发的模式研究[J].商 Business，2015(35)： 101.

反侵权盗版声明

电子工业出版社依法对本作品享有专有出版权。任何未经权利人书面许可，复制、销售或通过信息网络传播本作品的行为；歪曲、篡改、剽窃本作品的行为，均违反《中华人民共和国著作权法》，其行为人应承担相应的民事责任和行政责任，构成犯罪的，将被依法追究刑事责任。

为了维护市场秩序，保护权利人的合法权益，我社将依法查处和打击侵权盗版的单位和个人。欢迎社会各界人士积极举报侵权盗版行为，本社将奖励举报有功人员，并保证举报人的信息不被泄露。

举报电话：（010）88254396；（010）88258888
传　　真：（010）88254397
E-mail：　dbqq@phei.com.cn
通信地址：北京市万寿路 173 信箱
　　　　　电子工业出版社总编办公室
邮　　编：100036